JN421969

대학생을 위한

한자와 한문의 이해

상기숙 · 한운진 공저

신아사

(개정판) 서 문

『한자와 한문의 이해』(개정판)는 2006년 출판된 『대학생을 위한 한자와 한문의 이해』(신아사)를 근거로 대폭 수정 보완하였음을 밝힌다.

이 책은 <기초편>, <문장편>, <실용편>으로 재구성하였고 보다 실용적이고 쉽게 접근하고자 하였다. 또한 학습에 편리하게 활자, 한어병음 및 성조의 크기를 키워 편집하였다.

이 책의 성격은 다음과 같다.

1. <기초편>에서는 개정 전의 내용을 그대로 따랐으되 일부분을 수정 보완하였다.
2. <문장편>에서는 『千字文』(천자문), 『明心寶鑑』(명심보감), 『童蒙先習』(동몽선습), 『擊蒙要訣』(격몽요결)을 통해 기초한문을 익히는 한편 품성 함양에 도움이 되도록 하였다. 그 외 고사단문, 역대시가, 역대산문, 제자경서는 내용을 축약하여 핵심을 강조하였다.
3. <실용편>에서는 시사한자, 활용한자, 유의어·반의어, 잘못 읽기 쉬운 한자 등을 익혀 각종 수험에 대비하고 일상생활에 응용할 수 있도록 하였다.
4. 한자의 훈은 주로 <한국어문회>의 규정을 참조하였다.

이 책이 모쪼록 한자와 한문, 나아가 중국어문학을 학습함에 있어 도움이 되길 바란다. 그리고 부디 독자 여러분의 아낌없는 고견과 叱正(질정)을 기대한다.

끝으로 신아사 정현걸 사장님, 한규갑 상무님과 김금란 실장님, 그 외 편집자 여러분의 노고에 다시 한 번 깊이 감사드린다. 하나의 해를 보내고 또 다른 한 해를 맞이한 겨울 내내, 정말 수고 많이 하셨습니다.

2010년 1월 29일

새해의 잔설 쌓인 가야산 자락, 인문관에서

저자 삼가 씀

머리말

우리나라는 세계화·정보화 시대의 21세기를 맞이하여 세계 속의 중심이 되기 위해 각계각층에서 저마다 다각적인 노력을 기울이고 있다. 그 출발점은 창의성을 바탕으로 우리의 과거를 제대로 알고 그 공과 실을 정확히 평가하여 현재와 미래를 설계하는 것이라 하겠다.

최근 사회적 분위기가 이분법적 논리의 한글전용에서 한자병용을 긍정적으로 받아들이는 추세이다. 주지하다시피 우리나라에 한자가 들어온 시기는 늦어도 한사군 설치 이전으로 본다. 훈민정음 창제 이전이나 이후도 대부분의 공식적인 문서라든가 각종 역사서, 개인문집, 족보 등이 한문으로 기록되어 있다.

우리말의 70% 이상의 어휘가 한자에서 온 것이기 때문에 한자와 한문에 대한 올바른 이해 없이는 우리말을 제대로 이해하기가 어렵다. 특히 추상적이고 개념적인 의미 분야나 전문용어, 고도의 문화배경인 사고나 행동을 나타내는 말은 한자어에 의존하는 비율이 높다. 또한 우리 선조가 남긴 유산이 대부분 한문으로 기록되어 전하고 있으니 우리의 유구한 역사와 빛나는 전통을 알고자 하여도 한문을 독해할 수 없다면 불가능할 것이다.

이 책은 기초편, 사자성어편, 문장편, 실용편으로 구성하였다.

기초편에서는 한자의 중요성, 기원, 자체의 변천, 구성원리, 부수, 한문의 구조와 문장 형식, 품사의 분류, 한자의 쓰임을 다루었다.

사자성어편에서는 이에 얽힌 典故를 알기 쉽게 풀이하여 소개함으로써 이를 통해 품성을 함양하고 삶의 지혜를 얻도록 하였다.

문장편에서는 중국의 대표적인 권학문, 고사단문, 역대시가, 역대산문, 제자경서를 선별하여 중국의 文·史·哲을 감상하고 이해하고자 하였다. 매 구절마다 상세한 주석을 달아 편집하는 한편 한어병음과 성조를 달았다. 이는 최근 중국어에 대한 국제적·사회적 관심이 고조되어가는 분위기에서 중국학도는 물론 일반 교양인들에게도 큰 도움이 되리라고 여겨진다.

실용편에서는 한자, 한자어, 한문을 두루 익혀 일상생활에 응용할 수 있도록 대표적인 학술 전문용어, 서식한자, 생활한자 등을 간략하게 소개하였다.

이 책은 대학생 및 일반 교양인의 한자와 한문 실력을 제고시키기 위해 편찬되었다. 이 책의 학습을 통해 선인들의 사상과 감정, 삶과 지혜를 이해하여 건전한 가치관과 바람직한 인성을 함양하고 전통문화를 계승 발전시킬 수 있는 기초를 마련하길 바란다. 한편 한자, 한자어, 한문을 두루 익혀 諸 학문은 물론 일상생활에 유용하게 쓸 수 있을 것이다.

인생은 電光石火처럼 찰나적인 것이나 충만하고 아름다운 삶을 가꾸는 것은 각자의 몫이다. 다음 朱子의 「勸學文」을 소개하며 머리말을 맺고자 한다.

주자는 『권학문』에서 "오늘 배우지 않고서 내일이 있다고 말하지 말며, 금년에 배우지 않고서 내년이 있다고 말하지 말라. 해와 달은 가고, 세월은 나를 위해 더 늘어나지는 않는 법, 아! 늙어감이여! 이 누구의 허물인가(勿謂今日不學而有來日, 勿謂今年不學而有來年, 日月逝矣, 歲不我延, 嗚呼老矣, 是誰之愆)?" 했고, "소년은 늙기 쉽고 학문은 이루기 어려우니, 일촌광음이라도 가벼이 여겨서는 안 된다. 아직 연못의 봄풀은 꿈에서 깨어나지 못했는가 싶더니, 섬돌 앞 오동나무 잎은 이미 가을의 소리를 내는구나(少年易老學難成, 一寸光陰不可輕, 未覺池塘春草夢, 階前梧葉已秋聲)."라고 했다. 이는 이성과 자기절제로 인생에 대한 허무주의를 극복하고, 적극적이고 긍정적인 삶의 철학을 담고 있다.

마지막으로 이 책의 출판에 앞서 국내외의 문화발전을 위해 오랜 전통과 함께 불철주야 애쓰시는 신아사 鄭鉉杰 사장님과 韓圭甲 상무님께 깊은 감사를 드리며, 편집자의 노고에도 고마움을 표한다.

2006년 12월 27일
새 날을 앞둔 가야산 자락에서
상기숙 · 한운진

차례

III. 실용편 • 227

I

기초편

1. 한자의 중요성
2. 한자의 기원
3. 한자의 자체의 변천
4. 한자의 구조와 활용 : 육서
5. 한자의 부수
6. 한문의 구조
7. 문장의 형식
8. 품사의 분류
9. 한자의 쓰임

1. 한자의 중요성

(1) 한자의 정의와 전래

한자는 낱낱의 글자 그 자체를 말하며 뜻글자로서 한 글자마다 形(모양), 音(음), 義(뜻)의 삼 요소를 가지고 있다. 한자어는 하나, 또는 둘 이상의 한자가 결합하여 한국어로서 사용되는 한국식 발음의 단어이다. 한문은 낱낱의 한자로 이루어진 文語體(문어체) 문장을 가리킨다. 한문이란 본래 중국의 唐詩(당시)나 元曲(원곡), 明淸小說(명청소설) 등과 대비되어 漢代(한대)의 문장을 뜻하는 말로 유학을 사상적 배경으로 하는 모든 학문을 의미했으나 오늘날에는 한자로 기록되어 있는 고대 중국의 문장과 우리나라의 한문 문헌 등을 포함하는 포괄적인 의미로 사용된다.

한문이 중국에서 우리나라에 전래한 이후 한자어는 우리의 국어와 조화되고 그 사상은 우리의 고유사상과 융합되어 함께 발전되어 왔다. 한자가 우리나라에 언제 전래되었는지에 대한 정확한 기록은 없다. 그러나 학계에서는 춘추전국시대에 이미 전래되었을 것으로 추정하고 있다. 우리나라는 고구려의 광개토대왕 비문에 보이는 한자를 시작으로 8세기에 唐律(당률)을 받아들이고 모든 지명을 한자로 고치고 중국식 법제가 도입되었다. 따라서 적어도 6세기경에는 통치계급에서 한자를 널리 사용했을 것이다.

공식적으로 한자어의 생성은 지증왕4년(503)에 국호를 '新羅(신라)'로 정하고, '王(왕)'이라는 칭호를 사용하는 것으로부터 출발한다. 이듬해 중국식 喪服法(상복법)을 제정하고 이어 州(주)·郡(군)·縣(현)의 이름을 정하였다. 법흥왕1년(514) 지증의 시호를 贈(증)하였으며, 7년에 율령이 반포되고, 14년에 李次頓(이차돈)의 죽음을 계기로 불교가 공식적으로 허용되었다. 법흥왕23년에는 '建元(건원)'이라는 연호를 사용했으며 기타 국가의 제도를 마련하는 과정에서 한자의 사용 범위는 더욱 확대된다. 통일신라 이후 불교의 성행과 함께 한자가 본격적으로 사용되고 고유어를 압도하기 시작한다.

비록 15세기에 이르러 세종대왕에 의해 훈민정음이 창제되었으나 한자는 유학의 기풍 속에 구한말까지 문자의 최고 지위를 차지하고 위풍당당하게 사대부 지식층의 애호를 받아왔다.

(2) 우리나라의 한자

한자가 우리나라에 전래된 이후로 우리말에 알맞게 보충되고 활용된 부분이 적지 않다. 한자를 사용한 우리말 표기방식인 吏讀(이두), 鄕札(향찰), 口訣(구결) 등이 등장하였고, 중국에 없는 한자가 새로이 만들어지기도 했다.

그 외 우리말과 語順(어순) 체계가 다른 한문에 우리말의 조사나 어미를 붙여서 문장의 이해를 돕는 방법으로 懸吐(현토)가 개발되었다. 이때에 사용되는 조사나 어미를 문장의 사이에 붙이는 데 '이 · 가 · 은 · 는'은 주어 밑에 달고, '로 · 으로'는 수단이나 자격 등을 나타내는 부사어 밑에 단다. 또한 '하고 · 하여 · 하며'는 순접이나 어구를 나열할 때의 말과 말 사이에 달고, '라 · 이라 · 이니라 · 하다 · 하니라 · 러라'는 보통의 문장 끝에 단다. 그리고 '아 · 오 · 고 · 리오'는 의문형이나 반어형의 문장 끝에 붙이는 것이 일반적이다.

1) 吏讀(이두)

한문을 읽기 위한 우리나라 고유의 한자 사용법이다. 특히 인명, 지명, 관직명 등에 많이 사용되며 한문의 토를 달 때에도 많이 쓰인다.

2) 鄕札(향찰)

한자의 음과 뜻을 풀어서 우리말을 적던 글이다. 이두가 한문으로 된 문장의 토를 단다거나 그밖에 인명 등에 많이 사용되는 데 반해, 향찰은 문장 자체가 우리나라 말로 되어 있는 것을 한자의 음과 뜻을 이용하여 풀어쓰는 방법이다. 鄕歌(향가)가 대표적인 예이다.

3) 口訣(구결)

한문으로 된 문장에서 구두점을 찍어야 할 곳에 생략된 기호로써 표기하는 방법이다. 이두나 향찰보다는 시대가 뒤진 고려, 조선시대에 들어와서 성행하였으나 훈민정음이 창제된 이후 점차 그 쓰임이 줄어들었다.

(3) 한자교육의 중요성

우리나라는 일제로부터 광복을 맞은 1945년 9월에 '한자폐지실행회발기취지서'가 발표된 이후 한자폐지론·한글전용론이 거듭 제기됨에 따라 줄곧 한자교육에 대한 정책이 일관성이 없었다. 1951년에 常用一千漢字表(상용일천한자표)가, 1957년 문교부에 의해 상용한자 1,300자가 선정되고, 다시 1967년 한국신문협회가 상용한자 2,000자를 선정했다. 1970년에는 모든 공문을 한글로 썼고 초·중·고등학교 교과서에서 한자의 노출 표기를 없앴다. 마침내 1972년 漢文科敎育課程審議委員會(한문과교육과정심의위원회)를 거쳐 중·고등학교 한문교육용 제한한자 1,800자가 공표되어 현재에 이르고 있다.

우리가 한문을 배우는 목적은 선현들이 남긴 典籍(전적)을 통해 우리의 전통문화 유산을 이해하며 계승 발전시키는 것이다. 통계에 의하면 현재 국어에서 한자의 비중은 70%, 일상어에서도 25%를 차지하고 있다고 한다. 한글학회의 『우리말 큰 사전』에 수록된 약 14만 단어의 표준어 가운데 60% 가량인 8만 이상의 단어가 한자어이다. 이는 한때 한글사랑이 한글전용과 맥을 같이 한다는 것에 이의를 제기할 수 있다. 즉 한자를 도외시 한다면 우리의 전통문화와의 단절이 초래되고 나아가 우리의 국어를 제대로 이해할 수 없다는 논리가 성립된다. 뒤늦게나마 최근에 초중고생은 물론 대학생에 이르기까지 한자능력검정시험에 대한 사회적 관심이 고조되고 대기업에서 신입사원을 채용할 때 한자에 대한 실력을 중시한다고 하니 천만다행이라고 하겠다. 더욱이 현재 13억 가량의 인구를 보유한 중국의 잠재력과 동남아시아의 漢字圈(한자권)을 염두에 둔다면 국가경쟁력에 있어서도 한자교육에 대한 중요성은 두말 할 나위가 없다고 본다.

(4) 한자의 수

과연 한자의 수는 얼마나 될까. 언어란 생명력이 있어 변천과정 중 소멸되거나 신조어가 생겨나기도 하나 아무튼 시간이 흐를수록 증가해왔음을 알 수 있다. 갑골문자에는 3,000여 자가 전하고, 한대에 들어와 秦(진)나라 李斯(이사)의 『蒼頡(창힐)』, 趙高(조고)의 『爰歷(원력)』, 胡母敬(호모경)의 『博學(박학)』 세 책을 합쳐 『창힐』이란 책을 냈는데 여기에 3,300자가 실려 있다. 한대 揚雄(양웅, B.C. 53~A.D. 18)의 『訓纂(훈찬)』에 5,340자, 許愼(허신, 98 전후)의 『說文解字(설문해자)』에는 9,353자의 한자가 최초로 540 부수(部首)에 의거해 분류 수록되어 있다. 晉(진)나라 『字林(자림)』에 12,824자, 梁(양) 『玉篇(옥편)』에 22,726자, 宋(송) 『廣韻(광운)』에 26,194자, 明(명) 『洪武正韻(홍무정운)』에는 32,254자가 있다. 淸(청) 『康熙字典(강희자전)』에는 49,888자가 실려 있다. 民國(민국)에 나온 『中文大辭典(중문대사전)』에 53,000자, 일본의 『大漢和辭典(대한화사전)』에 49,964자, 우리나라의 『漢韓大字典(한한대자전)』에 51,853자, 중국의 『新華字典(신화자전)』에 72,000자, 『中華字解(중화자해)』에 85,568자, 「漢語大詞典(한어대사전)」에는 50,000여(어휘 37만) 자가 수록되어 있다.

(5) 중국의 언어

1) 중국 境內(경내) 언어 소개

중국의 영토 면적은 960만Km^2로 세계 대륙 면적의 1/15을 차지하며, 중국 전체 인구의 약 92%인 漢族(한족)과 55개의 소수민족으로 이루어진 다민족 국가이다. 언어는 일반적으로 우리가 중국어라 일컫는 漢語(한어)와 53개 소수민족 언어가 함께 쓰이고 있으며, 중국어인 한어 자체도 표준어인 普通話(보통화) 이외에 크게는 7대 방언 많게는 수십 개의 방언이 쓰이고 있다. 중국어(표준중국어)는 UN의 6개 공식 언어 중 하나이자 세계 인구의 1/4이 쓰고 있는 언어이다. 중국 전체에서 쓰이고 있는 모든 언어를 語族(어족)으로 대별하면, 漢藏語族(한장어족, Sino-Tibetan Language Family), 알타이어족(Altaic Language Family), 南亞語族(남아어족, Austro-Asiatic Language Family), 南島語族(남도어족, Austronesian Language Family), 인도-유럽어족(Indo-European Language Family) 등 다섯 종류이다. 이들 중 가장 대종을 이루고 있는 한장어족은 대륙의 동남부로부터 서쪽 西藏(서장)의 高源(고원), 동쪽 태평양 연안, 북쪽 만리장성 일대와 동북(만주)의 전 지역, 남쪽 중남반도에 이르기까지 광범위한 지역에 분포되어 있다. 이 어족에서 티베트어, 버마어, 타이어를 제외한 한어 계열은 대략 7가지 방언이 포함된다.

2) 표준 중국어

현대 중국어는 광의의 측면에서 한족들이 1919년 5・4운동시기부터 지금까지 교류를 위해 사용한 공통어로 각 지역의 방언도 포함된다. 중국인들은 방언을 극복하기 위한 방법으로 筆談(필담)을 사용하며, 대부분 관영TV 방송에서 중국어 자막을 넣는 것을 볼 수 있다. 협의의 측면으로는 한족들이 상호 교류할 때 보편적으로 사용하는 언어를 가리킨다. 즉 한족들의 공통어인 보통화를 지칭한다. 민국2년(1913)에 國語讀音統一會(국어독음통일회)를 조직하고 國音(국음 : 한자음)의 통일을 추진하여 비로소 北京音(북경음)을 표준음으로 채택하였다.

백화문이란 역사적으로 아주 오래 사용해오던 고대의 '文言(문언)'에 상대되는 말이다. 문언도 처음에는 구어를 기초로 형성되기는 하였으나 서면어로서 자리를 잡기 시작하면서 구어와는 점차 멀어졌으며, 전문적으로 학습해야 알 수 있는 순수한 서면어로 변하게 되었다. 이러한 서면어(문언)와 구어의 분화로 민간에는 구어에 가까운 새로운 서면어인 백화문이 등장하게 되었다. 백화문은 9세기에 처음 등장하였으며 13세기에 이르러 상당히 발전하게 된다. 백화문으로 구성된 문학작품이 널리 읽히면서 일반 사람들 사이에 백화문에 대한 필요성이 확산되었다. 이는 백화문의 토대인 북방방언을 널리 전파하는데 공헌하였고, 또한 북방방언의 기초 하에 형성된 서면어가 발전하는데 직접적인 계기가 되었다. 이에 1919년 이후 백화문은 정식으로 서면어의 자격을 얻게 된다.

현재 중국에서는 표준 중국어를 보통화라고 부른다. 보통화는 다음의 세 가지 조건을 충족해야 한다. 첫째, 북경 발음을 표준음으로 하고 ; 둘째, 어휘는 북방방언을 기초로 하고 ; 셋째 어법은 전형적인 백화문 저서를 모범으로 삼는다.

북경 발음을 표준음으로 삼은 까닭은 첫째, 북경어가 子母(자모)와 성조가 비교적 간단하고 말이 맑고 부드러워 듣기가 좋았고 ; 둘째, 북경이 遼・金・元・明・淸(요・금・원・명・청)에 이르는 역대 왕조와 현대 중국의 수도로서 정치・경제・문화・교육・교통 등의 중심지여서 북경어가 넓은 지역까지 퍼져 있으며 ; 셋째, 명・청 이래로 널리 읽혀진 『水滸傳(수호전)』・『西遊記(서유기)』・『儒林外史(유림외사)』・『紅樓夢(홍루몽)』 등 수많은 白話小說(백화소설)들이 모두 북경어와 가까운 어투로 쓰여졌기 때문에 그 영향이 대단히 컸다는데 기인한다.

표준 중국어의 주요 특징을 들어보면 : 첫째, 음성에 있어 음절구조 중 자음은 연용할 수 없고 모음이 우세하다. 또한 음절구조에서 성조는 반드시 있어야 하며 중국어 음절은 음악성을 띤다. 둘째, 어휘에 있어 이음절어가 대다수를 차지한다. 단어 구성방식이 다양하며 어휘의 출처가 풍부하다. 또한 단음절어로 한 음절이 한 단어를 이루고 동시에 하나의 개념을 나타낸다. 一字多音(일자다음)

현상을 동반하는데 이는 하나의 글자가 각각 다른 음으로 불리며 이때 그 뜻도 함께 달라지는 것이다. 그러므로 四聲(사성)이 발달했다. 셋째, 문법에 있어 동일한 품사의 단어가 서로 다른 문장성분으로 쓰일 수 있다. 어순이 중요한 기능을 하며 허사는 형태의 의미를 나타낸다. 고립어로 그 어순이나 문장의 전후에 따라서 그 뜻이 달라질 뿐 글자 자체의 변화는 일어나지 않는다. 따라서 문장 가운데 들어있는 어휘의 문법적 기능은 그 말의 형태로서는 판별할 수 없고 주로 문장 내에 있어서의 어휘의 배열순서 또는 전후의 관계에서 판별할 수 밖에 없다. 중국어는 단음절・고립어로 품사 식별에 문제를 내포하고 있는데 바로 品詞轉用(품사전용) 현상이다. 즉 동일한 글자가 문중의 위치에 따라 몇 갈래의 품사로 변하여도 그 어형에는 아무런 변화가 없다.

3) 漢語方言(한어방언)

중국은 영토가 광활하여 중국어라 불리우는 한어도 표준어인 보통화 외에 크게는 7대 방언, 작게는 수십 개의 방언이 있으며 그 발음 차이가 커서 의사소통이 되지 않는 경우가 허다하다. 중국어 방언 간의 차이는 주로 음성, 어휘, 문법 등 각 방면으로 나타나는데 음성－어휘－문법 순으로 뚜렷한 차이를 보인다. 중국어 방언과 보통화를 비교해 보면 북방방언－오방언－객가방언－감방언－상방언－민방언－월방언 순으로 보통화와의 차이가 크다.

한어방언을 요약해 보면 아래와 같다.

① 官話(관화)방언 : '관화'란 관리들이 사용했던 말이란 의미지만, 해당 전문적인 언어를 가리키는 것이 아니라, 표준 중국어인 보통화와 유사한 각 지역 특색을 지닌 보통화적 형태의 방언이라 하겠다. 한족 기초방언으로 통용되는 지역이 가장 넓고, 사용 인구도 8억이 넘어 총 인구의 70% 이상을 차지한다. 관화방언은 다시 華北(화북)관화, 西北(서북)관화, 西南(서남)관화, 江淮(강회)관화 등으로 나뉜다.

- 화북관화 : 河北省(하북성), 河南省(하남성), 山東省(산동성) 및 동북 三省(삼성) 등 지역에서 사용한다.
- 서북관화 : 山西省(산서성), 陝西省(섬서성), 甘肅省(감숙성) 일대에서 사용한다.

- 서남관화 : 四川(사천)·雲南(운남)·貴州(귀주)·湖北省(호북성)의 대부분과 湖南省(호남성) 서부, 廣西省(광서성) 일부 지역에서 사용한다.
- 강회관화 : 江蘇省(강소성) 북부, 安徽省(안휘성) 중부, 호북성과 江西省(강서성) 일부 지역에서 사용한다.

② 吳(오)방언 : 江浙話(강절화)라고도 부르며 上海話(상해화)가 대표적이다. 사용 인구는 약 1억이며 한족 총인구의 8.4%를 차지한다. 강소성 남부와 절강성의 대부분 지역에서 사용한다.

③ 湘(상)방언 : 湖南話(호남화)라고도 부르며 長沙話(장사화)가 대표적이다. 사용 인구는 약 6,000만이며 한족 총인구의 5%를 차지한다. 호남성의 湘江(상강)·資水(자수), 沅江(원강) 유역에서 사용한다.

④ 贛(감)방언 : 江西話(강서화)라고도 부르며 南昌話(남창화)가 대표적이다. 사용 인구는 약 2,500여 만이며 한족 총인구의 2.4%를 차지한다. 분포지역은 강서성 일대(동북쪽 강기슭과 남부 지역은 제외)와 호북성 동남 지역이다.

⑤ 客家(객가)방언 : 廣東省(광동성) 梅縣話(매현화)가 대표적이다. 사용 인구는 5,000만 정도이며 한족 총인구의 4%를 차지한다. 강서성 남부, 광동성 동부, 福建省(복건성) 남부와 호남·광서·사천·臺灣(대만) 등 성의 일부 지역에서 사용한다. 한글에 차용된 한자어가 광동성 방언을 받아들여 구성했다고 알려져 있다.

⑥ 閩(민)방언 : 福佬話(복로화)라고도 부르며 福州話(복주화)가 대표적이다. 사용 인구는 약 5,000만이며 한족 총인구의 4.2%를 차지한다. 閩南語(민남어)와 閩北語(민북어)로 나뉜다. 전자는 복건성의 厦門(하문)과 광동성의 潮汕(조산)을 중심으로 대만·海南島(해남도) 등 지역에서, 후자는 복주를 중심으로 閩江(민강) 유역과 三島澳(삼도오) 연안 일대에서 사용한다.

⑦ 粵(월)방언 : 廣東語(광동어)라고도 부르며 廣州話(광주화)가 대표적이다. 사용 인구는 약 5,000만이며 한족 총인구의 5%를 차지한다. 분포지역은 광동·광서 대부분의 지역과 홍콩(香港), 마카오(澳門) 등지이며, 화교 중에도 사용하는 인구가 많다.

2. 한자의 기원

한자의 기원에 대해서는 여러 가지 전설이 전해진다. 최초로 造字(조자)하였다는 인물로 伏羲(복희), 朱襄(주양), 蒼頡(창힐), 沮誦(저송)・梵(범), 佉盧(겁려)를 들며 이들 중 창힐이 가장 널리 알려져 있다. 『荀子(순자)』, 『呂氏春秋(여씨춘추)』, 『韓非子(한비자)』, 『설문해자』, 『淮南子(회남자)』 등에 창힐이 鳥獸(조수)의 足跡(족적)을 보고 문자를 생각하여 한자를 창제했다는 기록이 보인다. 창힐의 '蒼'은 '倉'으로도 쓰이며 상고시대의 제왕, 黃帝(황제)의 史官(사관), 시대의 擬人化(의인화)라는 견해가 있는데 대체로 『설문해자』 서문, 班固(반고, 32~92)의 『漢書(한서)』 古今人表(고금인표) 등의 기록을 따라 황제의 사관으로 본다. 그러나 한자는 "非一人一時一地(비일인일시일지)"로 어느 특정인에 의해 일시에 어느 한 지역에서 만들어진 것이 아니라 시대의 변천에 따라 여러 사람의 손을 거쳐 완성되었다는 것이 학계의 정설이다.

(1) 結繩(결승)

결승은 한자가 형성되기 이전 여러 가지 끈이나 새끼 등을 가지고 매듭을 맺어 그 매듭의 크고 작음, 수효의 많고 적음으로써 사물의 수나 크기를 나타낸 매듭문자를 말한다. 『周易正義(주역정의)』 繫辭(계사) 疏(소)에서 鄭玄(정현, 127~200)의 설을 인용하여 결승은 "일이 크면 새끼줄의 매듭을 크게 지어놓고, 일이 작으면 새끼줄의 매듭을 작게 지어 놓았다(事大, 大結其繩 ; 事小, 小結其繩)." 라고 설명하였다. 『莊子(장자)』 胠篋篇(거협편)에 의하면 容成氏(용성씨)부터 神農氏(신농씨)까지 백성들이 결승을 사용했다고 기록했다. 결승은 문자가 아니라 새끼줄을 이용한 일종의 기억의 보조나 어떤 약속을 표시하는 원시적인 기록 방법이라 하겠다.

(2) 書契(서계)

서계는 나무쪽이나 대쪽에 칼로 표시를 하여 기억을 보조하거나 약속을 기록하는 수단이다. 간혹 어떤 계약의 표시로 기호를 새긴 나무쪽을 둘로 쪼개어 두 사람이 각각 보관하고 있다가 필요할 때 맞추어봄으로써 계약을 확인하는 데 쓰기도 하였다. 王肅(왕숙, 195~256)은 『尙書(상서)』 序(서)에서 정현의 설을 인용하여 "나무에다 글을 쓰고, 그 곁을 새기고 계를 만들어 각각 그 한 쪽을 갖고 있다가 뒤에 그것을 서로 맞추어 보았다(書之於木, 刻其側爲契, 各持其一, 後以相考合)."라고 했으니 서계 역시 문자가 아님을 알 수 있다. '契'는 '栔'로 씀이 옳으며 『설문해자』나 劉熙(유희)의 『釋名(석명)』에서 모두 "새긴다(刻)"는 뜻으로 풀이하고 있다. 또 兪樾(유월, 1821~1906)의 『諸子評議(제자평의)』에서 다음과 같이 설명하고 있다.

> 齒(이)라는 것은 계의 치이다. 옛날에는 대나무에 새기어 수를 기록했는데 그 새긴 곳이 이와 같아서 그것을 치라고 일컫는다. 『易林(역림)』에서 말하길 "좌우에서 병부에 새긴 것을 가지고 있다가 서로 이를 맞추어 본다."한 것도 이것이다. 『列子(열자)』 說符篇(설부편)에서 "송나라 사람이 길에서 노닐다가 남이 잃은 계를 주워서 돌아와 그것을 숨겼다. 몰래 그 잇금을 세어보며 내가 부자가 되는 건 시간문제라고 말하였다."했다. 이것이 바로 남의 치수를 세어보고 부자가 되었다고 생각한 것이다(齒者, 契之齒也. 古者刻竹木以記數, 其刻處如齒, 故謂之齒. 易林所謂 ; 符左契右, 相與合齒, 是也. 列子說符篇 ; 宋人有遊於道, 得人遺契者, 歸而藏之, 密數其齒, 曰 ; 吾富可待矣. 此正數人之齒以爲富者).

따라서 '書'는 '畵', '契'는 '刻'을 뜻하며 결승의 대용으로써 筆畵(필화) · 刀刻(도각)에 그친다고 하겠다.

(3) 八卦(팔괘), 河圖(하도) · 洛書(낙서)

『설문해자』 자서에 결승 이전에 이미 복희씨의 팔괘가 있었음을 기록한다. 팔괘는 본래 점을 치던 기호로서 음양의 변화를 그림으로 나타냈다. 『주역』 64괘의 기본이 되는 乾(건)·坤(곤)·震(진)·艮(간)·離(리)·坎(감)·兌(태)·巽(손)의 여덟 가지 괘로 역시 문자라 할 수 없다. 하도는 복희 때에 龍馬(용마)가 등에 지고 나온 도표이고, 낙서는 禹(우)가 홍수를 다스릴 적에 洛水(낙수)에서 神龜(신귀)가 등에 지고 나왔다는 문서인데 하도는 팔괘를 만드는 바탕이 되고, 낙서는 洪範九疇(홍범구주)의 바탕이 된 것이라고 전한다.

3. 한자의 字體(자체)의 변천

한자의 형체란 한자가 쓰여진 외형으로 자체, 혹은 書體(서체)라고 부른다. 일반적으로 자체는 한자발전사에 있어 7종으로 분류한다. 이들 중 甲骨文(갑골문), 金文(금문), 篆書(전서), 隸書(예서), 楷書(해서)는 주요자체이고, 草書(초서), 行書(행서)는 輔助性(보조성) 자체이다. 갑골문, 금문, 전서를 古文字(고문자), 예서, 해서, 초서, 행서를 今文字(금문자)로 구분한다. 고문자는 모두 상형성을 지니며, 금문자의 경우 상형의 속박에서 벗어났다. 예서는 한자가 고문자에서 금문자로 변화 발전되는 과정에서 중요한 분기점이 된다. 해서는 예서에서 변화 발전된 자체로 현재에 이르기까지 통용된다.

고문자는 그 글이 씌어지거나 새겨진 기물에 따라 갑골문·금문(鐘鼎文)·陶文(도문)·古印文(고인문)·貨布文(화포문) 등으로 나누고, 그 자체에 따라 갑골문·금문·科斗文(과두문)·蝌蚪文(과두문 : 올챙이 모양의 문자)·鳥蟲書(조충서)·大篆(대전, 또는 籒書)·소전 등으로 나눈다. 고문자는 唐蘭(당란)의 『古文字學導論(고문자학도론)』에서 시대와 지역을 고려하여 네 단계로 나눈다.

① 殷商系文字(은상계문자) : 갑골문자, 銅器(동기)에 새겨진 銘文(명문).
② 西周系文字(서주계문자) : 금문.
③ 六國系文字(육국계문자) : 전국시대는 秦·齊·楚·燕·韓·趙·魏(진·제·초·연·한·조·위) 칠국이 패권을 다투었는데 이 중 가장 강성했던 진나라를 제외한 나머지를 육국이라 한다. 글자의 訛變(와변)과 자체의 혼란이 가장 심했던 시기로 동기·도기·고인·화포 등에 새겨진 글자가 주류를 이룬다. 전국시대에는 조충서 같은 새로운 자체가 나오며, 진대에 이르러 한자의 자체가 통일될 수 있는 기초를 마련했다.

④ 秦系文字(진계문자) : 진나라는 대체로 서주문자를 계승 발전시켜 천하를 통일한 후에 문자도 통일했으며 대전과 소전이 주류를 이룬다.

(1) 甲骨文(갑골문)

갑골문은 1899년 河南省(하남성) 安陽縣(안양현) 小屯村(소둔촌)의 殷墟(은허)에서 최초로 발견되었다. 거북의 배 껍질(龜腹甲)이나 소의 어깨뼈(肩胛骨)에 새겨진 글자로서 대부분 占卜(점복)에 관한 기록이다. 옛날에는 征戰(정전)・漁獵(어렵)・出行(출행)・疾病(질병)・風雨(풍우)・成年(성년)・夢(꿈)・生育(생육)・冠婚喪祭(관혼상제) 등 모든 일이 점을 통해 이루어졌다. 그러므로 卜辭(복사) 또는 貞卜文(정복문)이라고도 부른다. 한편 칼로 새겨진 문자라고 하여 契文(계문), 은의 옛터에서 발견되었다고 하여 은허문자라고도 불린다.

갑골문은 1899년 王懿榮(왕의영)에 의해 발굴된 이후 학계의 관심을 모아 발굴 수집이 활성화되며, 1928년에서 1937년까지 15차에 걸쳐 국가정책의 일환으로 중앙연구원에서 철저한 발굴과 연구가 진행된다. 발견된 갑골문자는 중국 고문자 연구 자료는 물론 고대사를 새롭게 조명하는 귀중한 史料(사료)가 된다. 1965년 中華書局(중화서국)에서 출판된 『甲骨文編(갑골문편)』의 통계에 의하면 4,500자 정도로 그 중 의미를 알 수 있는 자는 1,000자에도 못 미친다. 의미를 알 수 없는 자는 대부분 고유명사로 인명・族名(족명)・지명 등이다.

그 특징으로는 상형적 성격이 농후하고, 칼로 새겼으며, 자형이 들쭉날쭉 고르지 않으며, 동일한 글자를 여러 형태로 쓴 異體字(이체자)가 많고, 偏旁(편방)의 위치가 고정되어 있지 않고, 글자의 획이 가늘고 길다는 점 등을 들 수 있다. 한편 후세 한자의 조자원리인 六書(육서)를 다 갖추어 상당히 성숙된 문자 체계를 지닌 문자임을 알 수 있다.

(2) 金文(금문)

商・周(상・주) 양대는 제사를 중히 여겼으며 祭器(제기)로 대부분 청동기물을 썼다. 금문은 중국 청동기 발전의 전성기인 상대 말기에서 西周(서주)를 거쳐 춘추전국시대까지 약 1,200년 동안 등장하나 서주시기에 가장 많이 사용된 문자이다. 금문은 주로 청동기물이나 금속 물품에 주조했거나 조각된 글자이다. 고대에는 銅(동)을 金(금)이라고 했으므로 청동기에 새긴 글자를 금문이라고 한다.

또한 청동 기물 중에서 樂器(악기)는 鐘(종), 禮器(예기)는 鼎(정)이 가장 많고 부피도 커 금문을 종정문, 종정문자라고 부른다. 또는 彝器銘文(이기명문), 이문이라고도 하는데 彝(이)는 청동기 중 禮器(예기)의 總名(총명)이다. 청동기에 凹(요)로 들어간 器面(기면)을 '款(관)'이라 하고, 凸(철)로 나온 기면을 '識(지)'라고 한다. 그러므로 금문은 '종정관지'라고도 부른다. 그 외 청동기명문, 명문 등 다양한 명칭이 있다.

상대에서 주대에 이르면 점차 상형적 요소가 감소되며 글자 수가 백 자 이상되는 명문이 출현하는데 제사・征伐(정벌)・冊命(책명)・토지・계약・分封(분봉) 등을 주요내용으로 한다. 1959년 과학출판사 출판의『金文編(금문편)』에는 상・주 금문이 모두 3,000여 개 수록되어 있는데 지금 해독할 수 있는 자는 2,000개에도 못 미친다. 그 특징으로 圖畵性(도화성 : 회화・그림), 필획이 비교적 두텁고, 筆形(필형)이 굵고 단단하며, 자형의 윤곽이 갑골문에 비해 方正(방정)하고 고르며, 이체자 역시 많다. 예를 들면『금문편』에 '壽(수)'자가 103개, '考(고)'자가 107개, '鼎(정)'자가 70여 개나 수록되어 있다.

(3) 篆書(전서)

전서는 대전과 소전으로 나눈다.

대전은 진나라 통일 육국 이전의 춘추전국시대의 秦國(진국)의 문자로 서주 말기의 금문을 계승한 자체이다. 대전의 전형적인 대표는 石鼓文(석고문)・籀文(주문)이며 그 외 秦武公(진무공) 때의 秦公鐘(진공종)・秦公鎛(진공박), 진경공 때의 진공종・秦公簋(진공궤), 진 惠文王(혜문왕) 때의 詛楚文(저초문) 등이 있다. 주문은 周宣王(주선왕, B.C. 827~B.C. 782 재위) 때의 太史(태사) 籀(주)가 만든 것으로 그 명칭은『史籀篇(사주편)』・『사주』・『籀書(주서)』・『史篇(사편)』에서 나왔으며 아동 계몽서이다. 원래는 15편이었으나 동한 光武帝(광무제) 建武(건무)연간에는 9편만이 보이고 晉代(진대)에 이르러 완전히 자취를 감췄다.『설문해자』에 수록된 225자 외에는 확실히 밝혀진 자료가 없다. 석고문과 주문은 일반적으로 춘추전국시대 진국의 문자이다. 진국은 주대의 옛 터인 陝西(섬서) 일대에서

흥기하였으며 주나라의 문화를 계승하였다. 그러므로 대전의 자체도 주대 문자의 書法(서법)을 따랐다. 주대의 금문과 대체로 비슷하나 자형이 더욱 가지런하고 바르며 필획이 더욱 線化(선화)되었으며 간소화되었다.

전국시대 대전과 병행되었던 육국문자는 한층 복잡하며 상·주의 전통문자의 서법으로부터 자유로웠다. 육국문자는『설문해자』에 510자가 수록되어 있으며, 고문·竹簡帛書文字(죽간백서문자)·화폐문자·璽印文字(새인문자) 등이 전한다. 竹簡(죽간)은 후한의 蔡倫(채륜)이 105년 종이를 발견하기 전 대나무 조각에 쓴 글자를 말한다. 나무에 쓴 것을 木牘(목독), 흰 명주에 쓴 것을 帛書(백서)라고 한다. 화폐문자는 泉布文(천포문)이라고도 부르며 금속으로 주조한 화폐에 쓰여진 문자이다. 새인문자는 전국시대 印章(인장) 위에 새긴 문자로 官璽(관새)와 私璽(사새)로 나눈다. 자형이 간략하며 때로는 서법이 기괴한데 보통 관새는 官名(관명)과 지명을, 사새는 성명 혹은 吉祥語(길상어)를 새긴다. 소전은 진나라 때 통일한 문자로 대전을 개량한 표준 자체이다. 이사가 만들었다고 하며 秦篆(진전) 혹은 전서라고 부른다. 특징은 필형이 바뀌고, 도화성이 감소되고, 부호화되었다. 필획과 편방을 간소화하고 이체자를 폐지하였다.

진나라는 그 외 용도에 따라 書八體(서팔체)인 대전·소전·刻符(각부)·蟲書(충서)·摹印(모인)·署書(서서)·殳書(수서)·예서를 다양하게 사용했다고 전한다. 현존하는 소전의 자료는 다음과 같다. ① 秦始皇(진시황)이 각지를 巡遊(순유)한 공적을 새긴 암석으로 이사가 쓴 泰山刻石(태산각석), 琅邪臺刻石(낭야대각석) 등. ② 진대의 虎符(호부)·새인 등. ③ 진대의 아동 계몽 학습교본인『三倉(삼창)』으로 이사의『창힐편』, 조고『원력편』, 호모경의『박학편』을 포함한다. 원본은 망실되었고 王國維(왕국유) 등에 의한 몇 종류의 輯存本(집존본)이 전한다. ④『설문해자』에 수록된 9,353자. ⑤ 삼국시대 위나라 正始(정시)연간 2년에 판각된 三體石經(정시석경) 중의 소전.

(4) 隷書(예서)

진시황 때 程邈(정막)이 실용을 위주로 개혁한 자체로 소전으로부터 간소화되어 변화 발전하였다. 행정사무를 효율적으로 보기 위해 사용한 한대의 공식적인 서체로 隷人(예인 : 하급 관리)들이 주로 사용했기에 예서라고 한다. 당시 예서는 소전과 병용되었는데 소전은 정부의 표준 자체로 비교적 성대하고 장중한 경우 쓰였으며 공적을 기록한 刻石(각석)이나 官印(관인) 등이다. 예서는 하급 관리가 사용한 보조성 자체로 일반적으로 문건·서적·장부·일상생활에서 쓰였다. 또 소전의 보조 역할을 하는 서체라고 하여 左書(좌서), 혹은 佐書(좌서)라고도 부른다. 東漢(동한) 章帝(장제, 76~88 재위)에 이르러 오늘날 사용하는 해서가 나오기 전까지 널리 쓰였다.

예서는 秦隷(진예)와 漢隷(한예)로 나눈다. 진예는 古隷(고예)라고도 하며 진대에서 한나라 초기까지 사용되었다. 소전의 간단명료한 서법으로 대부분 출토된 죽간·목독·帛(백) 위에 쓰인 문자이다. 한예는 今隷(금예) 혹은 八分(팔분)이라 하며, 서한 중기에서 晉(진)나라 초기까지 통행된 예서를 가리킨다. 한예의 문자자료는 매우 풍부하며 대부분 石刻(석각)과 한나라 묘에서 출토된 簡書(간서)를 들 수 있다. 예서는 한자발전사상 고문자를 마감하고 금문자를 시작하는 첫 단계로 중요한 의의를 지닌다. 그 특징으로 한자의 상형적 요소가 거의 사라져 부호화되었고, 서법이 필획화되었고, 네모꼴의 형태로 결구가 엄정하며 필법이 분명하다. 이는 이후 금문자의 특징이기도 하다.

(5) 楷書(해서), 草書(초서), 行書(행서)

해서는 동한 말 한대의 예서를 바탕으로 발전된 서체로 唐(당) 이전에는 正書(정서), 혹은 眞書(진서), 今隷(금예)라고 불렀다. 王次仲(왕차중)이 예서를 한층 단순화시킨 것으로 일점 일획을 독립하여 方正(방정)하게 쓴다. 魏晉南北朝(위진남북조)로부터 오늘날까지 통용되는 표준 자체이다.

초서와 행서는 보조성 자체이다. 예를 들면 위진 이후 해서는 정식 자체로써 문건·서적·간행물 등에 쓰이거나 인쇄되었다. 초서와 행서도 동시에 유행하여 서신·장부·일기·필기 등 일상생활 각 방면에서 사용되었다.

초서는 역시 한대에 형성되었으며 해서를 더 풀어 字劃(자획)을 간략히 흘리어 쓰는 흘림체이다. 초서는 역대 서예가들의 사랑을 받아왔으며 章草(장초), 今草(금초), 狂草(광초)로 나눈다. 장초란 동한 章帝(장제)의 사랑을 받아 이름을 얻었다는 설이 전해지며 한예의 느낌이 남아있는 덜흘림체이다. 금초는 장초가 부드럽고 운치있게 변한 자체이며, 광초는 미친듯이 흘리는 서체로 당나라 때 나타났다. 광초의 파격미는 가히 순수한 예술 작품이라고 말할 수 있겠다.

행서는 해서와 초서의 중간단계의 서체로 동한 말년에 생겼으며, 해서와 금초 형성 이후로 본다. 고금을 통해 王羲之(왕희지)의 「蘭亭集序(난정집서)」가 대표적이다.

(6) 簡體字(간체자)

중국에서는 1930년경 비판적이고 진보적인 지식인들을 중심으로 지식인을 위한 한자가 아닌 인민을 위한 한자를 만들자는 개혁운동이 일어나기 시작했다. 간체자는 자국민의 문맹률을 낮추기 위한 문자정책의 산물이라 하겠다. 1949년 중국문자개혁협회가 수립된 후에 곧 漢語拼音方案(한어병음방안)을 제정할 작업을 추진하기 시작했고, 1952년 毛澤東(모택동)은 언어학자를 동원하여 중국문자개혁연구위원회를 발족시키고 문맹퇴치운동에 들어갔다. 1954년 중국문자개혁연구위원회를 중국문자개혁위원회로 개편하고 그 안에 병음방안위원회를 설치했다. 1955년 異體字(이체자)를 정리하여 1,053자를 폐지하고 1956년 漢字簡化方案(한자간화방안)을 공표하고 1957・8년 한어병음방안을 확정하여 한자의 음을 라틴 자모로 표기했다. 1964년 簡化字總表(간화자총표)를 만들어 간체자 총수를 2,236개로 확대한다. 1988년 국가교육위원회와 國家語言文字工作委員會(국가어언문자공작위원회)에서 3,500자의 現代漢語常用字表(현대한어상용자표)를 새로 만들어 공동으로 공표하였다. 또 같은 해에 국가어언공작위원회는 國家新聞出版署(국가신문출판서)와 함께 7,000자의 現代漢語通用字表(현대한어통용자표)를 공표하였다.

간체자를 만드는 원칙과 방식은 대략 다음과 같다.

① 원래 글자의 윤곽을 남긴다.
② 원래 글자의 특징적인 부분을 남긴다.
③ 초서체를 해서화 한다.
④ 편방을 바꾼다.
⑤ 간단한 부호로 편방을 대체한다.
⑥ 필획이 적은 옛 자의 본자나 구체자를 채용한다.
⑦ 필획이 적은 동음의 별자를 차용한다.
⑧ 따로 새 글자를 만든다.

4. 한자의 구조와 활용 : 六書(육서)

민국 이전에는 文字學(문자학)을 小學(소학)이라고 했는데 '소학'이란 명칭은 이미 西漢(서한) 시대에 이루어졌다. 동한의 반고는 서한 劉歆(유흠)의 『七略(칠략)』을 근거로 지은 『漢書・藝文志(한서・예문지)』「六藝略(육예략)」 끝에 소학류의 작품 45편을 덧붙여 실었는데 모두 문자에 관해서 해석한 것이다. 여기서 다음과 같이 말하였다.

> 옛날에 여덟 살이 되면 소학에 들어갔으므로 주나라 관리 보씨가 公卿大夫(공경대부) 자제의 교육을 담당했는데 이들에게 육서를 가르쳤다. 이른바 상형, 상사, 상의, 상성, 전주, 가차로 문자를 만드는 기본이다(古者八歲入小學, 故周官保氏掌養國子, 教之六書, 謂象形, 象事, 象意, 象聲, 轉注, 假借, 造字之本也).

옛사람들은 아이가 학교에 가면 먼저 글자를 배워야 한다고 여겼다. 글자를 배우기 위해서는 반드시 문자의 구조와 문자의 運用(운용)을 알아야 되는 까닭에 소학 안의 보씨는 먼저 그들에게 육서를 알도록 하였다. 그러므로 소학의 본래 뜻이 학교임에도 불구하고 보씨가 먼저 소학에서 육서를 가르쳤기 때문에 과거에는 문자를 소학이라고 불렀다.

한자의 조자원리인 육서의 명칭과 차례는 학자에 따라 조금씩 다르다. 유흠, 반고는 '象形(상형)・象事(상사)・象意(상의)・象聲(상성)・轉注(전주)・假借(가차)'라 했고, 鄭衆(정중)・賈公彦(가공언) 등은 '상형・會意(회의)・전주・處事(처사)・가차・諧聲(해성)'이라고 하였다. 그러나 일반적으로 『설문해자』 敍(서)에서 기록된 정의를 따른다. 허신은 주대의 官制(관제)를 기록한 『주례』를 근거로 하여 육서를 설명하고 있다. 「地官・保氏節(지관・보씨절)」에 '六書'라는 용어가 經書(경서)에 나타난 시초이다.

> 『주례』에 의하면 공경대부의 자제가 여덟 살이 되어 소학에 들어가고 보씨가 이들에게 먼저 육서로써 가르친다고 한다.
>
> 첫째, 지사이다. 지사란 보아서 알 수 있고 살피면 그 뜻이 드러나 보이는 것으로 '上(상)'이나 '下(하)'가 이것이다.

둘째, 상형이다. 상형이란 그 물건을 그리되 굴곡의 특징을 살리는 것으로 '日(일)'이나 '月(월)'이 이것이다.

셋째, 형성이다. 형성이란 일로써 이름을 삼되 그 성음의 유사함을 취하여 서로 이루어 놓은 것으로 '江(강)'이나 '河(하)'가 이것이다.

넷째, 회의이다. 회의란 사물의 종류를 나란히 늘어놓고 뜻을 합함으로써 가리키는 바를 드러내는 것으로 '武(무)'나 '信(신)'이 이것이다.

다섯째, 전주이다. 전주란 종류로 한 표준을 세우고 같은 뜻을 서로 수용하는 것으로 '考(고)'나 '老(노)'가 이것이다.

여섯째, 가차이다. 가차란 본래 그 글자가 없지만 소리에 의거하여 일을 기탁하는 것으로 '令(영)'이나 '長(장)'이 이것이다.

(周禮 "八歲入小學. 保氏教國子, 先以六書." 一曰指事, 指事者, 視而可識, 察而可見, 上下是也. 二曰象形, 象形者, 畵成其物, 隨體詰詘, 日月是也. 三曰形聲, 形聲者, 以事爲名, 取譬相成, 江河是也. 四曰會意, 會意者, 比類合誼, 以見指撝, 武信是也. 五曰轉注, 轉注者, 建類一首, 同意相受, 考老是也. 六曰假借, 假借者, 本無其字, 依聲託事, 令長是也).

이들의 설을 바탕으로 오늘날 육서의 명칭과 순서는 상형, 지사, 회의, 형성, 전주, 가차로 통용된다. '상형・指事(지사)・회의・형성'을 구성(造) 원리로, '전주・가차'를 운용 원리로 본다.

(1) **象形**(상형)

상형의 '象'은 가차자로서 정확한 서법은 '像'이며, 이른바 形(형)을 본뜬다는 뜻이다. 그리고 물체의 윤곽을 따라 굴곡의 선을 이용하여 그 물체의 형상을 그려내는 것으로 대개 그 원리가 繪畵(회화)와 가깝다. 일반적으로 인체, 동・식물, 산천 등 우리 눈으로 관찰할 수 있는 것이 여기에 해당한다. 천지간의 물형을 그려내 그것으로 글자를 삼는 원시적인 방법이니 육서 중에서도 가장 기본적이라 할 수 있다. 그러나 다만 상형만으로 만들어진 글자는 그다지 많지 않다. 胡樸安(호박안)의 통계에 의하면 『설문해자』 중의 상형문자는 364자인데 순수하지 않는 것을 제외하면 242자이며, 송나라 鄭樵(정초)가 분류한 문자 총수 24,235자 중 상형자는 608자에 불과하다.

日, 月, 山, 川, 水, 艸, 木, 人, 目, 馬, 鳥, 魚, 弓, 門

(2) 指事(지사)

지사란 글자 그대로 사물(일)을 가리키며 부호로써 事象(사상)의 뜻을 표시하는 것이다. '事'는 본뜰 수 있는 구체적인 형체가 없기 때문에 다만 추상적인 부호로 일의 상태를 표시하여 그 일을 밝힐 수밖에 없는 것이다. 지사는 일정한 사상을 그려내야 하므로 그와 같은 사상을 드러내는 물상이 한 가지가 아니라 여러 가지에 걸쳐 있다. 이와 같이 여러 가지 것에 걸쳐서 드러나는 일이나 상태를 가리킨다. 그러므로 지사의 방법으로 만들어진 글자는 얼마 되지 않는다. 예를 들면 '一'과 '二'는 수를 기호화한 것이고, '上'과 '下'는 하나의 기준이 되는 線(선)의 위와 아래에 '・'로 표현하였던 것이 지금의 형태로 변천한 것이다.

上, 下, 一, 二, 三, 五, 本, 末, 中, 天, 刃

(3) 會意(회의)

이미 이루어진 두 세 글자의 뜻을 모아 또 다른 한 뜻을 나타내는 방법이다. 회의는 글자 그대로 "뜻을 모은다"이니 『설문해자』에서 말하는 '比類合誼(비류합의)'로 곧 二類(이류) 혹은 三・四類(삼・사류)의 문자를 배열하여 하나의 字義(자의)를 합성한다는 것이고, '以見指撝(이견지위)'란 바로 새로이 합성된 글자가 뜻하는 바를 발견한다는 뜻이다. 예를 들면 '武(무)'는 상형자인 '戈(과)'와 '止(지)'의 뜻을 합한 것으로 干戈(간과)를 중지하여 천하를 태평으로 이끈다는 本義(본의)이다. '信(신)'은 '人(인)'과 '言(언)'의 뜻을 합친 것으로 사람의 말은 서로 믿음을 의지하지 않고서는 이루어질 수 없다는 사실에서 '信'의 뜻을 드러낸다. 여기서 '人'은 상형자요, '言'은 형성자이다. 회의자는 구성요소와 배합방식에 따라 분류할 수 있다.

竝, 林, 炎, 赤, 囚, 公, 分, 東, 設, 支, 祭, 社, 牧, 集, 休, 男, 祝

(4) 形聲(형성)

형성은 '形'과 '聲'의 배합을 말한다. 즉 한 字(자)를 이루는 구성요소의 한쪽은 意符(의미)를 가리키고, 다른 한쪽은 聲符(음성)을 가리키는 것이다. 이를 상성 혹은 해성이라고도 부른다. 『설문해자』에서 말하는 '以事爲名(이사위명)'이란 사물의 '形'을 가리키고, '取譬相成(취비상성)'이란 사물의 '聲(성)'을 말한다. 형성은 상형이나 지사보다 나중에 생긴 조자방식이나 한자 중 가장 빈도가 높아 약 80%를 차지한다. 부수로 글자를 찾아보는 字典(자전)인 옥편 같은 것을 보면 쉽게 알 수 있는데 같은 부수 아래 많은 글자가 모여 있는 것이다. 이들 부수는 대개 의미를 나타내는 요소인 형부에다 음성을 나타내는 요소인 성부가 결합되어 한 글자로 표시되어 있다. 다음 여섯 가지로 분류한다.

左形右聲(좌형우성) : 江, 河, 村, 語
右形左聲(우형좌성) : 鳩, 鴨, 仁, 視
上形下聲(상형하성) : 草, 漢, 露, 究
下形上聲(하형상성) : 婆, 娑, 怒, 盛
內形外聲(내형외성) : 問, 聞, 哀, 與
外形內聲(외형내성) : 圃, 國, 閣, 術

(5) 轉注(전주)

전주에 대한 해석은 약 40여 종의 학설이 분분하여 정론이 없다. 이는 『설문해자』의 저자 許愼(허신)이 전주에 대한 정의와 예가 확실치 않고 간단한 데 기인한 것이다. 『설문해자』 敍(서)에 "轉注者, 建類一首, 同意相受, 考老是也(전주란 어떤 한 종류의 부수를 세워 같은 의미를 서로 받는 것으로 考·老가 이것이다)."라고 했는데, 여기서 '類'와 '首'에 대한 견해가 분분한 것이다. 기존에 제기된 수 십여 종 학설 중 가장 영향력 있는 주요 학설로는 <轉注形義說(전주형의설)>, <轉注互訓說(전주호훈설)>, <轉注同族說(전주동족설)> 세 종류가 있는데, 필자는 그 중 세 번째 학설을 가장 타당한 학설로 본다. 즉 전주란 "語源(어원)이 같아 글자의 음이 비슷하고 의미가 같으나, 형체가 다른 글자끼리의 해석 관계"를 말한다(林尹, 『文字學概說』, 台北, 正中書局, 1971, 157쪽). 예컨대, 『설문해자』의 "考, 老也(考는 老

다)", "老, 考也(老는 考다)."라는 데서, '考'와 '老'간의 해석 관계를 전주라고 보는 것이다. 다시 말해, '考'와 '老'는 語源(어원)이 같은 글자로서 뿌리가 같은 말이다. 따라서 두 글자는 뜻이 같고 음도 비슷한데 다만 형체가 다를 뿐이다.

현재 음으로 보면 '고(考)'와 '로(老)'가 음이 다르지만 중국 上古音(상고음)으로 보면 두 글자의 음이 대단히 유사할 뿐 아니라 뜻도 두 글자 모두 '노인'을 나타낸다. 즉, 전주란 이와 같이 뜻과 음이 본래 같거나 유사했던 두 글자가 서로 해석해주는 관계를 말한다.

> 諆 : 欺, 不 : 否, 九 : 究, 豆 : 梪, 福 : 富 : 備, 走 : 趨

(6) 假借(가차)

가차란 본래 문자가 없는 것을 다른 자의 음 또는 의를 빌려서 차용하는 것이다. 즉 어떤 언어를 기록할 때 同音多同義(동음다동의)의 이치 때문에 이미 만들어진 동음문자를 차용하여 아직 만들어지지 않은 문자를 대신하는 것이다. 그러나 점차 이미 있었던 자라도 언어를 기록할 때 갑자기 본래의 자가 생각나지 않을 경우 다른 동음의 자로써 대체하는데 이것도 가차에 포함시킨다. 『설문해자』에서 말하는 '本無其字(본무기자)'란 언어상으로 이미 낱말은 통용되고 있으나 이를 기록할 수 있는 문자의 형태가 아직 만들어지지 않은 것을 말하고, '依聲託事(의성탁사)'란 언어를 기록할 때 성음이 같은 문자를 의탁하여 말로는 할 수 있고 쓸 수는 없는 것을 기탁함을 가리킨다. 특히 외래어, 의성어, 의태어를 표기하는데 많이 사용한다.

> 令, 長, 革, 朋, 烏, 丁丁(나무 찍는 소리), 亞細亞, 巴黎, 可口可樂, 咖啡, 肯得基, 巧克力, 三明治, 氷淇淋, 酒巴, 俱樂部, 電腦

*** 전주와 가차의 비교**

전 주	가 차
① 원 뜻을 확대시켜 사용. ② 음은 달라질 수 있으나, 의미는 원뜻과 관계가 깊다. ③ 同字異訓(동자이훈)의 원칙.	① 음이나 형태가 같다는 이유로 다른 글자를 차용. ② 의미는 전혀 달라지지만 음은 그대로 사용한다. ③ 異字同音(이자동음)의 원칙.

5. 한자의 부수

자전이란 한자를 모아 일정한 순서대로 배열하여 그 한 자 한 자의 음, 훈, 韻(운), 字源(자원) 따위를 해설하는 것으로 옥편이라고도 부른다. 辭典(詞典)이란 하나의 단어에 대한 설명을 위주로 하는 것이다. 자전이나 사전에서 한자를 찾는 방법은 부수색인, 자음색인, 총획색인 이용법이 있다. 이들 중 부수색인 이용법을 가장 널리 사용한다. 먼저 찾고자 하는 한자의 부수와 나머지 획수를 알아낸 다음 부수색인에서 가리키는 쪽수를 찾아 펼친다. 다음으로 부수를 뺀 나머지 획수를 세어 그 글자를 찾는다.

부수란 자전이나 사전에서 한자를 찾는데 필요한 기본글자를 말한다. 이미 『설문해자』에서 한자의 자형 및 자의의 상호관계에 따라 540개의 부수로 분류하여 각각 글자에 대한 字源(자원)과 자의를 설명하였다. 『강희자전』에 이르러 214개로 감소되었다. 현재 우리나라에서 사용하는 자전에는 1획부터 17획에 이르기까지 모두 214개의 부수가 필획에 따라 분류되어 있다.

부수 글자가 독립적으로 쓰일 때에는 그 본래의 모양을 유지하나 다른 글자와 어울려 하나의 새로운 글자를 이룰 경우 그 사용되는 위치에 따라 부수 글자의 모양이 변하기도 한다.

(1) 214 부수표

(1劃) 一	丨	丶	丿	乙	亅	(2劃) 二	亠	人(亻)	儿
한일	위아래로 통할곤	심지주	좌로 삐칠별	새을	갈고리궐	두이	돼지해 머리두	사람인	밑사람인
入	八	冂	冖	冫	几	凵	刀(刂)	力	勹
들입	여덟팔	멀경	덮을멱	얼음빙	안석궤	입벌릴감	칼도	힘력	쌀포
匕	匚	匸	十	卜	卩(㔾)	厂	厶	又	(3劃) 口
비수비	상자방	감출혜	열십	점복	병부절	언덕한	옛사사로 울사	또우	입구
囗	土	士	夂	夊	夕	大	女	子	宀
에울위	흙토	선비사	뒤져올치	천천히 걸을쇠	저녁석	큰대	계집녀	아들자	집면
寸	小	尢	尸	屮	山	川(巛)	工	己	巾
마디촌	작을소	절름발이 왕	주검시	왼손좌	뫼산	내천	장인공	몸기	수건건
干	幺	广	廴	廾	弋	弓	彐	彡	彳
방패간	작을요	바윗집엄	길게걸을인	받들공	주살익	활궁	돼지머리 계	무늬삼	조금걸을 척
(4劃) 心(忄)	戈	戶	手(扌)	支	攴(攵)	文	斗	斤	方
마음심	창과	지게호	손수	지탱할지	칠복	글월문	말두	날근	모방
无	日	曰	月	木	欠	止	歹(歺)	殳	毋
없을무	날일	가로왈	달월	나무목	하품흠	그칠지	살발린뼈 알	창수	말무
比	毛	氏	气	水(氵)	火(灬)	爪(爫)	父	爻	爿
견줄비	터럭모	각시씨	기운기	물수, 아래물수, 삼수	불화	손톱조	아비부	점괘효	장수장
片	牙	牛(牜)	犬(犭)	(5劃) 玄	玉(王)	瓜	瓦	甘	生
조각편	어금니아	소우	좌변견, 개견	검을현	구슬옥	오이과	기와와	달감	날생
用	田	疋	疒	癶	白	皮	皿	目	矛
쓸용	밭전	발소(필필), 짝필	병들어누울녁, 병질	걸음발	흰백	가죽피	그릇명	눈목	창모

矢	石	示(礻)	内	禾	穴	立	(6劃) 竹(⺮)	米	糸(糹)
화살시	돌석	보일시	짐승발자국유	벼화	구멍혈	설립	대죽	쌀미	실사
缶	网(罒)	羊(⺶)	羽	老(耂)	而	耒	耳	聿	肉(月)
장군부	그물망	양양	깃우	늙을로	말이을이	쟁기뢰	귀이	붓율	고기육
臣	自	至	臼	舌	舛	舟	艮	色	艸(艹)
신하신	스스로자	이를지	절구구	혀설	어그러질천	배주	머무를간	빛색	풀초
虍	虫	血	行	衣(衤)	襾	(7劃) 見	角	言	谷
호랑이무늬호	벌레훼 (벌레충)	피혈	다닐행	옷의	덮을아	볼견	뿔각	말씀언	골곡
豆	豕	豸	貝	赤	走	足	身	車	辛
콩두	돼지시	맹수치	조개패	붉을적	달아날주	발족	몸신	수레거	매울신
辰	辵(辶)	邑 [(右)阝]	酉	釆	里	(8劃) 金	長	門	阜 [(左)阝]
별진	쉬엄쉬엄갈착	고을읍	닭유	분별할변	마을리	쇠금	긴장	문문	언덕부
隶	隹	雨	靑	非	(9劃) 面	革	韋	韭	音
미칠이	새추	비우	푸를청	아닐비	얼굴면	가죽혁	다룸가죽위	부추구	소리음
頁	風	飛	食	首	香	(10劃) 馬	骨	高	髟
머리혈	바람풍	날비	밥식	머리수	향기향	말마	뼈골	높을고	머리털날릴표
鬥	鬯	鬲	鬼	(11劃) 魚	鳥	鹵	鹿	麥	麻
싸울투	술창	솥력	귀신귀	물고기어	새조	소금밭로	사슴록	보리맥	삼마
(12劃) 黃	黍	黑	黹	(13劃) 黽	鼎	鼓	鼠	(14劃) 鼻	齊
누를황	기장서	검은흑	바느질할치	맹꽁이맹	솥정	북고	쥐서	코비	가지런할제
(15劃) 齒	(16劃) 龍	龜	(17劃) 龠						
이치	용룡	거북귀	피리약						

(2) 부수의 변형

乙(새 을)	ㄴ	九(아홉 구), 乞(빌 걸), 也(어조사 야)
人(사람 인)	亻	今(이제 금), 仁(어질 인), 仕(벼슬 사)
刀(칼 도)	刂	分(나눌 분), 切(끊을 절 · 모두 체), 利(이로울 리)
卩(병부 절)	㔾	危(위태할 위), 卵(알 란), 卷(책 권)
川(내 천)	巛	州(고을 주), 巡(돌 순), 巢(보금자리 소)
心(마음 심)	忄	忙(바쁠 망), 怪(기이할 괴), 性(성품 성)
手(손 수)	扌	打(칠 타), 技(재주 기), 投(던질 투)
攴(칠 복)	攵	收(거둘 수), 改(고칠 개), 攻(칠 공)
歹(살발린 뼈 알)	歺	死(죽을 사), 殃(재앙 앙), 殖(번성할 식)
水(물 수)	氵	江(강 강), 汝(너 여), 池(못 지)
火(불 화)	灬	烏(까마귀 오), 焉(어찌 언), 無(없을 무)
爪(손톱 조)	爫	爭(다툴 쟁), 爲(할 위), 爵(잔 작)
牛(소 우)	牜	牧(기를 목), 特(특별할 특), 犧(희생 희)
犬(개 견)	犭	狂(미칠 광), 狗(개 구), 猶(오히려 유)
玉(구슬 옥)	王	珍(보배 진), 珠(구슬 주), 理(다스릴 리)
示(보일 시)	礻	祀(제사 사), 祈(빌 기), 祖(할아비 조)
竹(대 죽)	⺮	竺(대나무 축), 笑(웃을 소), 第(차례 제)
网(그물 망)	罒	罔(그물 망), 罟(그물 고), 罪(허물 죄)
羊(양 양)	⺶	美(아름다울 미), 羞(부끄러울 수), 羨(부러워할 선)
老(늙을 노)	耂	考(상고할 고), 耆(늙은이 기), 者(놈 자)
肉(고기 육)	月	肖(닮을 초), 肥(살찔 비), 育(기를 육)
艸(풀 초)	⺾	芝(지초 지), 花(꽃 화), 苦(쓸 고)
衣(옷 의)	衤	衫(적삼 삼), 袖(소매 수), 被(입을 피)
辵(쉬엄쉬엄갈 착)	辶	迅(빠를 신), 近(가까울 근), 迎(맞을 영)
邑(고을 읍)	(右)阝	那(어찌 나), 邦(나라 방), 郡(고을 군)
阜(언덕 부)	(左)阝	附(붙을 부), 除(덜 제), 陵(언덕 릉)

(3) 부수를 찾기 어려운 한자

一(한 일)	丁(고무래 정), 七(일곱 칠), 上(위 상)
丨(위아래로 통할 곤)	个(낱 개), 丫(가닥 아), 中(가운데 중)
丶(심지 주)	丸(알 환), 丹(붉을 단), 主(주인 주)
丿(좌로 삐칠 별)	乃(이에 내), 久(오랠 구), 之(어조사 지)
乙(새 을)	九(아홉 구), 乞(빌 걸), 也(어조사 야)
亅(갈고리 궐)	了(마칠 료), 予(나 여), 事(일 사)
二(두 이)	于(어조사 우), 五(다섯 오), 井(우물 정)
儿(밑사람 인)	元(으뜸 원), 兆(조짐 조), 兢(삼갈 긍)
匕(비수 비)	化(화할 화), 北(북녘 북), 匙(숟가락 시)
十(열 십)	千(일천 천), 升(되 승), 午(낮 오)
厶(옛사사로울 사)	去(갈 거), 參(석 삼·참여할 참·별이름 삼)
又(또 우)	及(미칠 급), 友(벗 우), 叟(늙은이 수)
夕(저녁 석)	外(바깥 외), 多(많을 다), 夜(밤 야)
大(큰 대)	夫(지아비 부), 夭(일찍 죽을 요), 天(하늘 천)
工(장인 공)	巨(클 거), 左(왼 자), 巫(무당 무)
巾(수건 건)	市(저자 시), 師(스승 사), 席(자리 석)
干(방패 간)	平(평평할 평), 年(해 년), 幸(다행할 행)
弓(활 궁)	弔(조상할 조), 弟(아우 제), 弱(약할 약)
戈(창 과)	成(이룰 성), 我(나 아), 或(혹 혹)
止(그칠 지)	正(바를 정), 歸(돌아올 귀)
目(눈 목)	直(곧을 직), 省(살필 성), 眞(참 진)
臼(절구 구)	臾(잠깐 유), 與(더불어 여), 舊(옛 구)
行(다닐 행)	術(꾀 술), 街(거리 가), 衛(지킬 위)
豕(돼지 시)	豚(돼지 돈), 象(코끼리 상), 豫(미리 예)
辰(별 신·진)	辱(욕될 욕), 農(농사 농)
里(마을 리)	重(무거울 중), 野(들 야), 量(헤아릴 량)

(4) 한자의 필순

한자의 획을 쓰는 순서를 필순이라 하는데 필순에 따라 한자를 쓰면 보다 빨리 바르고 맵시 있게 쓸 수 있다.

① 위에서 아래로 쓴다(言, 三).
② 왼쪽에서 오른쪽으로 쓴다(州, 仁).
③ 좌우로 대칭이 되는 형태의 글자는 가운데 부분을 먼저 쓰고 왼쪽, 오른쪽 순서로 쓴다(水, 小, 承, 山).
④ 가로획을 먼저 쓰고 세로획을 나중에 쓴다(十, 廾, 干).
⑤ 삐침과 파임이 교차할 때는 삐침을 먼저 쓰고 파임을 나중에 쓴다(又, 人, 天, 交).
⑥ 중앙을 꿰뚫는 획은 맨 나중에 쓴다(中, 車, 串).
⑦ 허리를 끊는 획은 나중에 쓴다(女, 母).
⑧ 둘레를 에운 것은 둘레를 먼저 쓰되 밑쪽은 나중에 쓴다(圓, 國).
⑨ 위를 에운 것은 위를 먼저 쓴다(風, 用).
⑩ 아래를 에운 것은 아래를 나중에 쓴다(包, 定, 區, 齒).
⑪ 위에서 아래로 에워싼 획은 먼저 쓴다(力, 勿).
⑫ 받침은 나중에 쓰되 '走·是'는 먼저 쓴다(道, 題, 趙).
⑬ 오른쪽 위에 있는 점은 맨 나중에 쓴다(代, 咸).
⑭ 그밖에 특수한 필순으로 좌우를 먼저 쓰고 한가운데 부분을 나중에 쓰는 경우(火)가 있고, 받침이 독립된 글자로 쓰이는 '走'나 '是' 등은 먼저 쓴다(起, 匙).

6. 한문의 구조

(1) 한자의 특징과 성격

한자의 구성은 形(형)・音(음)・義(의)의 3요소를 지닌다. 字形(자형)이란 글자의 형체를 말하며, 字音(자음)은 글자의 음, 字義(자의)는 글자의 의미를 말한다. '형'에는 點劃(점획)에 있어 縱橫曲直(종횡곡직) 등의 다름이 있으므로 이에 體制(체제)의 학문이 생겨났고, '성'에는 음운의 淸濁高下(청탁고하) 등의 차이가 있어 音韻(음운)의 학문이 생겼고, '의'에는 稱謂(칭위)에 있어 古今雅俗(고금아속) 등의 나눔이 있으므로 이에 훈고학이 발생했다. 한자의 특징은 수량이 방대하고, 구조가 복잡하고, 이차원적인 평면구조이고, 시간과 공간을 초월한다.

1) 表意文字(표의문자)

전 세계에 존재하는 문자의 종류는 매우 다양한데 언어를 기록하는 단위로 볼 때 크게 音素(음소)를 기록하는 음소문자, 音節(음절)을 기록하는 음절문자, 形態素(형태소)를 기록하는 형태소문자(語素文字)로 분류한다. 음소문자와 음절문자는 표음문자에, 형태소문자는 표의문자에 속한다. 한글이나 알파벳, 일본의 가나 등은 표음문자이고, 한자는 전형적인 표의문자이다. 표의문자는 각각의 글자가 고유한 뜻을 지니고 있으므로 시각적 이해가 빠르다. 반면 문자와 언어가 분리되어 있고, 획수가 많아서 그 구조가 복잡하고, 자수가 많아서 다 기억할 수 없다는 단점이 있다. 그러나 대다수 한자는 표음요소인 聲部(성부 : 소리 부호)도 가지고 있다. 이는 한자가 표의 문자가 갖고 있는 단점을 탈피하여 형성자의 造字(조자) 방법과 가차의 활용 방법 등을 통해 음표화의 과정을 거쳐 왔기 때문이다.

2) 形態素文字(형태소문자)

형태소는 음성과 의미가 결합된 가장 작은 단위이다. 형태소문자인 한자는 발음이 같다 하더라도 형태를 달리하여 다른 의미를 나타낸다. 즉 '絲・思・撕'는 모두 중국어로 'si'로 읽지만 각각의 의미는 서로 다르다. 한 형태소의 음과 의미는 바로 그 글자인 한자의 음과 의미이다. 이렇게 한자의 형태와 이것이 표시하는 형태소의 음과 의미는 하나로 결합되어 있기 때문에 한자는 모양(形), 소리(音), 의미(義)의 통일체라 할 수 있다. 하나의 형태소는 독립된 낱말, 낱말의 구성 요소로 역할을 한다. 한자의 형태소는 다른 글자의 도움없이 그 자체가 낱말로 쓰일 수 있는 자립형태소와 다른 글자의 도움을 받아 낱말이 되는 의존형태소로 나뉜다. 따라서 한자는 하나의 형태소로 하나의 어휘를 이룰 수 있고, 두 개 이상의 형태소가 하나의 어휘를 이루기도 한다.

3) 音節文字(음절문자)

한자는 하나의 음절을 대표한다는 점에서 전형적인 음절문자이다. 한자는 각각의 글자가 1音節(음절)로 되어있는 단음절어이다. 단음절어인 한자는 하나의 글자가 각각 다른 음으로 불릴 수도 있는데 이때 뜻도 달라지는 一字多音(일자다음) 현상을 보인다. 또 한자가 나타내는 음절은 자모로 표기하는 표음문자의 음절과 달리 동일한 발음을 가진 한 음절의 표기법이 다른 여러 글자가 존재한다.

(2) 한문의 구조

문장이란 하나의 완결된 생각을 나타낸 언어 단위로 일반적으로 主部(주부)와 述部(술부)로 이루어진다. 주어, 서술어, 목적어, 보어를 문장을 이루는 主性分(주성분)이라 하는데, 이는 문장의 골격을 이루는 것으로서 문장을 이루는 데 없어서는 안 될 필수적인 성분이다. 또한 주요 성분에 덧붙여 이를 수식하거나 한정하는 관형어, 부사어 등을 부속 성분이라 한다. 문장의 기본구조는 주성분으로만 이루어진 문장을 뜻하고, 확장구조는 기본구조에 부속 성분이 들어있는 문장을 가리킨다.

1) 基本構造(기본구조)

① 主述關係(주술관계) | | : 주어와 서술어의 관계로 짜여진 구조이다. 주어는 명사나 대명사가 되고, 서술어는 동사, 형용사, 명사, 대명사가 된다. "~가(이)~ 이다, ~은(는) ~하다" 등으로 해석한다.

月||明(달이 밝다), 花||開(꽃이 피다), 夜||深(밤이 깊다), 烏||飛 梨||落(까마귀가 날자 배가 떨어진다), 勞使||協調(노동자와 사용자가 서로 힘을 합하여 조화하다)

② 述目關係(술목관계)| : 서술어와 목적어의 관계로 짜여진 구조로서 국어와는 달리 목적어가 서술어 뒤에 온다. "~을(를) ~하다"로 해석한다.

讀|書(책을 읽다), 愛|國(나라를 사랑하다), 貯|金(돈을 모아두다), 好|學(학문을 좋아하다), 培養|能力(능력을 배양하다)

③ 述補關係(술보관계) / : 서술어와 보어의 관계로 짜여진 구조이다. "~으로 ~하다, ~에(서) ~하다" 등으로 해석한다.

入 / 學(학교에 들어가다), 合 / 理(이치에 맞다), 在 / 家(집에 있다), 登 / 山(산에 오르다), 臨 / 戰＋無 / 退(싸움에 임하여서는 물러섬이 없다)

④ 竝列關係(병렬관계) : 類似關係(유사관계, ＝ : 서로 비슷한 의미를 가진 한자가 나란히 놓임), 對立關係(대립관계, ↔ : 서로 상대되는 의미를 가진 한자가 나란히 놓임), 對等關係(대등관계, － : 서로 대등한 의미를 가진 한자가 나란히 놓임)로 나눈다. '~와(과)'로 해석한다.

天＝地(하늘과 땅), 忍＝耐(참음), 雌↔雄(암컷과 수컷), 高↔低(높음과 낮음), 衣－食(의복과 음식), 梅－蘭－菊－竹(매화와 난초와 국화와 대나무)

⑤ 修飾關係(수식관계)└↑ : 앞의 글자가 뒤의 글자를 수식하는 구조로, '형용사＋명사', '동사＋명사', '부사＋형용사', '부사＋동사'의 형태이다. 피수식어가 명사일 때 수식어는 관형어가 되고, 피수식어가 동사·형용사·부사일 때 수식어는 부사어가 된다. '~의, ~한'으로 해석한다.

淸風(맑은 바람), 寬容(너그러이 용서함), 走馬(달리는 말), 原形(본디의 모양),
└↑　　└↑　　└↑　　└↑

群鷄＋一鶴(여러 마리의 닭 중에 한 마리의 학)
└↑　└↑

2) 擴張構造(확장구조)

확장구조란 기본구조에 수식어가 첨가된 문장구조로 용언을 수식하는 부사어와 체언을 수식하는 관형어가 있다.

① 주술 확장구조 : 陽 春||方 來(따뜻한 봄이 바야흐로 오다), 讀書||起家之本(독서는 집안을 일으키는 근본이다).

② 술목 확장구조 : 仁者||樂|山(어진 이는 산을 좋아한다), 結者||解|之(맺은 사람이 그것을 풀어야 한다).

③ 술보 확장구조 : 孤掌||難／鳴(외손뼉은 울리기가 어렵다), 福||生／於淸儉(복은 청렴함과 검소함에서 생긴다).

④ 술목보 확장구조 : 孔子||問|禮／於老子(공자가 노자에게 예를 물었다).

3) 複合構造(복합구조)

복합구조란 기본구조나 확장구조로 구성된 문장이 둘 이상 모여서 하나의 문장을 이룬 것이다. 즉 주술 관계가 두 번 이상 맺어진 문장으로 곧 둘 이상의 절로 된 문장을 말한다.

① 對等(대등) 복합문 : 둘 이상의 절이 대등한 문장으로 병렬 복합문이라고도 한다.

> **月白風淸** : 달은 밝고 바람은 맑다. **忠臣不事二君, 烈女不更二夫** : 충성스런 신하는 두 임금을 섬기지 않고, 절개가 굳은 여자는 지아비를 두 번 바꾸지 않는다.

② 主從(주종) 복합문 : 하나의 절이 다른 절에 종속되는 문장이다.

> **水至淸則無魚** : 물이 너무 맑으면 고기가 없다. **樹欲靜而風不止** : 나무는 고요하고자 하나 바람이 그치지 않는다.

③ 包有(포유) 복합문 : 한 문장 안에 어떤 성분이 주어절, 서술절, 목적절, 보어절, 관형절, 부사절을 내포하고 있는 것을 말한다.

> **松葉細似針** : 솔잎은 가늘기가 바늘과 같다.

④ 混合(혼합) 복합문 : 대등관계, 주종관계, 포유관계를 이루는 문장들이 혼합된 복합문을 말한다.

> **王如知此則無望民之多於隣國也** : 왕께서 만일 이것을 안다면 백성이 이웃나라보다 많기를 원하지 마십시오.

7. 문장의 형식

(1) 平敍文(평서문)

어떤 사실을 그대로 풀어 평범하게 서술한 문장 형식으로, 부정문과 구별하여 긍정문이라고도 한다. 문장의 끝에 '也, 矣, 也已, 焉' 등의 종결사를 사용하는 경우가 많으며 단정, 한정, 단순서술, 상황의 변화 등을 나타낸다. 주어 다음에 '者'를 첨가하고 명사 술어 다음에 다시 '也'를 사용하기도 한다. 주어와 술어, 보어와 목적어가 순서대로 나열된다.

1) 종결사가 붙는 경우

朝聞道, 夕死可矣	아침에 도를 들으면 저녁에 죽어도 좋을 것이다.
可謂好學也已	배우기를 좋아한다고 말할 수 있다.
夫孝, 德之本也	무릇 효는 덕의 근본이다.
三人行, 必有我師焉	세 사람이 가면 (그 가운데) 반드시 내 스승이 있다.

2) 종결사가 붙지 않는 경우

天高馬肥	하늘은 높고 말은 살찐다.
愼是護身之符	삼가는 것은 몸을 지키는 부적이다.
勤爲無價之寶	근면함은 값을 따질 수 없는 보배이다.

3) 者, 者~ 也

天下者, 高祖天下	천하는 고조의 천하이다.
口舌者, 禍患之門, 滅身之斧也	입과 혀는 재난의 문이요, 몸을 없애는 도끼이다.

(2) 否定文(부정문)

동작이나 상태, 또는 어떤 일을 부정하는 뜻을 나타내는 문장 형식으로, 주로 부정사인 '不, 非, 未, 弗, 無, 莫' 등이 쓰여 '~이 아니다', '~하지 아니하다', '~하지 못하다'는 부정의 뜻을 나타낸다. '不, 弗'은 음과 뜻이 같으나 문법적 기능에서 약간의 차이를 나타낸다.

'不'과 '弗'의 차이는 不은 동사나 형용사 앞에서 쓰이나 弗은 형용사 앞에서 쓰이지 못하고, 不 뒤에서 동사는 빈어를 취할 수 있으나 弗은 빈어를 취하지 않는다. '不'과 '非'의 차이는 不은 동사나 형용사를 부정할 때 쓰고, 非는 명사나 대명사의 구를 부정할 때 쓰인다.

1) 단순부정

見義不爲無勇也	의를 보고 행동하지 않는 것은 용기가 없는 것이다.
我非生而知之者, 好古敏以求之者也	나는 태어나면서 아는 사람이 아니요, 옛 것을 좋아하여 민첩하게 그것을 구하는 사람이다.
未聞好學者也	아직 학문을 좋아하는 사람을 듣지 못했다.
食無求飽, 居無求安	먹음에 배부름을 구하지 아니하고, 거처함에 편안함을 구하지 아니한다.
過而能改, 善莫大焉	허물을 짓고서 고칠 수 있으면, 선으로 어느 것도 그것보다 큰 것이 없다.

2) 부분부정

부정사+부사(必, 常, 甚)+서술어 : ~한 것은 아니다.

勇者不必有仁	용감한 사람이 반드시 어진 것은 아니다.

3) 완전부정(전체부정)

부사(必, 常, 甚)+부정사+서술어

鳳鳥必不食死肉	봉황새는 반드시 죽은 고기를 먹지 않는다.

4) 이중부정(강한 부정)

'非不, 無不, 莫不, 莫非', '不~ 不, 莫~ 不, 無~ 不, 未~ 不' 등의 형태로 쓰인다.

言不可不愼也	말은 삼가지 않을 수 없다.
人情莫不愛其子	사람의 정은 자기 자식을 사랑하지 않을 수 없다.

(3) 疑問文(의문문)

상대방의 의사를 묻는 뜻을 나타내는 문장 형식으로, 文頭(문두)나 文中(문중)에 '誰, 何, 安, 孰' 등의 의문 대명사나 의문 부사를 쓰거나, 文末(문말)에 '乎, 與, 如何' 등을 써서 의문의 뜻을 나타낸다. 또한 '何以 ~耶', '安 ~哉' 등의 형식을 취하기도 한다.

1) 誰, 何, 安, 孰 등 사용

漢陽中, 誰最富	한양 가운데 누가 가장 부유한가?
吾子與子路, 孰賢	그대와 자로 중에서 누가 더 현명한가?
予將安之	그대는 장차 어디로 가려는가?
那得自任專	어떻게 오로지 할 수 있다고 자임하겠는가?

2) 何如, 如何, 奈何, 何以, 幾何 등 사용

春者何, 歲之始也	봄이란 무엇이냐? 세월의 시작이다.
以子之矛, 陷子之盾, 何如	당신의 창으로 당신의 방패를 뚫는다면 어떻게 됩니까?
先生何以幸敎寡人	선생께서는 어떻게 과인을 가르치시렵니까?
夫子何爲不執弓	선생께서는 어찌해서 활을 잡지 않습니까?

3) 문말에 乎, 耶(邪), 與, 諸 등 사용, 의문사+乎, 耶(邪), 與, 哉

君子亦有窮乎	군자도 곤궁함이 있는가?
然則何時而樂邪	그렇다면 어느 때나 즐길 수 있을까?
孰謂, 鄹人之子知禮乎	누가 추땅 사람의 아들이 예를 안다고 말했는가?
是誰之過與	이것은 누구의 허물인가?
足下, 何以得此聲, 梁楚間哉	족하께서는 어떻게 이런 명성을 양나라와 초나라 사이에서 얻게 되셨습니까?

(4) 反語文(반어문)

문두의 '豈, 何, 焉, 安, 誰' 등이 문말의 '乎, 哉, 也, 與' 등과 호응되거나, '不亦'이 '乎'와 호응되어 '어찌 ~겠는가?', '무엇이 ~겠는가?', '또한 ~지 아니한가?' 등 반문의 뜻을 나타내는 문장 형식으로, 어떤 사실을 판정하거나 강한 긍정의 뜻을 나타낸다.

1) 문두에 豈, 何, 安, 寧, 焉, 惡, 胡, 奚, 烏 등 사용

豈可是己而非人	어찌 자기를 옳다 하고 남은 그르다고 할 수 있겠는가?
來言不美, 去言何美	오는 말이 곱지 않거늘 가는 말이 어찌 고우랴?
未能事人, 焉能事鬼	아직 사람을 섬길 수 없는데 어찌 귀신을 섬길 수 있겠는가?
不入虎穴, 安得虎子	호랑이 굴에 들어가지 않는다면 어찌 호랑이 새끼를 얻겠는가?
田園將蕪, 胡不歸	전원이 장차 황폐해지려 하니 어찌 돌아가지 않으리.
烏識其時	어찌 그때를 알겠는가.

2) 문말에 乎, 也, 耶, 哉 등 사용

始吾心已許之, 豈以死倍吾心哉	애초에 내가 마음으로 이미 그것을 허락했거늘 어찌 죽었다고 해서 내 마음을 배반하겠는가?
王侯將相, 寧有種乎	임금과 제후, 장군과 정승이 어찌 씨가 있겠는가?

3) 不亦 ~乎, 不其 ~乎

學而時習之, 不亦說乎	배우고 그것을 때때로 익히면 또한 기쁘지 않겠는가?
才難, 不其然乎	인재 얻기가 어렵다고 하니 (그것이 정말) 그렇지 않은가?

4) 何(奚, 胡, 曷) ~之有, 何以 ~爲

宋何罪之有	송에 어찌 죄가 있겠는가.
何不吉之有哉	어찌 길하지 아니함이 있겠는가.
君子質而已矣, 何以文爲	군자는 질(바탕, 본질)할 따름이니 어찌 문(수식, 현상)하리.

5) 無乃 ~乎 : 아마도 ~하겠지요, 得無 ~乎 : ~하지는 않겠지.

先君有共德, 而君納諸大惡, 無乃不可乎	선군은 큰 덕을 갖추셨으나 군께서는 그것을 모든 큰 악 속으로 몰아넣으셨으니 아마도 옳지 않은 것이 아니겠는지요.
今天下得無有至德之人放在民間	지금 천하에는 지덕을 지닌 사람이 민간에 방치되어 있지는 않는가.

6) 況 ~乎 : 하물며 ~이랴?

萬物之成形, 有圓而無方, 況於地乎	만물의 이루어진 형체가 둥근 것은 있으나 네모진 것은 없거늘, 하물며 지구에 있어서랴?

(5) 命令文(명령문)

상대방에게 어떤 일을 부탁하거나 재촉하는 문장이다. 일반적으로 명령문은 명령을 행하는 주체와 명령을 받는 주체가 있는 상황에서 이루어지기 때문에 동사 자체로 나타내게 된다. 그러나 상대방을 대하는 마음가짐에 따라 어조사 '其, 唯, 第'를 사용하기도 한다. 동사로 명령을 나타낼 때에는 문미에 '矣, 也, 哉' 등의 종결사를 첨가하기도 한다. 한편 권고나 권유의 경우 부사를 사용하여 나타내기도 한다.

1) 동사만을 사용한 경우

必樹吾墓以梓	반드시 내 묘에 가래나무를 심도록 하라.
子房前	자방은 앞으로 오라.
小子識之	너는 그것을 기억하도록 하라.
汝戒之哉	너는 그것을 경계하라.

2) 어조사를 사용한 경우

鰐魚有知, 其聽刺史言	악어에게 앎이 있다면 자사의 말을 들어라.
覽此集者, 其念在玆	이 문집을 보는 자는 이 점에 유념하라.
唯大王與群臣, 孰計議之	대왕께서는 군신과 자세히 헤아려 그것을 의논해 주십시오.
君第重射, 臣能令君勝	군께서는 내기를 다시 하십시오. 신이 군으로 하여금 이기도록 할 수 있습니다.

3) 부사를 사용한 경우

王請大之	왕께서는 청컨대 그것을 확대하십시오.
王庶幾改之	왕께서는 바라건대 그것을 고치십시오.

(6) 禁止文(금지문)

서술어의 앞에 '勿, 無, 毋, 莫' 등을 써서 '~하지 말라'라는 금지의 뜻을 나타내는 문장 형식이다. 그러나 이들 글자들이 부정의 뜻으로 쓰이는 경우도 있음을 유의해야 한다.

己所不欲, 勿施於人	자기가 하고 싶지 않은 것을 남에게 베풀지 말라.
勿謂今日不學有來日	오늘 배우지 않아도 내일이 있다고 말하지 말라.
無友不如己者	자기만 못한 사람과 벗하지 말라.
不患人之不己知	남이 자신을 알아주지 않는 것을 근심하지 말라.
臨財無苟得, 臨難無	재물에 임해서는 구차하게 얻지 말고, 어려움에 임해서는 구차하게 면하지 말라.
疑人莫用, 用人勿疑	의심나는 사람은 쓰지 말고, 쓴 사람은 의심하지 말라.

(7) 假定文(가정문)

문두에 '若, 如, 雖, 縱(從), 苟, 借, 藉, 且, 誠, 當, 猶, 或, 設, 令, 倘, 脫, 正' 등이 쓰이거나 문중에 '則'이 쓰이거나 '不' 등의 부정어가 거듭 쓰여서 '말이을 이 ~면 ~한다', '가령 ~다면 ~한다', '비록 ~라도 ~하다' 등의 가정의 뜻을 나타내는 문장 형식이다. 어떤 조건을 사실인 것처럼 전제하고 그것에 따른 가능한 결과나 예측되는 결과를 유도해 내는 문장이다.

'雖'는 '雖使, 雖然', '若'은 '若其, 若使, 若或', '如'는 '如其, 如令, 如使, 如有', '縱'은 '縱令, 縱使', '且'는 '且苟, 且使, 且如', '設'은 '設其, 設令, 設使' 등의 형태로 많이 쓰인다. 그 외 藉使, 正使, 弟令, 藉弟令, 句爲, 有如, 倘或, 脫其, 脫誤 등의 復字(복자)를 만들어 가정을 나타낸다. 若+用言 : 만약 ~라면 / 若+體言 : ~와 같다.

1) 문두에 如, 若, 苟, 雖, 縱, 假令, 如使, 設令, 設使 등 사용

如知其非義, 斯速已矣	만약 그것이 의롭지 않다는 것을 안다면 속히 그쳐야 할 것입니다.
若使夢魂行有跡, 門前石路半成沙	만약 꿈길에도 오간 흔적이 있게 한다면 임의 문전 돌길이 반은 모래가 되었을 것입니다.
天雖崩, 牛出有穴	하늘이 비록 무너질지라도 솟아날 구멍이 있다.
縱江東父兄憐而王我, 我何面目見之	비록 강동의 부형들이 불쌍히 여겨 나를 왕을 삼더라도 내가 무슨 면목으로 그들을 대하겠는가.
苟志於仁矣, 無惡也	진실로 인에 뜻을 두게 된다면 악이 없을 것이다.
脫得富貴, 相迎不晩也	만약 부귀를 얻게 되면 서로 맞이하여도 늦지 않을 것이다.
誠如是也, 民歸之猶水之就下	진실로 이와 같다면 백성들이 귀속하는 것이 물이 아래로 내려가는 것과 같을 것이다.

2) ~則 : ~면(라면)

水至淸則無魚	물이 너무 맑으면 고기가 없다.
學而不思則罔, 思而不學則殆	배우고 생각하지 않으면 성기게 되고, 생각하고 배우지 않으면 위태롭다.
家貧則思良妻, 國難則思良相	집이 가난하면 어진 아내를 생각하고, 나라가 어지러우면 어진 재상을 생각하게 된다.

3) ~而 : ~하면

上下交征利而國危矣	위아래가 서로 이익을 취하면 나라가 위험하게 될 것이다.
人而無恒, 不可以作巫醫	사람에게 만약 변하지 않는 마음이 없다면 무당이나 의원도 될 수 있을 것이다.

4) 어조사 者를 사용한 경우

士志於道而恥惡衣惡食者, 未足與議也	선비가 도에 뜻을 두고도 나쁜 옷, 나쁜 음식을 수치스럽게 여긴다면 더불어 의논할 수가 없다.
水淺者, 大魚不遊, 地薄者, 大物不産	물이 얕으면 큰 고기가 놀지 못하고, 땅이 척박하면 훌륭한 물건이 생산되지 못한다.

5) 不(微, 非) ~, 自非 ~ : ~아니면, ~없다면, 만약 ~가 아니라면

一日不念善, 諸惡皆自起	하루라도 선을 마음에 두지 않으면 모든 악이 스스로 일어난다.
微斯人, 吾誰與歸	이 사람이 없다면 나는 누구와 돌아가리.
非其君不事, 非其民不使	그 인군(섬길 만한 인군)이 아니면 섬기지 않고, 그 백성(부릴 만한 백성)이 아니면 부리지 않는다.
自非聖人, 得志而不驕失者, 未之有也	만약 성인이 아니라면 뜻을 얻고서 뜻을 잃은 사람에게 교만하지 않은 사람은 아직 있지 않다.

6) 문맥상 가정문으로 해석하는 경우

幼而不學, 老無所知	어려서 배우지 않는다면 늙어서 아는 것이 없다.
朝聞道, 夕死可矣	아침에 도를 들으면 저녁에 죽어도 좋다.

(8) 比較文(비교문)

비교의 뜻을 나타내는 '若, 如, 不如, 莫如' 등이 서술로 쓰이거나, '於, 乎' 등이 뒤에 위치하여 '마치 ~와 같다', '~만 못하다', '~이 ~보다 낫다' 등 비교나 선택의 의미를 나타내는 문장 형식이다. '不如'가 비교급이라면 '莫如'는 최상급이다.

1) 於, 于, 乎 : ~보다, ~와

氷水爲之而寒於水	얼음은 물이 그것으로 되지만 물보다 더 차다.
國之語音, 異乎中國	나라의 말이 중국과 다르다.

2) 如, 若 사용

① 如, 若 : ~는 ~와 같다.

學者仰之如泰山北斗	학자들이 그를 태산이나 북두성처럼 우러렀다.
君子之交, 淡若水	군자의 사귐은 맑기가 물과 같다.

② 不如, 不若 : ~는 ~만 못하다.

遠親不如近隣	먼 곳의 친척이 가까운 이웃만 못하다.
此乃不祥之物, 不若投諸江而忘之	이것은 바로 상서롭지 못한 물건이니, 강물에 그것을 던져 잊어버리느니만 못하다.

③ 莫如, 莫若(莫~於~) : ~는 ~같은 것이 없다(~보다 ~한 것은 없다).

一年之計, 莫如樹穀	한 해의 계획은 곡식을 심는 것만 한 것이 없다.
知臣莫若君	신하를 아는 것은 임금과 같은 자가 없다.
過莫大於從己之欲	허물은 자신의 욕심을 따르는 것보다 큰 것이 없다.

3) 非 ~ 則 : ~가 아니면 곧 ~다, 非 ~而 : ~ 아니면 ~이다, 非 ~必 : ~가 아니면 반드시 ~일 것이다.

故天地之道, 非陰則陽, 聖人之敎非仁則義	그러므로 천지의 도는 음이 아니면 양이요, 성인의 가르침은 인이 아니면 의다.
凡天下强國, 非秦而楚, 非楚而秦	무릇 천하의 강국은 진이 아니면 초요, 초가 아니면 진이다.
不出攻則已, 若出攻, 非于韓也, 必于魏也	군사를 내어 치지 않으면 그 뿐이나 만약 군사를 내어 친다면 한나라에서가 아니면 반드시 위나라에서일 것이다.

4) 與其~ 寧(不若, 孰若)~ : ~하기보다는 차라리 ~하는 것이 낫다.

禮與其奢也寧儉	예는 사치하기보다는 차라리 검소한 것이 낫다.
與其生辱, 不如死快	살아서 욕되기보다는 차라리 죽어서 유쾌한 것이 낫다.

5) 寧~ 不(勿)~ : 차라리 ~할 수 있으나 ~하지 못하다.

大丈夫寧可玉碎, 不能瓦全	대장부는 차라리 옥처럼 부서질 수는 있어도 기와처럼 온전할 수는 없다.
寧爲鷄口, 勿爲牛後	차라리 닭의 부리가 될지언정 소의 꼬리가 되지 말라.

6) ~ 孰與(孰若)~ : ~하는 것과 ~하는 것은 어느 것이 더 나은가.

然不伐賊, 王業亦亡, 惟坐而待亡, 孰與伐之	그러므로 적을 치지 않으면 왕업 역시 망할 것이니 다만 앉아서 망하는 것을 기다릴 것인가 아니면 그것을 칠 것인가?
爲兩郎僮, 孰若爲一郎僮	두 사람의 종이 되는 것과 한 사람의 종이 되는 것은?

7) 非徒(非獨·非直·非但·非特)~ 而又~ : 비단 ~일 뿐만 아니라 또한 ~도

非徒無益, 而又害之	다만 유익함이 없을 뿐만 아니라 또한 그것을 해치게 된다.
非獨治軍, 治民亦猶是也	비단 군대를 다스리는 것만이 아니라 백성을 다스리는 것도 이와 같았다.

(9) 使役文(사역문)

남에게 어떤 동작을 하게 하는 형식으로, 사동이 뜻을 나타내는 '使, 令, 命, 敎, 俾, 遣, 命' 등을 써서 '~로 하여금 ~게 하다', '~에게 ~을 ~게 하다' 등으로 풀이한다.

1) 使, 令, 敎 : ~를(로 하여금) ~하게 하다.

天帝使我長百獸	천제께서 나로 하여금 모든 짐승의 우두머리가 되게 하다.
賢婦令夫富貴, 佞婦令夫賤	어진 아내는 지아비를 부귀하게 하고, 마음이 곧지 못하고 말재주가 있어서 남에게 아첨 잘하는 부인은 남편을 천하게 한다.

2) 命, 遣, 勸, 招, 召, 率 등을 사용한 경우

乃授天符印三個, 遣往理之	이에 천부인 세 개를 주어 가서 그곳을 다스리게 하였다.
命善射者, 射之	활 잘 쏘는 자에게 명하여 쏘게 하였다.

3) 문맥상 사역문으로 해석하는 경우

死孔明走生仲達	죽은 공명이 살아있는 중달을 달아나게 하였다.
今夫水搏而躍之, 可使過顙, 激而行之, 可使在山	만약 저 물을 손으로 쳐서 그것을 튀기면 이마를 지나가게도 할 수 있고, 격하게 해서 물을 흘러가게 하면 산에 있게도 할 수 있다.

(10) **被動文**(피동문)

화자가 어떤 동작을 남으로부터 받게(당하게) 됨을 나타내는 문장 형식으로, '見, 被', 또는 '於, 于, 乎'나 '爲 ~所 ~' 등을 써서, '~에게 ~받다(~을 당하다)' 등으로 풀이한다.

1) 被, 見, 爲, 所 : ~을 당하다.

萬乘之國, 被圍于趙	만승의 나라가 조나라에게 포위당했다.
匹夫見辱, 拔劍而起	필부가 욕을 당하면 칼을 뽑아 일어난다.
好憎人者, 亦爲人所憎	남을 미워하기 좋아하는 사람은 역시 남들에게 미움을 받는다.

2) ~於(于, 乎)~ : ~에게 ~당하다.

勞心者治人, 勞力者治於人	마음을 쓰는 사람은 남을 다스리고, 힘을 쓰는 사람은 남에게 다스림을 당한다.
不順乎親, 不信乎朋友矣	어버이에게 기뻐하게 되어지지 않으면 친구에게도 믿어지지 않을 것이다.

3) 爲~ 所~(見 ~所~) : ~에게 ~당하다.

大丈夫當容人, 無爲人所容	대장부는 마땅히 남을 용서할지언정 남에게 용서되지 말라.
不者, 若屬皆且爲所虜	그렇지 않으면 너희들은 모두 패공에게 붙들리게 될 것이다.

4) 문맥상 피동문으로 해석하는 경우

仁則榮, 不仁則辱	인하면 번영하나 인하지 못하면 치욕을 당한다.
謀反事覺, 上征淮南王	반란을 꾀하던 일이 발각되자 상께서 회남왕을 정벌했다.

(11) 感歎文(감탄문)

감탄형은 '嗚呼, 惡, 噫' 등의 감탄사를 쓰거나, 문말에 '哉, 也, 矣, 兮' 등을 써서 기쁨, 슬픔, 경탄, 탄식 등의 느낌을 나타내는 문장 형식이다.

1) 문두에 嗚呼, 惡, 噫 등 사용

嗚呼哀哉	아! 슬프도다.
噫, 天喪予	아! 하늘이 나를 버렸구나.
嗚呼, 國恥民辱, 乃至於此	아! 나라의 치욕과 백성의 욕됨이 이제 여기에 이르렀구나.

2) 문말에 夫, 與, 哉, 也, 矣, 兮 등 사용

回也, 不改其樂, 賢哉, 回也	안회는 그 즐거움을 바꾸지 않으니, 어질구나! 안회여.
無爲而治者, 豈舜也與	인위적 노력없이 다스린 자는 저 순임금이로다.
管仲之器, 小哉	관중의 그릇됨이 작구나.
生何言之諛矣	자네는 어찌 이다지도 말이 아첨스럽단 말인가.

(12) 限定文(한정문)

문두에 '但, 惟, 獨' 등을 써서 한정의 뜻을 나타내거나, 문말에 '耳, 已, 而已, 而已矣' 등을 써서 '~할 뿐이다', '~할 따름이다' 등의 뜻을 나타내는 문장이다.

1) 문두에 但, 只, 直, 徒 / 惟, 唯, 維, 獨 등 사용 : 다만 / 오직

直不百步耳, 是亦走也	다만 백 걸음이 아닐 뿐이지 이것 역시 달아난 것이다.
唯仁者, 能好人, 能惡人	오직 어진 사람만이 사람을 좋아할 수 있고 미워할 수 있는 것이다.
非徒無益, 而又害之	단지 이익이 없을 뿐만 아니라 또한 해로울 것이다.
但無錢耳	다만 돈이 없을 뿐이다.
人皆有兄弟, 我獨亡	사람들은 모두 형제가 있거늘 나만 홀로 없도다.

2) 문말에 耳, 爾, 而已, 而已矣, 也已 등 사용 : ~일 뿐(따름)이다.

偏於日用耳	일상생활에 편리할 따름이다.
夫子之道, 忠恕而已	공자의 도는 충과 서일 따름이다.
寡人之於國也, 盡心焉耳矣	과인은 나라에 대해 마음을 다 하고 있을 따름이다.
亦有仁義而已矣	또한 인과 의가 있을 뿐이다.

8. 품사의 분류

한문 품사의 분류는 학자에 따라 조금씩 다르나 일반적으로 9품사, 10품사, 11품사 등으로 나눈다.

성질에 따라 實詞(실사 : 명사, 대명사, 동사, 형용사, 부사)와 虛詞(허사 : 접속사, 전치사, 후치사, 조사, 감탄사)로 분류하기도 한다. 실사란 어휘적 의미를 지니고 있는 詞(사)로 한 문장의 주성분이 되고, 허사는 어법적 의미를 지니고 있는 사로 다른 단어들에 붙어서 보조적인 기능을 담당한다. 虛字(허자)란 글자와 글자, 어구와 어구, 글자와 어구를 이어주거나 그 관계를 명료하게 하고, 문의 語氣(어기)를 적절히 표현하여 그 뜻을 돕는 한자로서 글자 자체가 어떤 실질적인 의미를 나타내기보다는 주로 문법적인 기능을 갖는다. 곧 문장의 접속 관계, 문장의 성분 구조 또는 문장의 형식 등을 나타내는 기능을 지닌다.

그 외 實辭(실사 : 명사, 대명사), 用辭(용사 : 동사), 狀辭(상사 : 형용사, 부사), 助辭(조사 : 접속사, 전치사, 후치사, 조사, 감탄사)로 분류한다. 실사와 용사가 한 문장의 중심이 되고, 상사는 수식 역할을 하며, 조사는 문장의 기능을 만들어 준다. 또 體言(체언 : 명사, 대명사), 用言(용언 : 동사, 형용사), 修飾辭(수식사 : 부사, 감탄사), 조사(보조사, 전치사, 후치사, 접속사, 종미사)로 분류하기도 한다. 체언이란 한 문장의 주어 역할을 하며, 용언은 독립된 뜻을 가지고 서술어로 쓰이며, 수식사는 체언이나 용언을 꾸미거나 놀람, 느낌 등을 나타내며, 조사는 체언이나 용언 등을 도와서 문장 기능을 여러 가지로 만들어 주는 역할을 한다.

(1) 名詞(명사)

사람이나 사물의 이름을 나타내며, 문장에서 위치를 바꾸거나 조사의 도움을 받아 주어 · 서술어 · 목적어 · 보어로 쓰인다. 일반적으로 명사 앞에는 지시대명사를 놓을 수 있고, 부사, 조동사 등의 수식을 받지 않는다.

1) 普通名詞(보통명사)

① 物質名詞(물질명사) : 草, 木, 石, 山, 川 草

② 抽象名詞(추상명사) : 忠, 孝, 學問, 理想, 心性

③ 一般名詞(일반명사) : 人, 民, 少年, 老人

2) 固有名詞(고유명사) : 人名, 地名, 書名 등

① 有形名詞(유형명사) : 孔子, 南山, 漢江, 李舜臣, 白頭山

② 無形名詞(무형명사) : 正月, 秋夕, 壬辰倭亂, 三一運動

3) 時地名詞(시지명사) : 今, 昔, 今年, 丁卯年, 三月, 江南, 京師, 鄕村

4) 方位名詞(방위명사) : 東, 西, 上, 中, 下, 左, 右, 內, 外, 前, 後, 邊, 側

5) 依存名詞(의존명사) : 불완전명사로 '수식어+者(~하는 것 · 사람)', '所+수식어(~하는 바)'의 형태를 이루는 것이 많다.

農者天下之大本	농사짓는 것은 천하의 큰 근본이다.
師者所以傳道也	스승은 도를 전하기 때문이다.
愚民有所欲言	어린 백성이 말하고 싶은 바가 있다.

6) 轉成名詞(전성명사) : 동사, 형용사가 전성되어서 명사로 쓰인다.

君子食無求飽	군자는 먹음에 배부름을 구함이 없다.
如行遠必自邇	멀리에 감에 반드시 가까이로부터 함과 같다.

(2) 代名詞, 代詞(대명사, 대사)

명사를 대신하는 품사로 人稱代名詞(인칭대명사), 指示代名詞(지시대명사), 疑問代名詞(의문대명사)로 나눈다. 명사처럼 위치를 바꾸거나 조사의 도움을 받아

주어 · 목적어 · 관형어 · 보어 · 서술어 등으로 쓰인다. 경우에 따라 동사나 형용사를 대신할 수 있고, 구나 문장, 문단이나 篇(편)까지 대신할 수 있다.

1) 인칭대명사

① 1인칭 : 我, 予, 吾, 余, 己, 朕, 寡人
② 2인칭 : 汝, 女, 爾, 君, 而, 若, 乃, 子, 先生
③ 3인칭 : 他, 彼, 夫, 其, 之, 伊, 渠

2) 지시대명사

① 근칭 : 此, 是, 斯, 夫, 若, 玆, 時, 之, 焉
② 원칭 : 彼, 其, 厥, 夫, 爾
③ 부정칭 : 或, 各, 皆, 咸, 諸, 者

3) 의문대명사 : 何, 誰, 安, 孰, 豈, 惡, 胡, 某, 焉, 或, 奚, 奚若, 奚如, 奚距

非君而何	그대 말고 누구이겠는가?(사람)
何憂何懼	무엇을 근심하고 무엇을 두려워하겠는가?(사물)
皆何處居	모두 어느 곳에 사는가?(방향, 장소)
天曷不降威	하늘은 어찌 위엄을 내리지 않는가?(원인, 이유)
大同江水何時盡	대동강 물은 어느 때 다할까?(시간)
漁者幾何家	고기잡이는 몇 집이나 되는가?(수량)

(3) 數量詞(수량사)

사물의 개체나 회수, 건수 등을 計數(계수) · 계량적으로 표시하는 품사로 일반적으로 數量名詞(수량명사)에 넣는다. 그러나 의미 내용에 독립성이 있기에 따로 항목을 두었다.

1) 數詞(수사)

① 基數(기수) : 一, 二, 三, 四, 百, 千, 萬, 億, 兆
② 序數(서수) : 第一, 第二, 第三, 第五, 其次, 十干, 伯, 仲, 叔, 季
③ 分數(분수) : 二分, 三分之一, 五分之二

④ 倍數(배수) : 倍, 三倍, 四倍, 五倍, 百倍

⑤ 槪數(개수) : 二三, 三四, 五六, 十餘, 千餘, 數十, 數千

⑥ 不定數(부정수) : 幾, 幾何

2) 量詞(양사)

① 長短(장단) : 丈, 尺, 寸, 分, 步, 尋, 仞, 里

② 容積(용적) : 斗, 斛, 石, 鍾, 升, 合, 勺

③ 輕重(경중) : 兩, 斤, 銖, 鈞

④ 面積(면적) : 畝, 頃

⑤ 時間(시간) : 年, 歲, 載, 月, 日

⑥ 其他(기타) : 枚, 個, 頭, 級, 章, 編, 卷, 封, 匹, 輛

(4) 動詞(동사)

모든 사물의 동작과 존재의 상태를 표현하는 품사로 문장 구성상 주로 술어 또는 수식어가 된다.

1) 自動詞(자동사) : 주어의 동작이 상대에게 미치지 아니하고 자기에게서만 그치는 동사이다. 주어와 동사만으로 이루어지는 것과 보어가 필요한 불완전자동사가 있다.

鷄鳴	닭이 운다.
烏飛梨落	까마귀 날자 배 떨어진다.
一年之計, 在於春	일년의 계획은 봄에 있다.
桑田爲碧海	뽕나무 밭이 푸른 바다가 되다.

2) 他動詞(타동사) : 주어의 동작이 자기에게서 미치지 아니하고 상대에게 미치는 동사로 반드시 목적어를 수반한다. 보어가 더 필요한 불완전타동사가 있다.

農夫耕田	농부가 밭을 갈다.
飯疏食飮水	거친 밥을 먹고 물을 마시다.
金庾信乃敎人兵法	김유신이 곧 사람들에게 병법을 가르쳤다.
舜用其中於民	순임금은 백성들에게 치우치지 않음을 베풀었다.

3) 轉成動詞(전성동사) : 명사 · 형용사 · 부사 · 보조사 · 전치사 등이 전성해서 동사로 쓰인다.

左右欲兵之, 太公曰, 此義人也	좌우가 그를 죽이려 했다. 태공이 말하길, "이 사람은 의인이다." 했다.
近墨者黑	먹을 가까이 한 자는 검다.
天可必乎, 天不可必乎	하늘은 반드시 그렇게 할 것이냐, 하늘은 반드시 그렇게 하지 않을 것이냐.

(5) 形容詞(형용사)

명사 · 대명사에 붙어서 사물의 형태, 성질, 지위, 상태를 표현한다. 個體(개체)에 대하여 판단평가를 나타내는 품사로 문장의 성분으로는 술어로 쓰인다. 형용사는 체언을 수식하고(관형어), 문의 설명어가 되는 두 가지 역할을 한다. 형용사와 동사는 대체로 그 역할이 비슷하므로 이들을 용언이라고 부른다. 일반적으로 명사의 관형어로 사용되면 형용사로 보고, 동사 앞에 쓰여 상태를 나타내면 부사로 본다.

1) 수식어의 역할

① 성질을 나타내는 형용사 : 好, 黑, 赤, 紅, 靑, 黃, 美, 强, 弱

② 형태를 나타내는 형용사 : 廣, 高, 低, 長, 短, 大, 小, 多, 少

2) 서술어의 역할

月明星稀	달은 밝고 별은 드물다.
山高水長	산은 높고 물은 길다.

3) 명사의 역할

漢江之深, 數十尺也	한강의 깊이는 수십 척이다.
靑出於藍	푸름은 쪽에서 나온다.

4) 전성형용사 : 명사, 동사 등이 전성해서 형용사로 쓰인다.

前途洋洋	앞길이 양양하다.
長松落落	긴 소나무가 늘어졌다.

(6) 副詞(부사)

사물의 動靜(동정)의 상태를 수식하는 것으로서 동사·형용사 또는 다른 부사에 붙어서 그 뜻을 수식·한정한다. 원칙적으로 술어 앞에 쓰이나 詞에 따라서는 주어 앞에 쓰이는 경우도 있어 전자를 보통부사, 후자를 특별부사라고 한다.

① **程度副詞**(정도부사) : 至, 極, 最, 絶, 甚, 欲, 已, 必, 益, 愈, 更, 尤, 殆, 庶, 幾乎

② **時間副詞**(시간부사) : 已, 旣, 業, 畢, 初, 始, 昔, 往, 嘗, 曾, 方, 今, 鼎, 正, 將, 且, 欲

③ **狀態副詞**(상태부사) : 僞, 謬, 詐, 假, 竊, 私, 偸, 復, 公, 斷, 決, 迭, 相

④ **疑問副詞**(의문부사) : 何, 何以, 胡, 奚, 安, 惡, 豈, 幾, 盍, 其

⑤ **範圍副詞**(범위부사) : 皆, 悉, 竝, 畢, 盡, 總, 都, 廣, 多, 徒, 只, 僅

⑥ **判斷副詞**(판단부사) : 信, 誠, 良, 眞, 反, 實, 幸, 恐, 固, 乃, 必

⑦ **接續副詞**(접속부사) : 卽, 乃, 則, 但, 輒, 故, 遂, 因, 爰

⑧ **轉成副詞**(전성부사) : 명사·대명사·동사·형용사 등의 품사가 부사로 바뀐 것을 말한다.

物質文明, 東來已久	물질문명이 동으로 온 지가 벌써 오래다.
何有此事	어찌 이런 일이 있는가.
急追敵	급히 적을 좇는다.
大施恩愛	크게 은혜를 베푼다.

(7) 助動詞(조동사)

동사, 형용사, 부사 등을 도와서 가능, 부정, 원망, 금지, 사동, 피동 등의 표현을 완전하게 만들어 주는 품사이다. 부사가 형용사 혹은 명사를 수식한다고 하면, 조동사는 서술어의 수식성분만 될 수 있으며 동사 앞에만 위치하여 동사를 생략하고 독립적으로 사용할 수 있다.

① **可能**(가능) : 可, 能, 足, 得, 克, 堪

② **否定**(부정) : 非, 不, 未, 微, 否, 弗, 匪, 無, 毋, 亡, 莫, 靡

③ **禁止**(금지) : 勿, 毋, 莫, 不, 毋

④ **使動**(사동) : 使, 遣, 令, 俾, 教

⑤ **被動**(피동) : 被, 見, 於, 爲, 與

⑥ **願望**(원망) : 幸, 欲, 將, 且

⑦ **當爲**(당위) : 須, 當, 宜, 應, 欲, 如

⑧ **比較・選擇**(비교・선택) : 莫若, 莫如, 不若, 不如, 孰, 於, 乎

⑨ **意志**(의지) : 肯, 寧, 敢, 要(當)

(8) 接續詞, 連詞(접속사, 연사)

주어와 서술어 사이에 쓰여 단어와 단어, 구와 구, 문과 문을 연결해 주는 역할을 한다. 대부분 역접보다 순접이 많으며 한 문장에서 독립된 성분이 되지 못한다. 흔히 사용되는 접속사 가운데 '與, 及, 和, 以' 등은 전치사를 겸하고 있으므로 각별히 유의해야 한다.

① 竝列接續詞(병렬접속사) : 與, 及, 而, 且, 如, 之, 旣

② 順接接續詞(순접접속사) : 而, 則, 以

③ 轉換接續詞(전환접속사) : 顧, 但, 抑, 然, 而, 乃, 則

④ 選擇接續詞(선택접속사) : 若, 如, 且, 或

⑤ 因果接續詞(인과접속사) : 故, 是故, 以

⑥ 假定接續詞(가정접속사) : 如, 若, 苟, 假, 則, 卽, 今, 令, 使, 爲

(9) 前置詞, 介詞(전치사, 개사)

전치사는 체언 혹은 체언과 같은 용법으로 쓰여진 말 앞에 붙어서 여러 가지 의미를 나타내는 품사이다. 반드시 목적어를 동반하며 주로 동작이나 상태와 관련 있는 시간, 장소, 방법, 원인, 대상, 피동, 자격(조건), 신분, 유래 등을 이끄는 역할을 한다.

① 시간 : 自, 從, 由, 以, 及, 於, 在, 方, 當, 向, 臨, 逮, 比, 迄, 竟, 終

② 대상 : 從, 於, 乎, 以, 爲, 與

③ 장소 : 乎, 於, 自, 以, 向, 與

④ 원인 : 因, 爲, 由, 爲

⑤ 방법 : 以, 使, 令, 俾, 敎, 爲

⑥ 비교 : 於

⑦ 명사화 : 所

⑧ 목적격 : 所

⑨ 행위자 : 與, 於

(10) 感歎詞(감탄사)

정서적으로 놀라거나 공포, 喜怒哀樂(희로애락) 등을 나타낸다. '噫, 惡, 惡乎, 烏乎, 嗚呼, 於乎, 嗟夫, 乎' 등이며 '아아!'라고 해석한다. 감탄사는 이 밖에 '吝, 于嗟, 嘻, 啞, 於戲, 吁, 唉' 등이 있다. 구의 맨 앞에 붙인다.

① 驚歎(경탄) : 於, 烏, 惡

② 哀惜(애석) : 噫, 嘻, 意

③ 譏笑(기소) : 荷荷

④ 怒斥(노척) : 咈, 否

⑤ 應答(응답) : 唯, 諾, 兪

(11) 助辭, 語氣詞(조사, 어기사)

사, 단어, 구에 각종 명사 작용을 하는 품사이다. 조사는 실질적인 의미가 없을 뿐만 아니라 독립적으로도 사용되는 경우가 극히 적다. 대부분 구 앞이나 사의 앞 혹은 뒤, 그리고 단어 중간에 위치한다.

1) 語助辭(어조사)

어기를 강조하는 작용을 하며, 위 문장과 이어지거나 변화가 있음을 나타낸다. 어조사는 구 끝에 위치하지 않고 대부분 구 앞에 놓여 구의 출발을 나타낸다. 물론 구 중간에 위치하기도 한다. '夫, 薄, 唯' 등이 있다.

2) 後置詞(후치사)

체언 혹은 체언과 같은 용법으로 쓰인 말 뒤에 붙어 다양한 뜻을 나타내는 품사이다. 후치사는 문장의 상태를 고르게 하거나 명사, 대명사, 부사 뒤에 붙어서 그 뜻을 강하게 한다. '之, 者, 以也, 也者' 등이 있고 주격, 관형격, 목적격 등으로 쓰인다.

3) 終尾詞(종미사)

문말에 붙어서 시간, 指定(지정), 한정, 의문, 감탄의 뜻을 표시하는 품사이다. '也, 也與(也歟), 也已, 也哉, 也乎, 矣, 焉, 耳, 已, 而已, 而已矣, 諸, 哉, 乎, 耶, 歟, 與' 등이 있다.

① 시간 : 矣
② 지정 : 矣, 也, 焉, 云
③ 의문 : 乎, 耶, 與, 諸, 哉, 也
④ 한정 : 耳, 爾, 已, 而已
⑤ 감탄 : 哉, 夫, 乎, 矣

9. 한자의 쓰임

(1) 乃(내)

1) 이에, 곧, 곧 ~이다, 바로(정말로, 그야말로), 드디어(마침내)

不可久居, 乃記之而去	오래 머물 수가 없으므로 이에 그것을 기록하고 떠난다.
公之所貴者, 乃此一書也	공이 귀하게 여기는 것은 곧 이 한 권의 책이다.
此乃天授, 非人力也	이는 그야말로 하늘이 준 것이지 사람의 힘이 아니다.

2) 드디어(마침내), 도리어

約共患難, 乃相委棄	환란을 함께 하기로 약속하고 드디어는 서로 버린다.
當改過自新, 乃益驕溢	마땅히 잘못을 고치고 새로워져야 하는데, 도리어 교만하고 사치해졌다.

3) ~뿐, 다만

天下勝者衆矣, 而覇者乃五	천하에 승자는 많았으나, 패자는 다섯뿐이었다.

4) 너, 너희들(2인칭)

堅乃志氣, 勉其學問	네 뜻과 심기를 굳게 하여 학문에 힘써라.

(2) **於(=于, 乎)**(어=우, 호)

1) 처소 : ~에, ~에서, ~(으)로

降於太白山頂神檀樹下	태백산 꼭대기 신단수 아래에 내려왔다.
夜於燈下讀書	밤에 등불 아래에서 책을 읽다.

2) 대상 : ~에, ~에게, ~을(를)

不自責而歸罪於人	자신을 책망하진 않고 다른 사람에게 죄를 돌린다.
仰不愧於天	우러러봐도 하늘에 대해서 부끄러울 것이 없다.

3) 비교 : ~보다, ~와

霜葉紅於二月花	서리 맞은 잎이 2월의 꽃보다 붉다.
苛政猛於虎	혹독한 정치는 범보다도 사납다.

4) 피동 : ~에게 …을(를) 당하다.

勞力者, 治於人	힘을 수고롭게 하는 자는 남에게 다스림을 당한다.

5) 유래 : ~에서, ~에게서, ~로부터

福生於淸儉	복은 청렴과 검소함에서 생긴다.

6) 시간 : ~에, ~에서

一日之計, 在於晨	하루의 계획은 새벽에 있다.

(3) 與(여)

1) ~더불어, ~와 함께, ~와(과), ~을 위하여

管仲嘗與鮑叔賈	관중은 일찍이 포숙과 함께 장사를 한 적이 있었다.
客亦知夫水與月乎?	객도 또한 저 물과 달을 아는가?
得其心有道, 所欲與之聚之, 所惡勿施爾也	그들의 마음을 얻는 데는 길이 있으니, 바라는 바를 그들을 위해 모아주고, 싫어하는 바를 그들에게 하지 않는 것이다.

2) ~에 있어, ~에게

故忠臣也者, 能盡善與君	그러므로 충신이란 임금에게 최선을 다할 수 있는 것이다.

3) 與(歟) : ~인가, ~하겠는가

是魯孔丘之徒與	이는 노나라 사람 공구의 제자인가?
民之不正, 是誰之過與	백성들이 바르지 않은 것은 누구의 허물인가?

4) 與其 ~ 不如(寧) ~ : ~보다는 차라리 ~가 낫다

與其生辱, 不如死快	살아서 욕되기보다는 차라리 죽어서 유쾌한 것이 낫다.

5) 주다, 참여하다

以其一與兄	그 하나를 형에게 주었다.

(4) 爲(위)

1) ~이다, ~되다

勤爲無價之寶	근면함은 값으로 따질 수 없는 보배이다.
巖石爲屛	바위와 돌이 병풍이 된다.

2) 위하다, ~ 때문에, ~에게

爲人謀而不忠乎	남을 위해 일을 도모하면서 성실하지 못했던가?
爲使上國, 未獻	상국에 사신으로 가기 때문에 바치지 못했다.
吾將爲汝言其槪略	내 장차 너에게 그 개략적인 것을 말하겠다.

3) 以 ~爲 ~ : ~를 ~로 삼다, 以爲 : ~라고 생각하다, 여기다

天將以夫子爲木鐸	하늘이 장차 선생님을 목탁으로 삼으실 것이다.
鮑叔不以我爲貪	포숙은 나를 탐욕스럽다고 생각하지 않았다.
我以日初出時, 去人近, 而日中時, 遠也	나는 해가 처음 나올 때 사람과 떨어진 거리가 가깝고, 해가 중천에 있을 때 멀다고 생각한다.

(5) 而(이)

1) 그리고, ~해서, ~하면

人莫不盡其力, 而地無不盡其利	사람이 그 힘을 다하지 않음이 없으면, 땅도 그 이로움을 다하지 않음이 없게 된다.
敏於事而愼於言	일에는 민첩하고 말에는 조심한다.
樹成蔭而衆鳥息焉	나무가 그늘을 이루면, 뭇 새들이 와서 거기에 쉰다.

2) 그러나, ~하되, 그런데도

關雎樂而不淫	「관저」장은 즐거우면서도 음란하지 않다.
門雖設而常關	문은 비록 만들어져 있지만 항상 닫혀 있다.

3) ~로서

人而不仁, 如禮何	사람으로서 인하지 않으면 예를 어떻게 하겠는가?
匹夫而爲百世師	한 남자로서 백세의 스승이 된다.

4) ~로부터

人材以培養而出	인재는 배양함으로부터 나온다.

5) ~에, 시간의 경과

一日而行千里	하루에 천리를 간다.
三十而立, 四十而不惑	삼십에 홀로 섰고, 사십에 유혹당하지 않았다.

6) 너, 그대(2인칭)

余知而無罪也	나는 그대에게 죄가 없음을 안다.

(6) 以(이)

1) ~로써, ~을 가지고서

以五十步, 笑百步	오십 보를 달아났다고 해서 백 보 달아난 사람을 비웃는다.
以子之矛, 陷子之盾, 何如	그대의 창으로 그대의 방패를 찌르면 어떻겠소?

2) ~로서, ~의 자격으로서

可以人而不如鳥乎	사람으로서 새만도 못하단 말인가?
王待吾以國士	왕이 나를 국사로서 대접하다.

3) ~이므로, ~이어서, ~ 때문에, 以故, 是故, 是以 : 그렇기 때문에, 그래서

君子不以言擧人, 不以人廢言	군자는 말 때문에 사람을 등용하지 않으며, 사람 때문에 말까지 버리지 않는다.
故以羊易之也	그래서 양으로써 그것을 바꾸었다.

4) ~을(를)

五畝之宅, 樹之以桑, 五十者可以衣帛矣	다섯 이랑의 택지에다 뽕나무를 심으면, 오십 대의 사람들이 비단 옷을 입을 수 있게 될 것이다.
詩三百, 一言以蔽之, 曰, 思無邪	『시경』은 한마디로 말을 한다면 사악함이 없는 것이다.

5) ~에, ~동안

孟嘗君以五月五日生	맹상군이 오월 오일에 태어났다.
高句麗常以春三月三日, 祭天及山川神	고구려는 항상 봄 삼짇날에 하늘 및 산천의 신에게 제사를 지냈다.

6) ~하여, ~해서

負者, 置酒食以謝勝者	진 편은 술과 음식을 마련하여 이긴 사람에게 사례하다.
殺身以成仁	자신을 죽여서 인을 이룬다.

(7) 自(자)

1) ~에서, ~로부터(= 從, 由)

有朋自遠方來, 不亦樂乎	벗이 먼 곳으로부터 찾아온다면 또한 즐겁지 않겠는가?
退之自幼, 機智如此	퇴지는 어려서부터 기지가 이와 같았다.
自 ~ 至 ~	~로부터 ~까지
自秋七月旣望, 至八月十五日	가을 칠월 십육일부터 팔월 십오일까지.

2) 스스로, 저절로, 자연히

天晴谷自陰	하늘이 맑아도 골짜기는 스스로 그늘졌네.
自去自來堂上燕	절로 가며 절로 오는 것은 집 위의 제비이다.

(8) 者(자)

1) ~하는 사람, ~하는 이

仁者樂山, 知者樂水	인한 사람은 산을 좋아하고, 지혜로운 사람은 물을 좋아한다.
仁者不憂, 知者不惑, 勇者不懼	어진 사람은 근심하지 않고, 지혜로운 사람은 의혹에 빠지지 않고, 용감한 사람은 두려워하지 않는다.

2) ~라는 것, ~하는 것

師者, 所以傳道・受業・解惑也	스승이란 도를 전하고 업을 물려주고 의혹을 풀어주는 사람이다.
農者, 天下之大本也	농사라는 것은 천하의 큰 근본이다.

3) ~한 곳

水淺者, 大魚不遊	물이 얕은 곳에는 큰 물고기가 놀지 않는다.

4) 가지(종류)

必不得已而去, 於斯三者何先	어쩔 수 없이 꼭 버려야 할 경우라면 이 세 가지 중에 어떤 것을 먼저 버려야 합니까?

5) 시간 : ~에(今者, 近者, 日者, 曩者, 昔者, 前者, 乃者 등)

昔者, 吾舅死於虎, 吾夫又死焉, 今吾子又死焉	예전에 내 시아버지께서 호랑이에게 죽었고, 내 남편이 또 죽었으며, 이제 내 아들이 또 죽었다.

(9) 之(지)

1) ~이, ~가

子之廢學, 若吾斷斯織也	네가 학문을 그만두는 것은 내가 이 베를 자르는 것과 같다.
君子之愛人也以德	군자가 사람을 사랑하는 것은 덕으로써 한다.

2) ~의, ~하는(한)

同心之言, 其臭如蘭	마음을 같이하는 말은 그 향기가 난초와 같다.
天下之難事, 必作於易	천하의 어려운 일은 반드시 쉬운 일에서 시작된다.

3) ~을

天命之謂性	하늘이 명한 것을 성이라 한다.

4) 가다

孟子將之楚	맹자가 장차 초나라로 가려 한다.

5) 그, 그것, 이것

喜怒哀樂之未發, 謂之中	희로애락이 발현되기 이전의 상태, 그것을 중이라고 한다.
愛人者, 人恒愛之, 敬人者, 人恒敬之	남을 아끼는 자는 남도 항상 그를 아끼고, 남을 공경하는 자는 남도 항상 그를 공경한다.
吾愛之重之	나는 이것을 사랑하고 이것을 중히 여긴다.

(10) 且(차)

1) 또, ~하고, ~와(과)

且祿豊官重, 乘威挾勢者, 凡所欲得, 無一不可於意者	또 녹이 많고 벼슬이 높아 위엄을 이용하고, 세도를 끼고 있는 자는 모든 얻고자 하는 것에 있어서 하나라도 뜻대로 되지 않는 것이 없다.
余旣衰且病, 無所用於世	나는 늙고 병들어서 세상에 쓰일 데가 없다.

2) 장차 ~하려 하다

日且入大風起	해가 장차 지려 하자 큰 바람이 인다.

3) 오히려, 더욱이

明日且未可知況明年乎	내일 일도 알 수 없는데 하물며 내년 일이겠는가.
旣醉且飽無足憂也	이미 술 취한데다가 더욱이 배까지 부르니 족히 근심할 것이 없다.

4) 그렇지 않으면

足下欲助秦攻諸侯乎, 且欲率諸侯破秦乎	족하는 진나라를 도와 제후들을 치고자 합니까? 그렇지 않으면 제후들을 거느리고 진나라를 격파하고자 합니까?

5) ~뿐만 아니라, ~조차도, 또한

乃厚遺之, 以償其勞, 且爲衆人勸	이에 후히 상을 주고 그 수고에 대해 보상해 줄 뿐만 아니라 많은 사람들을 위해 (수고할 것을) 권하기까지 하였다.
獸相食, 且人惡之	짐승들이 서로 잡아먹는 것조차도 사람들이 싫어한다.

6) 가까운 시간에 곧, 잠시 동안

北山愚公者, 年且九十	북산에 우공이란 사람이 있었는데, 나이가 거의 구십이었다.
且以喜樂, 且以永日	잠시 즐거워하면서 날을 보내리라.

7) 거의 ~되다, 일단

居官未三年積資且千萬	벼슬살이가 삼년이 못 됐는데 재물이 거의 천 만이 된다.
且息內爭以禦外侮	일단 내분을 그만두고 외적 침해를 막아라.

8) 且 ~ 且 : 한편으로 ~하면서 한편으로는 ~하다

且歌且飮, 傍若無人	노래하면서 마시면서 마치 옆에 사람이 없는 것같이 여기더라.

(11) 則(즉)

1) ~라면, ~하면

求則得之, 不求則弗得也	구하면 얻을 것이요, 구하지 않으면 얻지 못할 것이다.
諫而不入, 則莫之繼也	간언을 해도 받아들여지지 아니하면, 그것을 계속할 사람은 아무도 없다.

2) ~은(는)

我則何故獨爲衆人耶	나는 어떤 이유로 유독 평범한 사람이 되는가?
其言則若是, 其行則若彼	그 말은 이런데, 그 행동은 저렇다.

3) 곧

覺則起, 起則歸	깨고 나서 곧 일어나고, 일어나서 곧 돌아간다.
用之則行, 舍之則藏	등용되면 곧 나아가고, 버려지면 곧 들어앉는다.

4) ~하고 나니, 생각지도 않게 벌써, 이미

雨止則天已晩	비가 그치고 나니 시간이 벌써 늦어졌다.
其子趨而往視之, 苗則槁矣	그의 아들이 뛰어가 보았더니 싹은 이미 말라 있었다.

Ⅱ.

문장편

1. 기초한문
2. 고사단문
3. 역대시가
4. 역대산문
5. 제자경서

1. 기초한문

(1) 千 字 文[1]

qiān zì wén
천 자 문

1) 天 地 玄 黃

tiān dì xuán huáng
천 지 현 황

天(하늘 천) tiān	地(땅 지) dì	玄(검을 현) xuán	黃(누를 황) huáng
宇(집 우) yǔ	宙(집 주) zhòu	洪(넓을 홍) hóng	荒(거칠 황) huāng
日(날 일) rì	月(달 월) yuè	盈(찰 영) yíng	昃(기울 측) zè
辰(별 진) chén	宿(별자리 수) xiù	列(벌일 렬) liè	張(베풀 장)[2] zhāng

1) 중국 南朝 梁나라 周興嗣(470?~521)가 글을 짓고, 東晉 王羲之의 필적 중에서 해당되는 글자를 모아 만들었다고 전한다. 四言古詩 250句, 합해서 1,000자가 각각 다른 글자로 되어 있다. 당나라 이후 급격히 보급되어 많이 쓰여졌으며 그 중에서도 습자교본으로 가장 유명한 것은 왕희지의 7대손 智永스님이 眞書(楷書)와 草書의 두 체로 쓴 『眞草千字文』 본으로 1109년에 새긴 石刻이 전하고 있다. 宋代 이후 이용 범위가 점점 확대되어 『천자문』의 순서를 이용하여 문서 등의 번호를 붙이는 습관도 생기고 또 『속천자문』이 나오는가 하면 전연 딴 글자를 뽑아 『敍古千字文』이라 이름붙인 종류도 많이 나왔다. 한국에 전해진 연대는 확실치 않으나 백제 때 王仁이 『論語』 10권과 함께 이 책 1권을 일본에 전했다는 기록이 있다. 한문의 입문서로 초보자에게는 필수 교과서로 重用되었다. 선조 때 명필 石峯 韓濩가 쓴 『석봉천자문』이 유명하다.

2) 진은 하늘의 10간과 상대되는 땅의 12지인 쥐·소·호랑이·토끼·용·뱀·말·양·원숭이·닭·개·돼지 중 용에 해당된다. 그러나 여기서는 별자리의 별을 말한다. 수는 28개의 별자리를 따른 것으로 東方七舍는 角·亢·氐·房·心·尾·箕를 말하고, 北方七舍는 斗·牛·女·虛·危·室·壁을 말한다. 西方七舍는 奎·婁·胃·昴·畢·觜·參을 말하고, 南方七舍는 井·鬼·柳·星·張·翼·軫의 별자리이다. 하늘이 운행하는 도수를 12개의 방위로 나누면 이것이 진이 되며, 해와 달이 만나는 곳을 28개의 위치로 나눌 경우, 그 위치에 해당하는 28개의 별자리가 순환 운행하면서 펴져있다.

寒(찰 한) hán	來(올 래) lái	暑(더울 서) shǔ	往(갈 왕) wǎng
秋(가을 추) qiū	收(거둘 수) shōu	冬(겨울 동) dōng	藏(감출 장) cáng
閏(윤달 윤) rùn	餘(남을 여) yú	成(이룰 성) chéng	歲(해 세) suì
律(가락 률) lǜ	呂(음률 려) lǚ	調(고를 조) tiáo	陽(볕 양)[3] yáng
雲(구름 운) yún	騰(오를 등) téng	致(이를 치) zhì	雨(비 우) yǔ
露(이슬 로) lù	結(맺을 결) jié	爲(할 위) wéi	霜(서리 상) shuāng
金(쇠 금) jīn	生(낳을 생) shēng	麗(고울 려) lì	水(물 수)[4] shuǐ
玉(구슬 옥) yù	出(날 출) chū	崑(메 곤) kūn	岡(메 강) gāng
劍(칼 검) jiàn	號(이름 호) hào	巨(클 거) jù	闕(대궐 궐)[5] què
珠(구슬 주) zhū	稱(일컬을 칭) chēng	夜(밤 야) yè	光(빛 광)[6] guāng

3) 고대의 왕들이 음악의 율과 여를 정하였다. 음악의 12률 가운데 양의 성질을 띤 육률과 음의 성질을 띤 육려가 있다. 육률은 黃鍾, 大蔟 ,姑洗, 蕤賓, 夷則, 無射(무역)이며; 육려는 大呂, 夾鍾, 仲呂, 林鍾, 南呂, 應鍾이다.

4) 麗水 : 지금의 金沙江이 운남성 여강 납서족 자치현으로 유입되는 북쪽을 지칭한다.

5) 巨闕 : 조나라 구야자가 만든 검의 이름

6) 夜光 : 전설상의 밤에도 빛을 내는 구슬 이름. 중국 역대 제후들이 소유하려고 다투던 구슬로 화씨의 구슬(和氏之璧)과 수후의 구슬(隋侯之珠)이 있다. 야광주에 대한 최초의 기록으로 王嘉의 『拾遺記 · 夏禹』에 우임금이 치수 시에 발견하였다고 전한다. 또 전설에 의하면 전국시대 서주의 수후(隋侯)가 소중히 갈무리한 구슬이다. 수후가 용의 아들을 살려주자, 용은 지름이 한 치가 넘는 구슬을 주어 그 은혜에 보답하니 밤에도 빛나서 대낮같이 환하였다고 한다. 관련 고사성어로 隋珠彈雀이 있다.

果(과실 과) guǒ	珍(보배 진) zhēn	李(오얏 리) lǐ	柰(능금나무 내) nài
菜(나물 채) cài	重(무거울 중) zhòng	芥(겨자 개) jiè	薑(생강 강) jiāng
海(바다 해) hǎi	鹹(짤 함) xián	河(물 하) hé	淡(맑을 담) dàn
鱗(비늘 린) lín	潛(잠길 잠) qián	羽(깃 우) yǔ	翔(높이 날 상) xiáng
龍(용 룡) lóng	師(스승 사) shī	火(불 화) huǒ	帝(임금 제)[7] dì
鳥(새 조) niǎo	官(벼슬 관) guān	人(사람 인) rén	皇(임금 황)[8] huáng
始(처음 시) shǐ	制(지을 제) zhì	文(글월 문) wén	字(글자 자)[9] zì
乃(이에 내) nǎi	服(옷 복) fú	衣(옷 의) yī	裳(치마 상) cháng
推(밀 추) tuī	位(자리 위) wèi	讓(사양할 양) ràng	國(나라 국) guó
有(있을 유) yǒu	虞(헤아릴 우) yú	陶(질그릇 도) táo	唐(당나라 당) táng
弔(슬퍼할 조) diào	民(백성 민) mín	伐(칠 벌) fá	罪(허물 죄) zuì

7) 삼황오제 중 용사로 불린 伏羲氏, 화제로 불린 神農氏.
8) 조관으로 불린 小昊氏, 더 이전의 人皇氏가 있었다(역사 순으로 인황이 먼저이나 韻을 맞춤).
9) 문자의 기원에 대한 여러가지 학설로 노끈을 묶어 표시한 結繩, 복희씨가 만들었다는 書契, 창힐이 새 발자국으로 창조했다는 것 등이 있다. 『淮南子』에 "옛날 창힐이 글씨를 만드니 하늘에서는 곡식을 비 내렸고 귀신들은 한밤중에 울부짖었다." 했고, 『설문해자』에 "창힐이 처음으로 새 발자국 찍힌 것을 살펴 서계를 지으니 거짓이 싹터 오르기 시작했다. 근본을 버려 지엽적인 것을 따르고 밭갈이를 집어치워 자그마한 이익에 힘쓰게 되었으니, 장차 굶주릴 것을 알아 하늘이 곡식을 비 내리고 글로써 탄핵받을까 두려워 귀신들이 한밤중에 울부짖었다." 했다.

周(두루 주) zhōu	發(필 발) fā	殷(나라이름 은) yīn	湯(끓을 탕) tāng
坐(앉을 좌) zuò	朝(조정 조) cháo	問(물을 문) wèn	道(길·말할 도) dào
垂(드리울 수) chuí	拱(껴안을 공) gǒng	平(평평할 평) píng	章(글월 장)[10] zhāng
愛(사랑 애) ài	育(기를 육) yù	黎(검을 려) lí	首(머리 수) shǒu
臣(신하 신) chén	伏(엎드릴 복) fú	戎(오랑캐 융) róng	羌(종족 이름 강) qiāng
遐(멀 하) xiá	邇(가까울 이) ěr	壹(한 일) yī	體(몸 체) tǐ
率(거느릴 솔· shuài 비율 률)	賓(손 빈) bīn	歸(돌아갈 귀) guī	王(임금 왕) wáng
鳴(울 명) míng	鳳(봉황새 봉) fèng	在(있을 재) zài	樹(나무 수) shù
白(흰 백) bái	駒(망아지 구) jū	食(밥 식) shí	場(마당 장) cháng
化(될 화) huà	被(입을 피) bèi	草(풀 초) cǎo	木(나무 목) mù
賴(힘입을 뢰) lài	及(미칠 급) jí	萬(일만 만) wàn	方(모 방) fāng
蓋(덮을 개) gài	此(이 차) cǐ	身(몸 신) shēn	髮(터럭 발) fà
四(넉 사) sì	大(큰 대) dà	五(다섯 오) wǔ	常(항상 상)[11] cháng
恭(공손할 공) gōng	惟(오직 유) wéi	鞠(기를 국) jū	養(기를 양) yǎng

10) 平章 : 나라를 보살피고 다스린다는 뜻. 平章事라는 벼슬이름이 있다.

豈(어찌 기) qǐ 敢(감히 감) gǎn 毁(헐 훼) huǐ 傷(상할 상) shāng

女(계집 녀) nǚ 慕(사모할 모) mù 貞(곧을 정) zhēn 烈(매울 렬) liè

男(사내 남) nán 效(본받을 효) xiào 才(재주 재) cái 良(어질 량) liáng

知(알 지) zhī 過(지날·허물 과) guò 必(반드시 필) bì 改(고칠 개) gǎi

得(얻을 득) dé 能(능할 능) néng 莫(말 막) mò 忘(잊을 망) wàng

罔(없을 망) wǎng 談(말씀 담) tán 彼(저 피) bǐ 短(짧을 단) duǎn

靡(아닐 미) mǐ 恃(믿을 시) shì 己(몸 기) jǐ 長(긴 장) cháng

信(믿을 신) xìn 使(하여금 사) shǐ 可(옳을 가) kě 覆(뒤집힐 복) fù

器(그릇 기) qì 欲(하고자 할 욕) yù 難(어려울 난) nán 量(헤아릴 량) liàng

墨(먹 묵) mò 悲(슬플 비) bēi 絲(실 사) sī 染(물들일 염)[12] rǎn

詩(시 시) shī 讚(칭찬할 찬) zàn 羔(새끼양 고) gāo 羊(양 양)[13] yáng

11) 四大는 地水火風(天地君父). 五常은 五倫이라고도 하며 仁義禮智信, 혹은 親義別序信.
12) 墨翟(墨子)은 흰 실에 먹물 들이는 것을 보고 탄식하였다.
13) 羔羊 :『시경 · 고양편』에서 召南國 사람들이 바탕이 바르고 온순함을 칭송하였다.

2) 景 行 維 賢

jǐng xíng wéi xián
경 행 유 현

景(볕 경) jǐng	行(다닐 행·항렬 항) xíng	維(벼리 유) wéi	賢(어질 현) xián
克(이길 극) kè	念(생각 념) niàn	作(지을 작) zuò	聖(성인 성) shèng
德(덕 덕) dé	建(세울 건) jiàn	名(이름 명) míng	立(설 립) lì
形(모양 형) xíng	端(바를 단) duān	表(겉 표) biǎo	正(바를 정) zhèng
空(빌 공) kōng	谷(골 곡) gǔ	傳(전할 전) chuán	聲(소리 성) shēng
虛(빌 허) xū	堂(집 당) táng	習(익힐 습) xí	聽(들을 청) tīng
禍(재앙 화) huò	因(인할 인) yīn	惡(악할 악) è	積(쌓을 적) jī
福(복 복) fú	緣(인연 연) yuán	善(착할 선) shàn	慶(경사 경) qìng
尺(자 척) chǐ	璧(구슬 벽)[1] bì	非(아닐 비) fēi	寶(보배 보) bǎo
寸(마디 촌) cùn	陰(그늘 음) yīn	是(옳을·이 시) shì	競(다툴 경)[2] jìng
資(자료 자) zī	父(아비 부) fù	事(일·섬길 사) shì	君(임금 군)[3] jūn

1) 고사에 나오는 화씨의 구슬, 지름이 한 자라고 하였다.
2) 寸陰=一寸光陰. 광음은 해와 달로 시간을 말함.
3) 『孝經』에 "資於事父以事君(어버이 섬기는 것을 바탕으로 하여 임금을 섬긴다)." 했다. 즉 부모를 섬기는 도리를 밀고나가 군주를 섬기는 것을 말한다. 그러므로 충성스러운 신하는

曰(가로 왈) yuē	嚴(엄할 엄) yán	與(더불 여) yǔ	敬(공경할 경) jìng
孝(효도 효) xiào	當(마땅할 당) dāng	竭(다할 갈) jié	力(힘 력) lì
忠(충성 충) zhōng	則(곧 즉·법 칙) zé	盡(다할 진) jìn	命(목숨 명) mìng
臨(임할 림) lín	深(깊을 심) shēn	履(밟을 리) lǚ	薄(얇을 박)[4] bó
夙(일찍 숙) sù	興(흥할 흥) xīng	溫(따뜻할 온) wēn	凊(서늘할 정)[5] qìng
似(같을 사) sì	蘭(난초 란) lán	斯(이 사) sī	馨(향기 형) xīn
如(같을 여) rú	松(소나무 송) sōng	之(어조사 지) zhī	盛(성할 성) shèng
川(내 천) chuān	流(흐를 류) liú	不(아닐 불·부) bù	息(쉴 식) xī
淵(못 연) yuān	澄(맑을 징) chéng	取(취할 취) qǔ	暎(비칠 영) yìng

효자 가문에서 나온다. 그러나 눈을 비벼 맑은 눈으로 상층 지배계급에서 찾아보면 이러한 예는 찾아보기 드물다. 역사가 시작한 이래 왕도가 날로 없어지고 패도가 횡행하여 어질음을 빌린 자가 황제가 되고 군사력이 강한 자가 임금이 되었으며, 계략을 쓰는 자가 귀하게 되고 아첨을 잘한 자가 영화롭게 되었다. 임금이 신하를 부릴 때는 총애와 녹봉으로 꾀어내고 신하가 임금을 섬길 때는 권모술수로 낚아챈다. 겨우 알기만 해도 마음이 들어맞아 나름의 일가견으로 근심을 미리 막되, 위아래 할 것 없이 밀고 당기며 힘을 합해 사리사욕만 꾀하였다. 이처럼 온 누리가 어수선하게 된 것은 이익의 욕심을 품고 서로를 대하기 때문이다.

4) 『詩・小雅』에 "旻天疾威, 敷于下土, 謀猶回, 何日斯沮. 謀臧不從, 部臧覆用, 我視謀猶, 亦孔之邛. ……不敢暴虎, 不敢馮河, 人知其一, 莫知其他. 戰戰兢兢, 如臨深淵, 如履薄氷(하늘의 사나운 위협 온 땅을 뒤엎나니, 정책의 사악함은 언제나 그치려나. 좋은 뜻 좇지 않고 나쁜 것만 도리어 따르니, 국정을 살펴봄에 또한 너무도 해롭구나. …… 호랑이 맨손으로 잡기 어렵고 황하 걸어선 못 건너리. 사람들은 하나만 알고 그밖의 것은 알지 못하는구나. 두려워하고 경계하기를, 깊은 못에 다다른 듯 살얼음을 밟은 듯)." 했다.

5) 숙흥은 일찍 일어남. 『詩・衛風』에 "三歲爲婦, 靡室勞矣, 夙興夜寐, 靡有朝矣(세 해 동안 그이와 살며 고생이라 아니 여겨서, 꼭두새벽 일어나 한밤중 자니 아침 느낄 겨를조차 아예 없었네)." 했다. 온청은 『禮記』에 "冬溫夏凊(겨울에는 따뜻하게 해드리고 여름에는 시원하게

容(얼굴 용) róng	止(그칠 지) zhǐ	若(같을 약) ruò	思(생각 사)[6] sī
言(말씀 언) yán	辭(말씀 사) cí	安(편안 안) ān	定(정할 정) dìng
篤(도타울 독) dǔ	初(처음 초) chū	誠(참으로 성) chéng	美(아름다울 미) měi
愼(삼갈 신) shèn	終(마칠 종) zhōng	宜(마땅 의) yí	令(착할 령) lìng
榮(영화 영) róng	業(업 업)[7] yè	所(바 소) suǒ	基(터 기) jī
籍(문서 적) jí	甚(심할 심)[8] shèn	無(없을 무) wú	竟(마침내 경) jìng
學(배울 학) xué	優(넉넉할 우) yōu	登(오를 등) dēng	仕(벼슬 사) shì
攝(잡을 섭) shè	職(벼슬 직) zhí	從(좇을 종) cóng	政(정사 정)[9] zhèng
存(있을 존) cún	以(써 이) yǐ	甘(달 감) gān	棠(해당화 당)[10] táng
去(갈 거) qù	而(어조사 이) ér	益(더할 익) yì	詠(읊을 영) yǒng
樂(풍류 악·즐길 락·좋아할 요) yuè	殊(다를 수) shū	貴(귀할 귀) guì	賤(천할 천)[11] jiàn

해드려라).” 했다.

6) 용지는 얼굴과 거동으로 행동거지를 사려깊게 하다.

7) 학업의 뜻.

8) 명성이 널리 퍼져 높아지는 것으로 正史에 기록되는 것을 의미하기도 한다. 籍甚을 자심으로 보아 '藉甚'으로 쓰기도 하는데 명성이 높아져 회자되는 것을 뜻한다.

9) 섭직은 관직에 관련된 일을 맡는 것이요, 종정은 정치하는 법령에 종사하는 것이다.

10) 周나라 召公 奭이 남쪽 제후국에 갔을 때 감당나무 아래에 머물러 있었는데, 그곳 사람들이 그의 교화를 따르지 않는 이가 없었다. 당은 과일 이름으로 팥배나무를 감당이라 하니 오얏과 비슷하다. 甘棠 : 아가위(산사라고도 하며 팥배 종류임).

禮(예도 례) lǐ	別(다를 별) bié	尊(높을 존) zūn	卑(낮을 비) bēi
上(위 상) shàng	和(화할 화) hé	下(아래 하) xià	睦(화목할 목) mù
夫(지아비 부) fū	唱(부를 창) chàng	婦(며느리 부) fù	隨(따를 수) suí
外(밖 외) wài	受(받을 수) shòu	傅(스승 부) fù	訓(가르칠 훈) xùn
入(들 입) rù	奉(받들 봉) fèng	母(어미 모) mǔ	儀(거동 의)[12] yí
諸(모두 제) zhū	姑(시어미 고) gū	伯(맏 백) bó	叔(아재비 숙) shū
猶(같을 유) yóu	子(아들 자)[13] zǐ	比(견줄 비) bǐ	兒(아이 아) ér
孔(매우 공) kǒng	懷(품을 회)[14] huái	兄(맏 형) xiōng	弟(아우 제) dì
同(한가지 동) tóng	氣(기운 기) qì	連(이어질 연) lián	枝(가지 지) zhī
交(사귈 교) jiāo	友(벗 우) yǒu	投(던질 투) tóu	分(나눌 분)[15] fēn
切(끊을 절·모두 체) qiē	磨(갈 마) mó	箴(경계 잠) zhēn	規(법 규)[16] guī
仁(어질 인) rén	慈(사랑 자) cí	隱(숨을 은) yǐn	惻(슬플 측) cè
造(지을 조) zào	次(버금 차) cì	弗(아닐 불·부) fú	離(떠날 리)[17] lí

11) 신분의 귀천, 지위의 등급별로 儀式의 방식, 기간이나 범위, 풍악의 규모를 구분.
12) 儀 : 거동, 모형, 본. "본받다"의 뜻이 있음.
13) 조카. 자식과 같다는 뜻이니 이 말 자체에 猶子比兒의 뜻이 담겨 있음.
14) 공은 몹시, 매우라는 뜻. 공회는 심히 그리워함을 의미한다.
15) 投分 : 갈라진 것을 던지니 意氣投合함을 의미함. 투 : "향하여 가다"의 뜻으로 쓰임.
16) 切磨=切磋琢磨. 자르고, 쓸고, 쪼고, 가는 것이니 학문과 덕행을 애써 배우고 닦는 것을 말한다. 잠규는 경계 훈계하여 바로잡음, 또는 그 글.

節(마디 절) jié	義(옳을 의) yì	廉(청렴 렴) lián	退(물러갈 퇴)[18] tuì
顚(넘어질 전) diān	沛(자빠질 패)[19] pèi	匪(아닐 비) fěi	虧(이지러질 휴) kuī
性(성품 성) xìng	靜(고요할 정) jìng	情(뜻 정) qíng	逸(편안할 일)[20] yì
心(마음 심) xīn	動(움직일 동) dòng	神(귀신 신) shén	疲(피곤할 피)[21] pí
守(지킬 수) shǒu	眞(참 진) zhēn	志(뜻 지) zhì	滿(찰 만) mǎn
逐(쫓을 축) zhú	物(만물 물) wù	意(뜻 의) yì	移(옮길 이) yí

3) 堅 持 雅 操

jiān chí yǎ cāo

견 지 아 조

堅(굳을 견) jiān	持(가질 지) chí	雅(우아할 아) yǎ	操(잡을 조) cāo
好(좋을 호) hǎo	爵(벼슬 작) jué	自(스스로 자) zì	縻(얽을 미) mí
都(도읍 도) dū	邑(고을 읍) yì	華(빛날 화) huá	夏(여름 하)[1] xià

17) 造次 : 造次間의 준말로 '잠시 동안'의 뜻. 造次弗離는 잠시도 떠나지 않는 것이니 항상 간직함이다.
18) 退 : 벼슬에 연연하지 않는 군자의 행동을 뜻하기도 한다.
19) 沛 : 늪. 습지가 기본 뜻.
20) 性情一體.
21) 心身一體(表裏一體).

1) '중국에 큰 고을이 정해진 곳'이라고 해석할 수 있다. 도읍은 왕성이 있는 곳이다. 옛 성왕들이 들을 가르고 땅을 나누어 나라의 도읍을 건설하니, 사해 안에 나라가 만 개나 되고 한 나라 속에도 각각 주와 군을 두었다. 고을 안을 각각 향과 정으로 나누고 성곽을 세워 침략을 막으며, 궁실을 지어 사람이 살게 하고 쟁기와 보습을 만들어 밭갈이와 심는 것을 가르치며, 솥과

東(동녘 동) dōng	西(서녘 서) xī	二(두 이) èr	京(서울 경)[2] jīng
背(등 배) bèi	邙(산이름 망) máng	面(낯 면) miàn	洛(강이름 락)[3] luò
浮(뜰 부) fú	渭(강이름 위) wèi	據(의거할 거) jù	涇(통할 경)[4] jīng
宮(집 궁) gōng	殿(큰 집 전) diàn	盤(소반 반) pán	鬱(답답 울)[5] yù
樓(다락 루) lóu	觀(볼 관) guān	飛(날 비) fēi	驚(놀랄 경) jīng
圖(그림 도) tú	寫(베낄 사) xiě	禽(새 금) qín	獸(짐승 수) shòu
畫(그림 화) huà	采(채색 채) cǎi	仙(신선 선) xiān	靈(신령 령) líng
丙(남녘 병) bǐng	舍(집 사) shè	傍(곁 방) bàng	啓(열 계)[6] qǐ
甲(갑옷 갑) jiǎ	帳(휘장 장)[7] zhàng	對(대할 대) duì	楹(기둥 영) yíng

시루를 만들어 불을 이용하여 먹는 법을 가르치고 배와 수레를 만들어 오가기 편하게 하였다. 화는 빛난다는 뜻이요, 하는 크다는 뜻이니 중국인이 스스로를 '화하' 또는 '중화'라 일컫는다.

2) 東京은 洛邑이니 하남성 낙양현 서쪽으로 옛날의 낙왕성이다. 주나라 무왕 때 은나라 백성들을 낙수 물가로 옮겨 낙읍을 짓게 하여 처음으로 동쪽 도읍이라 불렀다. 동주·동한·위진·후조·후위가 도읍하였다. 서도 또는 상도인 장안은 섬서성 장안현 서북쪽으로 동도에 대칭되어 한나라 초기부터 이름이 불려졌고, 서주·진·서한·후진·서위·후주·수·당이 도읍하였다.

3) 동경은 邙山이 북쪽에 있고 낙수가 남쪽을 지나간다. 『正字通』에 "귀한 신분을 지녔던 사람들의 무덤이 대부분 북망산에 있다." 했고, 『明一統志』에 "낙수는 그 근원이 섬서성 남현의 총령산에서 흘러나와 동쪽으로 흘러 낙양현 등을 거쳐서 황하로 들어간다. 우임금이 홍수를 다스릴 때 신령스러운 거북이가 河圖를 등에 지고 여기에서 나왔다." 했다.

4) 서경인 장안은 위수에 떠 있는 듯 경수를 의지한다. 서경은 경수와 위수 두 물이 서북쪽을 가로질러 흐른다. 이는 동경과 서경 형세의 이점을 말한 것이다. 『太平寰宇記』에 "장안은 옛날 마을 이름으로 위수를 멀리하여 진나라 咸陽宮이 섰던 곳이다. 한나라가 그 땅에 未央宮을 쌓고 고을을 두어 장안이라고 이름 지었다. 경수 또는 경하는 남북으로 흐르는 두 줄기가 있는데 남쪽 물줄기가 위수와 합쳐져 흐른다." 했다.

5) 궁전은 굽이굽이 들어차고. 盤 : 광대한 모양 반.

6) 丙舍는 궁전의 앞과 左右 쪽의 집들을 갑·을·병·정으로 차례를 매긴 十舍 중 세 번째 건물로 正殿 바로 옆에 부속되어 신하들의 대기 및 휴식장소로 사용했다. 서로 양쪽을 바라보면

肆(베풀 사)
sì

筵(자리 연)
yán

設(베풀 설)
shè

席(자리 석)
xí

鼓(북 고)
gǔ

瑟(비파 슬)
sè

吹(불 취)
chuī

笙(생황 생)[8]
shēng

陞(오른쪽 승)
shēng

階(섬돌 계)
jiē

納(드릴 납)
nà

陛(섬돌 폐)
bì

弁(관·고깔 변)
biàn

轉(구를 전)
zhuǎn

疑(의심할 의)
yí

星(별 성)
xīng

右(오른 우)
yòu

通(통할 통)
tōng

廣(넓을 광)
guǎng

內(안 내)[9]
nèi

左(왼 좌)
zuǒ

達(통달할 달)
dá

承(이을 승)
chéng

明(밝을 명)[10]
míng

旣(이미 기)
jì

集(모을 집)
jí

墳(무덤 분)
fén

典(법 전)[11]
diǎn

亦(또 역)
yì

聚(모을 취)
jù

群(무리 군)
qún

英(꽃부리 영)
yīng

杜(막을 두)
dù

稿(볏짚 고)
gǎo

鍾(쇠북 종)
zhōng

隷(종 례)[12]
lì

漆(옻칠할 칠)
qī

書(글 서)
shū

壁(벽 벽)
bì

經(날 경)[13]
jīng

서 열려있다.

7) 유리・주옥・야광주・명월주 등으로 치장한 호사스러운 휘장으로 龍座 뒤에 둘러친다.
8) 슬은 거문고 비슷한 악기 이름이고, 생은 笙簧 피리 비슷한 管樂器이다.
9) 광내는 廣內殿으로 문서, 중요서적을 보관하는 곳.
10) 승명은 承明廬로 승지, 사관들이 사기를 편찬하는 곳. 廬 : 오두막집 려.
11) 분은 책의 뜻으로 三皇의 治世를 기록한 것이고, 전은 五帝의 治世 기록으로 나라를 다스리는 근본 규범이 갖추어짐을 뜻함.
12) 후한 때 명필 杜伯度의 草書(稿)와 위나라의 명필 鍾繇의 隷書. 두는 한나라 승상 杜操로 초서를 잘 썼고, 종은 魏의 鍾繇로 小隷를 만들었는데 지금의 해서이다.
13) 고대에 먹이 없어 옻칠로 글씨를 썼기 때문에 칠서라고 부른다. 노나라 공왕 때 공자가 살던 옛집이 허물어져 거처를 넓히다가 벽 속에서 예전 사람들이 감춰놓았던 옛 글들을 찾아냈다. 하・상・주 시대의 『서전』・『논어』・『효경』 등 올챙이 모양의 획으로 이루어진 과두문자로 공자의 집 벽에서 발견되어 벽경이라 한다. 한나라 영제가 돌 궤짝 속에서 옻칠한 책을 얻었기

府(마을 부) fǔ　羅(벌릴 라) luó　將(장수 장) jiàng　相(서로 상) xiāng

路(길 로) lù　夾(낄 협) jiā　槐(삼공 괴)[14] huái　卿(벼슬 경) qīng

戶(지게 호) hù　封(봉할 봉) fēng　八(여덟 팔) bā　縣(고을 현) xiàn

家(집 가) jiā　給(줄 급) jǐ　千(일천 천) qiān　兵(군사 병) bīng

高(높을 고) gāo　冠(갓 관) guàn　陪(더할 배) péi　輦(손수레 련) niǎn

驅(몰 구) qū　轂(바퀴 곡) gǔ　振(떨친 진) zhèn　纓(끈 영) yīng

世(세상 세) shì　祿(녹 록) lù　侈(사치할 치) chǐ　富(부자 부) fù

車(수레 거) chē　駕(멍에 가) jià　肥(살찔 비) féi　輕(가벼울 경) qīng

策(꾀 책) cè　功(공 공)[15] gōng　茂(무성할 무) mào　實(열매 실) shí

勒(굴레 륵) lè　碑(비석 비) bēi　刻(새길 각) kè　銘(새길 명)[16] míng

磻(강이름 반) pán　溪(시내 계) xī　伊(저 이) yī　尹(다스릴 윤)[17] yǐn

때문에 석경이라고도 부른다.

14) 槐 : 괴는 회화나무로 홰나무, 槐花나무라고도 한다. 周代에 槐木을 심어 삼공의 자리를 정한데서 유래하여 三公을 칭하게 됨.

15) 공신의 공적을 기록하여 전수하는 일로 옛날에는 대쪽에 옻칠을 찍어 문자를 기록했다고 함. 공신은 자자손손 우대받고 세록을 받았으므로 책공은 매우 중요한 일이었다.

16) 돌・쇠 등에 글자나 그림으로 勒碑는 공신의 훈작과 이름을, 刻銘은 공적과 행장을 새기는 것이다.

17) 磻溪는 지금의 陝西省 寶溪縣 鳳翔溪로 일명 璜河라고도 하며, 위수로 흘러 들어가는데 강태공이 고기를 잡던 곳이다. 주나라 문왕이 태공을 반계에서 모시고 은나라 탕왕이 이윤을 莘野에서 모셨다. 莘은 옛 나라의 이름으로 有莘・有辛・有侁이라고도 일컬으며, 지금의 山東省 曹溪縣

佐(도울 좌) zuǒ	時(때 시) shí	阿(언덕 아) ā	衡(저울대 형)[18] héng
奄(문득 엄) yǎn	宅(집 댁·택) zhái	曲(굽을 곡) qǔ	阜(언덕 부)[19] fù
微(아닐 미) wēi	旦(아침 단) dàn	孰(누구 숙) shú	營(경영 영) yíng
桓(굳셀 환) huán	公(공평할 공) gōng	匡(바를 광) kuāng	合(모을 합)[20] hé
濟(건널 제) jì	弱(약할 약) ruò	扶(도울 부) fú	傾(기울 경)[21] qīng
綺(비단 기) qǐ	回(돌아올 회) huí	漢(한수 한) hàn	惠(은혜 혜)[22] huì
說(말씀 설·달랠 세·기뻐할 열) yuè	感(느낄 감) gǎn	武(호반 무) wǔ	丁(고무래 정)[23] dīng
俊(준걸 준) jùn	乂(다스릴 예) yì	密(빽빽할 밀) mì	勿(말 물)[24] wù

서북쪽에 있는데, 이윤은 이곳의 들에서 농사를 지었다.

18) 阿衡 : 관직명으로 재상 벼슬.

19) 周의 成王은 삼촌인 周公 旦이 큰 공이 있는 고로 魯國을 奉한 후에 曲阜에 큰 저택을 마련해 준 고사임.

20) 광합은 "一匡天下, 九合諸侯(천하를 하나로 바로잡고, 아홉 번 제후의 마음을 합치게 했다)." 라는 뜻. 환공의 이름은 小白으로 襄公의 아우. 형이 무도하여 도망갔다가 형이 시해를 당함에 되돌아와 즉위하였다. 포숙아가 관중을 추천하여 재상으로 삼아 국정을 맡겨 주나라 왕실을 높였다. "구합제후, 일광천하"하고 끝내 맹주가 되어 다섯 패자 가운데 으뜸을 차지했다. 관중이 죽은 뒤로 정사를 게을리 하니, 죽자마자 뭇 자식들이 서로 다투어서 왕위에 오르려 하여 패업이 마침내 쇠퇴하게 되었다.

21) 제환공이 주나라 천자 양왕의 왕위를 안정시켜 미약할 때에 구제하고 위태로울 때에 붙들어 주었다. 이것이 바로 광합의 실체로 이것으로 霸業을 이루고 제후의 맹주가 되어 제후국간의 질서를 평정하였고 외침을 물리쳤다.

22) 기는 綺里季로 晉의 현인 商山 四皓의 한 사람으로 혜제가 태자 때 장량을 도와 태자의 위태로운 지위를 복위하여 공신이 되었다. 四皓는 綺里季, 東園公, 夏黃公, 角里先生을 가리킨다.

23) 說은 傅說이다. 부열은 殷나라 高宗인 武丁의 꿈에 나타나 遊說를 하여 감동을 준 인연으로 등용되어 어진 정사를 펼치고 공신이 되었다.

24) 密勿 : 물 자의 자형은 손에 깃발을 들고 있는 모양으로 노역을 감독하거나 지휘하는 사람이 손에 깃발을 들고 일꾼들을 독려한다는 뜻이 있다. 여기서 부지런하다, 근면하다의 의미가 생겨났다. 밀물은 꼼꼼하고 부지런히 일에 종사하는 모습이다.

多(많을 다) duō	士(선비 사) shì	寔(진실로 식) shí	寧(편안 녕)[25] níng
晋(나라 진) jìn	楚(나라 초) chǔ	更(고칠 경·다시 갱) gēng	覇(으뜸 패)[26] bà
趙(나라 조) zhào	魏(나라 위) wèi	困(곤할 곤) kùn	横(비낄 횡)[27] héng
假(거짓 가) jiǎ	途(길 도) tú	滅(멸할 멸) miè	虢(나라 괵) guó
踐(밟을 천) jiàn	土(흙 토) tǔ	會(모일 회) huì	盟(맹세 맹) méng
何(이름 하)[28] hé	遵(좇을 준) zūn	約(약속할 약) yuē	法(법 법) fǎ
韓(나라 한) hán	弊(해질 폐) bì	煩(번거로울 번) fán	刑(형벌 형) xíng
起(일어날 기) qǐ	翦(자를 전) jiǎn	頗(자못 파) pō	牧(칠 목)[29] mù
用(쓸 용) yòng	軍(군사 군) jūn	最(가장 최) zuì	精(정할 정) jīng

25) 『시경·문왕편』의 "濟濟多士, 文王以寧"을 다시 쓴 것이다.

26) 진문공과 초장왕이 번갈아 패자가 되다. 춘추오패란 제환공, 晉文公, 宋襄公 秦穆公, 楚莊王의 다섯 제후를 가리킨다.

27) 횡은 連橫策. 조와 위나라는 張儀의 연횡책을 채택 곤란을 당했다. 연횡책의 반대는 蘇秦의 合從策.

28) 蕭何.

29) 晉나라의 白起, 王翦, 趙나라의 廉頗, 李牧.

4) 宣 威 沙 漠

xuān wēi shā mò
선 위 사 막

宣(베풀 선) xuān	威(위엄 위) wēi	沙(모래 사) shā	漠(아득할 막) mò
馳(달릴 치) chí	譽(칭찬할 예) yù	丹(붉을 단) dān	靑(푸를 청)[1] qīng
九(아홉 구) jiǔ	州(고을 주) zhōu	禹(하우씨 우) yǔ	跡(자취 적) jì
百(일백 백) bǎi	郡(고을 군) jùn	秦(나라 진) qín	幷(아우를 병) bìng
嶽(산마루 악) yuè	宗(마루 종) zōng	恒(항상 항) héng	岱(뫼 대)[2] dài
禪(참선 선) chán	主(임금 주) zhǔ	云(이를 운) yún	亭(정자 정)[3] tíng
雁(기러기 안) yàn	門(문 문) mén	紫(붉을 자) zǐ	塞(변방 새)[4] sài
鷄(닭 계) jī	田(밭 전) tián	赤(붉을 적) chì	城(성 성)[5] chéng
昆(맏 곤) kūn	池(못 지) chí	碣(돌 갈) jié	石(돌 석)[6] shí
鉅(클 거) jù	野(들 야) yě	洞(골 동·살필 통) dòng	庭(뜰 정)[7] tíng

1) 漢宣帝 때 11명 공신들의 초상을 未央宮 麒麟閣에 바래지 않은 단청으로 그려 명예가 영원히 기억되게 하였다는 『한서』의 기록을 다시 쓴 것이다.
2) 악은 五嶽. 오악은 중국의 다섯 靈山으로 東에 泰山, 西에 華山, 南에 衡山, 北에 恒山, 中央에 嵩山을 말한다. 대는 岱山으로 泰山의 異名.
3) 禪은 封禪. 封은 옥판에 기원문을 적어 天神에 대한 제사를, 禪은 토단을 쌓아 地神에 대한 제사를 가리킨다. 云은 운운산, 亭은 정정산을 말한다.
4) 안문은 안문관, 자새는 만리장성의 별명.
5) 계전은 산서성 大同府 塞方 밖에 있고, 적성은 만리장성 너머 기주 땅이다.
6) 곤지는 운남성 昆明縣, 갈석산은 하북성 昌黎縣에 있다.

曠(빌 광) kuàng	遠(멀 원) yuǎn	綿(이어질 면) mián	邈(멀 막) miǎo
巖(바위 암) yán	岫(멧부리 수) xiù	杳(아득할 묘) yǎo	冥(어두울 명) míng
治(다스릴 치) zhì	本(근본 본) běn	於(어조사 어) yú	農(농사 농) nóng
務(힘쓸 무) wù	玆(이 자) zī	稼(심을 가) jià	穡(거둘 색) sè
俶(비로소 숙) chù	載(실을 재) zài	南(남녘 남) nán	畝(이랑 묘) mǔ
我(나 아) wǒ	藝(심을 예) yì	黍(기장 서) shǔ	稷(피 직)[8] jì
稅(세금 세) shuì	熟(익을 숙) shú	貢(바칠 공) gòng	新(새 신) xīn
勸(권할 권) quàn	賞(상줄 상) shǎng	黜(물리칠 출) chù	陟(오를 척)[9] zhì
孟(맏 맹) mèng	軻(수레 가)[10] kē	敦(도타울 돈) dūn	素(흴 소) sù
史(사기 사) shǐ	魚(물고기 어) yú	秉(잡을 병) bǐng	直(곧을 직)[11] zhí
庶(여러 서) shù	幾(거의 기) jī	中(가운데 중) zhōng	庸(떳떳할 용)[12] yōng
勞(힘쓸 로) láo	謙(겸손 겸) qiān	謹(삼갈 근) jǐn	勅(칙서 칙)[13] chì

7) 거야는 산동성 태산 동편에, 동정호는 호남성 북부와 양자강 남안에 위치해 있다.
8) 黍稷 : 서는 메기장을, 직은 차기장을 뜻한다.
9) 黜陟 : 공이 없는 자는 내치고 공이 있는 자는 지위를 올리어 등용한다는 말로 옛날에는 3년마다 성적을 내어 출척을 하였다고 함.
10) 맹자의 이름.
11) 사어는 위나라 太傅. 秉直은 곧은 것을 잡은 것이니 평생을 강직하게 삶을 말한다.
12) 서기는 거의, 바램, 희망, 바라건대의 뜻. 중용은 지나치거나 모자람이 없이 알맞음이다.
13) 勅 : 申飭(타일러 경계함)의 뜻으로 쓰였다.

聆(들을 령) líng	音(소리 음) yīn	察(살필 찰) chá	理(다스릴 리) lǐ
鑑(거울 감) jiàn	貌(모양 모) mào	辨(분별 변) biàn	色(빛 색) sè
貽(끼칠 이) yí	厥(그 궐) jué	嘉(아름다울 가) jiā	猷(꾀 유) yóu
勉(힘쓸 면) miǎn	其(그 기) qí	祗(공경 지) zhī	植(심을 식)[14] zhí
省(살필 성·덜 생) xǐng	躬(몸 궁) gōng	譏(나무랄 기) jī	誡(경계 계) jiè
寵(고일 총) chǒng	增(더할 증) zēng	抗(저항할 항) kàng	極(다할 극) jí
殆(위태 태) dài	辱(욕할 욕) rǔ	近(가까울 근) jìn	恥(부끄러울 치) chǐ
林(수풀 림) lín	皐(언덕 고) gāo	幸(다행 행) xìng	卽(곧 즉) jí
兩(두 량) liǎng	疏(성길 소)[15] shū	見(볼 견·나타날 현) jiàn	機(틀 기) jī
解(풀 해) jiě	組(짤 조)[16] zǔ	誰(누구 수) shuí	逼(핍박할 핍) bī
索(한가로울 삭) suǒ	居(살 거)[17] jū	閑(한가 한) xián	處(곳 처) chù
沈(잠길 침) chén	默(잠잠할 묵) mò	寂(고요할 적) jì	寥(고요 요) liáo
求(구할 구) qiú	古(연고 고) gǔ	尋(찾을 심) xún	論(의논할 론) lùn

14) 祗植 : 공경하고 삼가는 태도가 몸에 배도록 한다는 뜻.
15) 漢나라 宣帝 때의 박사인 太傅 疏廣과 그의 조카인 小傅 疏受.
16) 組 : 예전에 관리들은 관인을 끈에 달아 관복에 매고 다녔다. 조는 관인을 일컫는다.
17) 무리에서 헤어져 쓸쓸하게 홀로 있다는 뜻에서 한가로이 산다는 의미로 파생되었다.

散(흩을 산) sǎn	慮(생각 려) lǜ	逍(거닐 소) xiāo	遙(멀 요) yáo
欣(기쁠 흔) xīn	奏(아뢸 주) zòu	累(여러 루) lěi	遣(보낼 견) qiǎn
慼(슬플 척) qī	謝(사례 사) xiè	歡(기뻐할 환) huān	招(부를 초) zhāo
渠(개천 거) qú	荷(연꽃 하) hé	的(과녁 적) dì	歷(지낼 력)[18] lì
園(동산 원) yuán	莽(풀 망) mǎng	抽(빼낼 추) chōu	條(조목 조) tiáo
枇(비파나무 비) pí	杷(비파나무 파) pá	晩(늦을 만) wǎn	翠(푸를 취)[19] cuì
梧(오동 오) wú	桐(오동 동) tóng	早(이를 조) zǎo	凋(시들 조) diāo
陳(묵을 진) chén	根(뿌리 근) gēn	委(맡길 위) wěi	翳(가릴 예) yì
落(떨어질 락) luò	葉(잎사귀 엽) yè	飄(나부낄 표) piāo	颻(나부낄 요) yáo
游(헤엄칠 유) yóu	鯤(곤이 곤)[20] kūn	獨(홀로 독) dú	運(운전 운) yùn
凌(업신여길 릉) líng	摩(만질 마) mó	絳(붉을 강) jiàng	霄(하늘 소) xiāo
耽(즐길 탐) dān	讀(읽을 독·이두 두) dú	翫(갖고 놀 완) wàn	市(저자 시)[21] shì

18) 的歷 : 빛이 선명한 모양.

19) 翠 : 翡翠라는 말은 물총새를 의미한다. 수컷을 翡, 암컷을 翠라고 하며 윤이 나는 아름다운 푸른빛 새. 이로부터 푸른 색, 푸른 보석의 의미가 생겨났다.

20) 鯤 : 『장자』에 "北冥有魚, 其名爲鯤(북쪽 바다에 물고기가 있으니 그 이름이 곤이다)." 했다. 鯤과 鵾은 통용된다. 곤은 鯤鮞.

21) 後漢 사상가 王充은 워낙 독서를 좋아하였으나 가난하여 책을 살 수 없었으므로 멀리 낙양까지 나가 저자 서점에서 책 읽는 것을 즐겨하였는데 눈치껏 읽어야 하므로 한번 보면 절대 잊지 않았다고 함.

寓(붙일 우) yù	目(눈 목) mù	囊(주머니 낭) náng	箱(상자 상) xiāng
易(쉬울 이·바꿀 역) yì	輶(가벼울 유) yóu	攸(바 유) yōu	畏(두려워할 외) wèi
屬(붙을 속·이을 촉) shǔ	耳(귀 이) ěr	垣(집 원) yuán	牆(담 장) qiáng

5) **具 膳 飱 飯**

jù shàn sūn fàn

구 선 손 반

具(갖출 구) jù	膳(반찬 선) shàn	飱(저녁밥 손) sūn	飯(밥 반)[1] fàn
適(마침 적) shì	口(입 구) kǒu	充(채울 충) chōng	腸(창자 장) cháng
飽(배부를 포) bǎo	飫(배부를 어) yù	烹(삶을 팽) pēng	宰(요리할 재)[2] zǎi
饑(주릴 기) jī	厭(싫을 염) yàn	糟(재강 조) zāo	糠(겨 강) kāng
親(친할 친) qīn	戚(겨레 척)[3] qī	故(연고 고) gù	舊(옛 구) jiù
老(늙을 로) lǎo	少(젊을 소) shào	異(다를 이) yì	糧(양식 량) liáng
妾(첩 첩) qiè	御(모실 어) yù	績(길쌈 적) jī	紡(길쌈 방) fǎng

1) 飱 : 俗字로 原字는 飧이며 특히 저녁밥을 지칭한다.

2) 宰 : '재' 자는 집에서 일하는 노예의 자형적 의미에서 주인에게 음식을 바치는 일을 주로 하므로 요리하다, 도살(宰殺)하다의 의미가 생겨났다. 또 집안에서 일하는 하인이므로 주관, 主宰하다는 의미도 생겼다.

侍(모실 시) shì	巾(수건 건) jīn	帷(장막 유) wéi	房(방 방)[4] fáng
紈(흰 비단 환) wán	扇(부채 선)[5] shàn	圓(둥글 원) yuán	潔(깨끗할 결) jié
銀(은 은) yín	燭(촛불 촉)[6] zhú	煒(빛날 위) wěi	煌(빛날 황) huáng
晝(낮 주) zhòu	眠(잘 면) mián	夕(저녁 석) xī	寐(잘 매) mèi
藍(쪽 람) lán	筍(죽순 순) sǔn	象(코끼리 상) xiàng	牀(상 상)=床 chuáng
弦(줄 현) xián	歌(노래 가) gē	酒(술 주) jiǔ	讌(잔치 연) yàn
接(접할 접) jiē	杯(잔 배) bēi	擧(들 거) jǔ	觴(잔 상) shāng
矯(바로잡을 교) jiǎo	手(손 수) shǒu	頓(두드릴 돈) dùn	足(발 족) zú
悅(기쁠 열) yuè	豫(미리 예) yù	且(또 차) qiě	康(편안 강) kāng
嫡(정실 적) dí	後(뒤 후) hòu	嗣(이을 사) sì	續(이을 속)[7] xù
祭(제사 제) jì	祀(제사 사) sì	蒸(찔 증) zhēng	嘗(맛볼 상)[8] cháng
稽(조아릴 계) jī	顙(이마 상) sǎng	再(두 재) zài	拜(절 배)[9] bài

3) 친은 同姓至親(성이 같은 친족), 척은 異姓至親(성이 다른 친족).
4) 帷房 : 휘장을 두른 방. 중국에서 격식을 갖춘 방의 침실은 휘장을 쳐서 따로 만든다.
5) 무늬 없는 얇은 비단으로 만든 부채.
6) 은초라고도 하며 백랍으로 만든 초.
7) 嗣續 : 집안의 대를 이음.
8) 烝嘗 : 고대 중국에서 증은 겨울제사, 상은 가을제사를 가리킨다.
9) 계상은 稽首. 절을 할 때 이마를 땅에 대고 엎드렸다가 다시 머리를 드는 것. 이것을 두 번

悚(두려울 송) sǒng　懼(두려울 구) jù　恐(두려울 공) kǒng　惶(두려울 황) huáng

牋(편지 전) jiān　牒(편지 첩) dié　簡(편지 간) jiǎn　要(중요 요) yào

顧(돌아볼 고) gù　答(대답 답) dá　審(살필 심) shěn　詳(자세할 상) xiáng

骸(뼈 해) hái　垢(때 구) gòu　想(생각할 상) xiǎng　浴(목욕할 욕) yù

執(잡을 집) zhí　熱(더울 열) rè　願(원할 원) yuàn　涼(서늘할 량) liáng

驢(나귀 려) lǘ　騾(노새 라) luó　犢(송아지 독) dú　特(특별할 특)[10] tè

駭(놀랄 해) hài　躍(뛸 약) yuè　超(넘을 초) chāo　驤(달릴 양) xiāng

誅(벨 주) zhū　斬(벨 참) zhǎn　賊(도적 적) zéi　盜(도적 도) dào

捕(잡을 포) bǔ　獲(얻을 획) huò　叛(배반할 반) pàn　亡(망할 망·없을 무) wáng

布(베 포) bù　射(쏠 사) shè　僚(동료 료) liáo　丸(둥글 환)[11] wán

嵇(산 이름 혜) jī　琴(거문고 금) qín　阮(나라 이름 완) ruǎn　嘯(휘파람 소)[12] xiào

恬(편안 념) tián　筆(붓 필) bǐ　倫(인륜 륜) lún　紙(종이 지)[13] zhǐ

鈞(고를 균) jūn　巧(공교할 교) qiǎo　任(맡길 임) rèn　釣(낚시 조)[14] diào

하는 것을 계상재배라고 한다.

10) 特 : 여기서는 수소의 뜻.

11) 후한 呂布의 射術, 전국시대 熊宜僚의 투포환.

12) 죽림칠현인 嵇康의 거문고와 阮籍의 휘파람.

13) 秦 蒙恬의 붓과 後漢 蔡倫의 종이.

14) 魏 馬鈞의 工巧한 솜씨와 戰國時代 任公子의 낚시. 마균은 눈썰미가 좋아 여러 기구를 만들었는데 그중 指南車(수레에 목각 인형을 교묘히 장착해 항상 손이 남쪽을 가리키도록 하여

釋(놓을 석) shì	紛(어지러울 분) fēn	利(이로울 리) lì	俗(풍속 속) sú
竝(아우를 병) bìng	皆(다 개) jiē	佳(아름다울 가) jiā	妙(묘할 묘) miào
毛(털 모) máo	施(베풀 시)[15] shī	淑(맑을 숙) shū	姿(모양 자) zī
工(장인 공) gōng	顰(찡그릴 빈) pín	姸(고울 연) yán	笑(웃을 소)[16] xiào
年(해 년) nián	矢(화살 시) shǐ	每(매양 매) měi	催(재촉 최) cuī
曦(햇빛 희) xī	暉(빛날 휘) huī	朗(밝을 랑) lǎng	耀(빛날 요) yào
璇(구슬 선) xuán	璣(구슬 기)[17] jī	懸(달 현) xuán	斡(빙빙 돌 알) wò
晦(그믐 회) huì	魄(넋 백) pò	環(고리 환) huán	照(비칠 조) zhào
指(손가락 지) zhǐ	薪(섶나무 신) xīn	修(닦을 수) xiū	祐(복 우)[18] yòu
永(길 영) yǒng	綏(편안 수) suí	吉(길할 길) jí	劭(아름다울 소) shào

전쟁에 사용)도 만들었다고 전한다. 임공자는『장자』에 의하면 일백 鈞(1균 : 30근)이나 되는 낚시 바늘을 만들어 낚시를 했다고 한다.

15) 毛嬙과 西施. 모장은 월왕 句踐의 애인이고, 서시는 오왕 부차의 애첩.

16) 모장과 서시 둘 다 미모가 워낙 출중하여 찡그려도 웃어도 아름다웠다. 여인들이 서시가 아파서 찡그린 모습을 보고 서시가 하는 대로하면 모두 아름다울 것이라고 믿고 흉내내었다고 한다(效顰).

17) 선기는 원래 북두칠성의 첫째 별에서 넷째 별까지로 국자모양에서 자루 부분에 해당하는 네 별을 가리키는 말이다. 여기서는 천문을 관측하기 위해 만든 천체 모형을 가리킨다. 선기는 옥으로 장식해서 璇璣玉衡이라고도 부르며, 후한 張衡이 이를 토대로 개량하여 만든 것이 渾天儀이다.

18) 修祐 : 평소에 선행과 은덕을 베푼 일이 후손에게 하늘의 복으로 내려지는 것을 의미한다. 섶나무는 태워 재가 되지만 그 불씨는 전하여 그 다함을 알 수 없다는 것으로 사람도 자기를 태우는 열정으로 세상을 이롭게 하려는 수련을 하면 하늘이 돕는다는 뜻.

矩(법 구) jǔ	步(걸음 보) bù	引(끌 인) yǐn	領(거느릴 령)[19] lǐng
俯(굽을 부) fǔ	仰(우러를 앙) yǎng	廊(행랑 랑) láng	廟(사당 묘) miào
束(묶을 속) shù	帶(띠 대) dài	矜(자랑 긍) jīn	莊(씩씩할 장) zhuāng
徘(배회 배) pái	徊(배회 회) huái	瞻(쳐다볼 첨) zhān	眺(바라볼 조) tiào
孤(외로울 고) gū	陋(더러울 루)[20] lòu	寡(적을 과) guǎ	聞(들을 문) wén
愚(어리석을 우) yú	蒙(어릴 몽) méng	等(등급 등) děng	誚(꾸짖을 초) qiào
謂(이를 위) wèi	語(말씀 어) yǔ	助(도울 조) zhù	者(놈 자) zhě
焉(어찌 언) yān	哉(어조사 재) zāi	乎(어조사 호) hū	也(어조사 야) yě

19) 구보는 방자하지 않게 무겁게 걷는 걸음걸이를, 인령은 목을 쭉 빼고 멀리 보는 바른 자세를 말한다.

20) 고루하다. 보고 들은 것이 없어 마음가짐이나 하는 짓이 융통성이 없고 견문이 좁다.

(2) 明 心 寶 鑑 · 童 蒙 先 習 · 擊 蒙 要 訣
míng xīn bǎo jiàn tóng méng xiān xí jī méng yào jué
명 심 보 감 동 몽 선 습 격 몽 요 결

1) 明 心 寶 鑑[1)]
míng xīn bǎo jiàn
명 심 보 감

太公[2)] 曰, 見 善 如 渴,[3)] 聞 惡 如 聾,[4)] 又 曰 善
tài gōng yuē jiàn shàn rú kě wén è rú lóng yòu yuē shàn
태 공 왈 견 선 여 갈 문 악 여 롱 우 왈 선

---

1) 문장의 학습을 위하여 고전에서 선현들의 명언·명구를 뽑아서 편집한 책으로 2권1책이다. 주로 유교적 교양과 심성교육, 인생관 등에 관련된 내용들이다. 여러 판본이 전하는데, 고려 충렬왕 때 秋適이 편찬한 것이라고 와전되었다가 1393년 明 范立本이 편찬한 것으로 입증되었다. 우리나라는 1454년(단종2) 청주에서 원본이 처음 간행되었고, 상·하권 20편 798조이다. 초록한 抄略本이 널리 유포되면서 원본으로 간주된 것인데 지금 남아 있는 가장 오래된 초략본은 1637년(인조15)의 것으로 19편 247조로 구성되었다. 명심보감의 주요인물은 孔子·姜太公·莊子·邵康節·荀子·馬援·司馬溫公(司馬光)·程明道·蘇東坡·朱文公 등이며, 자주 인용된 자료는『景行錄』·『孔子家語』·「『擊壤詩』」·『性理書』·『禮記』·『易經』·『詩經』등이다. 체재는 繼善篇11, 天命篇7, 順命篇5, 孝行篇5, 正己篇26, 安分篇5, 存心篇21, 戒性篇9, 勤學篇8, 訓子篇10, 省心篇 85, 立敎篇10, 治政篇8, 治家篇8, 安義篇3, 遵禮篇 6, 言語篇7, 交友篇8, 婦行篇5조로 구성 되어있다. 이외에 增補篇, 八反歌, 續孝行篇, 廉義篇, 勸學篇 등이 첨부되어 있다.『명심보감』은 선집이라 문장의 특성은 없지만 유·불·도의 문장이 골고루 인용되었고, 특히 송대 성리학자의 글이 많다.『童蒙先習』과 함께『千字文』을 익힌 후의 한문교습서로 사용되었다.

2) 太公 : 姜太公(?~?), 원명은 姜尙. 선조가 呂나라에 봉해져 呂尙이라고도 부른다. 태공망이라고 불렀지만 강태공이라는 이름으로 알려져 있다. 周文王의 초빙을 받아 그의 스승이 되었고, 武王을 도와 商 紂王을 멸망시켜 천하를 평정하였다. 齊나라 제후에 봉해져 그 시조가 되었다. 강태공은 東海에 사는 가난한 사람이었고, 집안을 돌보지 않아 그의 아내가 집을 나갔다고 전한다. 그가 재상이 되자 다시 찾아와 받아줄 것을 빌던 아내에게 한 말이 바로 "覆水不返盆"이다. 渭水에서 낚시를 했는데, 인재를 찾아 떠돌던 주나라 서백(주문왕)이 노인의 인물됨을 알아보고 주나라 재상으로 등용하였다. 그를 태공망이라고 불렀는데 이는 주나라 무왕의 아버지인 太公이 바랬던(望) 인물이었기에 그리 불렀다고 전해진다. 강태공의 전기는 다분히 전설적이지만 전국시대부터 그의 경제적 수완과 兵法家로서의 재주가 회자되었다. 兵書『六韜』(6권)가 그의 저서로 알려졌다. 훗날 그의 고사를 바탕으로 하여 한가하게 낚시하는 사람을 강태공 혹은 태공이라 부르는 속어가 생겼다.

3) 見(볼 견) 善(착할 선) 如(같을 여) 渴(목마를 갈, **渴症**, **渴望**)

4) 聞(들을 문) 惡(악할 악) 如(같을 여) 聾(귀먹을 롱, **聾啞**)

事須貪,[5] 惡事莫樂.[6] 〈繼 善 篇〉
shì xū tān è shì mò lè jì shàn piān
사 수탐 악 사 막 락 계 선 편

司馬溫公[7] 曰, 積金以遺子孫,[8] 未必子孫能盡
sī mǎ wēn gōng yuē jī jīn yǐ yí zǐ sūn wèi bì zǐ sūn néng jìn
사 마 온 공 왈 적 금 이 유 자 손 미 필 자 손 능 진

守,[9] 積書以遺子孫.[10] 未必子孫能盡讀, 不
shǒu jī shū yǐ yí zǐ sūn wèi bì zǐ sūn néng jìn dú bù
수 적 서 이 유 자 손 미 필 자 손 능 진 독 불

如積陰德於冥冥之中[11], 以爲子孫之計也.[12]
rú jī yīn dé yú míng míng zhī zhōng yǐ wèi zǐ sūn zhī jì yě
여 적 음 덕 어 명 명 지 중 이 위 자 손 지 계 야

5) 善(착할 선) 事(일 사) 須(모름지기 수) 貪(탐할 탐). 須貪 : 모름지기 탐내듯 해야 한다. 須는 모름지기 ~해야 한다.
6) 惡(악할 악) 事(일 사) 莫(말 막) 樂(즐길 락). 莫樂 : 즐겨하지 말라. 莫은 금지사.
7) 北宋의 유명한 신하 司馬光(1019~1086). 자 君實, 호 迂夫・迂叟, 시호 文正. 山西省 夏縣 涑水鄕 출생이다. 涑水先生이라고 하며, 죽은 뒤 溫國公에 봉해졌으므로 사마온공이라고도 한다. 20세에 진사가 되고, 1067년 한림학사, 이어서 御史中丞이 되어 출세기도를 달렸다. 그러나 王安石의 新法을 반대하여 樞密副使를 사퇴하고 변방으로 나갔다. 당시 그는 編年體의 사서 『資治通鑑』을 쓰고 있어 당시 신종도 그의 뜻대로 洛陽에 거주하며 편집을 계속할 수 있도록 돌봐주는 등 원조를 아끼지 않아, 1084년 전 20권의 『자치통감』을 완성하였다. 이듬해 신종이 죽고 어린 나이의 哲宗이 즉위하자 중앙에 복귀하였다. '元祐의 宰相'이라고 일컬어졌다. 舊法黨의 수령으로서 舊法으로 대체하였으나 몇 달 안 되어 죽었다. 新法黨에 '元祐의 黨籍'으로 냉대받았으나 북송 말부터 명신으로 추존되었다. 저술로는 『자치통감』 외에 『涑水紀聞』・『司馬文正公集』 등이 있다.
8) 積(쌓을 적) 金(쇠 금) 以(써 이) 遺(남길 유) 子(아들 자) 孫(자손 손)
9) 未(아닐 미) 必(반드시 필). 未必 : 부분 부정. 반드시 ~는 아니다.
10) 積(쌓을 적) 書(글 서) 以(써 이) 遺(남길 유) 子(아들 자) 孫(자손 손)
11) 不(아닐 불・부) 如(같을 여) 積(쌓을 적) 陰(그늘 음) 德(덕 덕) 於(어조사 어) 冥(어두울 명) 之(어조사 지) 中(가운데 중). 不如~ : ~만 못하다. 하는 것만 못하다. 不如+명사(구) : ~만 못하다. ~만 같지 않다. 不如+서술문 : ~하는 것만 못하다. 積陰 : 陰德을 쌓다. 음덕은 다른 사람이 모르게 덕을 쌓는 것. 冥冥之中 : 남이 모르게, 나타나지 않게.
12) 以(써 이) 爲(할 위) 子(아들 자) 孫(자손 손) 之(어조사 지) 計(꾀 계). 以爲 : ~으로 여기다. ~으로 생각하다. ~으로 삼다.

孟子曰, 順天者存,[13] 逆天者亡.[14] <天 命 篇>[15]
mèng zǐ yuē shùn tiān zhě cún nì tiān zhě wáng tiān mìng piān
맹 자왈 순 천 자 존 역 천 자 망 천 명 편

禍不可以倖免,[16] 福不可以再求.[17] <順 命 篇>[18]
huò bù kě yǐ xìng miǎn fú bù kě yǐ zài qiú shùn mìng piān
화 불 가 이 행 면 복 불 가 이 재 구 순 명 편

詩[19]曰, 父兮生我,[20] 母兮鞠我,[21] 哀哀父母,[22] 生
shī yuē fù xī shēng wǒ mǔ xī jū wǒ āi āi fù mǔ shēng
시 왈 부 혜 생 아 모 혜 국 아 애 애 부 모 생

我劬勞.[23] 欲報深恩,[24] 昊天罔極.[25] <孝 行 篇>[26]
wǒ qú láo yù bào shēn ēn hào tiān wǎng jí xiào xíng piān
아 구 로 욕 보 심 은 호 천 망 극 효 행 편

---

13) 順(순할 순) 天(하늘 천) 者(놈 자) 存(있을 존)
14) 逆(거스를 역) 天(하늘 천) 者(놈 자) 亡(망할 망). 亡은 無와 통용. 『孟子·離婁』장구에 나오는 말이다.
15) 천명은 동양적인 개념이다. 서양의 인격신에 비교할 때 天은 도덕의 근원이자 자연의 질서이며 실천의 준거가 된다. 동양의 사상가들은 하늘이 외부에 있는 것이 아니라 마음 속에 있음을 천명하고자 하였다. 천명이란 인간 본성에 내재한 것이며 이 선한 본성에 따라 충실하게 사는 것이 도덕의 근원인 것이다.
16) 禍(재앙 화) 不(아닐 불·부) 可(옳을 가) 以(써 이) 倖(요행 행) 免(면할 면). 倖免 : 요행스럽게 면하다. 술어나 명사일 때는 幸을 쓰고, 부사로 쓰일 때는 倖을 쓴다. (예) 幸福, 幸運, 多幸.
17) 福(복 복) 不(아닐 불·부) 可(옳을 가) 以(써 이) 再(다시 재) 求(구할 구)
18) 하늘의 命에 순응해야 하는 것을 말하고 있다. 운명론적으로 보이기도 한다. 그러나 그 기저 사상은 하늘과 자연의 이치를 거역하지 말고 자신의 생을 개척하라는 뜻을 담고 있다. 즉 자신의 본분을 알아 분수에 넘치는 일을 하지 말라는 말이다.
19) 사서삼경 중 하나인 『詩經』을 뜻한다. 『시경』은 춘추시대의 민요를 중심으로 모은 중국에서 가장 오래 된 시가집이다. 黃河 중류 중원 지방의 시로 周初에서 春秋 초기까지 305편을 채록하였다. 공자가 311편으로 산정했다고 전하지만 현전하는 것은 305편이다. 『시경』은 風, 雅, 頌으로 분류된다. 풍(國風)은 각국의 민요로 주로 남녀 간의 정과 이별을 다룬 내용이 많다. 아는 大雅, 小雅로 나뉘며 공식 연회에서 쓰는 儀式歌이며, 송은 종묘의 제사에서 쓰는 樂詩이다. 문학사적으로 남방의 시가를 대표하는 『초사』와 함께 중요시 된다. 상고의 史料로서도 귀중하다. 四家所傳의 것이 있었으나 鄭玄이 주해한 '毛傳'만이 전해지며, 그때부터 『毛詩』라고도 불렀다. 唐代에는 『五經正義』의 하나가 되어 경전화하였다.
20) 父(아비 부) 兮(어조사 혜) 生(날 생) 兮(어조사 혜). 혜는 문장이 對句를 이룰 때 주로 사용되는 감탄형 어조사이다. 여기서도 "아버지는~, 어머니는~"하는 식으로 대구를 이룬다. 生은 타동사로 "~에 살다, ~을 낳다"라는 뜻이다.
21) 母(어미 모) 兮(어조사 혜) 鞠(기를 국) 我(나 아) 鞠(기를 국)
22) 哀(슬플 애). 哀哀 : 아아, 애달프다!

子[27]曰, 孝子之事親也,[28] 居則致其敬,[29] 養則致
zǐ yuē xiào zǐ zhī shì qīn yě jū zé zhì qí jìng yǎng zé zhì
자 왈 효 자 지 사 친 야 거 즉 치 기 경 양 즉 치

其樂,[30] 病則致其憂,[31] 喪則致其哀,[32] 祭則致其嚴.[33]
qí lè bìng zé zhì qí yōu sāng zé zhì qí āi jì zé zhì qí yán
기 락 병 즉 치 기 우 상 즉 치 기 애 제 즉 치 기 엄

太公曰, 勤爲無價之寶,[34] 愼是護身之符.[35]
tài gōng yuē qín wéi wú jià zhī bǎo shèn shì hù shēn zhī fú
태 공 왈 근 위 무 가 지 보 신 시 호 신 지 부

〈**正 己 篇**〉[36]
zhèng jǐ piān
정 기 편

---

23) 生(날 생) 我(나 아) 劬(수고로울 구) 勞(일할 로). 劬勞 : 애쓰고 수고하셨다.
24) 欲(하고자 할 욕) 報(갚을 보) 深(깊을 심) 恩(은혜 은). 판본에 따라 "欲報之德"으로 쓴 것도 있다.
25) 昊(하늘 호) 天(하늘 천) 罔(없을 망) 極(다할 극). 하늘이 크고 끝없음과 같이 부모의 은혜는 크고 다함이 없다. 罔極 : 끝이 없다.
26) 효에 관한 글들로 『논어』에서 발췌한 것이 절반이 넘는다. 효를 백행의 근본이라고 하는데, 왜냐하면 효를 이웃 어른에게까지 넓게 실천하면 그것이 悌이며, 어른 뿐만 아니라 동료에게 적용하면 忠信이기 때문이다. 有子가 말한 孝悌는 仁을 행하는 근본이라고 한 것도 여기에 뜻이 있다.
27) 孔子(BC 551~BC 479). 자는 仲尼, 이름은 丘. 魯의 昌平鄕 鄒邑(지금의 山東省 曲阜)에서 출생. 중국 고대의 사상가, 유교의 시조로 공자라고 할 때의 子는 성인에 대한 존칭이다. 공자는 춘추 말기에 주나라의 봉건질서가 쇠퇴하여 사회적 혼란이 심해지자, 주왕조 초기의 제도로 복귀해야 한다고 생각했다. 대표적인 사상은 仁으로 개인의 도덕규범만이 아닌 사회질서 회복의 중심적 역할을 할 수 있는 정치사상이기도 하다. 인은 "克己復禮爲仁(자기 자신을 이기고 예에 따르는 삶이 곧 인이다)"을 그 핵심으로 여기고 있다. 인의 수양을 위해 부모와 연장자를 공손하게 모시는 孝悌의 실천을 가르쳤다.
28) 孝(효도 효) 子(아들 자) 之(어조사 지) 事(섬길 사) 親(어버이, 친할 친) 也(어조사 야). 事親 : 어버이를 섬기다. 事는 섬기다. 也 : 여기서는 주어 부분을 구분지어 주는 역할로 쓰였다.
29) 居(살 거) 則(곧 즉) 致(이를 치) 其(그 기) 敬(공경 경). 致는 "~을 다하다. ~을 극진히 하다"의 뜻. 기는 소유격 대명사.
30) 養(기를 양) 則(곧 즉) 致(이를 치) 其(그 기) 樂(즐길 락)
31) 病(병 병) 則(곧 즉) 致(이를 치) 其(그 기) 憂(근심 우)
32) 喪(죽을 상) 則(곧 즉) 致(이를 치) 其(그 기) 哀(슬플 애)
33) 祭(제사 제) 則(곧 즉) 致(이를 치) 其(그 기) 嚴(엄할 엄)
34) 勤(부지런할 근) 爲(할 위) 無(없을 무) 價(값 가) 之(어조사 지) 寶(보배 보)
35) 愼(삼갈 신) 是(옳을 시) 護(지킬 호) 身(몸 신) 之(어조사 지) 符(부신 부)
36) 修身하는 글귀들이 많이 수록되어 있다. 유가의 절제를 통한 인격수양과 더불어 亂世를 사는 도가의 초탈한 처세훈도 실려 있다. 절제하려는 미덕을 잃어버린 현대인들에게 示唆하는 바가 크다.

子曰, 君子有三戒,[37] 少之時,[38] 血氣未定,[39] 戒
zǐ yuē jūn zǐ yǒu sān jiè shào zhī shí xuè qì wèi dìng jiè
자 왈 군 자 유 삼 계 소 지 시 혈 기 미 정 계

之在色,[40] 及其壯也,[41] 血氣方剛,[42] 戒之在
zhī zài sè jí qí zhuàng yě xuè qì fāng gāng jiè zhī zài
지 재 색 급 기 장 야 혈 기 방 강 계 지 재

鬪,[43] 及其老也,[44] 血氣旣衰,[45] 戒之在得.[46]
dòu jí qí lǎo yě xuè qì jì shuāi jiè zhī zài dé
투 급 기 노 야 혈 기 기 쇠 계 지 재 득

景行錄曰, 食淡精神爽,[47] 心淸夢寐安.[48]
jǐng xíng lù yuē shí dàn jīng shén shuǎng xīn qīng mèng mèi ān
경 행 록 왈 식 담 정 신 상 심 청 몽 매 안

子曰, 衆好之,[49] 必察焉,[50] 衆惡之,[51] 必察焉.
zǐ yuē zhòng hào zhī bì chá yān zhòng wù zhī bì chá yān
자 왈 중 호 지 필 찰 언 중 오 지 필 찰 언

37) 君(임금 군) 子(아들 자) 有(있을 유) 三(석 삼) 戒(경계할 계). 여기서 계는 명사. 경계해야 할 욕심 3가지를 들고 있다. 곧 色(색욕), 鬪(싸움・경쟁심), 得(재물욕).
38) 少(적을 소) 之(어조사 지) 時(때 시). 少之時 : 어렸을 때에는.
39) 血(피 혈) 氣(기운 기) 未(아닐 미) 定(정할 정). 未定 : 아직 안정되지 못함.
40) 戒(경계할 계) 之(그것 지) 在(있을 재) 色(빛 색). 경계할 것은 색에 있다. 여색을 경계해야 한다. 여기서의 계는 술어이다.
41) 及(미칠 급) 其(그 기) 壯(씩씩할 장) 也(어조사 야)
42) 血(피 혈) 氣(기운 기) 方(바야흐로 방) 剛(굳셀 강). 方剛 : 한참 세차고 강하다.
43) 戒(경계할 계) 之(그것 지) 在(있을 재) 鬪(싸움 투)
44) 及(미칠 급) 其(그 기) 老(늙을 로) 也(어조사 야)
45) 血(피 혈) 氣(기운 기) 旣(이미 기) 衰(쇠할 쇠)
46) 戒(경계할 계) 之(그것 지) 在(있을 재) 得(얻을 득). 탐욕스럽게 얻고자 하는 것을 경계해야 한다.
47) 食(밥 식) 淡(맑을 담) 精(정밀할 정) 神(귀신 신) 爽(상쾌할 상)
48) 心(마음 심) 淸(맑을 청) 夢(꿈 몽) 寐(잠잘 매) 安(편안 안). 夢寐安 : 잠이 편안함, 편안하게 잠자다. 잠자리・꿈자리가 편안하다.
49) 衆(무리 중) 好(좋을 호) 之(그것 지). 여기서 지는 대명사처럼 지시성을 가진다.
50) 必(반드시 필) 察(살필 찰) 焉(어조사 언)
51) 衆(무리 중) 惡(미워할 오) 之(그것 지)

萬事從寬,[52] 其福自厚.[53]
wàn shì cóng kuān qí fú zì hòu
만 사 종 관 기 복 자 후

太公曰, 瓜田不納履,[54] 李下不整冠.[55]
tài gōng yuē guā tián bú nà lǚ lǐ xià bù zhěng guān
태 공 왈 과 전 불 납 리 이 하 부 정 관

耳不聞人之非,[56] 目不視人之短,[57] 口不言人
ěr bù wén rén zhī fēi mù bú shì rén zhī duǎn kǒu bù yán rén
이 불 문 인 지 비 목 불 시 인 지 단 구 불 언 인

之過,[58] 庶幾君子.[59]
zhī guò shù jī jūn zǐ
지 과 서 기 군 자

紫虛元君, 誠諭心文[60]曰,
zǐ xū yuán jūn chéng yù xīn wén yuē
자 허 원 군 성 유 심 문 왈

52) 萬(일만 만) 事(일 사) 從(좇을 종) 寬(너그러울 관). 從寬 : 너그러움을 좇다.
53) 其(그 기) 福(복 복) 自(스스로 자) 厚(두터울 후). 自厚 : 스스로 후하게 되다, 두터워지다.
54) 瓜(오이 과) 田(밭 전) 不(아닐 불·부) 納(드릴 납) 履(신 리). 瓜田 : 참외나 오이 밭. 納履 : 몸을 굽혀 신을 고쳐 신다.
55) 李(오얏 리) 下(아래 하) 不(아닐 불·부) 整(가지런할 정) 冠(갓 관). 李下 : 오얏나무 아래.
56) 耳(귀 이) 不(아닐 불·부) 聞(들을 문) 人(사람 인) 之(어조사 지) 非(아닐 비)
57) 目(눈 목) 不(아닐 불·부) 視(볼 시) 人(사람 인) 之(어조사 지) 短(짧을 단)
58) 口(입 구) 不(아닐 불·부) 言(말씀 언) 人(사람 인) 之(어조사 지) 過(허물 과)
59) 庶(거의 서) 幾(몇 기) 君(임금 군) 子(아들 자). 庶幾 : ~에 거의 가깝다. 거의 ~이다.
60) 도가에서 원군이란 여자로서 도를 닦아 신선이 된 이를 일컫는 말이며, 남자가 도를 닦아 신선이 된 이는 眞人이라고 한다. 자허원군은 도가에서 모시는 여자 仙人으로 『列仙傳』에 의하면 魏夫人이다. 위부인의 이름은 華存이고 字는 賢安, 任城 사람이다. 부친은 西晉 사도 文康公 魏舒이다. 위부인은 어려서부터 도가의 학설을 좋아하여 묵묵히 사색하는 것을 즐겼다. 항상 『노자』, 『장자』를 읽었고 기타 유학의 사서오경, 제자백가에도 모두 능통했다. 성유심문은 정성으로 마음을 깨우쳐 주는 글이라는 뜻이다. 위부인은 인간세상에서 83세까지 살고 죽었는데, 죽고 난 후 그녀의 관 속에 시체는 없고 보검 한 자루만 있었다고 한다. 위부인은 紫虛元君이라는 도호를 받았다. 晉成帝 咸和9年(334)에 위부인은 하늘로 날아올라 신선이 되었다. 중원 오악 중 남악 衡山을 통괄하는 것 외에 천태산을 다스린다고 전한다.

福 生 於 清 儉,[61] 德 生 於 卑 退,[62]
fú shēng yú qīng jiǎn dé shēng yú bēi tuì
복 생 어 청 검 덕 생 어 비 퇴

道 生 於 安 靜,[63] 命 生 於 和 暢,[64]
dào shēng yú ān jìng mìng shēng yú hé chàng
도 생 어 안 정 명 생 어 화 창

患 生 於 多 慾,[65] 禍 生 於 多 貪,[66]
huàn shēng yú duō yù huò shēng yú duō tān
환 생 어 다 욕 화 생 어 다 탐

過 生 於 輕 慢,[67] 罪 生 於 不 仁.[68]
guò shēng yú qīng màn zuì shēng yú bù rén
과 생 어 경 만 죄 생 어 불 인

戒 眼 莫 看 他 非,[69] 戒 口 莫 談 他 短,[70]
jiè yǎn mò kàn tā fēi jiè kǒu mò tán tā duǎn
계 안 막 간 타 비 계 구 막 담 타 단

---

61) 福(복 복) 生(날 생) 於(어조사 어) 淸(맑을 청) 儉(검소할 검). 복은 맑고 검소한 데서 생기고. 於는 "~에서로" 새긴다.
62) 德(덕 덕) 生(날 생) 於(어조사 어) 卑(낮을 비) 退(물러날 퇴). 덕은 낮추고 겸손한 데서 생기며,
63) 道(길 도) 生(날 생) 於(어조사 어) 安(편안 안) 靜(고요할 정). 지혜(도)는 편안하고 고요한 데서 생기고,
64) 命(목숨 명) 生(날 생) 於(어조사 어) 和(화할 화) 暢(화창할 창). 명은 화평하고 명랑한 데서 생기며,
65) 患(근심 환) 生(날 생) 於(어조사 어) 多(많을 다) 慾(욕심 욕). 근심은 욕심이 많은 데서 생기고,
66) 禍(재앙 화) 生(날 생) 於(어조사 어) 多(많을 다) 貪(탐할 탐). 재앙은 많이 탐하는 데서 생기며,
67) 過(허물 과) 生(날 생) 於(어조사 어) 輕(가벼울 경) 慢(거만할 만). 허물은 경솔하고 교만한 데서 생기고,
68) 罪(허물 죄) 生(날 생) 於(어조사 어) 不(아닐 불·부) 仁(어질 인). 죄는 어질지 못한 데서 생긴다.
69) 戒(경계할 계) 眼(눈 안) 莫(말 막) 看(볼 간) 他(다를 타) 非(아닐 비). 눈을 조심하여 남의 그릇됨을 보지 말고(맑고 아름다움을 볼 것이며),
70) 戒(경계할 계) 口(입 구) 莫(말 막) 談(말씀 담) 他(다를 타) 短(짧을 단). 입을 조심하여 남의 단점을 말하지 말며(착한 말 바른 말 부드럽고 고운 말을 언제나 할 것이며),

戒心莫自貪嗔,[71] 戒身莫隨惡伴,[72]
jiè xīn mò zì tān chēn jiè shēn mò suí è bàn
계 심 막 자 탐 진 계 신 막 수 악 반

無益之言,莫妄說,[73] 不干己事, 莫 妄 爲[74]
wú yì zhī yán mò wàng shuō bù gān jǐ shì mò wàng wéi
무 익 지 언 막 망 설 불 간 기 사 막 망 위

尊君王 孝父母,[75] 敬尊長 奉有德,[76]
zūn jūn wáng xiào fù mǔ jìng zūn zhǎng fèng yǒu dé
존 군 왕 효 부 모 경 존 상 봉 유 덕

別賢愚恕無識,[77] 物順來而勿拒,[78]
bié xián yú shù wú shí wù shùn lái ér wù jù
별 현 우 서 무 식 물 순 래 이 물 거

物旣去而勿追,[79] 身未遇而勿望,[80]
wù jì qù ér wù zhuī shēn wèi yù ér wù wàng
물 기 거 이 물 추 신 미 우 이 물 망

---

71) 戒(경계할 계) 心(마음 심) 莫(말 막) 自(스스로 자) 貪(탐할 탐) 嗔(성낼 진). 마음을 조심하여 탐욕과 성냄을 삼가고,
72) 戒(경계할 계) 身(몸 신) 莫(말 막) 隨(따를 수) 惡(악할 악) 伴(짝 반). 몸을 조심하여 나쁜 친구를 사귀지 말고, (어질고 착한 이를 가까이 하라).
73) 無(없을 무) 益(더할 익) 之(어조사 지) 言(말씀 언) 莫(말 막) 妄(망령될 망) 爲(할 위). 이익 없는 말을 실없이 하지 말고,
74) 不(아닐 불・부) 干(방패 간) 己(몸 기) 事(일 사) 莫(말 막) 妄(망령될 망) 爲(할 위). 내게 상관없는 일을 부질없이 시비하지 말라. 不干己事 : 나와 상관없는 일. 不干 : ~와 관계없다.
75) 尊(높을 존) 君(임금 군) 王(임금 왕) 孝(효도 효) 父(아비 부) 母(어미 모). 군왕을 존중하고 부모에게 효도하며,
76) 敬(공경 경) 尊(높을 존) 長(어른 장) 奉(받들 봉) 有(있을 유) 德(덕 덕). 어른을 공경하고 덕있는 이를 받들며,
77) 別(다를 별) 賢(어질 현) 愚(어리석을 우) 恕(용서할 서) 無(없을 무) 識(알 식・적을 지). 지혜로운 이, 미거한 이를 밝게 분별하여 무식한 자를 널리 용서하라. 恕無識 : 무식한 자를 용서하다.
78) 物(만물 물) 順(순할 순) 來(올 래) 而(말이을 이) 勿(말 물) 拒(막을 거). 물건이 순순이 오면 거절하지 말고,
79) 物(만물 물) 旣(이미 기) 去(갈 거) 而(말이을 이) 勿(말 물) 追(따를 추). 물건이 이미 갔으면 좇지 말며,
80) 身(몸 신) 未(아닐 미) 遇(만날 우) 而(말이을 이) 勿(말 물) 望(바랄 망). 내 몸에 닥치지 않는 것을 바라지 말고,

事已過而勿思.[81]
shì yǐ guò ér wù sī
사 이 과 이 물 사

聰明多暗昧,[82] 算計失便宜.[83]
cōng míng duō àn mèi suàn jì shī biàn yí
총 명 다 암 매 산 계 실 편 의

損人終自失,[84] 依勢禍相隨.[85]
sǔn rén zhōng zì shī yī shì huò xiāng suí
손 인 종 자 실 의 세 화 상 수

戒之在心,[86] 守之在氣.[87] 爲不節而亡家,[88]
jiè zhī zài xīn shǒu zhī zài qì wèi bù jié ér wáng jiā
계 지 재 심 수 지 재 기 위 불 절 이 망 가

因不廉而失位.[89]
yīn bù lián ér shī wèi
인 불 염 이 실 위

勸君自警於平生,[90] 可歎可警而可畏.[91]
quàn jūn zì jǐng yú píng shēng kě tàn kě jǐng ér kě wèi
권 군 자 경 어 평 생 가 탄 가 경 이 가 외

81) 事(일 사) 已(이미 이) 過(지날 과) 而(말이을 이) 勿(말 물) 思(생각 사). 일이 이미 지나갔으면 생각하지 말라.
82) 聰(귀밝을 총) 明(밝을 명) 多(많을 다) 暗(어두울 암) 昧(어두울 매). 총명한 사람도 어둡게 모를 때가 많고,
83) 計(꾀 계) 算(셈할 산) 失(잃을 실) 便(편할 편) 宜(마땅 의). 잘 세운 계책도 불편하고 맞지 않을 때가 있다.
84) 損(덜 손) 人(사람 인) 終(마칠 종) 自(스스로 자) 失(잃을 실). 남을 손해하면 끝내 자신도 잃게 되고(남을 손해하면 그것이 자신에게 돌아오고),
85) 依(의지할 의) 勢(기세 세) 禍(재앙 화) 相(서로 상) 隨(따를 수). 세력을 의지하면 재앙이 함께 따른다.
86) 戒(경계할 계) 之(그것 지) 在(있을 재) 心(마음 심). 戒之 : 그것을 경계하라. 그것을 경계하는 것은 마음에 있다.
87) 守(지킬 수) 之(그것 지) 在(있을 재) 氣(기운 기). 守之 : 그것을 지키다. 그것을 지키는 것은 기에 있다.
88) 爲(할 위) 不(아닐 불・부) 節(마디 절) 而(말이을 이) 亡(망할 망) 家(집 가). 爲不節 : 절제하지 않기 때문에. 爲는 그 뒷문장의 因과 대구를 이루며 이유를 나타내는 뜻으로 쓰였다.
89) 因(인할 인) 不(아닐 불・부) 廉(청렴할 렴) 而(말이을 이) 失(잃을 실) 位(자리 위)

上 臨之以天鑑,[92] 下察之以地祇.[93]
shàng lín zhī yǐ tiān jiàn xià chá zhī yǐ dì qí
상 임 지 이 천 감 하 찰 지 이 지 기

明 有 三 法 相 繼,[94] 暗 有 鬼 神 相 隨.[95]
míng yǒu sān fǎ xiāng jì àn yǒu guǐ shén xiāng suí
명 유 삼 법 상 계 암 유 귀 신 상 수

惟 正 可守,[96] 心不可欺,[97] 戒之戒之.[98]
wéi zhèng kě shǒu xīn bù kě qī jiè zhī jiè zhī
유 정 가 수 심 불 가 기 계 지 계 지

濫 想 徒 傷 神,[99] 妄 動 反 致 禍.[100] 〈**安 分 篇**〉
làn xiǎng tú shāng shén wàng dòng fǎn zhì huò ān fèn piān
남 상 도 상 신 망 동 반 치 화 안 분 편

90) 勸(권할 권) 君(임금 군) 自(스스로 자) 警(경계할 경) 於(어조사 어) 平(평평할 평) 生(날 생). 勸君 : 그대에게 권한다. 於平生 : 평생토록, 일생동안.
91) 可(옳을 가) 歎(탄식할 탄) 可(옳을 가) 警(경계할 경) 而(말이을 이) 可(옳을 가) 畏(두려울 외). 可歎 : 탄복할 만하며. 可警 : 경계하고 삼갈 만하며. 可畏 : 두려워할 만하다.
92) 上(위 상) 臨(임할 임) 之(어조사 지) 以(써 이) 天(하늘 천) 鑑(거울 감). 臨之 : 여기서의 之는 지시대명사가 아니다. 문장의 균형감과 안정감을 주기 위해 쓰이는 허사로 어세, 어기 등을 고르게 하기 위한 것이다. 뒷 구절의 "察之"의 之도 마찬가지이다.
93) 下(아래 하) 察(살필 찰) 之(어조사 지) 以(써 이) 地(땅 지) 祇(토지신 기)
94) 明(밝을 명) 有(있을 유) 三(석 삼) 法(법 법) 相(서로 상) 繼(이을 계). 三法 : 삼법은 教·行·證, 또는 輕·中·重이며 판본에 따라 王法으로도 쓰였다.
95) 暗(어두울 암) 有(있을 유) 鬼(귀신 귀) 神(귀신 신) 相(서로 상) 隨(따를 수)
96) 惟(생각할 유) 正(바를 정) 可(옳을 가) 守(지킬 수). 오로지 올바름을 지키는 것이 可하고(오직 바른 도리를 지키고),
97) 心(마음 심) 不(아닐 불·부) 可(옳을 가) 欺(속일 기). 마음을 속이는 것은 불가하다(양심을 속이지 마라).
98) 戒(경계할 계) 之(어조사 지). 삼가고 또 삼가야 한다.
99) 濫(넘칠 람) 想(생각할 상) 徒(무리 도) 傷(상할 상) 神(귀신 신). 濫想 : 분수에 넘치는 생각, 허황된 생각. 徒~ : 다만 ~할 뿐이다.
100) 妄(망령될 망) 動(움직일 동) 反(돌이킬 반) 致(이를 치) 禍(재앙 화). 妄動 : 함부로 행동하다, 허망한 행동, 경거망동. 致禍 : 화·재앙을 불러오다.

施恩勿求報,[101] 與人勿追悔.[102] 〈存心篇〉
shī ēn wù qiú bào yǔ rén wù zhuī huǐ cún xīn piān
시 은 물 구 보 여 인 물 추 회 존 심 편

人無百歲人,[103] 枉作千年計.[104]
rén wú bǎi suì rén wǎng zuò qiān nián jì
인 무 백 세 인 왕 작 천 년 계

心安茅屋穩,[105] 性定菜羹香.[106]
xīn ān máo wū wěn xìng dìng cài gēng xiāng
심 안 모 옥 온 성 정 채 갱 향

生事事生, 省事事省.
shēng shì shì shēng shěng shì shì shěng
생 사 사 생 생 사 사 생

忍一時之忿,[107] 免百日之憂.[108] 〈戒性篇〉
rěn yì shí zhī fèn miǎn bǎi rì zhī yōu jiè xìng piān
인 일 시 지 분 면 백 일 지 우 계 성 편

得忍且忍,[109] 得戒且戒,[110] 不忍不戒,[111] 小事
dé rěn qiě rěn dé jiè qiě jiè bù rěn bú jiè xiǎo shì
득 인 차 인 득 계 차 계 불 인 불 계 소 사

---

101) 施(베풀 시) 恩(은혜 은) 勿(말 물) 求(구할 구) 報(갚을 보)
102) 與(더불어 여) 人(사람 인) 勿(말 물) 追(따를 추) 悔(뉘우칠 회). 與人 : 남에게 주다. 勿追悔 : 후회하지 마라.
103) 人(사람 인) 無(없을 무) 百(일백 백) 歲(해 세) 人(사람 인)
104) 枉(굽을 왕) 作(지을 작) 千(일천 천) 年(해 년) 計(꾀 계). 枉 : 헛되이, 부질없이. 千年計 : 천년의 계획.
105) 心(마음 심) 安(편안 안) 茅(띠 모) 屋(집 옥) 穩(평온할 온)
106) 性(성품 성) 定(정할 정) 菜(나물 채) 羹(국 갱) 香(향기 향)
107) 忍(참을 인) 一(한 일) 時(때 시) 之(어조사 지) 忿(성낼 분). 한 순간의 분을 참으면.
108) 免(면할 면) 百(일백 백) 日(날 일) 之(어조사 지) 憂(근심 우)
109) 得(얻을 득) 忍(참을 인) 且(또 차) 忍(참을 인)
110) 得(얻을 득) 戒(경계할 계) 且(또 차) 戒(경계할 계). 戒 : 삼가다.
111) 不(아닐 불·부) 忍(참을 인) 不(아닐 불·부) 戒(경계할 계)

成 大.[112] 凡事留人情,[113] 後來好相見.[114]
chéng dà fán shì liú rén qíng hòu lái hǎo xiāng jiàn
성 대 범 사 유 인 정 후 래 호 상 견

禮記[115] 曰, 玉不琢,[116] 不成器,[117] 人不學,[118] 不知義.[119]
lǐ jì yuē yù bù zhuó bù chéng qì rén bù xué bù zhī yì
예 기 왈 옥 불 탁 불 성 기 인 불 학 부 지 의

〈勤 學 篇〉
qín xué piān
근 학 편

太公曰, 人生不學,[120] 冥冥如夜行.[121]
tài gōng yuē rén shēng bù xué míng míng rú yè xíng
태 공 왈 인 생 불 학 명 명 여 야 행

---

112) 小(작을 소) 事(일 사) 成(이룰 성) 大(큰 대)
113) 凡(무릇 범) 事(일 사) 留(머물 류) 人(사람 인) 情(뜻 정)
114) 後(뒤 후) 來(올 래) 好(좋을 호) 相(서로 상) 見(볼 견)
115) 五經의 하나로『周禮』·『儀禮』와 함께 三禮라고 한다. 공자의 서작임에도『禮經』이라 하지 않는 것은 禮에 관한 경전을 補註하였기 때문이다. 49편. 한무제 때 河間과 선제 때 劉向이 공자와 그 제자들의 책을 정리하였고 이를 戴德이 85편으로 골라낸 것이『大戴禮記』이고, 戴聖이 49편으로 골라낸 것을『小戴禮記』라고 한다. 대대와 대성은 숙질 관계로 책 제목을 대대와 소대로 구분하였다.『예기』는 曲禮·檀弓·王制·月令·禮運·禮器·郊特牲·明堂位·學記·樂記·祭法·祭儀·冠儀·婚儀·鄉飮酒儀·射儀 등으로 구성되어 있다.『禮記正儀』는 後漢의 鄭玄이 주석하고, 唐의 孔穎達이 疏를 단 것으로,『예기』의 주석서로 통용된다. 1190년 성리학자 朱熹는『예기』 중의 대학·중용 2편을 각각 별개의 책으로 편찬하여『논어』·『맹자』와 더불어 四書에 포함시켰다. 사서는 유교 입문서로 사용되고 있다.『예기』는 의례의 해설뿐 아니라 음악·정치·학문 등 일상생활의 사소한 영역까지 예의 근본정신에 대하여 다방면으로 서술하고 있다.
116) 玉(옥 옥) 不(아닐 불·부) 琢(쫄 탁)
117) 不(아닐 불·부) 成(이룰 성) 器(그릇 기)
118) 人(사람 인) 不(아닐 불·부) 學(배울 학)
119) 不(아닐 불·부) 知(알 지) 義(옳을 의)
120) 人(사람 인) 生(날 생) 不(아닐 불·부) 學(배울 학)
121) 冥(어두울 명) 冥(어두울 명) 如(같을 여) 夜(밤 야) 行(다닐 행). 冥冥 : 어둡고 어둡다.

論語曰, 學如不及,122) 猶恐失之.123)
lún yǔ yuē xué rú bù jí yóu kǒng shī zhī
논어왈 학여불급 유공실지

漢書124) 云, 黃金滿籝,125) 不如教子一經,126) 賜
hàn shū yún huáng jīn mǎn yíng bù rú jiào zǐ yì jīng sì
한서운 황금만영 불여교자일경 사

子千金,127) 不如教子一藝.128) 〈訓子篇〉
zǐ qiān jīn bù rú jiào zǐ yí yì xùn zǐ piān
자천금 불여교자일예 훈자편

至樂莫如讀書,129) 至要莫如教子.130)
zhì lè mò rú dú shū zhì yào mò rú jiào zǐ
지락막여독서 지요막여교자

---

122) 學(배울 학) 如(같을 여) 不(아닐 불·부) 及(미칠 급). 배움에 있어서는 남에게 뒤지는 듯 혹은 내용을 잘 따를 수 없는 듯이 긴장하고 서둘러 배워라. 不及 : 미치지 못하다, 만족한 상태에 도달하지 못하다.

123) 惟(생각할 유) 恐(두려울 공) 失(잃을 실) 之(그것 지). 恐失之 : 배운 것을 잃지 않을까 걱정하다. 失之 : 그것(學)을 잃다.

124) 後漢 班固가 저술한 紀傳體 역사서. 12帝紀·8表·10志·70列傳 100권으로 이루어졌다. 司馬遷의 『史記』와 더불어 중국 고전 正史의 대표 저작이다. 『前漢書』 또는 『西漢書』라고도 한다. 반고의 아버지 班彪가 『사기』에 부족한 점을 느껴, 『後傳』 65편을 편집하지만 완성을 보지 못하고 사망하였다. 반고는 아버지의 뜻을 이었으나 國史를 마음대로 한다는 모함을 받아 투옥되었다. 이후 明帝에게 蘭臺令史라는 직책을 받아 『한서』 저작에 종사하게 된다. 반고는 章帝 建初年間에 일단 완성을 보았으나 「八表」와 「天文志」는 그의 죽음으로 미완성으로 남았다. 이를 누이동생 班昭가 和帝의 명을 받아 계승하였고, 다시 馬續의 보완으로 최종 완성되었다. 『사기』가 상고시대부터 무제까지의 通史인 데 비하여 『한서』는 前漢만을 다룬 斷代史로, 漢高祖 劉邦부터 王莽의 난까지 12대 230년간의 기록이라는 점에 특징이 있다. 『한서』는 『사기』와 부분적으로 중복되는 곳도 있으나, 이미 후한시대부터 삼국시대에 걸쳐 『한서』를 주석한 注釋家로 應劭·服虔·如淳·孟康 등 20여 명이 있으며, 이들 주석은 唐 顔師古에 이르러 집대성되었다. 현재의 간본은 모두 안사고의 주석을 付刻한 것이다. 안사고 이후의 주석은 청말 王先謙이 엮은 『漢書補注』에 집대성되어 있다.

125) 黃(누를 황) 金(쇠 금) 滿(찰 만) 籝(바구니 영)

126) 不(아닐 불·부) 如(같을 여) 教(가르칠 교) 子(아들 자) 一(한 일) 經(날 경). 不如 : 뒤에 서술절이 와서 ~하는 것만 못하다.

127) 賜(줄 사) 子(아들 자) 千(일천 천) 金(쇠 금)

128) 不(아닐 불·부) 如(같을 여) 教(가르칠 교) 子(아들 자) 一(한 일) 藝(재주 예)

嚴父出孝子,[131] 嚴母出孝女.[132]
yán fù chū xiào zǐ yán mǔ chū xiào nǚ
엄 부 출 효 자 엄 모 출 효 녀

憐兒多與棒,[133] 憎兒多與食.[134]
lián ér duō yǔ bàng zèng ér duō yǔ shí
련 아 다 여 봉 증 아 다 여 식

子曰, 明鏡所以察形,[135] 往古所以知今.[136]
zǐ yuē míng jìng suǒ yǐ chá xíng wǎng gǔ suǒ yǐ zhī jīn
자 왈 명 경 소 이 찰 형 왕 고 소 이 지 금

<省心 篇·上>
xǐng xīn piān shàng
성 심 편 상

天有不測風雨,[137] 人有朝夕禍福.[138]
tiān yǒu bú cè fēng yǔ rén yǒu zhāo xī huò fú
천 유 불 측 풍 우 인 유 조 석 화 복

129) 至(이를 지) 樂(즐길 락) 莫(말 막) 如(같을 여) 讀(읽을 독) 書(글 서). 莫如 : 뒤에 명사구가 와서 ~와 같은 것이 없다. ~할 만한 것이 없다. 不如는 뒤에 명사구 · 서술문이 와서 "~만 못하다, ~하는 것만 못하다"로 새긴다.
130) 至(이를 지) 要(요긴할 요) 莫(말 막) 如(같을 여) 教(가르칠 교) 子(아들 자)
131) 嚴(엄할 엄) 父(아비 부) 出(날 출) 孝(효도 효) 子(아들 자)
132) 嚴(엄할 엄) 母(어미 모) 出(날 출) 孝(효도 효) 女(계집 녀)
133) 憐(불쌍히 여길 련) 兒(아이 아) 多(많을 다) 與(더불어 여) 棒(몽둥이 봉)
134) 憎(미울 증) 兒(아이 아) 多(많을 다) 與(더불어 여) 食(밥 식)
135) 明(밝을 명) 鏡(거울 경) 所(바 소) 以(써 이) 察(살필 찰) 形(모양 형). 所以 : 그것으로, 그 거울로.
136) 往(갈 왕) 古(연고 고) 所(바 소) 以(써 이) 知(알 지) 今(이제 금). 知今 : 현재를 알다.
137) 天(하늘 천) 有(있을 유) 不(아닐 불 · 부) 測(헤아릴 측) 風(바람 풍) 雲(구름 운)
138) 人(사람 인) 有(있을 유) 朝(아침 조) 夕(저녁 석) 禍(재앙 화) 福(복 복)

疑人莫用,[139] 用人勿疑.[140]
yí rén mò yòng yòng rén wù yí
의 인 막 용 용 인 물 의

對面共話,[141] 心隔千山.[142]
duì miàn gòng huà xīn gé qiān shān
대 면 공 화 심 격 천 산

器滿則溢,[143] 人滿則喪.[144] 〈省心篇·下〉
qì mǎn zé yì rén mǎn zé sàng xǐng xīn piān xià
기 만 즉 일 인 만 즉 상 성 심 편 하

入山擒虎易,[145] 開口告人難.[146]
rù shān qín hǔ yì kāi kǒu gào rén nán
입 산 금 호 이 개 구 고 인 난

遠水不救近火,[147] 遠親不如近隣.[148]
yuǎn shuǐ bú jiù jìn huǒ yuǎn qīn bù rú jìn lín
원 수 불 구 근 화 원 친 불 여 근 린

讀書起家之本,[149] 循理保家之本,[150] 勤儉治
dú shū qǐ jiā zhī běn xún lǐ bǎo jiā zhī běn qín jiǎn zhì
독 서 기 가 지 본 순 리 보 가 지 본 근 검 치

139) 疑(의심할 의) 人(사람 인) 莫(말 막) 用(쓸 용)
140) 用(쓸 용) 人(사람 인) 勿(말 물) 疑(의심할 의)
141) 對(대할 대) 面(낯 면) 共(한가지 공) 語(말씀 어)
142) 心(마음 심) 隔(막을 격) 千(일천 천) 山(메 산)
143) 器(그릇 기) 滿(찰 만) 則(곧 즉) 溢(넘칠 일)
144) 人(사람 인) 滿(찰 만) 則(곧 즉) 喪(잃을 상). 喪 : 재물이나 지위를 喪失함.
145) 入(들 입) 山(메 산) 擒(사로잡을 금) 虎(범 호) 易(쉬울 이)
146) 開(열 개) 口(입 구) 告(알릴 고) 人(사람 인) 難(어려울 난). 告 : 알려주다, 충고하다. 충고와 관련된 『논어』의 구절은 "子貢問友, 子曰, 忠告而善道之, 不可則止, 無自辱焉(자공이 벗에 대해 묻자 공자께서 말씀하셨다. 친구에게 나쁜 점이 있으면 충고를 하여 잘 이끌어 주되, 되지 않거든 그만두어 자신에게 욕됨이 없도록 해야 한다)."이다.
147) 遠(멀 원) 水(물 수) 不(아닐 불·부) 救(구원할 구) 火(불 화)
148) 遠(멀 원) 親(친할 친) 不(아닐 불·부) 如(같을 여) 隣(이웃 린)
149) 讀(읽을 독) 書(글 서) 起(일어날 기) 家(집 가) 之(어조사 지) 本(근본 본)

家 之 本,[151] 和 順 齊 家 之 本.[152] 〈立 教 篇〉
jiā zhī běn hé shùn qí jiā zhī běn lì jiào piān
가 지 본 화 순 제 가 지 본 입 교 편

當 官 之 法,[153] 唯 有 三 事,[154] 曰 淸 曰 愼 曰 勤,[155]
dāng guān zhī fǎ wéi yǒu sān shì yuē qīng yuē shèn yuē qín
당 관 지 법 유 유 삼 사 왈 청 왈 신 왈 근

知 此 三 者,[156] 知 所 以 持 身 矣.[157] 〈治 政 篇〉
zhī cǐ sān zhě zhī suǒ yǐ chí shēn yǐ zhì zhèng piān
지 차 삼 자 지 소 이 지 신 의 치 정 편

太 公 曰, 痴 人 畏 婦,[158] 賢 女 敬 夫.[159] 〈治 家 篇〉
tài gōng yuē chī rén wèi fù xián nǚ jìng fū zhì jiā piān
태 공 왈 치 인 외 부 현 녀 경 부 치 가 편

子 孝 雙 親 樂,[160] 家 和 萬 事 成.[161]
zǐ xiào shuāng qīn lè jiā hé wàn shì chéng
자 효 쌍 친 락 가 화 만 사 성

文 中 子[162] 曰, 婚 娶 而 論 財,[163] 夷 虜 之 道 也.[164]
wén zhōng zǐ yuē hūn qǔ ér lùn cái yí lǔ zhī dào yě
문 중 자 왈 혼 취 이 논 재 이 로 지 도 야

150) 循(좇을 순) 理(다스릴 리) 保(지킬 보) 家(집 가) 之(어조사 지) 本(근본 본)
151) 勤(부지런할 근) 儉(검소할 검) 治(다스릴 치) 家(집 가) 之(어조사 지) 本(근본 본)
152) 和(화할 화) 順(순할 순) 齊(가지런할 제) 家(집 가) 之(어조사 지) 本(근본 본)
153) 當(마땅 당) 官(벼슬 관) 之(어조사 지) 法(법 법)
154) 唯(오직 유) 有(있을 유) 三(석 삼) 事(일 사)
155) 曰(가로 왈) 淸(맑을 청) 曰(가로 왈) 愼(삼갈 신) 曰(가로 왈) 勤(부지런할 근)
156) 知(알 지) 此(이 차) 三(석 삼) 者(놈 자)
157) 知(알 지) 所(바 소) 以(써 이) 持(가질 지) 身(몸 신) 矣(어조사 의)
158) 痴(어리석을 치) 人(사람 인) 畏(두려울 외) 婦(지어미 부)
159) 賢(어질 현) 女(계집 녀) 敬(공경 경) 夫(지아비 부)
160) 子(아들 자) 孝(효도 효) 雙(쌍 쌍) 親(친할 친) 樂(즐길 락)
161) 家(집 가) 和(화할 화) 萬(일만 만) 事(일 사) 成(이룰 성)
162) 王通(584~617). 자는 仲淹, 시호는 文中子이다. 隋代의 사상가. 絳州 龍門(지금의 山西省 河津) 출생. 당 王勃의 조부이다. 유·불·도 삼교의 합일을 주장했으며, 기본 바탕은 유학에

富不親兮貧不疎,[165] 此是人間大丈夫.[166] 〈**安義篇**〉
fù bù qīn xī pín bù shū cǐ shì rén jiān dà zhàng fū ān yì piān
부 불 친 혜 빈 불 소 차 시 인 간 대 장 부 안 의 편

子曰, 君子有勇而無禮爲亂,[167] 小人有勇
zǐ yuē jūn zǐ yǒu yǒng ér wú lǐ wéi luàn xiǎo rén yǒu yǒng
자 왈 군 자 유 용 이 무 례 위 란 소 인 유 용

而無禮爲盜.[168] 〈**遵禮篇**〉
ér wú lǐ wéi dào zūn lǐ piān
이 무 례 위 도 준 례 편

一言不中,[169] 千語無用.[170] 〈**言語篇**〉
yī yán bú zhòng qiān yǔ wú yòng yán yǔ piān
일 언 부 중 천 어 무 용 언 어 편

두었다. 어려서부터 시 · 서 · 예 · 易에 통달, 스스로 儒者임을 자부하고 講學에 힘을 쏟았다. 그의 제자는 1,000명이 넘었다고 전하며 문하에 당의 명신 魏徵 · 房玄齡 등을 배출하였다. 隋文帝에게 『太平十策』을 상주하였으나 채택되지 않았고, 다음 煬帝로부터는 부름을 받았으나 응하지 않고, 『文中子』(일명 『中說』)를 세상에 남겼다. 『唐書』 · 『舊唐書』에 이렇게 전하나 淸代 姚際恒이 『문중자』의 擬經說을 주장하는 등 의견이 분분하다. 『문중자』는 그가 문인들과 나눈 대화를 분류 정리한 책으로, 王道 · 天地 · 事君 · 周公 · 問易 · 禮樂 · 述史 · 魏相 · 立命 · 關朗 각 편을 각각 1권으로 하여 모두 10권이다.

163) 婚(혼인 혼) 娶(장가들 취) 而(말이을 이) 論(의논할 론) 財(재물 재)
164) 夷(오랑캐 이) 虜(포로 로) 之(어조사 지) 道(길 도) 也(어조사 야)
165) 富(부자 부) 不(아닐 불 · 부) 親(친할 친) 兮(어조사 혜) 貧(가난할 빈) 不(아닐 불 · 부) 疎(성길 소). 兮 : 주로 두 글귀가 대구를 이룰 때 쓰는 어조사. "富不親兮貧不疎, 此是人間大丈夫"는 蘇東坡의 말이다.
166) 此(이 차) 是(옳을 시) 人(사람 인) 間(사이 간) 大(큰 대) 丈(어른 장) 夫(지아비 부)
167) 君(임금 군) 子(아들 자) 有(있을 유) 勇(날랠 용) 而(말이을 이) 無(없을 무) 禮(예도 례) 爲(할 위) 亂(어지러울 란)
168) 小(작을 소) 人(사람 인) 有(있을 유) 勇(날랠 용) 而(말이을 이) 無(없을 무) 禮(예도 례) 爲(할 위) 盜(훔칠 도)
169) 一(한 일) 言(말씀 언) 不(아닐 불 · 부) 中(가운데 중). 不中 : 이치에 맞지 않다.
170) 千(일천 천) 語(말씀 어) 無(없을 무) 用(쓸 용)

口舌者,[171] 禍患之門,[172] 滅身之斧也.[173]

kǒu shé zhě huò huàn zhī mén miè shēn zhī fǔ yě

구 설 자 화 환 지 문 멸 신 지 부 야

君子之交淡如水,[174] 小人之交甘若醴.[175] 〈**交 友 篇**〉

jūn zǐ zhī jiāo dàn rú shuǐ xiǎo rén zhī jiāo gān ruò lǐ jiāo yǒu piān

군 자 지 교 담 여 수 소 인 지 교 감 약 례 교 우 편

家有賢妻,[176] 夫不遭橫禍.[177] 〈**婦 行 篇**〉

jiā yǒu xián qī fū bù zāo héng huò fù xíng piān

가 유 현 처 부 부 조 횡 화 부 행 편

勿謂今日不學而有來日,[178] 勿謂今年不學

wù wèi jīn rì bù xué ér yǒu lái rì wù wèi jīn nián bù xué

물 위 금 일 불 학 이 유 래 일 물 위 금 년 불 학

而有來年.[179] 日月逝矣,[180] 歲不我延,[181] 嗚呼老

ér yǒu lái nián rì yuè shì yǐ suì bù wǒ yán wū hū lǎo

이 유 래 년 일 월 서 의 세 불 아 연 오 호 노

171) 口(입 구) 舌(혀 설) 者(놈 자)
172) 禍(재앙 화) 患(근심 환) 之(어조사 지) 門(문 문)
173) 滅(멸망할 멸) 身(몸 신) 之(어조사 지) 斧(도끼 부) 也(어조사 야)
174) 君(임금 군) 子(아들 자) 之(어조사 지) 交(사귈 교) 淡(맑을 담) 如(같을 여) 水(물 수)
175) 小(작을 소) 人(사람 인) 之(어조사 지) 交(사귈 교) 甘(달 감) 若(같을 약) 醴(단술 예)
176) 家(집 가) 有(있을 유) 賢(어질 현) 妻(아내 처)
177) 夫(지아비 부) 不(아닐 불·부) 遭(만날 조) 橫(가로 횡) 禍(재앙 화). 橫禍 : 뜻밖의 재앙·화.
178) 勿(말 물) 謂(이를 위) 今(이제 금) 日(날 일) 不(아닐 불·부) 學(배울 학) 而(말이을 이) 有(있을 유) 來(올 래) 日(날 일). 勿謂 : 말하지 말라.
179) 勿(말 물) 謂(이를 위) 今(이제 금) 年(해 년) 不(아닐 불·부) 學(배울 학) 而(말이을 이) 有(있을 유) 來(올 래) 年(해 년). 歲不我延 : 세월은 나를 위해 늦게 가지 않는다, 歲不延我의 도치문. 朱子의 『勸學文』.
180) 日(날 일) 月(달 월) 逝(갈 서) 矣(어조사 의)
181) 歲(해 세) 不(아닐 불·부) 我(나 아) 延(늘일 연)

矣,[182] 是誰之愆.[183]　　〈**勸學篇**〉

yǐ shì shuí zhī qiān　　quàn xué piān

의 시 수 지 건　　권 학 편

少年易老學難成,[184] 一寸光陰不可輕,[185] 未

shǎo nián yì lǎo xué nán chéng yī cùn guāng yīn bù kě qīng wèi

소 년 이 노 학 난 성 일 촌 광 음 불 가 경 미

覺池塘春草夢,[186] 階前梧葉已秋聲.[187]

jué chí táng chūn cǎo mèng jiē qián wú yè yǐ qiū shēng

각 지 당 춘 초 몽 계 전 오 엽 이 추 성

182) 嗚(탄식할 오) 呼(부를 호) 老(늙을 로) 矣(어조사 의)
183) 是(옳을 시) 誰(누구 수) 之(어조사 지) 愆(허물 건)
184) 少(적을 소) 年(해 년) 易(쉬울 이) 老(늙을 로) 學(배울 학) 難(어려울 난) 成(이룰 성)
185) 一(한 일) 寸(마디 촌) 光(빛 광) 陰(그늘 음) 不(아닐 불·부) 可(옳을 가) 輕(가벼울 경)
186) 未(아닐 미) 覺(깨달을 각) 池(못 지) 塘(못 당) 春(봄 춘) 草(풀 초) 夢(꿈 몽)
187) 階(섬돌 계) 前(앞 전) 梧(오동나무 오) 葉(잎 엽) 已(이미 이) 秋(가을 추) 聲(소리 성)

2) 童 蒙 先 習 · 擊 蒙 要 訣

tóng méng xiān xí　jī méng yào jué
동 몽 선 습　격 몽 요 결

● 童 蒙 先 習[1)]

tóng méng xiān xí
동 몽 선 습

天地之間萬物之衆,[2)] 惟人最貴,[3)] 所貴乎
tiān dì zhī jiān wàn wù zhī zhòng　wéi rén zuì guì　suǒ guì hū
천 지 지 간 만 물 지 중　유 인 최 귀　소 귀 호

人者, 以其有五倫也.[4)] 是故孟子曰,[5)] 父子
rén zhě　yǐ qí yǒu wǔ lún yě　shì gù mèng zǐ yuē　fù zǐ
인 자　이 기 유 오 륜 야　시 고 맹 자 왈　부 자

有親,[6)] 君臣有義,[7)] 夫婦有別,[8)] 長幼有序,[9)]
yǒu qīn　jūn chén yǒu yì　fū fù yǒu bié　zhǎng yòu yǒu xù
유 친　군 신 유 의　부 부 유 별　장 유 유 서

---

1) 朝鮮朝 中宗때 朴世茂(1487~1554)가 지음. 父子有親·君臣有義·夫婦有別·長幼有序·朋友有信의 五倫을 서술하고, 總論에는 三皇五帝에서부터 명나라까지의 역대 사실과 한국의 단군에서부터 조선시대까지의 역사를 약술하였다. 1권1책. 1541년(중종36)에 쓴 저자의 친필 사본이 한국학중앙연구원에 소장되어 있다. 초간본은 전하지 않고 1759년(영조35)의 중간본만 전하며, 1742년 영조가 쓴 序와 1670년(경술) 10월에 송시열(1607-1689)이 쓴 跋이 있다. 영조는 이 책을 발간하여 널리 보급하도록 하였다.
2) 天(하늘 천) 地(땅 지) 之(어조사 지) 間(사이 간) 萬(일만 만) 物(만물 물) 之(어조사 지) 衆(무리 중)
3) 惟(오직 유) 人(사람 인) 最(가장 최) 貴(귀할 귀)
4) 所(~하는 까닭은 소) 貴(귀할 귀) 乎(어조사 호) 人(사람 인) 者(놈 자) 以(~이기 때문이다 이) 其(그 기) 有(있을 유) 五(다섯 오) 倫(인륜 륜) 也(어조사 야). 五倫 : 사람이 마땅히 지켜야 할 다섯 가지 윤리, 五常이라고도 한다.
5) 是(이 시) 故(연고 고) 孟(맏 맹) 子(아들 자) 曰(가로 왈). 孟子 : 인명인 동시에 서명이기도 하다. 맹자의 이름은 軻, 자는 子輿. 현재 山東省 남부인 鄒나라에서 출생. 공자의 손자인 子思의 문하인에게 수업하였다고 하며 亞聖으로 일컬어진다. 사서 중 하나인『맹자』는 梁惠王·公孫丑·騰文公·離婁·萬章·告子·盡心의 7편이 각각 상·하 14편으로 구성되어 있다. 내용은 맹자가 공자의 仁에 義를 추가한 왕도정치와 性善說을 중심으로 삼고 있다. 朱子에 의해 유학의 기본 경전인 사서의 하나가 되었다. 격정적·웅변적·선동적이며 재기가 넘치고 의론이 도도하다.
6) 父(아비 부) 子(아들 자) 有(있을 유) 親(친할 친)

朋友有信.[10] 人而不知有五常,[11] 則其違禽
péng you yǒu xìn rén ér bù zhī yǒu wǔ cháng zé qí wéi qín
붕 우 유 신 인 이 부 지 유 오 상 즉 기 위 금

獸不遠矣.[12] 然則父慈子孝,[13] 君義臣忠,[14] 夫
shòu bù yuǎn yǐ rán zé fù cí zǐ xiào jūn yì chén zhōng fū
수 불 원 의 연 즉 부 자 자 효 군 의 신 충 부

和婦順,[15] 兄友弟恭,[16] 朋友輔仁然後,[17] 方可謂
hé fù shùn xiōng yǒu dì gōng péng you fǔ rén rán hòu fāng kě wèi
화 부 순 형 우 제 공 붕 우 보 인 연 후 방 가 위

之人矣.[18]
zhī rén yǐ
지 인 의

父子有親

父子有親,[19] 父子天性之親,[20] 生而育之,[21] 愛
fù zǐ yǒu qīn fù zǐ tiān xìng zhī qīn shēng ér yù zhī ài
부 자 유 친 부 자 천 성 지 친 생 이 육 지 애

而教之,[22] 奉而承之,[23] 孝而養之,[24] 是故
ér jiào zhī fèng ér chéng zhī xiào ér yǎng zhī shì gù
이 교 지 봉 이 승 지 효 이 양 지 시 고

---

7) 君(임금 군) 臣(신하 신) 有(있을 유) 義(옳을 의)
8) 夫(지아비 부) 婦(지어미 부) 有(있을 유) 別(다를 별)
9) 長(어른 장) 幼(어릴 유) 有(있을 유) 序(차례 서)
10) 朋(벗 붕) 友(벗 우) 有(있을 유) 信(믿을 신)
11) 人(사람 인) 而(말이을 이) 不(아닐 불·부) 知(알 지) 有(있을 유) 五(다섯 오) 常(항상 상)
12) 則(곧 즉) 其(그 기) 違(어길 위) 禽(새 금) 獸(짐승 수) 不(아닐 불·부) 遠(멀 원) 矣(어조사 의)
13) 然(그럴 연) 則(법칙 칙) 父(아비 부) 慈(사랑 자) 子(아들 자) 孝(효도 효)
14) 君(임금 군) 義(옳을 의) 臣(신하 신) 忠(충성 충)
15) 夫(지아비 부) 和(화할 화) 婦(지어미 부) 順(순할 순)
16) 兄(맏 형) 友(우애있을 우) 弟(아우 제) 恭(공손할 공)
17) 朋(벗 붕) 友(벗 우) 輔(도울 보) 仁(어질 인) 然(그러할 연) 後(뒤 후)
18) 方(바야흐로 방) 可(옳을 가) 謂(이를 위) 之(그것 지) 人(사람 인) 矣(어조사 의)
19) 父(아비 부) 子(아들 자) 有(있을 유) 親(친할 친)
20) 父(아비 부) 子(아들 자) 天(하늘 천) 性(성품 성) 之(어조사 지) 親(친할 친)
21) 生(날 생) 而(말이을 이) 育(기를 육) 之(그것 지)
22) 愛(사랑 애) 而(말이을 이) 教(가르침 교) 之(어조사 지)

敎之以義方,[25] 弗納於邪,[26] 柔聲以諫,[27] 不

jiào zhī yǐ yì fāng fú nà yú xié róu shēng yǐ jiàn bù

교 지 이 의 방 불 납 어 사 유 성 이 간 불

使得罪於鄕黨州閭.[28]

shǐ dé zuì yú xiāng dǎng zhōu lǘ

사 득 죄 어 향 당 주 려

君臣有義

君臣有義,[29] 君臣天地之分,[30] 尊且貴焉,[31] 卑

jūn chén yǒu yì jūn chén tiān dì zhī fēn zūn qiě guì yān bēi

군 신 유 의 군 신 천 지 지 분 존 차 귀 언 비

且賤焉,[32] 尊貴之使卑賤,[33] 卑賤之事尊貴,[34]

qiě jiànyān zūn guì zhī shǐ bēi jiàn bēi jiàn zhī shì zūn guì

차 천 언 존 귀 지 사 비 천 비 천 지 사 존 귀

天地之常經,[35] 古今之通義.[36]

tiān dì zhī cháng jīng gǔ jīn zhī tōng yì

천 지 지 상 경 고 금 지 통 의

23) 奉(받들 봉) 而(말이을 이) 承(이을 승) 之(어조사 지)
24) 孝(효도 효) 而(말이을 이) 養(기를 양) 之(어조사 지)
25) 是(옳을 시) 故(연고 고) 敎(가르침 교) 之(어조사 지) 以(써 이) 義(옳을 의) 方(모 방)
26) 弗(아닐 불·부) 納(드릴 납) 於(어조사 어) 邪(간사할 사)
27) 柔(부드러울 유) 聲(소리 성) 以(써 이) 諫(간할 간)
28) 不(아닐 불·부) 使(하여금 사) 得(얻을 득) 罪(허물 죄) 於(어조사 어) 鄕(시골 향) 黨(무리 당) 州(고을 주) 閭(마을 려). 鄕黨州閭 : 사람이 살고 있는 동네나 마을, 『주례』에 의하면 향은 1만2천5백 집, 당은 5백 집, 주는 2천5백 집, 여는 25집을 말한다.

29) 君(임금 군) 臣(신하 신) 有(있을 유) 義(옳을 의)
30) 君(임금 군) 臣(신하 신) 天(하늘 천) 地(땅 지) 之(어조사 지) 分(나눌 분)
31) 尊(높을 존) 且(또 차) 貴(귀할 귀) 焉(어찌 언)
32) 卑(낮을 비) 且(또 차) 賤(천할 천) 焉(어찌 언)
33) 尊(높을 존) 貴(귀할 귀) 之(어조사 지) 使(하여금 사) 卑(낮을 비) 賤(천할 천)
34) 卑(낮을 비) 賤(천할 천) 之(어조사 지) 事(일 사) 尊(높을 존) 貴(귀할 귀)
35) 天(하늘 천) 地(땅 지) 之(어조사 지) 常(항상 상) 經(날 경)
36) 古(연고 고) 今(이제 금) 之(어조사 지) 通(통할 통) 義(옳을 의)

夫婦有別

夫婦有別,[37] 夫婦二姓之合,[38] 生民之始,[39] 萬福
fū fù yǒu bié fū fù èr xìng zhī hé shēng mín zhī shǐ wàn fú
부 부 유 별 부 부 이 성 지 합 생 민 지 시 만 복

之原,[40] 行媒議婚,[41] 納幣親迎者,[42] 厚其別也,[43]
zhī yuán xíng méi yì hūn nà bì qīn yíng zhě hòu qí bié yě
지 원 행 매 의 혼 납 폐 친 영 자 후 기 별 야

是故娶妻,[44] 不娶同姓,[45] 爲宮室,[46] 辨內外,[47]
shì gù qǔ qī bù qǔ tóng xìng wèi gōng shì biàn nèi wài
시 고 취 처 불 취 동 성 위 궁 실 변 내 외

男子居外而不言內,[48] 婦人居內而不言外.[49]
nán zǐ jū wài ér bù yán nèi fù rén jū nèi ér bù yán wài
남 자 거 외 이 불 언 내 부 인 거 내 이 불 언 외

長幼有序

長幼有序,[50] 長幼天倫之序,[51] 兄之所以爲
zhǎng yòu yǒu xù zhǎng yòu tiān lún zhī xù xiōng zhī suǒ yǐ wéi
장 유 유 서 장 유 천 륜 지 서 형 지 소 이 위

---

37) 夫(지아비 부) 婦(지어미 부) 有(있을 유) 別(다를 별)
38) 夫(지아비 부) 婦(지어미 부) 二(두 이) 姓(성 성) 之(어조사 지) 合(합할 합)
39) 生(날 생) 民(백성 민) 之(어조사 지) 始(처음 시)
40) 萬(일만 만) 福(복 복) 之(어조사 지) 原(언덕 원)
41) 行(다닐 행) 媒(중매 매) 議(의논할 의) 婚(혼인 혼)
42) 納(드릴 납) 幣(폐백 폐) 親(친할 친) 迎(맞을 영) 者(놈 자)
43) 厚(두터울 후) 其(그 기) 別(다를 별) 也(어조사 야)
44) 是(옳을 시) 故(연고 고) 娶(장가들 취) 妻(아내 처)
45) 不(아닐 불·부) 娶(장가들 취) 同(한가지 동) 姓(성 성)
46) 爲(할 위) 宮(집 궁) 室(집 실)
47) 辨(분별할 변) 內(안 내) 外(밖 외)
48) 男(사내 남) 子(아들 자) 居(살 거) 外(밖 외) 而(말이을 이) 不(아닐 불·부) 言(말씀 언) 內(안 내)
49) 婦(지어미 부) 人(사람 인) 居(살 거) 內(안 내) 而(말이을 이) 不(아닐 불·부) 言(말씀 언) 外(밖 외)
50) 長(어른 장) 幼(어릴 유) 有(있을 유) 序(차례 서)
51) 長(어른 장) 幼(어릴 유) 天(하늘 천) 倫(인륜 륜) 之(어조사 지) 序(차례 서)

兄,[52] 弟之所以爲弟,[53] 長幼之道,[54] 所自出也.[55]
xiōng dì zhī suǒ yǐ wéi dì zhǎng yòu zhī dào suǒ zì chū yě
형 제 지 소 이 위 제 장 유 지 도 소 자 출 야

蓋宗族鄕黨,[56] 皆有長幼,[57] 不可紊也.[58] 徐行
gài zōng zú xiāng dǎng jiē yǒu zhǎng yòu bù kě wěn yě xú xíng
개 종 족 향 당 개 유 장 유 불 가 문 야 서 행

後長者,[59] 謂之弟,[60] 疾行先長者,[61] 謂之不
hòu zhǎng zhě wèi zhī tì jí xíng xiān zhǎng zhě wèi zhī bú
후 장 자 위 지 제 질 행 선 장 자 위 지 부

弟,[62] 是故,[63] 年長以倍則父事之,[64] 十年以長
tì shì gù nián zhǎng yǐ bèi zé fù shì zhī shí nián yǐ zhǎng
제 시 고 년 장 이 배 즉 부 사 지 십 년 이 장

則兄事之,[65] 五年以長則肩隨之,[66] 長慈幼,[67]
zé xiōng shì zhī wǔ nián yǐ zhǎng zé jiān suí zhī zhǎng cí yòu
즉 형 사 지 오 년 이 장 즉 견 수 지 장 자 유

幼敬長然後,[68] 無侮少陵之弊而人道正矣.[69]
yòu jìng zhǎng rán hòu wú wǔ shào líng zhī bì ér rén dào zhèng yǐ
유 경 장 연 후 무 모 소 릉 지 폐 이 인 도 정 의

52) 兄(맏 형) 之(어조사 지) 所(바 소) 以(씨 이) 爲(할 위) 兄(맏 형)
53) 弟(아우 제) 之(어조사 지) 所(바 소) 以(써 이) 爲(할 위) 弟(아우 제)
54) 長(어른 장) 幼(어릴 유) 之(어조사 지) 道(길 도)
55) 所(바 소) 自(스스로 자) 出(날 출) 也(어조사 야)
56) 蓋(덮을 개) 宗(마루 종) 族(겨레 족) 鄕(시골 향) 黨(무리 당)
57) 皆(다 개) 有(있을 유) 長(어른 장) 幼(어릴 유)
58) 不(아닐 불·부) 可(옳을 가) 紊(어지러울 문) 也(어조사 야)
59) 徐(천천할 서) 行(다닐 행) 後(뒤 후) 長(어른 장) 者(놈 자)
60) 謂(이를 위) 之(그것 지) 弟(아우 제). 弟는 悌(공경할 제)의 뜻이다.
61) 疾(병 질) 行(다닐 행) 先(먼저 선) 長(어른 장) 者(놈 자)
62) 謂(이를 위) 之(그것 지) 不(아닐 불·부) 弟(아우 제)
63) 是(옳을 시) 故(연고 고)
64) 年(해 년) 長(어른 장) 以(써 이) 倍(곱 배) 則(곧 즉) 父(아비 부) 事(일 사·섬길 사) 之(그것 지)
65) 十(열 십) 年(해 년) 以(써 이) 長(어른 장) 則(곧 즉) 兄(맏 형) 事(일 사·섬길 사) 之(그것 지)
66) 五(다섯 오) 年(해 년) 以(써 이) 長(어른 장) 則(곧 즉) 肩(어깨 견) 隨(따를 수) 之(그것 지)
67) 長(어른 장) 慈(사랑 자) 幼(어릴 유)
68) 幼(어릴 유) 敬(공경할 경) 長(어른 장) 然(그럴 연) 後(뒤 후)
69) 無(없을 무) 侮(업신여길 모) 少(적을 소) 陵(언덕 릉) 之(그것 지) 弊(해질 폐) 而(말이을

朋友有信

朋友有信[70), 朋友, 同類之人,[71) 益者三友,[72)
péng yǒu yǒu xìn péng yǒu tóng lèi zhī rén yì zhě sān yǒu
붕 우 유 신 붕 우 동 류 지 인 익 자 삼 우

損者三友,[73) 友直,[74) 友諒,[75) 友多聞,[76) 益矣,[77)
sǔn zhě sān yǒu yǒu zhí yǒu liàng yǒu duō wén yì yǐ
손 자 삼 우 우 직 우 량 우 다 문 익 의

友便辟,[78) 友善柔,[79) 友便佞,[80) 損矣,[81) 友也者,[82)
yǒu piān bì yǒu shàn róu yǒu piān nìng sǔn yǐ yǒu yě zhě
우 편 벽 우 선 유 우 편 녕 손 의 우 야 자

友其德也.[83)
yǒu qí dé yě
우 기 덕 야

이) 人(사람 인) 道(길 도) 正(바를 정) 矣(어조사 의)
70) 朋(벗 붕) 友(벗 우) 有(있을 유) 信(믿을 신)
71) 同(한가지 동) 類(무리 류) 之(어조사 지) 人(사람 인)
72) 益(더할 익) 者(놈 자) 三(석 삼) 友(벗 우)
73) 損(덜 손) 者(놈 자) 三(석 삼) 友(벗 우)
74) 友(벗 우) 直(곧을 직)
75) 友(벗 우) 諒(믿을 량)
76) 友(벗 우) 多(많을 다) 聞(들을 문)
77) 益(더할 익) 矣(어조사 의)
78) 友(벗 우) 便(편할 편·오줌 변) 辟(임금 벽). 便辟 : 남의 비위를 잘 맞추어 阿諂하는 것, 또는 그런 사람.
79) 友(벗 우) 善(착할 선) 柔(부드러울 유). 善柔 : 마음이 착하고 곰상스러우나 줏대가 없는 것. 성실한 마음이 없고, 외면만 柔和함.
80) 友(벗 우) 便(편할 편) 佞(아첨할 녕). 便佞 : 말로는 모든 일을 잘할 것 같으나 실속이 없다.
81) 損(덜 손) 矣(어조사 의)
82) 友(벗 우) 也(어조사 야) 者(놈 자)
83) 友(벗 우) 其(그 기) 德(덕 덕) 也(어조사 야). 여기서 '우'는 동사.

● 擊 蒙 要 訣[1)]

jī méng yào jué
격 몽 요 결

叢 論

cóng lùn
총 론

此 五 品 者,[2)] 天 敍 之 典 而 人 理 之 所 固 有 者,[3)] 人
cǐ wǔ pǐn zhě tiān xù zhī diǎn ér rén lǐ zhī suǒ gù yǒu zhě rén
차 오 품 자 천 서 지 전 이 인 리 지 소 고 유 자 인

之 行,[4)] 不 外 乎 五 者 而 唯 孝 爲 百 行 之 源.[5)] 是 以
zhī xíng bú wài hū wǔ zhě ér wéi xiào wéi bǎi xíng zhī yuán shì yǐ
지 행 불 외 호 오 자 이 유 효 위 백 행 지 원 시 이

孝 子 之 事 親 也,[6)] 鷄 初 鳴,[7)] 咸 盥 漱,[8)] 適 父 母
xiào zǐ zhī shì qīn yě jī chū míng xián guàn shù shì fù mǔ
효 자 지 사 친 야 계 초 명 함 관 수 적 부 모

之 所,[9)] 下 氣 怡 聲,[10)] 問 衣 燠 寒,[11)] 問 何 食 飮,[12)] 冬
zhī suǒ xià qì yí shēng wèn yī yù hán wèn hé shí yǐn dōng
지 소 하 기 이 성 문 의 욱 한 문 하 식 음 동

---

1) 2권1책. 목판본. 어린이에게 뜻을 세워 부모를 봉양하고 남을 대접할 줄 알며, 몸을 닦고, 독서의 방향을 교육하기 위해 栗谷 李珥(1536~1584)가 1577년(宣祖10)에 海州 石潭에서 강학하면서 제자들을 가르치기 위해 저술하였다. 내용은 10장으로 立志・革舊習・持身・讀書・事親・喪制・祭禮・居家・接人・處世 등으로 나누었다. 책 끝에 부록으로 祠堂圖・時祭圖・設饌圖・祭儀・出入儀・參禮儀・薦獻儀 등이 기재되었다. 저술 직후부터 널리 익혀졌는데 仁祖 때에는 전국 향교의 교재가 되기도 하였다. 초학자들에게 기본 한문 교재로 『천자문』・『동몽선습』에 이어 널리 읽혀졌다. 국립중앙도서관 등에 소장되어 있다.
2) 此(이 차) 五(다섯 오) 品(물건 품) 者(놈 자)
3) 天(하늘 천) 敍(베풀 서) 之(어조사 지) 典(법 전) 而(말이을 이) 人(사람 인) 理(다스릴 리) 之(어조사 지) 所(바 소) 固(굳을 고) 有(있을 유) 者(놈 자)
4) 人(사람 인) 之(어조사 지) 行(다닐 행)
5) 外(밖 외) 乎(어조사 호) 五(다섯 오) 者(놈 자) 而(말이을 이) 唯(오직 유) 孝(효도 효) 爲(할 위) 百(일백 백) 行(다닐 행) 之(어조사 지) 源(언덕 원)
6) 是(옳을 시) 以(써 이) 孝(효도 효) 子(아들 자) 之(어조사 지) 事(일 사) 親(친할 친) 也(어조사 야)
7) 鷄(닭 계) 初(처음 초) 鳴(울 명)
8) 咸(다 함) 盥(대야 관) 漱(양치질할 수)
9) 適(마침 적) 父(아비 부) 母(어미 모) 之(어조사 지) 所(바 소)

溫而夏凊,[13] 昏定而晨省,[14] 出必告,[15] 反必面,[16]
wēn ér xià qìng hūn dìng ér chén xǐng chū bì gào fǎn bì miàn
온 이 하 청 혼 정 이 신 성 출 필 고 반 필 면

不遠遊,[17] 遊必有方,[18] 不敢有其身,[19] 不敢私
bù yuǎn yóu yóu bì yǒu fāng bù gǎn yǒu qí shēn bù gǎn sī
불 원 유 유 필 유 방 불 감 유 기 신 불 감 사

其財.[20] 爲學在於日用行事之間,[21] 若於平居,[22]
qí cái wéi xué zài yú rì yòng xíng shì zhī jiān ruò yú píng jū
기 재 위 학 재 어 일 용 행 사 지 간 약 어 평 거

居處恭,[23] 執事敬,[24] 與人忠,[25] 則是名爲學,[26] 讀
jū chù gōng zhí shì jìng yǔ rén zhōng zé shì míng wéi xué dú
거 처 공 집 사 경 여 인 충 즉 시 명 위 학 독

書者,[27] 欲明此理而已.[28] 〈持身章句〉
shū zhě yù míng cǐ lǐ ér yǐ chí shēn zhāng jù
서 자 욕 명 차 리 이 이 지 신 장 구

---

10) 下(아래 하) 氣(기운 기) 怡(기쁠 이) 聲(소리 성). 기운을 낮추고 부드러운 목소리로,
11) 問(물을 문) 衣(옷 의) 燠(따뜻할 욱·위로할 우·불 오) 寒(찰 한). 問衣燠寒 : 옷이 따뜻한가 추운가를 묻는다.
12) 問(물을 문) 何(어찌 하) 食(밥 식) 飮(마실 음)
13) 冬(겨울 동) 溫(따뜻할 온) 而(말이을 이) 夏(여름 하) 凊(서늘할 청·정)
14) 昏(어두울 혼) 定(정할 정) 而(말이을 이) 晨(새벽 신) 省(살필 성)
15) 出(날 출) 必(반드시 필) 告(알릴 고)
16) 反(돌이킬 반) 必(반드시 필) 面(낯 면)
17) 不(아닐 불·부) 遠(멀 원) 遊(놀 유)
18) 遊(놀 유) 必(반드시 필) 有(있을 유) 方(모 방)
19) 不(아닐 불·부) 敢(감히 감) 有(있을 유) 其(그 기) 身(몸 신)
20) 不(아닐 불·부) 敢(감히 감) 私(사사로울 사) 其(그 기) 財(재물 재). 감히 재물을 함부로 하지 않는다.
21) 爲(할 위) 學(배울 학) 在(있을 재) 於(어조사 어) 日(해 일) 用(쓸 용) 行(다닐 행) 事(일 사) 之(어조사 지) 間(사이 간). 爲學 : 학문을 한다. 日用行事之間 : 날마다 쓰는 일을 행하는 사이에 있어서,
22) 若(같을 약) 於(어조사 어) 平(평평할 평) 居(살 거)
23) 居(살 거) 處(곳 처) 恭(공손할 공). 거하고 처함에 공손하며,
24) 執(잡을 집) 事(일 사) 敬(공경할 경). 일을 집행할 때 공경하여 조심스럽게 하며,
25) 與(더불어 여) 人(사람 인) 忠(충성 충). 사람과 더불어 하는 일을 충성스럽게 하면,
26) 則(곧 즉) 是(옳을 시) 名(이름 명) 爲(할 위) 學(배울 학)
27) 讀(읽을 독) 書(글 서) 者(놈 자)

2. 故事短文(고사단문)

(1) 苛 政 猛 於 虎

kē zhèng měng yú hǔ
가 정 맹 어 호

孔 子 過 泰 山[1] 側, 有 婦 人 哭 於 墓 者 而 哀. 夫
kǒng zǐ guò tài shān cè yǒu fù rén kū yú mù zhě ér āi fū
공 자 과 태 산 측 유 부 인 곡 어 묘 자 이 애 부

子 式[2] 而 聽 之, 使 子 路[3] 問 之 曰, 子 之 哭 也, 壹
zǐ shì ér tīng zhī shǐ zǐ lù wèn zhī yuē zǐ zhī kū yě yī
자 식 이 청 지 사 자 로 문 지 왈 자 지 곡 야 일

似 重[4] 有 憂 者. 而 曰, 然. 昔 者 吾 舅 死 於 虎, 吾
sì zhòng yǒu yōu zhě ér yuē rán xī zhě wú jiù sǐ yú hǔ wú
사 중 유 우 자 이 왈 연 석 자 오 구 사 어 호 오

夫 又 死 焉, 今 吾 子 又 死 焉. 夫 子 曰, 何 爲 不
fū yòu sǐ yān jīn wú zǐ yòu sǐ yān fū zǐ yuē hé wéi bú
부 우 사 언 금 오 자 우 사 언 부 자 왈 하 위 불

去 也. 曰, 無 苛 政. 夫 子 曰, 小 子 識 之,[5] 苛 政 猛
qù yě yuē wú kē zhèng fū zǐ yuē xiǎo zǐ shí zhī kē zhèng měng
거 야 왈 무 가 정 부 자 왈 소 자 식 지 가 정 맹

於 虎 也. (『禮 記 · 檀 弓』)
yú hǔ yě lǐ jì tán gōng
어 호 야 예 기 단 궁

---

28) 欲(하고자 할 욕) 明(밝을 명) 此(이 차) 理(다스릴 리) 而(말이을 이) 已(이미 이). 이러한 '도리'를 밝히고자 하는 데 있을 뿐이다.

1) 泰山 : 山東省에 있는 五嶽 중 동악으로 중국 제일의 명산. 도교의 靈地. 해발 1,335m.
2) 式 : 軾과 통용됨. 수레 앞의 가로목으로 그 곳에 손을 얹어 禮를 나타냄.
3) 子路 : 孔子의 弟子.
4) 壹似 : 꼭 ~와 같다. 重은 거듭, 심히.
5) 소자는 제자들. 자네들은 마음에 잘 새겨라.

(2) 刻 舟 求 劍
kè zhōu qiú jiàn
각 주 구 검

楚人有涉江者,[1] 其劍自舟中墜於水, 遽契[2]
chǔ rén yǒu shè jiāng zhě qí jiàn zì zhōu zhōng zhuì yú shuǐ jù qì
초 인 유 섭 강 자 기 검 자 주 중 추 어 수 거 결

其舟曰, 是吾劍[3]之所從墜. 舟止, 從其所契
qí zhōu yuē shì wú jiàn zhī suǒ cóng zhuì zhōu zhǐ cóng qí suǒ qì
기 주 왈 시 오 검 지 소 종 추 주 지 종 기 소 결

者入水求之, 舟已行矣, 而劍不行, 求劍若
zhě rù shuǐ qiú zhī zhōu yǐ xíng yǐ ér jiàn bù xíng qiú jiàn ruò
자 입 수 구 지 주 이 행 의 이 검 불 행 구 검 약

此, 不亦惑乎?[4] 以此故法爲其國與此同. 時
cǐ bú yì huò hu yǐ cǐ gù fǎ wéi qí guó yǔ cǐ tóng shí
차 불 역 혹 호 이 차 고 법 위 기 국 여 차 동 시

已徙矣,[5] 而法不徙, 以此爲治, 豈不難哉? 有
yǐ xǐ yǐ ér fǎ bù xǐ yǐ cǐ wéi zhì qǐ bù nán zāi yǒu
이 사 의 이 법 불 사 이 차 위 치 기 불 난 재 유

過於江上者, 見人方引嬰兒而欲投之江
guò yú jiāng shàng zhě jiàn rén fāng yǐn yīng ér ér yù tóu zhī jiāng
과 어 강 상 자 견 인 방 인 영 아 이 욕 투 지 강

1) 涉江 : 강을 건너다.
2) 재빨리 칼로 새기다. 遽 : 서둘러, 재빨리 거. 契 : 새길 결, 맺을 계.
3) 劍은 양쪽 날이 있는 칼, 刀는 한쪽만 날이 있는 칼.
4) 또한 어리석지 않겠는가? 혹은 미혹하다, 어리석다.
5) 徙 : 옮기다, 시간이 흘렀다는 뜻으로 쓰임.

中, 嬰兒啼,[6] 人問其故,曰,此其父善游.[7] 其父
zhōng yīng ér tí rén wèn qí gù yuē cǐ qí fù shàn yóu qí fù
중 영 아 제 인 문 기 고 왈 차 기 부 선 유 기 부

雖善游, 其子豈遽善游哉?[8] 此任物亦必悖
suī shàn yóu qí zǐ qǐ jù shàn yóu zāi cǐ rèn wù yì bì bèi
수 선 유 기 자 기 거 선 유 재 차 임 물 역 필 패

矣.[9] 荊國之爲政, 有似於此.
yǐ jīng guó zhī wéi zhèng yǒu sì yú cǐ
의 형 국 지 위 정 유 사 어 차

(『呂氏春秋·察今』)
lǚ shì chūn qiū chá jīn
여 씨 춘 추 찰 금

6) 어린아이가 울다.
7) 善游 : 수영을 잘하다.
8) 어찌 그 아이까지 급하게 잘 할 수 있겠는가?
9) 悖 : 어그러질 패. 여기서는 패륜의 뜻.

(3) 杞憂
qǐ yōu
기 우

杞[1]國有人, 憂天地崩墜,[2] 身亡所寄,[3] 廢寢
qǐ guó yǒu rén yōu tiān dì bēng zhuì shēn wú suǒ jì fèi qǐn
기 국 유 인 우 천 지 붕 추 신 망 소 기 폐 침

食者. 又有憂彼之所憂者, 因往曉之曰, 天
shí zhě yòu yǒu yōu bǐ zhī suǒ yōu zhě yīn wǎng xiǎo zhī yuē tiān
식 자 우 유 우 피 지 소 우 자 인 왕 효 지 왈 천

積氣耳, 亡處亡氣.[4] 若屈伸呼吸, 終日在天
jī qì ěr wú chù wú qì ruò qū shēn hū xī zhōng rì zài tiān
적 기 이 망 처 망 기 약 굴 신 호 흡 종 일 재 천

中行止, 奈何憂崩墜乎? 其人曰, 天果積氣,
zhōng xíng zhǐ nài hé yōu bēng zhuì hu qí rén yuē tiān guǒ jī qì
중 행 지 내 하 우 붕 추 호 기 인 왈 천 과 적 기

日月星宿, 不當墜邪?[5] 曉之者曰, 日月星宿,
rì yuè xīng xiù bù dāng zhuì ye xiǎo zhī zhě yuē rì yuè xīng xiù
일 월 성 수 부 당 추 야 효 지 자 왈 일 월 성 수

亦積氣中之有, 光耀者只使墜亦不能有
yì jī qì zhōng zhī yǒu guāng yào zhě zhǐ shǐ zhuì yì bù néng yǒu
역 적 기 중 지 유 광 요 자 지 사 추 역 불 능 유

所中傷. 其人曰, 奈地壞何? 曉者曰, 地積塊
suǒ zhòng shāng qí rén yuē nài dì huài hé xiǎo zhě yuē dì jī kuài
소 중 상 기 인 왈 내 지 괴 하 효 자 왈 지 적 괴

1) 중국 춘추시대의 나라 이름.
2) 崩墜 : 무너지고 떨어지다.
3) 寄 : 기탁하다, 의지하다.
4) 여기서 망은 無와 같이 쓰인다. 없는 곳이 없다는 뜻.
5) 不~ 邪 : ~하지 않겠는가?

耳, 充塞四虛,[6] 亡處亡塊. 若躇步跐蹈,[7] 終
ěr chōng sè sì xū wú chù wú kuài ruò chú bù cǐ dǎo zhōng
이 충색사허 망처망괴 약저보차도 종

日在地上行止, 奈何憂其壞? 其人舍然[8] 大
rì zài dì shàng xíng zhǐ nài hé yōu qí huài qí rén shè rán dà
일재지상행지 내하우기괴 기인사연 대

喜, 曉之者亦舍然大喜. (『列子』)[9]
xǐ xiǎo zhī zhě yì shè rán dà xǐ liè zǐ
희 효지자역사연대희 열자

6) 四虛 : 사방 공간.
7) 躇步跐蹈 : 머뭇거리고, 걷고, 밟다.
8) 舍然 : 확 깨달아서, 마음 놓고, 시원하고 환하게.
9) 기원 전 400년 列禦寇의 저술로 알려져 있다.

(4) 矛 盾
máo dùn
모 순

楚人有鬻盾與矛者.[1] 譽之曰,[2] 吾盾之堅, 莫
chǔ rén yǒu yù dùn yǔ máo zhě yù zhī yuē wú dùn zhī jiān mò
초 인 유 육 순 여 모 자 예 지 왈 오 순 지 견 막

能陷也.[3] 又譽其矛曰, 吾矛之利, 於物無不
néng xiàn yě yòu yù qí máo yuē wú máo zhī lì yú wù wú bú
능 함 야 우 예 기 모 왈 오 모 지 리 어 물 무 불

陷也. 或曰, 以子之矛, 陷子之盾, 何如? 其人
xiàn yě huò yuē yǐ zǐ zhī máo xiàn zǐ zhī dùn hé rú qí rén
함 야 혹 왈 이 자 지 모 함 자 지 순 하 여 기 인

弗[4] 能應也.
fú néng yìng yě
불 능 응 야

(『韓非子 · 難一篇』)
hán fēi zǐ nán yī piān
한 비 자 난 일 편

1) 鬻盾與矛 : 방패와 창을 팔다. 여는 ~와의 뜻. 鬻은 팔 육, 죽 죽의 두 가지 음이 있다.
2) 예는 자랑하다. 지는 대명사로 쓰여 방패와 창을 말한다.
3) 막은 부정을 나타낸다. 능함은 능히 뚫을 수 있다.
4) 弗=不.

(5) 完 璧
wán bì
완 벽

惠文王,[1] 嘗得楚和氏璧.[2] 秦昭王,[3] 請以十
huì wén wáng cháng dé chǔ hé shì bì qín zhāo wáng qǐng yǐ shí
혜 문 왕 상 득 초 화 씨 벽 진 소 왕 청 이 십

五城易之,[4] 欲不與畏秦强, 欲與恐見欺.
wǔ chéng yì zhī yù bù yǔ wèi qín qiáng yù yǔ kǒng jiàn qī
오 성 역 지 욕 불 여 외 진 강 욕 여 공 견 기

藺相如[5] 願奉璧往, 城不入[6] 則臣請完璧
lìn xiàng rú yuàn fèng bì wǎng chéng bú rù zé chén qǐng wán bì
인 상 여 원 봉 벽 왕 성 불 입 즉 신 청 완 벽

以歸, 旣至, 秦王無意償城, 相如乃紿璧,[7]
yǐ guī jì zhì qín wáng wú yì cháng chéng xiàng rú nǎi dài bì
이 귀 기 지 진 왕 무 의 상 성 상 여 내 태 벽

怒髮指冠, 郤立柱下曰, 臣頭與璧俱碎. 遣
nù fà zhǐ guān xì lì zhù xià yuē chén tóu yǔ bì jù suì qiǎn
노 발 지 관 극 립 주 하 왈 신 두 여 벽 구 쇄 견

從者, 懷璧間行先歸,[8] 身待命於秦, 秦昭
cóng zhě huái bì jiān xíng xiān guī shēn dài mìng yú qín qín zhāo
종 자 회 벽 간 행 선 귀 신 대 명 어 진 진 소

王, 賢而歸之. (『十八史略·曾先之』)
wáng xián ér guī zhī shí bā shǐ lüè zēng xiān zhī
왕 현 이 귀 지 십 팔 사 략 증 선 지

---

1) 전국시대 趙나라의 왕.
2) 和氏璧 : 춘추시대 周의 卞和가 楚나라 厲王에게 바친 寶玉. 和氏之璧이라고도 하며, 荊山에서 구했다고 한다.
3) 昭襄王.
4) 以~ 易~ : ~로 ~와 바꾸다.
5) 조나라의 명재상으로 담대한 배포와 논리적인 말솜씨로 유명하다.
6) 不入 : 여기서는 "주지 않다"의 뜻.
7) 상여가 구슬에 흠집이 있으니 잠시 주시면 알려주겠다고 속인 것을 말한다.
8) 시종드는 부하를 시켜 구슬을 조나라로 돌려보냈다.

(6) 愚公移山

yú gōng yí shān
우 공 이 산

太行王屋[1] 二山, 方七百里,[2] 高萬仞.[3] 本在
tài háng wáng wū èr shān fāng qī bǎi lǐ gāo wàn rèn běn zài
태 행 왕 옥 이 산 방 칠 백 리 고 만 인 본 재

冀州[4] 之南, 河陽之北. 北山愚公者, 年且
jì zhōu zhī nán hé yáng zhī běi běi shān yú gōng zhě nián qiě
기 주 지 남 하 양 지 북 북 산 우 공 자 연 차

九十, 面山而居. 懲山北之塞,[5] 出入之迂也.
jiǔ shí miàn shān ér jū chéng shān běi zhī sè chū rù zhī yū yě
구 십 면 산 이 거 징 산 북 지 새 출 입 지 우 야

聚室而謀曰, 吾與汝畢力平險, 指通豫[6] 南, 達
jù shì ér móu yuē wú yǔ rǔ bì lì píng xiǎn zhǐ tōng yù nán dá
취 실 이 모 왈 오 여 여 필 력 평 험 지 통 예 남 달

於漢[7] 陰, 可乎? 雜然[8] 相許. 其妻獻疑曰, 以君
yú hàn yīn kě hu zá rán xiāng xǔ qí qī xiàn yí yuē yǐ jūn
어 한 음 가 호 잡 연 상 허 기 처 헌 의 왈 이 군

之力, 曾不能損魁父之丘,[9] 如太行王屋
zhī lì zēng bù néng sǔn kuí fù zhī qiū rú tài háng wáng wū
지 력 증 불 능 손 괴 보 지 구 여 태 행 왕 옥

1) 태행과 왕옥은 원래 기주의 남, 황하의 북쪽에 있었다.
2) 넓이가 칠 백리나 되었고.
3) 높이가 만 길이나 된다. 1仞은 7~8척.
4) 冀州 : 漢나라 12주 刺史部의 하나, 지금의 河北省 남부에 해당한다. 위나라 이래로 河南省 河北道 남동부에 있는 도시. 지금의 冀縣에 해당한다.
5) 산 북쪽에 가로막혀 있었다.
6) 豫 : 豫州.
7) 漢 : 漢水.
8) 분분하게.
9) 魁父之丘 : 魁父는 괴보라고 읽는다. 하남성에 있는 작은 언덕.

何? 且焉置土石? 雜曰, 投諸渤海之尾,[10] 隱土
hé qiě yān zhì tǔ shí zá yuē tóu zhū bó hǎi zhī wěi yǐn tǔ
하 차 언 치 토 석 잡 왈 투 제 발 해 지 미 은 토

之北.[11] 遂率子孫荷擔[12] 者三夫, 叩石墾壤,[13] 箕
zhī běi suì shuài zǐ sūn hè dàn zhě sān fū kòu shí kěn rǎng jī
지 북 수 률 자 손 하 담 자 삼 부 고 석 간 양 기

畚[14] 運於渤海之尾. 鄰人京城氏之孀妻,[15]
běn yùn yú bó hǎi zhī wěi lín rén jīng chéng shì zhī shuāng qī
분 운 어 발 해 지 미 인 인 경 성 씨 지 상 처

有遺男始齔,[16] 跳往助之. 寒暑易節, 始一反
yǒu yí nán shǐ chèn tiào wǎng zhù zhī hán shǔ yì jié shǐ yī fǎn
유 유 남 시 츤 도 왕 조 지 한 서 역 절 시 일 반

焉. 河曲智叟[17] 笑而止之曰, 甚矣汝之不惠.
yān hé qǔ zhì sǒu xiào ér zhǐ zhī yuē shèn yǐ rǔ zhī bú huì
언 하 곡 지 수 소 이 지 지 왈 심 의 여 지 불 혜

以殘年餘力. 曾不能毁山之一毛, 其如土
yǐ cán nián yú lì zēng bù néng huǐ shān zhī yì máo qí rú tǔ
이 잔 년 여 력 증 불 능 훼 산 지 일 모 기 여 토

石何? 北山愚公長息曰, 汝心之固, 固不可
shí hé běi shān yú gōng cháng xī yuē rǔ xīn zhī gù gù bù kě
석 하 북 산 우 공 장 식 왈 여 심 지 고 고 불 가

10) 渤海之尾 : 발해의 변방.
11) 은토의 북쪽.
12) 荷擔 : 짐을 지다.
13) 돌을 깨고 흙을 파다.
14) 키와 삼태기.
15) 孀妻 : 과부.
16) 齔 : 이갈 츤.
17) 하곡은 지금의 산서성, 지수는 지혜로운 노인.

徹,[18] 曾不若孀妻弱子. 雖我之死, 有子存焉,
chè zēng bē ruò shuāng qī ruò zǐ suī wǒ zhī sǐ yǒu zǐ cún yān
철 증 불 약 상 처 약 자 수 아 지 사 유 자 존 언

子又生孫, 孫又生子, 子又有子, 子又有孫,
zǐ yòu shēng sūn sūn yòu shēng zǐ zǐ yòu yǒu zǐ zǐ yòu yǒu sūn
자 우 생 손 손 우 생 자 자 우 유 자 자 우 유 손

子子孫孫, 無窮匱也,[19] 而山不加增, 何苦而
zǐ zǐ sūn sūn wú qióng kuì yě ér shān bù jiā zēng hé kǔ ér
자 자 손 손 무 궁 궤 야 이 산 불 가 증 하 고 이

不平? 河曲智叟亡以應. 操蛇之神[20] 聞之, 懼
bù píng hé qǔ zhì sǒu wú yǐ yìng cāo shé zhī shén wén zhī jù
불 평 하 곡 지 수 망 이 응 조 사 지 신 문 지 구

其不已也, 告之於帝. 帝感其誠, 命夸蛾氏[21]
qí bù yǐ yě gào zhī yú dì dì gǎn qí chéng mìng kuà é shì
기 불 이 야 고 지 어 제 제 감 기 성 명 과 아 씨

二子負二山, 一厝朔東,[22] 一厝雍南.[23] 自此冀
èr zǐ fù èr shān yí cuò shuò dōng yí cuò yōng nán zì cǐ jì
이 자 부 이 산 일 조 삭 동 일 조 옹 남 자 차 기

之南, 漢之陰,[24] 無隴斷焉.[25] (『列子 · 湯問』)
zhī nán hàn zhī yīn wú lǒng duàn yān liè zǐ tāng wèn
지 남 한 지 음 무 롱 단 언 열 자 탕 문

18) 완고함은 통할 수 없다.
19) 다함이 없다. 匱 : 다할 궤. 궁궤는 바닥나다. 몹시 궁핍함을 가리키지만 여기서는 자손이 끊기는 것을 말한다.
20) 손에 뱀을 쥐고 있는 천신.
21) 夸蛾氏 : 매우 힘이 센 신.
22) 朔東 : 지금의 山西省 북부.
23) 雍南 : 옹주의 남쪽으로 지금의 山西省 甘肅省 일대.
24) 한수의 남쪽.
25) 隴斷 : 언덕.

(7) 泣斬馬謖

qì zhǎn mǎ sù
읍 참 마 속

良弟謖,[1] 字幼常, 以荊州從事[2] 隨先主入蜀,
liáng dì sù zì yòu cháng yǐ jīng zhōu cóng shì suí xiān zhǔ rù shǔ
양 제 속 자 유 상 이 형 주 종 사 수 선 주 입 촉

除綿竹成都令·越嶲太守.[3] 才器過人,[4] 好
chú mián zhú chéng dū lìng yuè xī tài shǒu cá qì guò rén hào
제 면 죽 성 도 령 월 수 태 수 재 기 과 인 호

論軍計, 丞相諸葛亮深加器異. 先主臨薨[5]
lùn jūn jì chéng xiàng zhū gě liàng shēn jiā qì yì xiān zhǔ lín hōng
론 군 계 승 상 제 갈 량 심 가 기 이 선 주 림 홍

謂亮曰, 馬謖言過其實,[6] 不可大用 君其察
wèi liàng yuē mǎ sù yán guò qí shí bù kě dà yòng jūn qí chá
위 량 왈 마 속 언 과 기 실 불 가 대 용 군 기 찰

之! 亮猶謂不然, 以謖爲參軍, 每引見談論,
zhī liàng yóu wèi bù rán yǐ sù wèi cān jūn měi yǐn jiàn tán lùn
지 량 유 위 불 연 이 속 위 참 군 매 인 견 담 론

自晝達夜. 建興六年, 亮出軍向祁山,[7] 時有
zì zhòu dá yè jiàn xīng liù nián liàng chū jūn xiàng qí shān shí yǒu
자 주 달 야 건 흥 육 년 량 출 군 향 기 산 시 유

---

1) 馬良의 동생인 속. 마량은 白眉 고사의 주인공, 자는 季尙.
2) 荊州從事 : 벼슬 이름. 先主는 유비.
3) 면죽, 성도의 현령. 월수 태수를 지냈다.
4) 재주와 그릇이 다른 사람보다 뛰어나다. 『論語』: 君子不器, 過猶不及.
5) 臨薨 : 임종할 무렵.
6) 言過其實 : 말이 실질을 지나치다.
7) 건흥6년(228)에 제갈량은 기산으로 출병하였다.

宿 將 魏 延 ·吳 壹 等, 論 者 皆 言 以 爲 宜 令
sù jiàng wèi yán wú yī děng lùn zhě jiē yán yǐ wéi yí lìng
숙 장 위 연 오 일 등 론 자 개 언 이 위 의 령

爲 先鋒, 而 亮 違 衆 拔 謖, 統 大 衆 在 前, 與 魏
wéi xiānfēng ér liàng wéi zhòng bá sù tǒng dà zhòng zài qián yǔ wèi
위 선봉 이 량 위 중 발 속 통 대 중 재 전 여 위

將 張 郃 戰 於 街亭,[8] 爲 郃 所 破, 士 卒 離 散. 亮
jiàng zhāng hé zhàn yú jiē tíng wéi hé suǒ pò shì zú lí sàn liàng
장 장 합 전 어 가정 위 합 소 파 사 졸 리 산 량

進 無 所 據, 退 軍 還 漢中.[9] 謖 下 獄 物 故, 亮 爲
jìn wú suǒ jù tuì jūn huán hàn zhōng sù xià yù wù gù liàng wéi
진 무 소 거 퇴 군 환 한중 속 하 옥 물 고 량 위

之 流 涕.[10] 良 死 時 年 三 十 六, 謖 年 三 十 九.[11]
zhī liú tì liáng sǐ shí nián sān shí liù sù nián sān shí jiǔ
지 류 체 량 사 시 년 삼 십 륙 속 년 삼 십 구

(『三國志· 蜀志』)
sān guó zhì shǔ zhì
삼 국 지 촉 지

8) 가정의 싸움으로 마속은 王平과 함께 가정으로 출동하였다. 제갈량이 대로에 진지를 구축하라고 하였으나 가정에 도착한 마속은 지형이 삼면이 절벽을 이룬 산이자 적을 유인해서 역공할 생각으로 산 위에 진을 치고자 하였다. 이의를 제기한 왕평은 대로 변에 진을 쳤다. 위의 司馬懿와 장합의 군사는 산기슭을 포위한 채 위로 올라오지 않았고 식수가 끊겼다. 대패하고 列柳城까지 빼앗기고 위연, 高翔, 왕평과 陽平關으로 퇴각하였다.

9) 제갈량이 퇴각 시 사마의를 앞에 두고 문루에서 거문고를 타 사마의를 쫓아내었다.

10) 제갈량은 그를 위해 눈물을 흘렸다.

11) 마속이 죽을 때 나이가 39세였다. 이후 제갈량은 스스로 사람을 잘못 쓴 죄를 물어 직위를 세 등급 강등시킬 것을 청하였다.

(8) 他 山 之 石
tā shān zhī shí
타 산 지 석

鶴 鳴 于九皐,[1] 聲 聞 于野. 魚 潛 在淵, 或在于
hè míng yú jiǔ gāo shēng wén yú yě yú qián zài yuān huò zài yú
학 명 우 구 고 성 문 우 야 어 잠 재 연 혹 재 우

渚.[2] 樂彼之園,[3] 爰 有 樹檀, 其下維蘀.[4] 他 山 之
zhǔ lè bǐ zhī yuán yuán yǒu shù tán qí xià wéi tuò tā shān zhī
저 낙 피 지 원 원 유 수 단 기 하 유 탁 타 산 지

石, 可 以 爲錯.[5] 鶴 鳴 于九皐, 聲 聞 于天. 魚 在
shí kě yǐ wéi cuò hè míng yú jiǔ gāo shēng wén yú tiān yú zài
석 가 이 위 착 학 명 우 구 고 성 문 우 천 어 재

于渚, 或 潛 在淵. 樂彼之園, 爰 有 樹檀, 其下
yú zhǔ huò qián zài yuān lè bǐ zhī yuán yuán yǒu shù tán qí xià
우 저 혹 잠 재 연 낙 피 지 원 원 유 수 단 기 하

有穀. 他 山 之石, 可 以攻[6]玉.
yǒu gǔ tā shān zhī shí kě yǐ gōng yù
유 곡 타 산 지 석 가 이 공 옥

(『詩經 · 小 雅 · 鶴鳴』)
shī jīng xiǎo yǎ hè míng
시 경 소 아 학 명

1) 九 : 高의 뜻. 皐는 물가의 언덕. 학의 울음소리는 8, 90리의 멀리까지 들린다.
2) 물고기가 못 속에 잠겼다가 물가에 나와 있기도 한다는 것은 세상에 나가 일을 하다 時勢가 허락지 않으면 물러나 몸을 닦는 군자의 생활태도에 비유한 것이다.
3) 園 : 隱者가 숨어사는 집의 동산.
4) 蘀 : 檡(개암나무 석)의 假借字.
5) 錯 : 숫돌 착. 이 구절은 세상의 어지러움을 교훈으로 하여 자기의 덕이라도 잘 닦아야 한다는 뜻.
6) 攻 : 갈 공.

(9) 畵 蛇 添 足

huà shé tiān zú
화 사 첨 족

楚有祠者,[1] 賜其舍人巵酒,[2] 舍人相謂曰, 數
chǔ yǒu cí zhě cì qí shè rén zhī jiǔ shè rén xiāng wèi yuē shù
초 유 사 자 사 기 사 인 치 주 사 인 상 위 왈 수

人飮之不足, 一人飮之有餘. 請畵地爲蛇,
rén yǐn zhī bù zú yī rén yǐn zhī yǒu yú qǐng huà dì wéi shé
인 음 지 부 족 일 인 음 지 유 여 청 화 지 위 사

先成者飮酒. 一人蛇先成, 引酒且飮之, 乃
xiān chéng zhě yǐn jiǔ yī rén shé xiān chéng yǐn jiǔ qiě yǐn zhī nǎi
선 성 자 음 주 일 인 사 선 성 인 주 차 음 지 내

左手持巵, 右手畵蛇曰, 吾能爲之足. 未成.
zuǒ shǒu chí zhī yòu shǒu huà shé yuē wǔ néng wéi zhī zú wèi chéng
좌 수 지 치 우 수 화 사 왈 오 능 위 지 족 미 성

一人之蛇成, 奪其巵, 曰, 蛇固[3] 無足, 子安能
yī rén zhī shé chéng duó qí zhī yuē shé gù wú zú zǐ ān néng
일 인 지 사 성 탈 기 치 왈 사 고 무 족 자 안 능

爲之足,[4] 遂飮其酒. 爲蛇足者, 終亡其酒.
wéi zhī zú suì yǐ qí jiǔ wéi shé zú zhě zhōng wáng qí jiǔ
위 지 족 수 음 기 주 위 사 족 자 종 망 기 주

(『戰國策』)
zhàn guó cè
전 국 책

---

1) 祠者 : 祀者, 祠堂지기.
2) 舍人 : 家人, 집안의 하인을 일컫는다. 巵 : 잔 치, 술잔. 酒 : 술을 주다.
3) 固 : 본래.
4) 너는 어찌 그것의 발을 그릴 수 있겠는가? 여기서 安은 어찌?란 뜻으로 쓰임.

(10) 狐假虎威

hú jiǎ hǔ wēi
호 가 호 위

虎求百獸[1]而食之得狐, 狐曰, 子無[2]敢食我
hǔ qiú bǎi shòu ér shí zhī dé hú hú yuē zǐ wú gǎn shí wǒ
호 구 백 수 이 식 지 득 호 호 왈 자 무 감 식 아

也, 天帝使我長百獸, 今子食我, 是逆天帝
yě tiān dì shǐ wǒ zhǎng bǎi shòu jīn zǐ shí wǒ shì nì tiān dì
야 천 제 사 아 장 백 수 금 자 식 아 시 역 천 제

命也. 子以我爲不信, 吾爲子先行, 子隨我
mìng yě zǐ yǐ wǒ wéi bú xìn wú wéi zǐ xiān xíng zǐ suí wǒ
명 야 자 이 아 위 불 신 오 위 자 선 행 자 수 아

後觀百獸之見我而敢不走乎. 虎以爲然
hòu guān bǎi shòu zhī jiàn wǒ ér gǎn bù zǒu hu hǔ yǐ wéi rán
후 관 백 수 지 견 아 이 감 부 주 호 호 이 위 연

故遂與之行, 獸見之皆走, 虎不知獸畏[3]己
gù suì yǔ zhī xíng shòu jiàn zhī jiē zǒu hǔ bù zhī shòu wèi jǐ
고 수 여 지 행 수 견 지 개 주 호 부 지 수 외 기

而走也, 以爲畏狐也. (『戰國策·楚策』)
ér zǒu yě yǐ wéi wèi hú yě zhàn guó cè chǔ cè
이 주 야 이 위 외 호 야 전 국 책 초 책

---

1) 百獸 : 모든 동물.
2) 無 : ~하지 마라는 부정의 뜻, 毋와 통용된다.
3) 畏 : 두려워하다.

3. 歷代詩歌(역대시가)

(1) 七 步 詩[1) — 曹 植[2)

qī bù shī　　cáo zhí
칠 보 시　　조 식

煮 豆 燃 萁 萁,[3) (자두연두기)
zhǔ dòu rán dòu qí

豆 在 釜 中 泣.[4) (두재부중읍)
dòu zài fǔ zhōng qì

本 是 同 根 生, (본시동근생)
běn shì tóng gēn shēng

相 煎[5) 何 太 急. (상전하태급)
xiāng jiān hé tài jí

---

1) 曹操가 죽은 뒤 魏王을 세습할 수 있었던 曹丕는 아우 조식을 불러 일곱 걸음을 걷는 동안 시 한 수를 지으라고 명하고 짓지 못할 땐 중벌을 면치 못할 것이라 하였다. 이에 조식은 일곱 걸음을 옮기며 이 시를 읊었다.
2) 曹植(192~232) : 자는 子建, 말년에 陳王에 봉해지고 謚號가 思王이어서 진사왕으로도 불린다. 조조의 셋째 아들이며 문제 曹丕의 동생. 어릴 때부터 천재적인 재주를 발휘하여 조조의 사랑을 받았으나 형 조비에게 미움을 받아 조비가 천자가 된 후에는 불우한 나날을 보냈다. 明帝(227~239)가 즉위한 뒤에도 조식의 사정은 조금도 호전되지 않았고, 불우한 속에 陳王에 봉해졌다가 41세의 나이에 죽었다. 鍾嶸이 『詩品』 序에서 '建安之傑'이라 말했을 정도로 조씨 삼부자 중에서 가장 뛰어났다. 그의 생애는 조조가 죽은 建安25年(220)을 경계로 하여 전후기로 현저하게 갈라진다. 전기는 웅장한 정치적 포부도 지니고 公子다운 생활을 하였고, 후기에는 문제와 명제 밑에서 여러 가지 박해를 받아 壯志를 꺾이우고 불평스런 나날을 보냈다. 이에 따라 그의 작품세계도 전후기로 나눈다.
3) 煮 : 끓이다, 삶다. 燃 : 태우다, 불사르다. 豆萁 : 콩의 줄기. 땔감으로 쓰임.
4) 釜中泣 : 가마솥 속에서 눈물 흘린다.
5) 煎 : 볶다.

(2) 雜 詩 一 – 陶 淵 明[1)]

zá shī yī táo yuān míng
잡 시 일 도 연 명

人 生 無 根 蔕,[2)] (인생무근체)
rén shēng wú gēn dì

飄 如 陌 上 塵.[3)] (표여맥상진)
piāo rú mò shàng chén

分 散 逐 風 轉,[4)] (분산축풍전)
fēn sàn zhú fēng zhuàn

此 已 非 常 身.[5)] (차이비상신)
cǐ yǐ fēi cháng shēn

流 落 爲 兄 弟, (유락위형제)
liú luò wéi xiōng dì

何 必 骨 肉 親.[6)] (하필골육친)
hé bì gǔ ròu qīn

---

1) 陶淵明(365~427?) : 이름은 潛, 호는 五柳先生·靖節先生, 자는 淵明 혹은 元亮. 江西 潯陽 柴桑(지금의 강서성 德化) 사람으로 중국 전원시의 開祖이다. 증조부 陶侃은 晋나라의 大司馬였고, 할아버지와 아버지도 太守를 지냈으나 그의 대에 와서는 집안이 몰락하여 어려서부터 가난 속에 자랐다. 일찍부터 유가적인 교육을 받아 큰 뜻을 품었으나 장성하면서 어지러운 세상 속에 점점 당시 유행하던 노장사상의 영향을 많이 받게 되었다. 東晉 말기부터 南朝의 宋(劉宋) 초기에 걸쳐 활약했다. 彭澤令을 지내다 사직하고 41세 무렵 「歸去來兮」를 읊으며 고향에 돌아가 63세에 세상을 떠나기까지 전원생활을 즐기며 시와 술로 일생을 보냈다. 그의 시는 田園詩와 詠懷·詠史詩로 나눈다. 중국 전원시의 새로운 발전을 이룩하였으며 唐代의 王維·孟郊·柳宗元·韋應物, 송대의 蘇軾 등에 모두 영향을 미쳤다.
2) 根蔕 : 근은 나무의 뿌리, 체는 꼭지로 꽃이나 열매가 가지와 연결되는 부분을 가리킨다.
3) 표는 바람에 날리다. 맥은 들길. 원래는 동서로 통하는 밭두둑 길을 말하며, 남북으로 통하는 밭두둑은 阡이라고 한다.
4) 逐風轉 : 바람 따라 돌다. 축은 從(따르다)과 통한다. 소재가 일정하지 않음을 형용한 말이다.
5) 非常身 : 상신은 자신의 본래 모습, 영원히 고정된 존재. 비상신은 無常한 존재.
6) 落地爲兄弟, 何必骨肉親 : 『論語·顔淵』편에서 子夏가 司馬牛에게 "君子敬而無失, 與人恭而有禮, 四海之內, 皆兄弟也. 君子何患乎無兄弟也(군자로서 공경하고 과실이 없으며 사람과 더불어 공손하여 예가 있으면 천하 사람이 모두 형제이다. 군자가 어찌 형제 없음을 근심하겠는가)."라고 언급한 구절이 있다.

得 歡 當 作 樂, (득환당작락)
dé huān dāng zuò lè

斗 酒 聚 比 隣.[7] (두주취비린)
dǒu jiǔ jù bǐ lín

盛 年 不 重 來, (성년부중래)
shèng nián bù chóng lái

一 日 難 再 晨.[8] (일일난재신)
yí rì nán zài chén

及 時 當 勉 勵,[9] (급시당면려)
jí shí dāng miǎn lì

歲 月 不 待 人. (세월부대인)
suì yuè bú dài rén

---

7) 두주는 말 술. 취는 모으다. 비린은 이웃.
8) 하루의 새벽은 두 번 있기 어렵다.
9) 勉勵 : 힘씀.

(3) 春 曉[1)] — 孟 浩 然[2)]

chūn xiǎo　　mèng hào rán
춘 효　　맹 호 연

春 眠 不 覺 曉,[3)] (춘면불각효)
chūn mián bù jué xiǎo

處 處 聞 啼 鳥.[4)] (처처문제조)
chù chù wén tí niǎo

夜 來 風 雨 聲, (야래풍우성)
yè lái fēng yǔ shēng

花 落 知 多 少.[5)] (화락지다소)
huā luò zhī duō shǎo

1) 봄날의 새벽.
2) 孟浩然(689~740) : 字는 호연이며, 襄陽(지금의 湖北省 襄陽縣) 사람이다. 일찍이 고향의 鹿門山에 숨어 지내다가 나이 40세에 장안으로 나와 벼슬길을 찾았으나 뜻을 이루지 못했다. 張九齡이 荊州長史로 있을 때 한동안 그의 속관으로 있었다. 그는 王維와 병칭되며 위응물·유종원에게로 이어지면서 唐代 자연시파를 이루었다. 그의 시에는 은자의 생활을 하면서도 끝내 출세에 대한 미련을 떨쳐버리지 못했기에 아름다운 자연 속에 작자의 감정도 함께 섞여 움직이고 있다. 따라서 王維의 시가 고요하고 정적이라면, 맹호연의 시는 활발하고 동적이다. 『맹호연집』 5권을 남겼다.
3) 春眠 : 봄 잠. 不覺曉 : 어느덧 날이 밝아옴.
4) 이르는 곳마다 새 울음소리가 들림. 啼鳥 : 새 우는 소리.
5) 꽃이 많이 떨어졌을 것을 암시함. 多少는 얼마=幾何.

(4) 靜 夜 思[1] (정야사) — 李 白[2]

jìng yè sī　　lǐ bái
정 야 사　　이 백

牀[3] 前 明 月 光, (상전명월광)
chuáng qián míng yuè guāng

疑 是 地 上 霜. (의시지상상)
yí shì dì shàng shuāng

擧 頭[4] 望 明 月, (거두망명월)
jǔ tóu wàng míng yuè

低 頭 思 故 鄕. (저두사고향)
dī tóu sī gù xiāng

---

1) 악부시의 제목.

2) 李白(701~762) : 盛唐 시인으로 중국 詩史上 최고봉의 인물이다. 자는 太白, 호는 靑蓮居士. 詩仙이라고 부름. 그의 출생지에 대하여는 이설이 분분한데 이백이 일생을 일찍부터 유랑 속에 보냈기 때문이다. 그러나 여러 가지 기록을 종합해 보면 그의 조상은 隴西 成紀(甘肅省 天水縣 부근) 사람이며, 수나라 말엽 조상이 죄를 져서 서역 감숙성으로 좌천했던 것으로 보여진다. 대략 그가 5세 되었을 무렵 아버지를 따라 사천으로 되돌아왔다고 한다. 약 25세까지 사천 각지에서 살았고, 42세 무렵 장안으로 불리어 간 오균의 천거로 현종 밑에서 한림학사를 지냈다. 이때 賀知章은 그의 시를 읽고 '謫仙(하늘 위로부터 귀양온 신선)'이라고 찬탄하였다. 當塗縣(지금의 安徽省) 현령 李陽冰 곁에서 62세 나이로 병사하였다. 그가 그 근처 采石磯에서 술에 취해 물속에 비친 달을 건지려다가 물에 빠져 죽었다는 고사는 후세에 생겨난 전설이다. 두보는 그의 시를 "筆落驚風雨, 詩成泣鬼神(붓을 대면 놀란 듯한 비바람 일게 하고, 시가 이룩되면 귀신도 울린다)." 했다. 잠시 출사한 시기를 빼곤 湖北·湖南·江蘇·山東·山西·安徽·浙江 등지를 유랑하며 유가·도가·유협사상을 바탕으로 자연시·변새시·유선시·음주시·규정시·궁체시 등 다양한 시를 썼다. 특히 고시와 절구, 악부시에 뛰어났으며 굴원의 뒤를 이어 중국 시가의 낭만주의 전통을 발양광대시켰다.

3) 침상.

4) 머리를 들다.

(5) 黃 鶴 樓[1] − 崔 顥[2]

huáng hè lóu cuī hào
황 학 루 최 호

昔 人 已 乘[3] 黃 鶴 去, (석인이승황학거)
xī rén yǐ chéng huáng hè qù

此 地 空 餘[4] 黃 鶴 樓. (차지공여황학루)
cǐ dì kōng yú huáng hè lóu

黃 鶴 一 去 不 復 返,[5] (황학일거불부반)
huáng hè yí qù bú fù fǎn

白 雲 千 載 空 悠 悠.[6] (백운천재공유유)
bái yún qiān zǎi kōng yōu yōu

晴 川 歷 歷 漢 陽[7] 樹, (청천역력한양수)
qíng chuān lì lì hàn yáng shù

芳 草 萋 萋 鸚 鵡 州.[8] (방초처처앵무주)
fāng cǎo qī qī yīng wǔ zhōu

日 暮 鄕 關[9] 何 處 是, (일모향관하처시)
rì mù xiāng guān hé chù shì

煙 波 江 上 使 人 愁.[10] (연파강상사인수)
yān bō jiāng shàng shǐ rén chóu

---

1) 湖北省 武昌 黃鵠山에 있는 누각. 揚子江을 조망하는 경치가 아름답고 이백・최호 등의 시로 유명하다. 주막집 신씨 집에서 어느 異人이 술값 대신 황학을 그려주었다. 황학은 손바닥만 두드리면 춤을 추었고 주인은 큰 돈을 벌었다. 후일 이인이 다시 찾아오고 신씨는 보답을 하고자 하였으나 이인은 피리를 불며 황학을 타고 날아갔다. 그 자리에 누각을 짓고 황학루라 불렀다고 한다.
2) 崔顥(?~754) : 당나라 汴州 사람. 젊은 시절의 시는 경박하여 주목을 받지 못하였으나, 만년에는 기품있는 시를 지었다. 악부체 형식의 7언 歌行을 많이 지었는데, 특히 그의 「황학루」는 옛부터 7언 율시의 절창이라 칭송되고 있다. 明나라 사람이 『崔顥集』을 집록하였고, 『全唐詩』에 42수가 전한다.
3) 昔人 : 옛사람. 乘 : 타다.
4) 空餘 : 덩그러니 남아있다.
5) 返 : 돌아오다.
6) 千載 : 천 년, 오랜 세월. 悠悠 : 멀리 이어져 있는 모양.
7) 歷歷 : 분명하고 또렷함. 漢陽 : 호북성 한양부로 무창과 長江 사이의 서쪽에 있다.
8) 萋萋 : 풀이 빽빽하고 무성한 모양. 鸚鵡州 : 무창, 양자강 가운데에 있는 모래섬.
9) 鄕關 : 고향.
10) 煙波 : 안개가 피어나는 물결. 使人愁 : 사람으로 하여금 근심에 젖게 함.

(6) 春 望[1] − 杜 甫[2]

chūn wàng dù fǔ
춘 망 두 보

國 破[3] 山 河 在, (국파산하재)
guó pò shān hé zài

城 春 草 木 深.[4] (성춘초목심)
chéng chūn cǎo mù shēn

感 時 花 濺 淚,[5] (감시화천루)
gǎn shí huā jiàn lèi

恨 別 鳥 驚 心.[6] (한별조경심)
hèn bié niǎo jīng xīn

烽 火 連 三 月,[7] (봉화연삼월)
fēng huǒ lián sān yuè

---

1) 봄날 멀리 바라봄.
2) 杜甫 (712~770) : 자 子美, 호 少陵. 중국 최고의 시인으로서 詩聖이라 불린다. 襄陽(호북성 양양현) 사람으로, 武后·中宗 때의 시인 杜審言이 그의 할아버지이고 아버지 杜閑은 낮은 벼슬을 지내기는 하였지만 그가 태어났을 무렵 집안은 매우 가난했다. 李白과 병칭하여 李杜라고 일컫는다. 이백은 성격이 격정적이고 자유분방한데 비하여 두보는 유가적인 윤리관을 바탕으로 현실 속에서 착실하게 살고자 했던 사람이다. 소년 시절부터 시를 잘 지었으나 과거에는 급제하지 못하였고, 각지를 방랑하여 이백·高適 등과 알게 되었다. 후에 長安으로 나왔으나 여전히 불우하였다. 절도사 嚴武의 幕僚로서 工部員外郎의 관직을 지내서 杜工部라고 불리기도 한다. 水上에서 방랑하던 59세에 배를 타고 湘江을 거슬러 올라가던 도중 耒陽의 배 위에서 음식을 잘못 먹고 죽었다. 『시경』과 한대 악부의 현실주의를 계승하고 동시에 六朝 이래 시가의 음률·격률·造句 등 예술기교를 비판적으로 흡수하여 중국 현실주의 시가를 집대성하였다. 그의 현실주의 정신과 대상을 사실적으로 묘사한 신악부시는 중당의 신악부운동을 직접 계도하고, 애국정신은 이후 역대 애국시인들에게 영향을 미쳤다. 특히 율시에 뛰어나며, 현실적인 시풍으로 말미암아 詩史라고도 불린다. 北宋 王洙의 『杜工部集』 20권과 1,400여 편의 시, 그리고 소수의 산문이 전해진다.
3) 나라가 깨어짐. 국은 國都.
4) 草木深 : 초목이 더 우거졌다. 여기서의 성은 長安.
5) 感時 : 시국을 슬퍼함. 花濺淚 : 꽃도 눈물을 뿌리게 하다. 濺 : 흩뿌릴 천.
6) 恨別 : 이별을 한하다. 鳥驚心 : 새(귀촉도)도 마음을 놀라게 한다.
7) 烽火 : 전쟁을 가리킴. 連三月 : 安史의 亂이 발생한 후 두 번째 3월, 至德二載의 1월, 2월, 3월. 오랫동안 이어짐.

家 書 抵 萬 金.[8] (가서저만금)
jiā shū dǐ wàn jīn

白 頭 搔 更 短,[9] (백두소갱단)
bái tóu sāo gèng duǎn

渾 欲 不 勝 簪.[10] (혼욕불승잠)
hún yù bú shèng zān

8) 抵萬金 : 만금에 비할 만하다. '저'는 相當하다는 뜻.
9) 搔更短 : 긁을수록 더 짧아짐.
10) 渾 : 거의. 강조의 뜻으로 쓰였다. 不勝簪 : 비녀조차 꽂기 어렵다. 비녀는 朝服을 입을 때 쓰임. 簪 : 비녀 잠.

(7) 楓 橋 夜 泊[1] － 張繼[2]

fēng qiáo yè bó zhāng jì
풍 교 야 박 장 계

月 落 烏 啼[3] 霜 滿 天, (월락오제상만천)
yuè luò wū tí shuāng mǎn tiān

江 楓 漁 火 對 愁 眠[4] (강풍어화대수면)
jiāng fēng yú huǒ duì chóu mián

姑 蘇 城 外 寒 山 寺,[5] (고소성외한산사)
gū sū chéng wài hán shān sì

夜 半 鍾 聲 到 客 船.[6] (야반종성도객선)
yè bàn zhōng shēng dào kè chuán

---

1) 풍교는 江蘇省 蘇州 서쪽 교외에 있는 다리로 교통의 요지이다. 원래 封橋로 불렀으나 장계의 이 시로 인하여 풍교라고 불리게 되었다. 夜泊 : 여행 중의 일박.
2) 張繼(712?~770?) : 中唐 시인, 字는 懿孫. 天寶年間 진사로 급제 강남에서 봉직하였다. 시풍이 깨끗하고 寫景에 능하였다. 生平이 잘 알려져 있지 않다.
3) 까마귀가 울다.
4) 江楓 : 강가의 단풍나무. 漁火 : 고기를 잡기 위해 켜놓은 불. 愁眠 : 시름으로 인해 잠을 이루지 못함.
5) 姑蘇城 : 춘추시대의 吳나라 수도로 지금의 蘇州市에 있다. 寒山寺 : 姑蘇에 있는 절로 楓橋寺라고도 한다. 梁代에 지어진 절로 唐初 詩僧인 寒山子가 거처하였기 때문에 寒山寺라고 불리게 되었다.
6) 夜半 : 한밤중. 客船 : 객을 태운 배.

(8) 問 劉 十 九[1] – 白 居 易[2]

wèn liú shí jiǔ　　bái jū yì
문 유 십 구　　백 거 이

綠 蟻 新 醅 酒,[3] (연의신배주)
yuán yǐ xīn pēi jiǔ

紅 泥 小 火 爐.[4] (홍니소화로)
hóng ní xiǎo huǒ lú

晚 來 天 欲 雪,[5] (만래천욕설)
wǎn lái tiān yù xuě

能 飮 一 杯 無.[6] (능음일배무)
néng yǐn yì bēi wú

---

1) 劉 : 백거이의 친구 劉禹錫. 19는 그의 형제 서열.
2) 白居易(772~846) : 사 樂天, 호 醉吟先生 · 香山居士. 下邽(陝西省 渭南) 사람으로 이백이 죽은 지 10년, 두보가 죽은 지 2년 후에 태어났으며 같은 시대의 韓愈와 더불어 '李杜韓白'으로 병칭된다. 그의 아버지는 고을의 낮은 관리를 지낸 가난한 집안 출신이다. 그는 영특하여 5, 6세 때 이미 시를 지었다고 하며 젊은 시절 여러 곳을 돌아다니며 사회적 경험을 쌓고 백성들의 고난을 목도하였다. 貞元14年(798) 진사가 된 이래 秘書省 校書郞을 거쳐 元和元年(806) 集賢郊理에서 시작 翰林學士 · 左拾遺 등을 역임했다. 원화10년(815)에는 사회 모순을 고발하는 시를 많이 써서 江州司馬로 좌천되었다. 그의 문장은 정세하고 표현이 절실하며, 시는 평이하고 유창하다. '신악부운동'을 전개한 바 있다. 원화원년부터 원화6년(806~811)까지가 그의 시 창작의 황금기로 「新樂府」·「秦中吟」 등 대부분의 현실주의적 작품들이 이때 쓰여졌다. 만년에는 세상일에 대하여 방황과 실의 끝에 태도가 소극화하여 閒適을 즐기는 경향으로 발전한다. 노년엔 시와 술과 거문고를 三友로 삼아 '醉吟先生'이란 호를 쓰며 유유자적하는 나날을 보냈다. 현존하는 작품은 모두 3,800여 수.
3) 綠蟻 : 술독에서 술이 거의 익을 무렵. 술이 익으면서 떠오르는 푸르스름한 거품을 비유함. 醅酒 : 아직 거르지 않은 술.
4) 紅泥 : 숯불이 붉은 모양. 小火爐 : 작은 화로.
5) 晚 : 저녁. 天欲雪 : 눈이 올 것 같다.
6) 能 : ~할 수 있다. 無 : 부정으로 의문을 만듦.

(9) 江雪[1] – 柳宗元[2]

jiāng xuě　　liǔ zōng yuán
강 설　　유 종 원

千 山[3] 鳥 飛 絶, (천산조비절)
qiān shān niǎo fēi jué

萬 逕 人 蹤[4] 滅. (만경인종멸)
wàn jìng rén zōng miè

孤 舟 蓑 笠[5] 翁, (고주사립옹)
gū zhōu suō lì wēng

獨 釣 寒 江 雪 (독조한강설)
dú diào hán jiāng xuě

---

1) 눈 내리는 강가의 설경.
2) 柳宗元(773~819) : 중국 中唐의 시인으로 당송팔대가의 한사람이다. 자는 子厚, 柳河東・柳柳州라고도 부른다. 하동(산서성 永濟縣) 사람이다. 어려서부터 총명하였고 貞元9年(793) 진사가 되어 校書朗・藍田尉를 거쳐 정원19년에는 監察御史가 되었다. 순종 즉위 후(805) 王叔文이 집권하여 여러 가지 정치 개혁을 하였는데 유종원도 그에게 가담 尙書禮部員外郞이 되었다. 그러나 왕숙문이 실패하자 그도 永州司馬로 귀양갔다가 원화10년(815) 柳州刺史로 옮겨갔다. 이때 많은 저술을 하였고, 유주사람들을 위해 선정을 베풀어 백성들이 친부모처럼 따랐다고 한다. 그래서 사람들은 그를 유유주라 칭하기도 하였고 거기에서 47세로 죽었다. 古文의 대가로서 韓愈와 병칭되나 사상적 입장에서는 한유가 전통주의인데 반하여, 그는 유가를 근본으로 불교・노장사상 등을 수용하고 신비주의를 배격한 자유・합리주의의 입장을 취하였다. 문학관념은 文以明道.
3) 모든 산.
4) 萬逕 : 여러 갈래로 뻗은 조그만 길. 人蹤 : 사람의 발자취.
5) 蓑笠 : 삿갓과 도롱이.

(10) 無題 - 李商隱[1)]

wú tí lǐ shāng yǐn
무 제 이 상 은

相 見 時 難 別 亦 難,[2)] (상견시난별역난)
xiāng jiàn shí nán bié yì nán

東 風 無 力 百 花 殘.[3)] (동풍무력백화잔)
dōng fēng wú lì bǎi huā cán

春 蠶 到 死 絲[4)] 方 盡, (춘잠도사사방진)
chūn cán dào sǐ sī fāng jìn

蠟 炬[5)] 成 恢 淚 始 乾. (납거성회루시건)
là jù chéng huī lèi shǐ gān

曉 鏡 但 愁 雲 鬢[6)] 改, (효경단수운빈개)
xiǎo jìng dàn chóu yún bìn gǎi

夜 吟 應 覺[7)] 月 光 寒. (야음응각월광한)
yè yín yīng jué yuè guāng hán

---

1) 李商隱(812~858) : 자 義山, 호 玉谿生・樊南生. 河南省 沁陽 출생. 처음 牛黨의 令狐楚에게서 변려문을 배우고 그의 막료가 되었으나 후에 반대당인 李黨 王茂元의 서기가 되어 그의 딸을 아내로 맞았기 때문에 불우한 생애를 보냈다. 그의 유미주의적 경향은 이 소외감에서 비롯된 바가 크다. 그는 변려문의 명수이긴 하였으나 그의 시는 漢・魏・六朝詩의 정수를 계승하였고, 唐詩에서는 두보를 배웠으며, 李賀의 상징적 기법을 사랑하였다. 또한 典故를 자주 인용, 豊麗한 자구를 구사하여 당대 수사주의 문학의 극치를 보여주었다. 작품에는 사회적 현실을 반영시킨 서사시, 또는 위정자를 풍자하는 영사시 등이 있으나 애정을 주제로 한 「무제」에서 그의 창작력은 유감없이 발휘되었다. 저작으로 『李義山詩集』, 『樊南文集』, 그 외 『李義山雜纂』도 전한다.

2) 相見 : 만나다. 相見時難 : 여기의 난은 難得의 뜻. 別亦難에서의 난은 難捨難分의 뜻.

3) 百花殘 : 온갖 꽃이 다 시든다.

4) 春蠶 : 봄 누에. 絲 : 발음상 '思'와 통하는 雙關語.

5) 밀랍으로 만든 초, 촛불.

6) 曉鏡 : 아침에 거울에 비추어 보니. 雲鬢 : 구름 같은 여인의 아름다운 검은 머리. 鬢 : 귀밑머리 빈.

7) 夜吟 : 저녁에 시를 읊음. 應覺 : 마땅히 느끼다.

蓬 山 此 去 無 多 路,[8)] (봉산차거무다로)
péng shān cǐ qù wú duō lù

青 鳥 殷 勤 爲 探 看.[9)] (청조은근위탐간)
qīng niǎo yīn qín wéi tàn kàn

8) 蓬山 : 봉래산으로 신선이 살았다는 산. 無多路 : 멀지 않다는 뜻.
9) 靑鳥 : 파랑새, 『山海經』에 의하면 불사약을 가지고 있던 西王母가 키우던 새로 서왕모가 漢武帝를 만날 때 늘 앞장섰다고 한다. 이것에서 유래하여 후에 使者나 편지를 비유하게 되었다. 探看 : 알아보다, 찾아보다.

4. 歷代散文(역대산문)

(1) 漁 父 辭[1] － 屈 原[2]

yú fǔ cí　　qū yuán
어 부 사　　굴 원

屈 原 旣 放,[3] 游 於 江 潭, 行 吟 澤 畔.[4] 顔 色 憔
qū yuán jì fàng　yóu yú jiāng tán　xíng yín zé pàn　yán sè qiáo
굴 원 기 방　유 어 강 담　행 음 택 반　안 색 초

悴, 形 容 枯 槁. 漁 父 見 而 問 之 曰, 子 非 三 閭 大
cuì　xíng róng kū gǎo　yú fǔ jiàn ér wèn zhī yuē　zǐ fēi sān lǘ dà
췌　형 용 고 고　어 부 견 이 문 지 왈　자 비 삼 려 대

夫 與?[5] 何 故 至 於 斯? 屈 原 曰, 擧 世[6] 皆 濁, 我 獨
fū yú　hé gù zhì yú sī　qū yuán yuē　jǔ shì　jiē zhuó　wǒ dú
부 여　하 고 지 어 사　굴 원 왈　거 세　개 탁　아 독

---

1) 어부란 당시의 은자를 가리키며, 굴원이 상강에서 은자와 문답한 것을 초나라 사람들이 굴원의 결백한 지조를 흠모하여 엮어 전한 것. '辭'는 문체의 한 가지로 초나라의 굴원이 「離騷」, 「九章」 등의 노래를 지은 데서부터 비롯된 것이다. 이것을 일컬어 '楚辭'라고 한다. '초사'란 초나라의 특유한 문체로 쓰여진 초나라 사람의 노래로서 거의가 讀誦詩인데, 사물에 느끼어 일어나는 자기의 사상 · 감정을 있는 그대로 韻文으로써 直敍한 것이다. 뒤에 漢人이 이것을 일컬어 辭賦 또는 賦라고 하여 부문학이 크게 유행하고 사람마다 즐겨 썼다. 대개 사와 부는 문체로 보아 실질적인 구별이 없었던 것으로 보인다.
2) 屈原(B.C. 335?~B.C. 296?) : 戰國時代 楚나라의 충신이자 애국시인. 이름은 平 또는 正則, 자는 原 또는 靈均으로 초나라 왕실과 동성이었다. 懷王 초기에는 左徒가 되어 내정과 외교에 비상한 능력을 발휘하고 큰 신임을 받아 三閭大夫의 지위까지 올랐다. 회왕이 秦에 유폐되어 객사하자, 장남 頃襄王이 즉위하고 막내 子蘭은 令尹(재상)이 되었다. 자란은 아버지를 객사하게 한 장본인이었으므로 굴원이 그를 비난하자 上官大夫의 참언으로 영도에서 추방된 뒤 초나라와 임금을 걱정하며 洞庭湖 근처를 방랑하다가 汨羅水(汨水)에 몸을 던져 죽었다. 이때가 음력 5월 5일로 그 후 민간에서 단오날 굴원을 추모하여 이곳에 粽子를 바치는 습속이 생겼다. 楚辭文學의 창시자로 그의 작품에는 우국애민의 열정, 懷才不遇의 비분, 강렬한 정치성향, 불굴의 분투정신 등이 잘 나타나 있다. 『楚辭』에 「九歌」 11편 · 「九章」 9편 · 「離騷」 · 「天問」 · 「遠遊」 · 「卜居」 · 「大招」 각 1편 등 모두 25편이 실려 전한다. 이 중 「원유」 · 「복거」 · 「대초」 등은 후인의 僞作으로, 「구가」는 초나라 전래 민요를 개작한 것으로 보고 있으며 또 宋玉의 작품으로 전해지는 「招魂」을 굴원의 작품으로 보는 설도 있다.
3) 放 : 나라에 죄를 지어 멀리 쫓겨나는 일.
4) 澤畔 : 湘江의 못 가.

淸. 衆人皆醉, 我獨醒. 是以見放. 漁父曰, 聖
qīng zhòng rén jiē zuì wǒ dú xǐng shì yǐ jiànfàng yú fǔ yuē shèng
청 중 인 개 취 아 독 성 시 이 견 방 어 부 왈 성

人不凝滯於物,[7] 而能與世推移.[8] 世人皆濁, 何
rén bù níng zhì yú wù ér néng yǔ shì tuī yí shì rén jiē zhuó hé
인 불 응 체 어 물 이 능 여 세 추 이 세 인 개 탁 하

不淈其泥而揚其波?[9] 衆人皆醉, 何不餔其
bù gǔ qí ní ér yáng qí bō zhòng rén jiē zuì hé bú bù qí
불 굴 기 니 이 양 기 파 중 인 개 취 하 불 포 기

糟而歠其釃?[10] 何故深思高擧, 自令放爲? 屈
zāo ér chuò qí lí hé gù shēn sī gāo jǔ zì lìng fàng wéi qū
조 이 철 기 리 하 고 심 사 고 거 자 령 방 위 굴

原曰, 吾聞之. 新沐者必彈冠, 新浴者必振
yuán yuē wú wén zhī xīn mù zhě bì tán guān xīn yù zhě bì zhèn
원 왈 오 문 지 신 목 자 필 탄 관 신 욕 자 필 진

衣. 安能以身之察察,[11] 受物之汶汶[12] 者乎. 寧
yī ān néng yǐ shēn zhī chá chá shòu wù zhī wèn wèn zhě hu nìng
의 안 능 이 신 지 찰 찰 수 물 지 문 문 자 호 영

---

5) 三閭大夫與 : 초의 관직이름. 삼려는 초 왕족의 세 성씨인 昭·屈·景의 三姓. 굴원의 벼슬은 이 삼성을 관장하는 대부였다. 與는 歟, 의문조사.
6) 온 세상. 이 단락의 뜻은 세상 사람들이 다 名利慾에 취하여 이성을 잃고 헤매는데 나만은 홀로 청렴결백한 체 맑게 깨어있다는 말이다.
7) 凝滯於物 : 응체는 엉기고 막힘으로 응체어물은 사물에 걸리고 막힘. 곧 결백한 지조로 인해 세상과 타협하지 못하는 것을 말함.
8) 推移 : 밀치며 옮겨가다. 세상과 함께 자유로이 둥글둥글 살아감.
9) 何不 : 어찌 ~하지 않겠는가? 淈 : 휘젓다, 흐리게 하다. 세상 사람이 다 탁하니 나도 다른 이들처럼 진흙을 묻히고 흙탕물을 튕기는 것이 현명하다는 의미이다.
10) 餔는 食(먹다), 歠은 飮(마시다)의 뜻이다. 釃는 걸러내고 남은 찌꺼기 술, 곧 밑술을 뜻한다. 세상 사람이 다 명리욕에 취하여 제 정신들이 아닌데 나 혼자 유독 초롱초롱하게 앉아 결백한 모습을 들어낸다는 것은 어리석은 일이다. 남들이 다 취해 있거든 물론 함께 취해서야 안되겠지만 나는 그 술 찌꺼기라도 먹으며 둥글둥글 살아가는 것이 좋다.
11) 察察 : 청백함, 맑고 깨끗한 것.
12) 汶汶 : 더럽고 욕된 것.

赴 湘 流[13] 葬 於 江 魚 之 腹 中, 安 能 以 皓 皓 之
fù xiānglíú zàng yú jiāng yú zhī fù zhōng ān néng yǐ hào hào zhī
부 상 류 장 어 강 어 지 복 중 안 능 이 호 호 지

白, 而 蒙 世 俗 之 塵 埃 乎. 漁 父 莞 爾[14] 而 笑, 鼓
bái ér méng shì sú zhī chén āi hu yú fǔ wǎn ěr ér xiào gǔ
백 이 몽 세 속 지 진 애 호 어 부 완 이 이 소 고

枻[15] 而 去. 乃 歌 曰, 滄 浪 之 水 淸 兮, 可 以 濯 吾
yì ér qù nǎi gē yuē cāng làng zhī shuǐ qīng xī kě yǐ zhuó wú
설 이 거 내 가 왈 창 랑 지 수 청 혜 가 이 탁 오

纓. 滄 浪 之 水 濁 兮, 可 以 濯 吾 足.[16] 遂 去 不 復
yīng cāng làng zhī shuǐ zhuó xī kě yǐ zhuó wú zú suì qù bú fù
영 창 랑 지 수 탁 혜 가 이 탁 오 족 수 거 불 부

與 言.
yǔ yán
여 언

13) 湘流 : 湘江, 洞庭湖로 흘러드는 강.
14) 莞爾 : 빙그레 웃는 모양.
15) 돗대를 두드려 박자를 맞춤. 枻은 栧와 同字.
16) 滄浪 : 漢水의 하류. 이 노래에서 창랑의 물이 맑다는 것은 도가 행해지는 좋은 세상을 뜻하는 말이요, 갓 끈을 씻는다는 것은 의관을 갖추어 조정에 나아간다는 뜻이다. 반대로 창랑의 물이 흐리다는 것은 도가 없는 어지러운 세상이요, 발을 씻는다는 것은 세상을 피해 숨어 산다는 뜻이다. 여기에서 뜻하는 바는 세상을 그리 어렵게 생각할 것이 아니라 맑거나 흐리거나 그때 그때의 時世에 따라서 자연 그대로 처세하는 것이 좋다는 의미이다.『孟子・離婁上・8章』: 有孺子歌曰, 滄浪之水淸兮, 可以濯我纓. 滄浪之水濁兮, 可以濯我足(유자가 노래하기를, 창랑의 물이 맑거든 나의 갓끈을 빨 것이요, 창랑의 물이 흐리거든 나의 발을 씻겠다).

(2) 出師表[1]– 諸葛亮[2]

chū shī biǎo zhū gě liàng
출사표 제갈량

先帝[3] 創業未半, 而中道崩殂.[4] 今天下三分,[5]
xiān dì chuàng yè wèi bàn ér zhōng dào bēngcú jīn tiān xià sān fēn
선제 창업미반 이중도붕조 금천하삼분

益州[6] 疲弊. 此誠危急存亡之秋也.[7] 然侍衛
yì zhōu pí bì cǐ chéng wēi jí cún wáng zhī qiū yě rán shì wèi
익주 피폐 차성위급존망지추야 연시위

之臣, 不懈[8] 於內, 忠志之士, 忘身[9] 於外者, 蓋
zhī chén bú xiè yú nèi zhōng zhì zhī shì wàng shēn yú wài zhě gài
지신 불해 어내 충지지사 망신 어외자 개

1) 表는 臣下가 君主에게 올리는 글로 곧 상소문과 한가지다. '師'는 군사의 '士'를 뜻하니 '출사'란 出兵의 뜻과 같다. 곧 임금에게 출병할 것을 아뢰는 글이다. 삼국시대 魏의 曹休가 오나라 孫權에게 속아 오의 대장 陸遜과 石亭에서 싸우다가 크게 패하였다. 촉한의 제갈공명은 이때를 놓치지 말고 漢의 적인 위를 칠 것을 주장하였으나, 나라의 중신들은 모두가 안일한 생각만 하고 앉아서 이 일을 의심하였다. 이에 공명이 이 '표'를 써서 後主 劉禪에게 올린 것이다. 이 표에는 전후 두 편이 있는데 전편은 建興5年에, 후편인 「후출사표」는 그 이듬해에 올렸다.

2) 諸葛亮(181~234) : 字 孔明. 後漢 陽都縣(지금의 山東省 沂水縣 南方) 사람으로 三國時代 蜀의 丞相이다. 隆中에 은거하여 臥龍先生이라 칭하며 매양 자신을 管仲과 樂毅에 견주었다. 선주 劉備가 그의 어진 소문을 듣고 그를 招致코자 세 번이나 공명의 초가집에 찾아 온 것에 감동하여 유비의 참모가 되었다. 유비의 死後에도 계속 後主를 輔佐하여 漢室의 復興을 꾀하였다. 그는 과거 선주를 도와 위의 曹操를 패망시키고, 다시 후주를 도와 십만 대군을 이끌고 五丈原에서 司馬懿와 싸우다가 병이 위독하여 陣中에서 죽으니, 이때 나이가 54세였다. 시호를 忠武라고 하며, 『諸葛武侯集』이 전한다.

3) 촉의 먼저 임금 劉備로 字는 玄德, 시호를 昭列皇帝라고 한다.

4) 崩殂 : 崩御. 天子가 죽는 것을 '崩'이라 하고, 諸侯가 죽는 것을 '薨'이라 하고, 大夫가 죽는 것을 '卒'이라 하고, 庶人이 죽는 것을 '死'라고 한다. 유비가 즉위한 지 3년만에 서거함을 말한다.

5) 天下三分 : 당시 중국 全土를 魏·蜀漢·吳가 분할 鼎立하였던 것을 말함.

6) 당시 蜀漢의 영토였던 四川城 일대.

7) 誠 : 진실로. 危急存亡之秋 : 위급하여 나라의 存亡이 걸린 때. '秋'는 '時'로 중요한 시점을 말함.

8) 侍衛 : 임금을 모시고 호위하다. 懈 : 게으르다, 나태하다.

9) 忠志 : 忠心. 忘身 : 몸을 잊다, 목숨을 돌보지 않음.

追先帝之殊遇,[10] 欲報之於陛下也. 誠宜開
zhuī xiān dì zhī shū yù yù bào zhī yú bì xià yě chéng yí kāi
추 선 제 지 수 우 욕 보 지 어 폐 하 야 성 의 개

張聖聽,[11] 以光先帝遺德,[12] 恢弘[13] 志士之氣.
zhāng shèng tīng yǐ guāng xiān dì yí dé huī hóng zhì shì zhī qì
장 성 청 이 광 선 제 유 덕 회 홍 지 사 지 기

不宜妄自菲薄,[14] 引喩失義,[15] 以塞忠諫之路
bù yí wàng zì fēi bó yǐn yù shī yì yǐ sè zhōng jiàn zhī lù
불 의 망 자 비 박 인 유 실 의 이 색 충 간 지 로

也. 宮中府中,[16] 俱爲一體. 陟罰臧否,[17] 不宜
yě gōng zhōng fǔ zhōng jù wéi yì tǐ zhì fá zāng pǐ bù yí
야 궁 중 부 중 구 위 일 체 척 벌 장 부 불 의

異同.[18] 若有作奸犯科,[19] 及爲忠善者, 宜付有
yì tóng ruò yǒu zuò jiān fàn kē jí wéi zhōng shàn zhě yí fù yǒu
이 동 약 유 작 간 범 과 급 위 충 선 자 의 부 유

司, 論其刑賞, 以昭陛下平明[20] 之理. 不宜偏
sī lùn qí xíng shǎng yǐ zhāo bì xià píng míng zhī lǐ bù yí piān
사 논 기 형 상 이 소 폐 하 평 명 지 리 불 의 편

10) 追 : 追念하다. 殊遇 : 특별한 대우.
11) 誠宜 : 진실로 마땅하다. 開張聖德 : 聖德을 넓게 연다. 황제가 言路를 열어 신하들의 忠諫을 받아들이는 것.
12) 光先帝遺德 : 선제의 남긴 덕을 빛내다.
13) 넓고 크게 하다.
14) 不宜 : 마땅하지 않다. '忠諫之路'까지 전부 걸린다. 妄 : 함부로. 菲薄 : 원래는 "엷다"는 뜻으로 菲才薄德. 즉 才德을 가볍게 여기는 것을 말함.
15) 義理에 합당하지 않는 일이나 도리를 끌어서 비유하다. 신하의 忠諫을 거절하기 위해서, 정당한 도리를 결한 사례를 비유로 끌어다대는 것을 뜻함.
16) 궁중은 정치를 듣는 조정이요, 부중은 軍部로 곧 군정을 맡아보는 관아를 가리킨다.
17) 陟 : 관직에 올리는 것. 臧否 : 善惡. 곧 칭찬하고 책망하는 것. 척벌장비는 상으로 관직을 올리는 것과 벌로 관직을 내리는 것을 뜻함.
18) 달라서는 안 된다. '同'자는 형식적으로 첨가된 글자로서 뜻이 없음.
19) 作姦 : 간악한 짓을 저지르다. 犯科 : 법을 범하다. 科 : 법률, 법령.
20) 宜付 : 마땅히 회부하다. 有司 : 관리. 昭 : 밝히다. 平明 : 공평하고 도리가 밝은 것.

私, 使內外異法也. 侍中侍郞,[21] 郭攸之費褘
sī shǐ nèi wài yì fǎ yě shì zhōng shì láng guō yōu zhī fèi yī
사 사 내 외 이 법 야 시 중 시 랑 곽 유 지 비 위

董允等,[22] 此皆良實, 志慮忠純. 是以先帝簡
dǒng yǔn děng cǐ jiē liáng shí zhì lǜ zhōng chún shì yǐ xiān dì jiǎn
동 윤 등 차 개 양 실 지 려 충 순 시 이 선 제 간

拔,[23] 以遺陛下. 愚[24] 以爲宮中之事, 事無大小,
bá yǐ wèi bì xià yú yǐ wéi gōng zhōng zhī shì shì wú dà xiǎo
발 이 유 폐 하 우 이 위 궁 중 지 사 사 무 대 소

悉以咨之,[25] 然後施行, 必能裨補闕漏,[26] 有所
xī yǐ zī zhī rán hòu shī xíng bì néng bì bǔ quē lòu yǒu suǒ
실 이 자 지 연 후 시 행 필 능 비 보 궐 루 유 소

廣益. 將軍向寵,[27] 性行淑均,[28] 曉暢[29] 軍事.
guǎng yì jiāng jūn xiàng chǒng xìng xíng shū jūn xiǎo chàng jūn shì
광 익 장 군 상 총 성 행 숙 균 효 창 군 사

試用於昔日, 先帝稱之曰能. 是以衆議, 擧
shì yòng yú xī rì xiān dì chēng zhī yuē néng shì yǐ zhòng yì jǔ
시 용 어 석 일 선 제 칭 지 왈 능 시 이 중 의 거

21) 侍中 : 천자를 좌우에서 모시고 정치상의 고문 역할을 하는 관직. 侍郞 : 궁중 문호를 경비하고, 車騎를 호위하는 관직. 시중보다 아래의 관직임. 둘 다 궁중을 출입하며 황제를 받드는 벼슬.

22) 郭攸之 · 費褘 · 董允 : 곽유지는 南陽 사람. 비위는 江夏 사람, 자가 文偉. 둘 다 당시 侍中官. 동윤은 南郡 사람으로 자가 休昭, 당시 侍郞官이었음.

23) 簡拔 : 簡擢. 발탁하다, 선발하다. 簡은 柬과 같음.

24) 자신을 겸칭.

25) 咨之 : 그들에게 자문하다. 자는 윗사람이 아래 사람에게 묻는 것.

26) 裨補闕漏 : 부족한 점을 보충하고 裨益케 하다. 비보는 도와서 빠진 것을 채우는 것. 闕漏는 빠지고 허술한 것, 失手.

27) 向寵 : 襄陽 宜城(지금의 湖北省 宜城縣) 사람. 後主 때에 都亭侯에 봉해졌고, 後主 建興元年에 中部督이 되었음.

28) 性行 : 성격과 행동. 淑均 : 선량하고 공평하다.

29) 曉達. 명확하게 통달하다.

寵 爲督.[30] 愚以爲, 營中[31]之事, 事無大小, 悉以
chǒng wéi dū yú yǐ wéi yíng zhōng zhī shì shì wú dà xiǎo xī yǐ
총 위독 우이위 영 중 지사 사무대소 실이

咨之, 必能 使行陣[32]和睦, 優劣得所也.[33] 親賢
zī zhī bì néng shǐ háng zhèn hé mù yōu liè dé suǒ yě qīn xián
자지 필능 사행진 화목 우열득소야 친현

臣 遠 小人, 此先漢[34] 所以興隆也. 親小人遠
chén yuǎn xiǎo rén cǐ xiān hàn suǒ yǐ xīng lóng yě qīn xiǎo rén yuǎn
신 원 소인 차선한 소이흥륭야 친소인원

賢臣, 此後漢所以傾頽也.[35] 先帝在時, 每與
xián chén cǐ hòu hàn suǒ yǐ qīng tuí yě xiān dì zài shí měi yǔ
현신 차후한소이경퇴야 선제재시 매여

臣論此事, 未 嘗 不歎息痛恨於桓靈也.[36] 侍
chén lùn cǐ shì wèi cháng bú tàn xī tòng hèn yú huán líng yě shì
신론차사 미 상 불탄식통한어환영야 시

中 尙書長史參軍,[37] 此悉貞 亮 死節之臣.[38] 願
zhōng shàng shū zhǎng shǐ cān jūn cǐ xī zhēn liàng sǐ jié zhī chén yuàn
중 상서장사참군 차실정 량사절지신 원

---

30) 衆議 : 여러 사람과 의논하다. 擧寵 : 尙寵을 천거하다. 爲督 : 中部督이 된 것을 가리킴. 都督, 궁중의 衛兵을 맡은 관.

31) 陣中.

32) 行陣 : 軍隊. 군대의 대오와 진중의 사람들.

33) 優劣 : 우수한 사람과 열등한 사람. 得所 : 적당한 임무에 배치하다.

34) 先漢 : 前漢. 전한의 高祖·文帝·景帝 등의 치세를 가리킨다.

35) 傾頽 : 기울고 망하다.

36) 未嘗不 : 일찍이 하지 않음이 없다. 桓靈 : 後漢의 桓帝·靈帝. 환제는 환관 單超 등을 가까이 하여 정직한 신하들을 구금했고, 영제는 환관 曹節 등을 가까이 하여 李膺, 陳蕃 등을 살해했음. 모두 無德의 군주로서 漢室은 기울어졌다.

37) 尙書 : 殿中에서 조서를 담당하는 관직. 당시의 시중상서는 陳震이었다. 長史 : 王公室 및 各省의 書記長, 郡에서는 병마를 맡았음. 당시의 張裔를 가리킨다. 參軍 : 군사회의에 참여하는 관직. 당시의 蔣琬.

38) 貞亮 : 절개가 굳고 진실하다. 死節之臣 : 절조로 인하여 죽을 수 있는 신하.

陛下親之信之, 則漢室之隆, 可計日而待
bì xià qīn zhī xìn zhī zé hàn shì zhī lóng kě jì rì ér dài
폐 하 친 지 신 지 즉 한 실 지 륭 가 계 일 이 대

也.[39] 臣本布衣,[40] 躬耕南陽.[41] 苟全性命[42]於亂
yě chén běn bù yī gōng gēng nán yáng gǒu quán xìng mìng yú luàn
야 신 본 포 의 궁 경 남 양 구 전 성 명 어 난

世, 不求聞達[43]於諸侯. 先帝不以臣卑鄙,[44]猥
shì bù qiú wén dá yú zhū hóu xiān dì bù yǐ chén bēi bǐ wěi
세 불 구 문 달 어 제 후 선 제 불 이 신 비 비 외

自枉屈,[45] 三顧臣於草廬之中,[46] 咨臣以當
zì wǎng qū sān gù chén yú cǎo lú zhī zhōng zī chén yǐ dāng
자 왕 굴 삼 고 신 어 초 려 지 중 자 신 이 당

世之事. 由是感激, 遂許先帝以驅馳.[47] 後值
shì zhī shì yóu shì gǎn jī suì xǔ xiān dì yǐ qū chí hòu zhí
세 지 사 유 시 감 격 수 허 선 제 이 구 치 후 치

傾覆,[48] 受任於敗軍之際,[49] 奉命於危難之間.[50]
qīng fù shòu rèn yú bài jūn zhī jì fèng mìng yú wēi nàn zhī jiān
경 복 수 임 어 패 군 지 제 봉 명 어 위 난 지 간

---

39) 날을 계산하여 기다리는 것이 가능한 정도이다.
40) 布衣 : 白衣, 베옷, 벼슬하지 않은 평민의 옷. 일개 서민을 지칭.
41) 躬耕 : 몸소 경작하다. 南陽 : 하남성 남양군 襄陽城 서쪽 20리에 있는 隆都를 말한다.
42) 苟全 : 구차히 보존하다. 性命 : 생명 또는 身命과 같다.
43) 聞達 : 名聞榮達. 소문이 나서 자세히 알려지는 것.
44) 卑鄙 : 신분의 미천함을 뜻한다.
45) 猥 : 외람되게도, 황송하게도. 枉屈 : 몸을 굽히다. 지체 높은 사람이 낮은 사람을 몸소 찾을 때 쓰는 말로 枉駕, 枉臨과 같다.
46) 三顧草廬 : 제갈공명이 漢末의 어지러움을 만나서 숙부 玄을 따라 荊州로 피난하여 들에서 밭갈이하며 聞達을 구하지 않았다. 유비가 공명에게 뛰어난 가량이 있는 것을 알고 이에 세 번이나 草廬(초가집)로 찾아와서 공명을 만나 보았다. 공명은 유비의 雄姿傑出함을 보고 깊이 서로 納結하였다(蜀志).
47) 許先帝以驅馳 : 先帝에게 힘껏 다닐 것을 허락하다. 구치는 힘을 다해 뛰어다닌다는 뜻으로, 여기서는 軍國의 일에 신명을 다하는 것.
48) 値 : 遇. ~를 당하다. 傾覆 : 기울어지고 엎어짐. 나라가 기울어 망하려는 경우를 말함.

爾來[51] 二十有一年[52] 矣. 先帝知臣謹愼, 故臨
ěr lái èr shí yòu yì nián yǐ xiān dì zhī chén jǐn shèn gù lín
이 래 이 십 유 일 년 의 선 제 지 신 근 신 고 임

崩寄臣以大事也. 受命以來, 夙夜憂嘆, 恐
bēng jì chén yǐ dà shì yě shòu mìng yǐ lái sù yè yōu tàn kǒng
붕 기 신 이 대 사 야 수 명 이 래 숙 야 우 탄 공

託付不效, 以傷先帝之明. 故五月渡瀘,[53] 深
tuō fù bú xiào yǐ shāng xiān dì zhī míng gù wǔ yuè dù lú shēn
탁 부 불 효 이 상 선 제 지 명 고 오 월 도 로 심

入不毛. 今南方已定, 兵甲已足. 當獎率三軍,[54]
rù bù máo jīn nán fāng yǐ dìng bīng jiǎ yǐ zú dāng jiǎng shuài sān jūn
입 불 모 금 남 방 이 정 병 갑 이 족 당 장 솔 삼 군

北定中原.[55] 庶竭駑鈍,[56] 攘除姦凶,[57] 興復
běi dìng zhōng yuán shù jié nú dùn rǎng chú jiān xiōng xīng fù
북 정 중 원 서 갈 노 둔 양 제 간 흉 흥 부

漢室,[58] 還於舊都.[59] 此臣所以報先帝, 而忠
hàn shì huán yú jiù dū cǐ chén suǒ yǐ bào xiān dì ér zhōng
한 실 환 어 구 도 차 신 소 이 보 선 제 이 충

---

49) 후한 獻帝 建安13年 劉備가 曹操와 싸워 當陽의 長阪에서 패한 일을 가리킴.
50) 국가가 위태하고 곤란한 때에 중대한 명령을 받다. 여기서는 조조의 南下에 대비하여 제갈량이 吳에 가서 구원을 청한 것을 가리킴.
51) 爾來 : 이래로, 그 이후로.
52) 건안13년부터 建興5年에 이르기까지를 말한다.
53) 五月渡瀘 : 建興3年 5月에 제갈량이 瀘水를 건너 南蠻을 토벌하였는데, 이는 中原을 치기 위한 준비 작업이었다고 볼 수 있음.
54) 獎率 : 장은 勸勉, 솔은 인솔하는 것. 곧 독려하여 인솔하다. 三軍 : 『周禮』에 의하면 一軍의 군인은 12,500명인데 天子는 六軍, 제후국 중에 大國은 三軍, 次國은 二軍, 小國은 一軍을 둘 수 있다고 함. 여기서는 全軍을 말함.
55) 中原 : 여기서는 魏나라, 漢族의 발상지인 황하 유역을 말함. 河北・河南・山東・陝西省 지방.
56) 庶 : 庶幾, 곧 거의. 또는 '冀'의 뜻과 같다. 竭 : 盡, 다하다. 駑鈍 : 노는 느린 말, 둔은 무딘 칼. 비유하여 스스로 낮추어 재능이 없음을 뜻하는데 대개 자신의 역량을 겸손하게 말할 때 씀.
57) 攘除 : 물리쳐 배제하다, 소멸시키다. 姦凶 : 간사하고 흉악한 것. 魏의 문제 조비를 가리킴.

陛下之職分也. 至於斟酌損益,[60] 進盡忠言,[61]
bì xià zhī zhí fèn yě zhì yú zhēn zhuó sǔn yì jìn jìn zhōng yán
폐 하 지 직 분 야 지 어 짐 작 손 익 진 진 충 언

則攸之禕允之任也. 願陛下託臣以討賊興
zé yōu zhī yī yǔn zhī rèn yě yuàn bì xià tuō chén yǐ tǎo zéi xīng
즉 유 지 의 윤 지 임 야 원 폐 하 탁 신 이 토 적 흥

復之效.[62] 不效則治[63] 臣之罪, 以告先帝之靈.
fù zhī xiào bú xiào zé zhì chén zhī zuì yǐ gào xiān dì zhī líng
부 지 효 불 효 즉 치 신 지 죄 이 고 선 제 지 령

若無興德之言,[64] 則責攸之禕允等之咎, 以
ruò wú xīng dé zhī yán zé zé yōu zhī yī yǔn děng zhī jiù yǐ
약 무 흥 덕 지 언 즉 책 유 지 의 윤 등 지 구 이

彰[65] 其慢. 陛下亦宜自謀, 以諮諏[66] 善道, 察納
zhāng qí màn bì xià yì yí zì móu yǐ zī zōu shàn dào chá nà
창 기 만 폐 하 역 의 자 모 이 자 추 선 도 찰 납

雅言,[67] 深追先帝遺詔.[68] 臣不勝受恩感激, 今
yǎ yán shēn zhuī xiān dì yí zhào chén bú shèng shòu ēn gǎn jī jīn
아 언 심 추 선 제 유 조 신 불 승 수 은 감 격 금

---

58) 유비가 한나라 경제의 후손이므로 망한 한의 왕실을 다시 일으켜 세우리라는 말이다.
59) 舊都 : 옛 도읍지. 한나라의 옛 도읍지를 가리킴. 西漢의 도성은 長安에 있었는데 東漢 光武帝가 洛陽으로 천도하였음.
60) 斟酌損益 : 국가의 손해와 이익을 어림잡아 잘 헤아려 보는 것.
61) 나아가 충언을 아뢰다.
62) 討賊興復之效 : 적을 토벌하고 한실을 흥하게 하는 실효를 부탁하셨다.
63) 效 : 여기서는 동사로 "성공하다"의 뜻. 治 : 처분하다.
64) 興德之言 : 덕행을 진작시키는 말.
65) 彰 : 분명히 하다, 밝히다.
66) 諮諏 : 諮問. 물어서 취하다, 윗사람이 아래 사람에게 의견을 묻고 상의하는 것.
67) 察納 : 살펴서 받아들이다. 雅言 : 아는 '正'이니, 곧 바른 말.
68) 深追 : 깊이 추념하다. 遺詔 : 남긴 명령, 임금이 죽을 때 내리는 조서.

當 遠 離, 臨 表 涕 泣,69) 不 知 所 云.
dāng yuǎn lí lín biǎo tì qì bù zhī suǒ yún
당 원 리 임 표 체 읍 부 지 소 운

69) 臨表 : 表文을 쓰다. 涕泣 : 눈물이 떨어지다.

(3) 陳 情 表 － 李 密[1)]

chén qíng biǎo　lǐ mì
진 정 표　이 밀

臣 以 險 釁,[2)] 夙 遭 愍 凶.[3)] 生 孩 六 月, 慈 父
chén yǐ xiǎn xìn sù zāo mǐn xiōng shēng hái liù yuè cí fù
신 이 험 흔 숙 조 민 흉 생 해 유 월 자 부

見 背,[4)] 行 年[5)] 四 歲, 舅 奪 母 志.[6)] 祖 母 劉 閔[7)] 臣 孤
jiàn bèi xíng nián sì suì jiù duó mǔ zhì zǔ mǔ liú mǐn chén gū
견 배 행 년 사 세 구 탈 모 지 조 모 유 민 신 고

弱, 躬 親 撫 養.[8)] 臣 少 多 疾 病, 九 歲 不 行, 零 丁
ruò gōng qīn fǔ yǎng chén shào duō jí bìng jiǔ suì bù xíng líng dīng
약 궁 친 무 양 신 소 다 질 병 구 세 불 행 영 정

孤 苦, 至 于 成 立.[9)] 旣 無 叔 伯, 終 鮮[10)] 兄 弟. 門 衰
gū kǔ zhì yú chéng lì jì wú shū bó zhōng xiǎn xiōng dì mén shuāi
고 고 지 우 성 립 기 무 숙 백 종 선 형 제 문 쇠

---

1) 李密(224~287) : 字는 令伯, 일명 虔이며 三國時代 犍爲郡 武陽 출신으로 문명이 높았다. 그는 어려서 아버지를 여의고 어머니 何氏마저 다른 사람에게 改嫁하였기에 조모의 손에 성장하였다. 이밀은 지극한 효성으로 당시 이름이 높았다. 조모가 병을 앓아 자리에 눕게 되면 그 곁에 뫼시어 밤낮으로 간호하며 일찍이 한번도 띠를 풀고 누운 적이 없다고 한다. 蜀漢에 출사하여 벼슬이 尙書郎에 이르렀으며, 몇 차례 吳에 사자로 가서 외교 능력을 발휘한 적도 있다. 촉한이 망한 후 晉武帝는 그를 太子洗馬로 임용하고자 했으나, 이 표를 올려 자신이 召命에 응하지 않는 것은 명예나 節操를 세우기 위해서가 아니요, 오로지 조모의 병환에 따른 봉양임을 눈물겹게 펼쳤다. 무제는 그의 지극한 효성을 가상히 여겨 종을 보내고 군과 현의 수령에게 일러 음식물과 의복을 제공하게 하였다. 이밀은 조모 死後에야 출사하여 漢中의 太守로 봉직하였다. 훗날 그는 태자의 세마 벼슬을 거쳐 한중의 태수로 있던 중 무제의 노여움을 얻어 면직되었다(『蜀志』).
2) 險釁 : 험은 艱難, 흔은 罪많다는 뜻이니 不運 또는 불행을 의미한다. 곧 팔자가 험하고 운이 나쁨.
3) 夙 : 일찍, 어릴 때를 말함. 愍凶 : 민은 憫과 같으며, 곧 憂患凶喪을 말한다. 부모를 일찍 잃는 불행.
4) 아버지가 돌아가시다. 견배는 등지다, 사별하다.
5) 지금까지 먹어온 나이, 현재 나이.
6) 외숙이 수절하려는 어머니의 뜻을 꺾다.
7) 閔 : 다른 판본에는 '愍'.
8) 躬親 : 몸소, 친히. 撫養 : 어루만져 기르다.

祚薄,[11] 晩有兒息.[12] 外無朞功 强近之親,[13] 內無
zuò bó wǎn yǒu ér xī wài wú jī gōng qiǎng jìn zhī qīn nèi wú
조 박 만 유 아 식 외 무 기 공 강 근 지 친 내 무

應門五尺之童, 煢 煢 孑 立,[14] 形 影 相 吊.[15] 而
yìng mén wǔ chǐ zhī tóng qióng qióng jié lì xíng yǐng xiāng diào ér
응 문 오 척 지 동 경 경 혈 립 형 영 상 조 이

劉夙嬰疾病, 常 在 牀 蓐,[16] 臣 侍 湯 藥, 未 嘗
liú sù yīng jí bìng cháng zài chuán rù chén shì tāng yào wèi cháng
유 숙 영 질 병 상 재 상 욕 신 시 탕 약 미 상

廢 離. 逮 奉 聖 朝,[17] 沐 浴 淸 化,[18] 前 太 守 臣 逵,[19]
fèi lí dài fèng shèng cháo mù yù qīng huà qián tài shǒu chén kuí
폐 리 체 봉 성 조 목 욕 청 화 전 태 수 신 규

察臣 孝廉,[20] 後刺史臣榮, 擧臣 秀才,[21] 臣 以 供
chá chén xiào lián hòu cì shǐ chén róng jǔ chén xiù cai chén yǐ gòng
찰 신 효 렴 후 자 사 신 영 거 신 수 재 신 이 공

---

9) 成立 : 만20세 이상의 성년이 됨을 말한다.
10) 旣無~終鮮~ : ~도 없고, ~도 없다. 鮮 : 드물다, 없다.
11) 門衰祚薄 : 조는 福祚. 가문이 쇠하고 복이 박하다.
12) 『晋書 · 李密傳』에 "二子 賜와 興이 있는데 사의 자는 宗石이라 하고, 흥의 자는 雋石이라 한다. 다 같이 文才가 있다." 했다. 아식은 내 자식이란 말과 같다.
13) 朞功强近之親 : 朞功은 朞服과 功服. 기복은 1년의 상복으로 조부모 · 백숙부 · 형제 등을 위하여 입는 복이다. 공복에는 大功 · 小功의 상복이 있는데 대공은 從父 곧 아버지의 형제 및 형제를 위하여 입는 九月服이요, 소공은 再從兄弟나 외조부모를 위하여 입는 五月服을 말한다. 강근지친이란 유력한 근친이란 뜻으로 복을 입는 가까운 친척을 가리킨다.
14) 煢은 獨과 같으며, 혈립은 孤立과 같다. 경경은 외로운 모양.
15) 자기 몸과 그림자만이 서로 弔向하니 지극히 외로운 처지를 나타내는 말이다.
16) 牀蓐 : 평상과 이부자리, 또는 침상에 까는 돗자리.
17) 逮 : 及(미치다)과 같다. 聖朝 : 촉이 망하고 晉나라 천하로 돌아가매, 진의 武帝를 가리킨다.
18) 목욕은 濕의 뜻으로 은혜를 온몸에 흠뻑 입음을 뜻하고, 청화는 淸明한 정치의 교화를 말한다.
19) 逵 : 촉한의 태수 賈逵. 하동 사람으로 자를 梁道라고 한다.
20) 찰은 擧와 같으며 발탁 · 선발의 뜻. 효렴은 효성스럽고 청렴한 사람. 또 한대에 채택된 과거시험 과목의 하나이다.
21) 秀才 : 과거시험 과목 중의 하나.

養 無 主,[22] 辭 不 赴,[23] 會 詔 書 特 下, 拜 臣 郞 中,[24]
yǎng wú zhǔ cí bú fù huì zhào shū tè xià bài chén láng zhōng
양 무 주 사 불 부 회 조 서 특 하 배 신 랑 중

尋 蒙[25] 國恩, 除 臣 洗 馬,[26] 猥[27] 以微賤, 當 侍 東 宮.[28]
xún méng guó ēn chú chén xiǎn mǎ wěi yǐ wēi jiàn dāng shì dōng gōng
심 몽 국 은 제 신 세 마 외 이 미 천 당 시 동 궁

非 臣 隕 首 所 能 上 報.[29] 臣 具 以 表 聞, 辭 不 就
fēi chén yǔn shǒu suǒ néng shàng bào chén jù yǐ biǎo wén cí bú jiù
비 신 운 수 소 능 상 보 신 구 이 표 문 사 불 취

職, 詔 書 切 峻,[30] 責 臣 逋 慢,[31] 郡 縣 逼 迫, 催 臣 上
zhí zhào shū qiè jùn zé chén bū màn jùn xiàn bī pò cuī chén shàng
직 조 서 절 준 책 신 포 만 군 현 핍 박 최 신 상

道, 州 司 臨 門, 急 於 星 火.[32] 臣 欲 奉 詔 奔 馳, 則
dào zhōu sī lín mén jí yú xīng huǒ chén yù fèng zhào bēn chí zé
도 주 사 림 문 급 어 성 화 신 욕 봉 조 분 치 즉

以 劉 病 日 篤,[33] 欲 苟 順 私 情, 則 告 訴 不 許, 臣
yǐ liú bìng rì dǔ yù gǒu shùn sī qíng zé gào sù bù xǔ chén
이 유 병 일 독 욕 구 순 사 정 즉 고 소 불 허 신

22) 供養無主 : 조모의 공양을 맡아할 사람이 없음.
23) 다른 판본에는 "辭不赴命"으로 되어 있다.
24) 郞中 : 벼슬 이름으로 지금의 內閣에 해당하는 尙書를 도와 政務를 맡아보던 벼슬.
25) 尋 : 繼와 같다. 次第로, 이어서. 蒙 : 받다.
26) 除 : 舊官을 내보내고 新官을 임명한다는 말로 授・任의 뜻. 洗馬는 세마, 선마로 읽는다. 太子를 보좌하는 관직. 태자가 문을 나서면 말을 타고 선도하는 데서 이름이 붙여졌다.
27) 외람되게도.
28) 當侍 : 마땅히 모시다. 東宮 : 태자.
29) 隕首 : 머리를 자르다, 목숨을 바치다. 운은 落(떨어지다)의 뜻. 上報 : 나아가 보답하다.
30) 切峻 : 절박하고 준엄하다.
31) 逋慢 : 일을 회피하고 오만하다.
32) 성화같이 서두르다, 流星의 빛처럼 빨리 서두른다는 말.
33) 日篤 : 날로 심하다.

之進退, 實爲狼狽,[34] 伏惟[35] 聖朝以孝治天下,
zhī jìn tuì shí wéi láng bèi fú wéi shèng cháo yǐ xiào zhì tiān xià
지 진 퇴 실 위 낭 패 복 유 성 조 이 효 치 천 하

凡在故老,[36] 猶蒙矜育,[37] 況臣孤苦特爲尤甚.
fán zài gù lǎo yóu méng jīn yù kuàng chén gū kǔ tè wéi yóu shèn
범 재 고 로 유 몽 긍 육 황 신 고 고 특 위 우 심

且臣少事僞朝,[38] 歷職郎署, 本圖宦達,[39] 不矜[40]
qiě chén shào shì wéi cháo lì zhí láng shǔ běn tú huàn dá bù jīn
차 신 소 사 위 조 역 직 랑 서 본 도 환 달 불 긍

名節. 今臣亡國之賤俘,[41] 至微至陋, 過蒙拔
míng jié jīn chén wáng guó zhī jiàn fú zhì wēi zhì lòu guò méng bá
명 절 금 신 망 국 지 천 부 지 미 지 루 과 몽 발

擢,[42] 寵命優渥,[43] 豈敢盤桓,[44] 有所希冀.[45] 但以劉
zhuó chǒng mìng yōu wò qǐ gǎn pán huán yǒu suǒ xī jì dàn yǐ liú
탁 총 명 우 환 기 감 반 환 유 소 희 기 단 이 유

日薄西山,[46] 氣息奄奄,[47] 人命危淺, 朝不慮夕.
rì bó xī shān qì xī yān yān rén mìng wēi qiǎn zhāo bú lǜ xī
일 박 서 산 기 식 엄 엄 인 명 위 천 조 불 려 석

---

34) 狼狽 : 낭은 뒷발이 짧고 앞발이 길며, 패는 반대로 앞발이 짧고 뒷발이 길다. 그래서 길을 갈 때는 서로 의지해서 걸어가는데 서로 사이가 떨어지면 걷기가 곤란하다. 대개 일이 실패로 돌아가거나 몹시 딱하게 되었을 경우에 이 말을 쓴다.
35) 엎드려 생각하다.
36) 故老 : 노인, 과거 왕조의 늙은 사람.
37) 矜育 : 가엾게 여겨 길러지다.
38) 僞朝 : 진에 멸망한 촉한을 가리킨다. 위조는 분수없이 왕위에 올라 제왕의 이름을 지칭한 조정, 곧 정통이 아닌 조정을 뜻한다. 이밀은 본래 촉의 사람으로 촉한의 선주 유비를 섬기다가 진나라 무제가 위를 빼앗고 촉을 멸망하매, 버리고 돌아갔다.
39) 宦達 : 출세함, 벼슬을 하여 영달함.
40) 矜 : 소중히 여기다.
41) 亡國賤俘 : 망국(촉한)의 비천한 포로.
42) 過蒙 : 과분하게 은혜를 입다. 拔擢 : 발탁되다.
43) 寵命優渥 : 임금이 두터운 은총을 내린다.
44) 盤桓 : 배회하며 뜻을 결정하지 못하고 머뭇거리는 모양.
45) 希冀 : 바람, 원함.
46) 日薄西山 : 해가 서산으로 기울다. 수명이 얼마 남지 않았음을 비유한 말. 迫 : 가까이 하다.

臣無祖母, 無以至今日, 祖母無臣, 無以終
chén wú zǔ mǔ wú yǐ zhì jīn rì zǔ mǔ wú chén wú yǐ zhōng
신 무 조 모 무 이 지 금 일 조 모 무 신 무 이 종

餘年. 母孫二人, 更相爲命,[48] 是以區區不能
yú nián mǔ sūn èr rén gēng xiāng wéi mìng shì yǐ qū qū bù néng
여 년 모 손 이 인 경 상 위 명 시 이 구 구 불 능

廢遠.[49] 臣密今年四十有四, 祖母劉今九十
fèi yuǎn chén mì jīn nián sì shí yǒu sì zǔ mǔ liú jīn jiǔ shí
폐 원 신 밀 금 년 사 십 유 사 조 모 유 금 구 십

有六, 是臣盡節於陛下之日長, 報劉之日
yǒu liù shì chén jìn jié yú bì xià zhī rì cháng bào liú zhī rì
유 륙 시 신 진 절 어 폐 하 지 일 장 보 유 지 일

短也. 烏鳥私情,[50] 願乞終養.[51] 臣之辛苦, 非獨
duǎn yě wū niǎo sī qíng yuàn qǐ zhōng yǎng chén zhī xīn kǔ fēi dú
단 야 오 조 사 정 원 걸 종 양 신 지 신 고 비 독

蜀之人士, 及二州牧伯[52] 所見明知. 皇天后
shǔ zhī rén shì jí èr zhōu mù bó suǒ jiàn míng zhī huáng tiān hòu
촉 지 인 사 급 이 주 목 백 소 견 명 지 황 천 후

土實所共鑑.[53] 願陛下矜愍愚誠,[54] 聽臣微志,
tǔ shí suǒ gòng jiàn yuàn bì xià jīn mǐn yú chéng tīng chén wēi zhì
토 실 소 공 감 원 폐 하 긍 민 우 성 청 신 미 지

庶劉僥倖,[55] 卒保餘年. 臣生當隕首, 死當結
shù liú jiǎo xìng zú bǎo yú nián chén shēng dāng yǔn shǒu sǐ dāng jié
서 유 요 행 졸 보 여 년 신 생 당 운 수 사 당 결

47) 奄奄 : 숨이 곧 끊어질듯 미약한 모양.
48) 서로 목숨이 되다, 의지하다. 경상은 相互(서로)라는 뜻.
49) 區區 : 勤勤과 같다. 소심해지는 모양, 마음을 졸이다. 廢遠 : 버리고 멀리 감.
50) 까마귀는 다 자란 후에는 늙은 어미에게 먹을 것을 날라다 주고 봉양함. 이와 같이 조모에 보은하려는 사사로운 심정.
51) 願乞 : 원하다. 終養 : 죽을 때까지 봉양하다.
52) 二州牧伯 : 이주는 梁州와 益州요, 목백은 태수를 높이어 붙인 말이며 가규와 顧榮을 가리킨다.
53) 皇天后土 : 하늘의 신과 땅의 신, 천지신명. 鑑 : 거울에 비추어 보다, 밝게 잘 살피다.
54) 愚誠 : 어리석은 정성.

草.[56] 臣不勝怖懼之情,[57] 謹拜表以聞.
cǎo chén bú shèng bú jù zhī qíng jǐn bài biǎo yǐ wén
초 신불승포구지정 근배표이문

55) 僥倖 : 요행히.

56) 죽어서도 結草報恩하겠다. 『左傳』 宣公15年에 있는 고사로 춘추시대 魏武子에게 魏顆라는 아들이 있었다. 무자에게 첩이 있었는데 무자가 병들자 아들 과에게 자신이 죽거든 개가시키라고 말했다. 무자는 병이 위독하게 되자 번복하여 순장하라고 유언했다. 무자가 죽자 과는 아버지가 맑은 정신일 때의 유언을 따라 서모를 개가시켰다. 그 뒤 과가 晋과 秦의 전장에 나가 秦의 장군 杜回와 싸워 위급하게 되었을 때 한 노인이 두회 앞에서 풀을 잡아 맺어 길을 막는 것을 보았다. 그로 인해 두회는 넘어져서 사로잡히게 되었다. 뒤에 과의 꿈에 노인이 나타나 자신은 서모의 아버지로 딸의 殉死를 막아준 과에게 은혜를 갚은 것이라고 밝혔다.

57) 다른 판본에는 "臣不勝犬馬怖懼之情"으로 되어 있는 것도 있다.

(4) 蘭 亭 集 序[1] – 王 羲 之[2]

lán tíng jí xù wáng xī zhī
난 정 집 서 왕 희 지

永和九年, 歲在癸丑, 暮春之初,[3] 會於會稽
yǒng hé jiǔ nián suì zài guǐ chǒu mù chūn zhī chū huì yú kuài jī
영 화 구 년 세 재 계 축 모 춘 지 초 회 어 회 계

山陰[4] 之蘭亭, 修禊事也.[5] 群賢畢至,[6] 少長咸
shān yīn zhī lán tíng xiū xì shì yě qún xián bì zhì shào zhǎng xián
산 음 지 란 정 수 계 사 야 군 현 필 지 소 장 함

---

1) 蘭亭은 浙江省 紹興縣에 있는 정자로 지금 정자는 없어지고 天章寺라는 절만이 남아있다. 동진 穆帝 영화9년(354) 3월 난정에서 왕희지를 비롯하여 謝安·孫綽·支遁 등 42인이 會稽山 陽蘭渚의 정자에 모여서 제를 올리고 曲水宴을 열었다. 곡수연이란 구부러진 냇물로 흘러 내려오는 술잔의 술을 마시며 차례로 시를 짓는 것을 말하며 流觴이라고도 한다. 당시의 記事와 詠懷를 모아 문집을 만들고 왕희지가 서를 지은 것이 이 「난정집서」이다. 후세에는 「蘭亭記」로도 전한다. '序'는 사물의 경위를 次第順序를 가지고 서술하는 글로, '緖' 또는 '叙'와 같다. '記'는 『說文』에 '疏'라고 하였으며, '소'란 하나 하나 분별하여 기술하는 것이라 하였다. '기'는 사실을 있는 그대로 적어 나가는 記事文과 같다.
2) 王羲之(307~365) : 東晉의 서예가, 자는 逸少. 山東省 臨沂縣 출신으로 王曠의 아들이다. 그에 못지않은 서예가로 알려진 일곱 번째 아들 王獻之와 함께 '二王' 또는 '羲獻'이라 불린다. 秘書郎 등을 지냈다. 명문 출신임에도 중앙 정부의 지위를 바라지 않고, 351년에는 右軍將軍·會稽內史에 임명되어 浙江省 紹興府에 부임하였는데, 이 관명에 의해 王右軍이라고도 한다. 4년 동안 재임한 뒤 사임하고 자연 속에서 생활하였다. 서예는 어릴 때부터 잘하였고, 衛夫人과 숙부 왕익에게 필법을 전수받았으며 漢·魏의 비문도 연구하여 왕희지의 能書로 유명해졌으며, 한나라 때 시작된 楷·行·草書의 실용서체를 예술적인 서체로 완성하였다. 그의 글씨는 그가 살아 있을 때부터 존중받았고 남북조·隋를 거치면서 귀족들의 애호를 받았다. 唐太宗은 왕희지의 글씨를 널리 수집하고, 서법 또한 크게 성행시켰다. 왕희지의 진필은 전해지지 않고 있지만 雙鉤塡墨(베낀 문자 위에 얇은 종이를 놓고 그 윤곽을 잡아 안을 먹으로 칠하는 묘사법)에 의한 『喪亂帖』, 『孔侍中帖』, 『蘭亭序』 등의 탁본이 전해진다.
3) 永和9年 : 354년 영화는 동진의 5번째 왕인 목제의 연호. 癸丑 : 계축년. 暮春之初 : 음력 3월 초3일, 곧 3월 삼짇날을 뜻한다. 늦은 봄.
4) 會稽山陰 : 회계산의 북쪽, 陰은 北을 뜻한다. 회계산은 절강성 소흥 남동에 있는 명산.
5) 修禊事 : 3월 삼짇날 물가에 흐르는 물에 몸을 깨끗이 씻고 신께 빌어 재앙을 없애고 복을 기원하는 계제사를 거행하는 것. 修는 行事(행하는 것), 계사는 禊祭祀의 일.
6) 畢至 : 모두 모임.

集. 此地有崇山峻嶺, 茂林修竹, 又有清流
jí cǐ dì yǒu chóng shān jùn lǐng mào lín xiū zhú yòu yǒu qīng liú
집 차 지 유 숭 산 준 령 무 림 수 죽 우 유 청 류

激湍,[7] 映帶[8] 左右, 引以爲流觴曲水,[9] 列坐其
jī tuān yìng dài zuǒ yòu yǐn yǐ wéi liú shāng qǔ shuǐ liè zuò qí
격 단 영 대 좌 우 인 이 위 류 상 곡 수 열 좌 기

次. 雖無絲竹管絃[10] 之盛, 一觴一詠, 亦足以
cì suī wú sī zhú guǎn xián zhī shèng yì shāng yì yǒng yì zú yǐ
차 수 무 사 죽 관 현 지 성 일 상 일 영 역 족 이

暢敍幽情.[11] 是日也, 天朗氣淸, 惠風[12] 和暢, 仰
chàng xù yōu qíng shì rì yě tiān lǎng qì qīng huì fēng hé chàng yǎng
창 서 유 정 시 일 야 천 랑 기 청 혜 풍 화 창 앙

觀宇宙之大, 俯察[13] 品類之盛,[14] 所以遊目
guān yǔ zhòu zhī dà fǔ chá pǐn lèi zhī shèng suǒ yǐ yóu mù
관 우 주 지 대 부 찰 품 류 지 성 소 이 유 목

騁懷,[15] 足以極視聽之娛,[16] 信[17] 可樂也. 夫人之
chěng huái zú yǐ jí shì tīng zhī yú xìn kě lè yě fū rén zhī
빙 회 족 이 극 시 청 지 오 신 가 락 야 부 인 지

---

7) 激湍 : 맑게 흐르는 냇물과 소용돌이치며 급격히 흐르는 여울.
8) 서로 비치고 어울려 있음.
9) 流觴曲水 : 상은 술잔. 음력 3월 3일 구곡의 유수에 잔을 띄워 보내고 술을 마시며 시를 짓는 놀이.
10) 絲竹管弦 : 사는 거문고·가야금 등 줄을 타는 악기로 곧 絃樂器요, 죽은 피리·퉁소·笙簧 등 대나무같이 속이 텅 빈 것으로 만든 악기로 곧 管樂器이다. 악기의 총칭, 음악.
11) 暢敍幽情 : 그윽한 정을 충분히 나타냄.
12) 생명을 키우는 따뜻하고 부드러운 봄바람, 왕의 은혜를 비유한다.
13) 굽어 살피다.
14) 禽獸와 草木을 비롯한 만물을 가리킨다. 그러므로 품류지성이란 만물의 수없이 많음을 뜻한다.
15) 遊目騁懷 : 눈을 놀리고 생각을 달림, 어느 것에도 구애받지 않고 자유롭게 생각하는 것.
16) 視聽之娛 : 눈과 귀의 오락, 즐거움, 경치를 즐김.
17) 진실로.

相與俯仰一世,[18] 或取諸懷抱,[19] 悟言[20] 一室之
xiāng yǔ fǔ yǎng yí shì huò qǔ zhū huái bào wù yán yí shì zhī
상 여 부 앙 일 세 혹 취 제 회 포 오 언 일 실 지

內, 或因寄所託,[21] 放浪形骸之外.[22] 雖趣舍[23] 萬
nèi huò yīn jì suǒ tuō fàng làng xíng hái zhī wài suī qū shè wàn
내 혹 인 기 소 탁 방 랑 형 해 지 외 수 취 사 만

殊, 靜躁不同, 當其欣於所遇, 暫得於己, 快
shū jìng zào bù tóng dāng qí xīn yú suǒ yù zàn dé yú jǐ kuài
수 정 조 부 동 당 기 흔 어 소 우 잠 득 어 기 쾌

然[24] 自得, 曾不知老之將至.[25] 及其所之旣倦,
rán zì dé céng bù zhī lǎo zhī jiāng zhì jí qí suǒ zhī jì juàn
연 자 득 증 부 지 로 지 장 지 급 기 소 지 기 권

情隨事遷, 感慨係之矣. 向之所欣,[26] 俛仰之
qíng suí shì qiān gǎn kǎi xì zhī yǐ xiàng zhī suǒ xīn miǎn yǎng zhī
정 수 사 천 감 개 계 지 의 향 지 소 흔 면 앙 지

間,[27] 以爲陳迹,[28] 尤不能不以之興懷. 況脩短
jiān yǐ wéi chén jì yóu bù néng bù yǐ zhī xīng huái kuàng xiū duǎn
간 이 위 진 적 우 불 능 불 이 지 흥 회 황 수 단

---

18) 俯仰一世 : 아래를 보기도 하고 올려다보기도 하며 살아가는 인생. 일세는 사람이 생존해있는 한 세상.
19) 取諸懷抱 : 마음 속에 있는 생각을 끌어냄.
20) 晤言. 晤는 만나서 얘기하는 것.
21) 因寄所託 : 의탁하는 바에 의지하여 부친다 함은 마음을 만물 가운데 놓아 그 가운데 마음이 즐겨가는 그대로 맡긴다는 말이다.
22) 形骸之外 : 몸 밖에서 방랑함. 마음이 그의 육신을 잊고 현실의 모든 속박에서 벗어나 大自由의 자연의 경계에서 노니는 것을 말한다. 유유자적함.
23) 趣舍 : 취는 進과 같고, 사는 捨·退와 같다. 곧 人心의 진퇴를 뜻한다.
24) 매우 즐거워함.
25) 不知老之將至 : 『論語·述而』편에 나온다.
26) 지난 날의 즐거움. 향은 嚮, 昔과 같다.
27) 면은 俯와 같다. 머리를 숙였다 드는 짧은 시간.
28) 陳迹 : 오랜 옛 자취.

隨化,[29] 終 期於盡,古人云死 生 亦大矣,[30] 豈不
suí huà zhōng qī yú jìn gǔ rén yún sǐ shēng yì dà yǐ qǐ bú
수 화 종 기 어 진 고 인 운 사 생 역 대 의 기 불

痛哉.每攬昔人興 感之由,[31] 若合一契,[32] 未 嘗 不
tòng zāi měi lǎn xī rén xīng gǎn zhī yóu ruò hé yí qì wèi cháng bù
통 재 매 람 석 인 흥 감 지 유 약 합 일 계 미 상 불

臨 文 嗟悼,[33] 不 能 諭之於懷.[34] 固知一死 生 爲虛
lín wén jiē dào bù néng yù zhī yú huái gù zhī yì sǐ shēng wéi xū
림 문 차 도 불 능 유 지 어 회 고 지 일 사 생 위 허

誕,[35] 齊 彭 殤[36] 爲 妄 作.後之視今,亦猶今之視昔.
dàn qí péng shāng wéi wàng zuò hòu zhī shì jīn yì yóu jīn zhī shì xī
탄 제 팽 상 위 망 작 후 지 시 금 역 유 금 지 시 석

悲夫,[37] 故列敍時人,錄其所述,雖世殊事異,所以
bēi fū gù liè xù shí rén lù qí suǒ shù suī shì shū shì yì suǒ yǐ
비 부 고 열 서 시 인 녹 기 소 술 수 세 수 사 이 소 이

興 懷,其致[38] 一也.後之覽者,亦將 有 感 於 斯文.
xīng huái qí zhì yī yě hòu zhī lǎn zhě yì jiāng yǒu gǎn yú sī wén
흥 회 기 치 일 야 후 지 람 자 역 장 유 감 어 사 문

29) 脩短隨化 : 수단은 壽夭, 곧 명의 길고 짧음. 생명의 긴 것과 짧은 것은 자연의 조화를 따른다.
30) 死生亦大矣 : 『莊子・德充符』에 나오는 말.
31) 옛 사람이 감흥의 이유를 보게 될 때마다.
32) 하나의 부절을 맞춘 것 같다. 이는 이것과 저것이 어김없이 꼭 들어맞는다는 뜻이다. 계는 符契 또는 符節. 돌 또는 대나무로 만든 符信으로 한쪽은 조정에 두고, 한쪽은 使臣이 지니고 다녔다.
33) 臨文嗟悼 : 옛 문장을 대함에 탄식하다. 임은 글을 읽기 위해 글 앞에 섬, 임문은 감회를 일으켜 고인의 글을 읽음. 차도는 탄식하고 슬퍼함.
34) 마음을 타이를 수 없음, 그렇게 하지 않으려 해도 되지 않음. 유는 알리다, 타이르다.
35) 虛誕 : 허황되고 근거없음.
36) 장수한 彭祖와 요절한 아이가 같다. 팽조도 무한에 비교하면 지극히 짧은 인생이며 어려서 죽었을지라도 하루살이에 비하면 오래 산 것이니 대립과 차별의 인식은 무의미하다. 팽은 요임금 때부터 은나라 말까지 700년을 살았다는 신선 팽조를 가리킨다. 상은 20세가 되기 전에 죽는 것. 『莊子・齊物論』에서 인용.
37) 슬프구나.
38) 그 이치는 감흥을 일으키는 이치.

(5) 歸去來辭 – 陶淵明[1]

guī qù lái cí táo yuān míng
귀 거 래 사 도 연 명

歸去來兮,[2] 田園將蕪, 胡不歸.[3] 既自以心爲
guī qù lái xī tián yuán jiāng wú hú bù guī jì zì yǐ xīn wéi
귀 거 래 혜 전 원 장 무 호 불 귀 기 자 이 심 위

形役.[4] 奚惆悵[5] 而獨悲. 悟已往之不諫,[6] 知來
xíng yì xī chóu chàng ér dú bēi wù yǐ wǎng zhī bú jiàn zhī lái
형 역 해 추 창 이 독 비 오 이 왕 지 불 간 지 래

者之可追.[7] 實迷塗[8] 其未遠. 覺今是而昨非. 舟
zhě zhī kě zhuī shí mí tú qí wèi yuǎn jué jīn shì ér zuó fēi zhōu
자 지 가 추 실 미 도 기 미 원 각 금 시 이 작 비 주

搖搖以輕颺,[9] 風飄飄而吹衣. 問征夫[10] 以
yáo yáo yǐ qīng yáng fēng piāo piāo ér chuī yī wèn zhēng fū yǐ
요 요 이 경 양 풍 표 표 이 취 의 문 정 부 이

前路, 恨晨光之熹微.[11] 乃瞻衡宇,[12] 載欣載奔.
qián lù hèn chén guāng zhī xī wēi nǎi zhān héng yǔ zài xīn zài bēn
전 로 한 신 광 지 희 미 내 첨 형 우 재 흔 재 분

---

1) 도연명이 평택 현령에서 퇴임할 때의 일화이다. 감사관이 감사를 나오니 의관을 정제하고 맞으라 하였다. 도연명은 당시 월급인 쌀 다섯 말 때문에 허리를 굽힐 수 없다고 하며 사직하였다. 그의 나이 41세 때였다. 이때 나온 작품이 「귀거래사」·「歸田園居五首」 등이다. 이후 사망 시까지 20여 년 간 자연 속에서 은둔하며 많은 시문을 남긴다. 현재 전하는 것은 四言詩 9수, 5언시 115수, 산문 11편 등이다.
2) 내혜는 조사. 귀거란 벼슬살이를 그만 두고 고향 땅 전원으로 돌아가리라는 뜻이다.
3) 어찌 돌아가지 않는가? 胡＝何(어찌).
4) 이미 스스로 마음으로써 몸에 사역하다. 마음이 육체의 노예가 되어 먹고 사는 일에 구애됨.
5) 해는 何(어찌)의 뜻. 추창은 슬퍼하고 근심하는 모양.
6) 已往之不諫 : 한 번 지나간 일은 다시금 돌이킬 수 없다.
7) 來者之可追 : 앞으로 돌아오는 일만은 그 옳고 그름을 가려 바르게 고쳐나갈 수 있다.
8) 迷塗 : 길을 잘못 들다.
9) 輕颺 : 가볍게 나부끼는 모양.
10) 征夫 : 정은 간다는 뜻이니 길가는 사람, 나그네를 말한다.
11) 신광은 새벽빛, 희미는 희미한 저녁 빛. 이 말은 길이 하도 멀어 하루에 당도하지 못하고 도중에서 어두움을 만나게 되는 것이 한스럽다는 뜻이다.

僮僕歡迎, 稚子候門. 三徑[13] 就荒, 松菊猶存.
tóng pú huān yíng zhì zǐ hòu mén sān jìng jiù huāng sōng jú yóu cún
동 복 환 영 치 자 후 문 삼 경 취 황 송 국 유 존

携幼入室, 有酒盈樽. 引壺觴以自酌, 眄庭
xié yòu rù shì yǒu jiǔ yíng zūn yǐn hú shāng yǐ zì zhuó miǎn tíng
휴 유 입 실 유 주 영 준 인 호 상 이 자 작 면 정

柯以怡顔.[14] 倚南窓以寄傲,[15] 審容膝之易安.[16]
kē yǐ yí yán yǐ nán chuāng yǐ jì ào shěn róng xī zhī yì ān
가 이 이 안 의 남 창 이 기 오 심 용 슬 지 이 안

園日涉以成趣, 門雖設而相關. 策扶老以
yuán rì shè yǐ chéng qù mén suī shè ér xiāng guān cè fú lǎo yǐ
원 일 섭 이 성 취 문 수 설 이 상 관 책 부 노 이

流憩,[17] 時矯首而遐觀.[18] 雲無心以出峀, 鳥倦
liú qì shí jiǎo shǒu ér xiá guān yún wú xīn yǐ chū xiù niǎo juàn
유 게 시 교 수 이 하 관 운 무 심 이 출 수 조 권

飛而知還. 景翳翳[19] 以將入, 撫孤松而盤桓.[20]
fēi ér zhī huán jǐng yì yì yǐ jiāng rù fǔ gū sōng ér pán huán
비 이 지 환 경 예 예 이 장 입 무 고 송 이 반 환

---

12) 衡宇 : 처마. 형은 두개의 기둥에 한 개의 횡목을 가로질러 만든 허술한 대문, 우는 집의 처마.
13) 정원 안의 세 개의 작은 길. 한나라 蔣詡가 정원에 松徑·竹徑·菊徑 세 개의 작은 길을 내었다는 고사가 전한다.
14) 정원의 나뭇가지를 바라보며 얼굴이 밝아진다.
15) 寄傲 : 떳떳하여 거리낄 것이 없는 마음으로 있는 것.
16) 겨우 무릎을 놓을 만한 좁은 방의 쉽고 편안함을 잘 알다. 심은 知(잘 알다), 용슬은 무릎을 겨우 들여놓을 정도로 좁은 방을 의미한다.
17) 지팡이로 늙은 몸을 붙들어 수시로 쉬다. 부로는 지팡이, 유게는 여기저기 다니며 멋대로 쉬는 일.
18) 矯首 : 고개를 들다. 遐觀 : 먼 곳을 바라보다.
19) 저녁 어스름. 경은 햇빛, 예예는 어둑어둑한 모양.
20) 盤桓 : 앞으로 전진하지 않고 배회하고 서성거림.

歸去來兮, 請息交以絶游, 世與我而相違,
guī qù lái xī qǐng xī jiāo yǐ jué yóu shì yǔ wǒ ér xiāng wéi
귀 거 래 혜 청 식 교 이 절 유 세 여 아 이 상 위

復駕言兮焉求.[21] 悅親戚之情話, 樂琴書以
fù jià yán xī yān qiú yuè qīn qī zhī qíng huà lè qín shū yǐ
부 가 언 혜 언 구 열 친 척 지 정 화 악 금 서 이

消憂. 農人告余以春及. 將有事于西疇.[22] 或
xiāo yōu nóng rén gào yú yǐ chūn jí jiāng yǒu shì yú xī chóu huò
소 우 농 인 고 여 이 춘 급 장 유 사 우 서 주 혹

命巾車, 或棹孤舟. 旣窈窕以尋壑,[23] 亦崎嶇[24]
mìng jīn chē huò zhào gū zhōu jì yáo tiáo yǐ xún hè yì qí qū
명 건 거 혹 도 고 주 기 요 조 이 심 학 역 기 구

而經丘. 木欣欣以向榮, 泉涓涓[25]而始流. 羨
ér jīng qiū mù xīn xīn yǐ xiàng róng quán juān juān ér shǐ liú xiàn
이 경 구 목 흔 흔 이 향 영 천 연 연 이 시 류 선

萬物之得時, 感吾生之行休.[26] 已矣乎.[27] 寓形
wàn wù zhī dé shí gǎn wú shēng zhī xíng xiū yǐ yǐ hu yù xíng
만 물 지 득 시 감 오 생 지 행 휴 이 의 호 우 형

---

21) 駕言兮焉求 : 가는 수레에 멍에 매는 것이요. 言은 조사로 '여기에'라고 읽으며, 焉은 何와 같다.
22) 西疇 : 서쪽 밭.
23) 窈窕以尋壑 : 요조는 山水의 길고 깊은 속을 뜻하고, 심학은 깊은 골짜기의 시냇물을 찾는 일. 곧 외로운 배를 띄워 깊은 골짜기의 시냇물을 찾아 들어간다는 뜻이다.
24) 崎嶇 : 험악한 산길, 높고 험준한 모양.
25) 涓涓 : 물이 가늘게 졸졸 흐르며 끊이지 않는 모양.
26) 行休 : 시간이 흘러 휴식, 곧 죽음에 이른다.
27) 已는 그침의 뜻. 따라서 그만 두자, 그만 두어라고 해석한다.

宇內復幾時.[28] 曷不委心任去留.[29] 胡爲乎, 遑
yǔ nèi fù jǐ shí hé bù wěi xīn rèn qù liú hú wéi hu huáng
우 내 부 기 시 갈 불 위 심 임 거 류 호 위 호 황

遑[30] 欲何之富貴非吾願. 帝鄕[31] 不可期. 懷良
huáng yù hé zhī fù guì fēi wú yuàn dì xiāng bù kě qī huái liáng
황 욕 하 지 부 귀 비 오 원 제 향 불 가 기 회 양

辰[32] 以孤往, 或植杖而耘耔.[33] 登東皐以舒嘯,
chén yǐ gū wǎng huò zhí zhàng ér yún zǐ dēng dōng gāo yǐ shū xiào
신 이 고 왕 혹 식 장 이 운 자 등 동 고 이 서 소

臨淸流而賦詩. 聊乘化以歸盡,[34] 樂夫天命
lín qīng liú ér fù shī liáo chéng huà yǐ guī jìn lè fū tiān mìng
임 청 류 이 부 시 요 승 화 이 귀 진 낙 부 천 명

復奚疑.[35]
fù xī yí
부 해 의

---

28) 寓形宇內 : 육신을 이 세상에 기탁하고 살다. 우는 기탁함, 우내는 세상. 천하에 몸뚱이를 붙여두다. 復幾時 : 다시 몇 때나 되겠는가.
29) 曷不 : 어찌 ~하지 않겠는가? 任去留 : 거류는 가고 머무는 것. 곧 死生을 뜻함이니 임거류는 자연의 사생에 맡기는 것이다.
30) 胡爲乎 : 어찌. 遑遑 : 황황히, 바삐 서두는 모양.
31) 신선의 나라, 영원의 나라.
32) 좋은 시절을 알다. 양신은 좋은 시절, 곧 만물이 소생하는 봄.
33) 植杖 : 지팡이를 밭 가운데에 꽂아 둠. 耘耔 : 밭에 김을 매고 흙을 북돋우다.
34) 승화의 化는 자연의 변화 추이. 귀진은 다함으로 돌아감, 죽음으로 돌아감. 聊＝且.
35) 復奚疑 : 또 무엇을 의심하고 망설이랴?

(6) 春夜宴桃李園序[1] – 李白

chūn yè yàn táo lǐ yuán xù　　lǐ bái
춘 야 연 도 리 원 서　　이 백

夫天地者萬物之逆旅,[2] 光陰[3]者百代之過
fū tiān dì zhě wàn wù zhī nì lǚ　guāng yīn zhě bǎi dài zhī guò
부 천 지 자 만 물 지 역 려　광 음 자 백 대 지 과

客. 而浮生[4]若夢. 爲歡幾何. 古人秉燭夜遊,
kè ér fú shēng ruò mèng wéi huān jǐ hé gǔ rén bǐng zhú yè yóu
객 이 부 생 약 몽 위 환 기 하 고 인 병 촉 야 유

良 有以也.[5] 況 陽 春 召 我以煙景,[6] 大塊假我
liáng yǒu yǐ yě　kuàng yáng chūn zhào wǒ yǐ yān jǐng　dà kuài jiǎ wǒ
량 유 이 야　황 양 춘 소 아 이 연 경　대 괴 가 아

以文章.[7] 會 桃 李 之 芳 園, 序 天 倫 之 樂 事.[8] 群
yǐ wén zhāng huì táo lǐ zhī fāng yuán xù tiān lún zhī lè shì　qún
이 문 장　회 도 리 지 방 원 서 천 륜 지 락 사　군

季[9] 俊秀, 皆爲惠連.[10] 吾人詠 歌, 獨慚 康樂.[11] 幽
jì jùn xiù jiē wéi huì lián　wú rén yǒng gē　dú cán kāng lè　yōu
계 준 수 개 위 혜 련　오 인 영 가　독 참 강 락　유

---

1) 이백이 봄 밤에 복숭아꽃, 오얏꽃 만발한 동산에 형제들과 친척들을 초대하여 酒宴을 베풀고, 각기 시를 짓고서 그 시의 편 머리에 싣고자 그 때 일의 경위를 서술한 글이다.
2) 逆旅 : 客舍와 같다. 逆은 迎의 뜻이니, 곧 나그네를 맞이하는 곳.
3) 광은 日, 음은 月. 곧 세월을 말한다.
4) 浮生 : 안정되지 않고 떠도는 것, 덧없는 인생.
5) 良은 誠과 같고, 以는 故와 같다. 곧 진실로 까닭이 있다고 풀이된다.
6) 煙景 : 아지랑이 낀 봄날의 경치, 아름다운 경치.
7) 대괴는 천지, 대지, 조물주. 가는 賦與. 천지가 나에게 시문을 짓는 재주를 부여하였다는 말이다. 『莊子』에 "大塊假我以形"이란 문구가 있다.
8) 천륜은 천륜의 정을 나눈 형제 사이. 천륜이 모여 즐거운 일을 펼침. 서는 舒, 곧 펼친다는 뜻.
9) 계는 少年, 곧 여러 젊은이들.

賞 未已, 高談轉淸.[12] 開瓊筵以坐花,[13] 飛羽
shǎng wèi yǐ gāo tán zhuǎn qīng kāi qióng yán yǐ zuò huā fēi yǔ
상 미 이 고 담 전 청 개 경 연 이 좌 화 비 우

觴[14] 而醉月.[15] 不有佳作, 何伸雅懷. 如詩不成
shāng ér zuì yuè bù yǒu jiā zuò hé shēn yǎ huái rú shī bù chéng
상 이 취 월 불 유 가 작 하 신 아 회 여 시 불 성

罰依金谷酒數.[16]
fá yī jīn gǔ jiǔ shù
벌 의 금 곡 주 수

10) 惠連 : 송의 시인 謝惠連을 말한다. 謝靈運(康樂)의 族弟로 10살에 시를 잘 지었다고 하며, 강락이 혜련과 더불어 시를 지으면 좋은 句를 얻게 된다고 하였다.
11) 康樂侯 : 남북조시대 송의 산수시인 사령운(385~433). 강락후로 봉해져 강락으로 불린다. 이백도 그의 시풍을 흠모하였다. 중국 산수시의 開祖.
12) 고담은 고상한 이야기요, 전은 漸漸과 같다.
13) 화려한 잔치를 열고 꽃 사이에 앉아. 경연은 구슬방석, 화려한 연회 자리를 비유한다. 즉 옥으로 만든 자리, 훌륭한 잔치.
14) 羽觴 : 두개의 귀가 달린 술잔, 날개달린 술잔. 술잔을 서로 던져주며 술을 마시는 것.
15) 醉月 : 달 앞에서 잔질하며 취하는 것.
16) 金谷酒數 : 晋의 부호 石崇이 그의 별장 金谷園에서 酒宴을 베풀고 시를 짓지 못하는 사람은 벌로 세 말 술을 마시게 하였다고 한다. 晉 石崇『金谷詩序』: 遂各賦詩, 以敍中懷, 或不能者, 罰酒三斗.

(7) 陋室銘[1] − 劉禹錫[2]

lòu shì míng liú yǔ xī
누 실 명 유 우 석

山不在高, 有僊[3]則名. 水不在深, 有龍則靈.
shān bú zài gāo yǒu xiān zé míng shuǐ bú zài shēn yǒu lóng zé líng
산 부 재 고 유 선 즉 명 수 부 재 심 유 룡 즉 령

斯是陋室, 惟吾德馨.[4] 苔痕上階綠, 艸色入
sī shì lòu shì wéi wú dé xīn tái hén shàng jiē lǜ cǎo sè rù
사 시 누 실 유 오 덕 형 태 흔 상 계 록 초 색 입

簾靑. 談笑有鴻儒,[5] 往來無白丁.[6] 可以調素
lián qīng tán xiào yǒu hóng rú wǎng lái wú bái dīng kě yǐ tiáo sù
렴 청 담 소 유 홍 유 왕 래 무 백 정 가 이 조 소

琴,[7] 閱金經.[8] 無絲竹[9]之亂耳, 無案牘[10]之勞形.
qín yuè jīn jīng wú sī zhú zhī luàn ěr wú àn dú zhī láo xíng
금 열 금 경 무 사 죽 지 란 이 무 안 독 지 로 형

---

1) '銘'은 쇠와 돌 및 器物 등에 自戒의 뜻으로 새긴 글, 또는 남의 공덕을 기리어 새긴 글을 이른다. 『論語・子罕』편에서 공자가 "덕이 있는 군자가 산다면 오랑캐 나라라 하더라도 더럽지가 않다." 했다. '누실'이란 '누추한 방'이란 뜻으로 보통 자기가 거처하는 곳을 낮추어 일컫는 말이나 여기서는 그 뜻이 조금 다르다. 이 글은 작자 유우석이 위의 공자의 말과 같이 덕을 강조하여 덕있는 사람이 산다면 비록 더러운 집이라 하더라도 더럽지가 않다고 하는 마음에 부끄럼이 없는 하나의 확고한 신념을 편 글이다.

2) 劉禹錫(772~842) : 자 夢得, 洛陽(지금의 河南省) 사람. 王叔文에 협력하여 환관・藩鎭 세력에 반대했다. 그러나 실패한 후 郎州司馬로 좌천되었다가 후에 連州刺史가 되었다. 이후 裴度의 추천으로 太子賓客 겸 檢校禮部尙書가 되어 세간에서는 劉賓客으로 불렸다. 柳宗元과 교분이 매우 두터워서 '劉柳'라고 병칭되기도 했으며, 白居易와 시문을 주고받는 등 사이가 좋았기 때문에 '劉白'이라고도 병칭되었다. 그의 시는 통속적이면서도 청신하며 「竹枝詞」가 유명하다. 그는 말년에 불교에 대해서도 긍정적인 자세를 보였다. 저서로 『劉賓客集』, 『劉夢得集』이 있다.

3) 僊 : 仙과 같은 글자. 神仙, 불로장생의 신선술을 익힌 仙人.

4) 馨 : 향기롭다는 뜻, 향내 날 형.

5) 鴻儒 : 홍은 大와 같다. 대학자, 大儒. 학문이 넓고 깊으며 인품이 훌륭한 선비.

6) 白丁 : 일반 평민. 백은 지위가 없는 평민, 정은 성인 남자를 가리킴.

7) 素琴 : 장식없이 백목으로 만든 소박한 거문고.

8) 金經 : 금옥같은 경서, 귀한 성인의 저술. 저자가 불교에 정통한 바 불경 중 『금강경』을 가리킨다고도 한다.

南陽諸葛廬,[11] 西蜀子雲亭.[12] 孔子云何陋之
nán yáng zhū gě lú　xī shǔ zǐ yún tíng　kǒng zǐ yún hé lòu zhī
남 양 제 갈 려　서 촉 자 운 정　공 자 운 하 루 지

有![13]
yǒu
유

---

9) 絲竹 : 사는 현악기, 죽은 관악기. 여기서는 고관대작의 집에서 기녀들을 모아놓고 거문고를 타고 피리·생황 등을 불며 즐기는 것을 말한다.
10) 案牘 : 公案과 문서. 곧 관청에서의 복잡한 서류를 뜻함.
11) 남양은 지금의 河南省 襄陽縣의 隆中으로 제갈량이 은거했던 곳. 유비가 삼고초려한 바로 그 집이다. 려는 풀집.
12) 서촉 지방은 지금의 成都市. 자운정은 揚雄(자가 자운)의 집으로 草玄堂이라고도 한다. 양웅이 『太玄』을 지은 곳.
13) 『論語 · 子罕』편의 "君子居之, 何陋之有."에서 인용하였다.

(8) 師 說[1] — 韓 愈

shī shuō　hán yù
사 설　한 유

古之學者必有師. 師者所以傳道授業解
gǔ zhī xué zhě bì yǒu shī shī zhě suǒ yǐ chuán dào shòu yè jiě
고 지 학 자 필 유 사 사 자 소 이 전 도 수 업 해

惑也.[2] 人非生而知之者,[3] 孰能無惑,[4] 惑而不
huò yě rén fēi shēng ér zhī zhī zhě shú néng wú huò huò ér bù
혹 야 인 비 생 이 지 지 자 숙 능 무 혹 혹 이 부

從師,[5] 其爲惑也, 終不解矣. 生乎吾前,[6] 其聞
cóng shī qí wéi huò yě zhōng bù jiě yǐ shēng hū wú qián qí wén
종 사 기 위 혹 야 종 불 해 의 생 호 오 전 기 문

1) '說'은 '解' 또는 '述'의 뜻으로 義理를 해석하면서 여기에 의하여 자기의 의견을 세워 보다 상세하게 그리고 平易하게 풀어 나가는 것이다. 역시 문체의 한 가지로 '論'과 큰 차가 없다. 이 글은 스승에 대한 해설이다. 사람은 모름지기 도가 있는 군자를 스승으로 삼아 옛 성인의 도를 배움으로서 비로소 사람이라 할 수 있다. 옛날 도가 세상에 행해졌을 때는 배움에 老少가 없고, 귀천이 따로 없어 누구든 도가 있는 사람이면 기꺼이 스승으로 삼았다. 그러나 唐代에 이르러 야릇한 풍조가 있었으니 그것은 사람들이 스승을 삼고 제자가 되는 것을 부끄럽게 여기는 풍조다. 이에 韓退之는 이 잘못 돌아가는 세상 인정을 개탄하고 이 점을 깨우쳐 주기 위하여 이 글을 지었다고 한다.

2) 傳道 : 도를 전하다. 도란 한 마디로 인생으로서 마땅히 걸어가야 할 길, 곧 當爲法則이다. 그것은 『대학』에서 이른바 "修己治人"의 도로서, 그 내용은 다음과 같다. 먼저 사물의 이치를 궁구하여 그 근원처에 도달하고(格物), 자기의 지식을 극치에 이르게 하고(致知), 자기의 의지를 성실히 하고(誠意), 자기의 마음을 바로 잡고(正心), 집안을 가지런히 하고(齊家), 나라를 잘 다스리고(治國), 천하를 태평하게(平天下) 하는 것이다. 말하자면 천지자연의 도리에 통달하고 인간으로서의 도덕적 실천을 완성하여 안으로는 성인의 마음을 이루고, 밖으로는 平天下할 만한 인격을 갖추는 것이다. 이것이 유가에서 학문하는 최고 목표인 것이다. 解惑 : 의혹을 풀어주다.

3) 『論語·述而』: 공자가 일찍이 인품에 대하여 네 가지를 말한 일이 있다. 곧 나면서부터 아는 生知者와 배워서 비로소 아는 學知者, 여러 번 되풀이 배워 간신히 아는 困知者, 그리고 막혀도 배우려 하지 않는 下愚者이다.

4) 누가 능히 의혹이 없으리오.

5) 不從師 : 스승을 따르지 않는다. 從 : 좇을 종.

6) 나보다 먼저 태어나다.

道也,[7] 固先乎吾, 吾從而師之. 生乎吾後, 其
dào yě gù xiān hū wú wú cóng ér shī zhī shēng hū wú hòu qí
도 야 고 선 호 오 오 종 이 사 지 생 호 오 후 기

聞道也, 亦先乎吾, 吾從而師之. 吾師道也.
wén dào yě yì xiān hū wú wú cóng ér shī zhī wú shī dào yě
문 도 야 역 선 호 오 오 종 이 사 지 오 사 도 야

夫庸知其年之先後生於吾乎.[8] 是故無貴
fū yōng zhī qí nián zhī xiān hòu shēng yú wú hu shì gù wú guì
부 용 지 기 년 지 선 후 생 어 오 호 시 고 무 귀

無賤, 無長無少, 道之所存, 師之所存也.[9] 嗟
wú jiàn wú zhǎng wú shào dào zhī suǒ cún shī zhī suǒ cún yě jiē
무 천 무 장 무 소 도 지 소 존 사 지 소 존 야 차

乎, 師道之不傳也久矣. 欲人之無惑也難
hu shī dào zhī bù chuán yě jiǔ yǐ yù rén zhī wú huò yě nán
호 사 도 지 부 전 야 구 의 욕 인 지 무 혹 야 난

矣. 古之聖人, 其出人也遠矣.[10] 猶且[11] 從師而
yǐ gǔ zhī shèng rén qí chū rén yě yuǎn yǐ yóu qiě cóng shī ér
의 고 지 성 인 기 출 인 야 원 의 유 차 종 사 이

問焉. 今之衆人, 其下聖人也亦遠矣. 而恥
wèn yān jīn zhī zhòng rén qí xià shèng rén yě yì yuǎn yǐ ér chǐ
문 언 금 지 중 인 기 하 성 인 야 역 원 의 이 치

---

7) 聞道 : 『論語 · 里仁』편에서 공자는 "朝聞道夕死可矣."라고 했다.
8) 夫庸知~ 乎 : 어찌 ~을 따지겠는가? 용은 豈(어찌), 지는 介意(어떤 일에 신경을 쓰는 것).
9) 道之所存, 師之所存也 : 도가 있는 곳이 스승이 있는 곳이다.
10) 出人也遠矣 : 보통 사람보다 뛰어남이 멀다. 출인은 출중하다, 남보다 뛰어나다. 원은 그 거리가 멂을 뜻한다.
11) 오히려.

學於師. 是故 聖 益聖, 愚益愚. 聖 人之所以
xué yú shī shì gù shèng yì shèng yú yì yú shèng rén zhī suǒ yǐ
학 어 사 시 고 성 익 성 우 익 우 성 인 지 소 이

爲聖, 愚人之所以爲愚, 其皆出於此乎. 愛
wéi shèng yú rén zhī suǒ yǐ wéi yú qí jiē chū yú cǐ hu ài
위 성 우 인 지 소 이 위 우 기 개 출 어 차 호 애

其子, 擇師而敎之. 於其 身 也, 則恥師焉, 惑
qí zǐ zé shī ér jiāo zhī yú qí shēn yě zé chǐ shī yān huò
기 자 택 사 이 교 지 어 기 신 야 즉 치 사 언 혹

矣.[12] 彼童子之師, 授之書而習其句讀[13] 者也.
yǐ bǐ tóng zǐ zhī shī shòu zhī shū ér xí qí jù dòu zhě yě
의 피 동 자 지 사 수 지 서 이 습 기 구 두 자 야

非吾所謂 傳 其道, 解其惑者也. 句讀之不
fēi wú suǒ wèi chuán qí dào jiě qí huò zhě yě jù dòu zhī bù
비 오 소 위 전 기 도 해 기 혹 자 야 구 두 지 부

知, 惑之不解, 或師焉, 或不焉. 小學而大遺.
zhī huò zhī bù jiě huò shī yān huò bù yān xiǎo xué ér dà yí
지 혹 지 불 해 혹 사 언 혹 불 언 소 학 이 대 유

吾未見其 明 也.[14] 巫醫樂師百 工 之人, 不恥
wú wèi jiàn qí míng yě wū yī yuè shī bǎi gōng zhī rén bù chǐ
오 미 견 기 명 야 무 의 악 사 백 공 지 인 불 치

12) 則恥師焉, 惑矣 : 스승 섬기기를 부끄러워하다. 惑矣 : 미혹하다.
13) 句讀 : 구는 語意가 끝나는 한 토막의 글. 곧 구절이요, 두는 한 구절 안에서 읽기 편하도록 말의 가락을 끊어서 읽는 곳. 여기에 구두라 함은 학문의 아주 초보적 단계를 의미한다.
14) 나는 현명하다고 보지 않는다.

相師. 士大夫之族, 曰師曰弟子云者, 則群
xiāng shī shì dà fū zhī zú yuē shī yuē dì zǐ yún zhě zé qún
상 사 사 대 부 지 족 왈 사 왈 제 자 운 자 즉 군

聚而笑之. 問之則曰, 彼與彼年 相 若也, 道
jù ér xiào zhī wèn zhī zé yuē bǐ yú bǐ nián xiāng ruò yě dào
취 이 소 지 문 지 즉 왈 피 여 피 년 상 약 야 도

相似也. 位卑則足羞,[15] 官盛則近諛. 嗚呼, 師
xiāng sì yě wèi bēi zé zú xiū guān shèng zé jìn yú wū hu shī
상 사 야 위 비 즉 족 수 관 성 즉 근 유 오 호 사

道之不復[16] 可知矣. 巫醫百工之人, 君子齒
dào zhī bú fù kě zhī yǐ wū yī bǎi gōng zhī rén jūn zǐ chǐ
도 지 불 복 가 지 의 무 의 백 공 지 인 군 자 치

之. 今其智乃反不能及. 可怪也歟. 聖人無
zhī jīn qí zhì nǎi fǎn bù néng jí kě guài yě yú shèng rén wú
지 금 기 지 내 반 불 능 급 가 괴 야 여 성 인 무

常師.[17] 孔子師郯子萇弘師襄老聃郯子之
cháng shī kǒng zǐ shī tán zǐ cháng hóng shī xiāng lǎo dān tán zǐ zhī
상 사 공 자 사 담 자 장 홍 사 양 노 담 담 자 지

徒,[18] 其賢不及孔子. 孔子曰, 三人行, 則必有
tú qí xián bù jí kǒng zǐ kǒng zǐ yuē sān rén xíng zé bì yǒu
도 기 현 불 급 공 자 공 자 왈 삼 인 행 즉 필 유

15) 지위가 낮으면 부끄러워한다.
16) 不復 : 회복되지 못함.
17) 『論語 · 子貢』편에 衛나라 公孫子가 자공에게 "당신네 선생님 공자는 어디서 누구에게 배우셨는가?" 라고 묻자, 자공은 "우리 선생님께서는 어디든 가서 배우지 않는 곳이 없습니다. 따라서 누구에게 배웠다는 일정한 스승이 없습니다."라고 대답했다. 곧 옛 성인의 도가 있는 곳은 다 배울 곳이요, 이 도를 아는 사람은 다 배울만한 스승이라는 말이다.
18) 郯子 : 춘추시대 담나라의 군주. 『左傳 · 昭公17年』에 공자가 담자에게 小皞氏 · 黃帝 · 炎帝 · 伏羲氏 등 고대 제왕의 관 이름에 대해 물었다고 전한다. 萇弘 : 周나라 敬王의 대부로 음악에

我師.[19] 是故弟子不必不如師. 師不必賢於
wǒ shī shì gù dì zǐ bú bì bù rú shī shī bú bì xián yú
아 사 시 고 제 자 불 필 불 여 사 사 불 필 현 어

弟子. 聞道有先後, 術業有專攻, 如斯而已.
dì zǐ wén dào yǒu xiān hòu shù yè yǒu zhuān gōng rú sī ér yǐ
제 자 문 도 유 선 후 술 업 유 전 공 여 사 이 이

李氏子蟠,[20] 年十七, 好古文,[21] 六藝經傳[22] 皆通
lǐ shì zǐ pán nián shí qī hǎo gǔ wén liù yì jīng zhuàn jiē tōng
이 씨 자 반 년 십 칠 호 고 문 육 예 경 전 개 통

習之. 不拘於時,[23] 請學於余. 余嘉其能行古
xí zhī bù jū yú shí qǐng xué yú yú yú jiā qí néng xíng gǔ
습 지 불 구 어 시 청 학 어 여 여 가 기 능 행 고

道, 作師說以貽之.[24]
dào zuò shī shuō yǐ yí zhī
도 작 사 설 이 이 지

정통하였으므로 공자가 음악에 대해 물은 일이 있다고 한다(『禮記』 및 『孔子家語 · 觀周』). 師襄 : 魯나라의 樂官으로 거문고에 능통하므로 공자가 일찍이 이를 배웠다고 함(『史記 · 孔子世家』). 老聃 : 도가의 시조 老子. 『예기』와 『공자가어』에 의하면 공자가 노자에게서 예를 물었다고 한다. 郯子之徒 : 담자의 무리.

19) 『論語 · 述而』 : "三人行, 必有我師焉."

20) 이씨자라 함은 나이가 어리기 때문이다. 李蟠은 한유의 제자로 唐 德宗 貞元19年(803) 진사에 합격하였다.

21) 古文 : 진한 이전의 산문을 모범으로 하여 唐代에 성행하기 시작한 자유롭고 구어에 근접한 산문문체로 騈文에 반대하여 성행하였다. 周 · 秦의 경전이나 제자백가 · 한대의 史傳 문체처럼 질박하고 힘찬 문장.

22) 여기서 육예는 詩 · 書 · 禮 · 樂 · 易 · 春秋의 육경을 가리키며, 춘추삼전(『左傳』 · 『公羊傳』 · 『穀梁傳』)과 삼례(『儀禮』 · 『周禮』 · 『禮記』)가 포함된다. 그러나 통상 육예는 禮 · 樂(악기 연주) · 射(활 쏘기) · 御(마차 몰기) · 書(서예) · 數(산수) 등 주나라 때의 여섯 가지 필수 교양과정을 가리킨다. 경전이란 성현의 글을 뜻한다.

23) 時 : 당시 시속의 분위기, 곧 스승을 좇아 배우는 것을 부끄럽게 여기는 분위기.

24) 貽 : 贈與, 주다. 여기서는 한유가 이반에게 「사설」을 지어준 것을 말한다.

(9) 種樹郭槖駝傳[1] – 柳宗元

zhòng shù guō tuó tuó zhuàn liǔ zōng yuán
종 수 곽 탁 타 전 유 종 원

郭槖駝不知始何名, 疾僂,[2] 隆然[3] 伏行, 有類
guō tuó tuó bù zhī shǐ hé míng jí lǚ lóng rán fú xíng yǒu lèi
곽 탁 타 부 지 시 하 명 질 루 융 연 복 행 유 류

槖駝者. 故 鄕 人號之曰駝, 駝 聞 之 曰, 甚 善.
tuó tuó zhě gù xiāng rén hào zhī yuē tuó tuó wén zhī yuē shèn shàn
탁 타 자 고 향 인 호 지 왈 타 타 문 지 왈 심 선

名 我 固 當, 因 捨 其 名, 亦 自 謂 槖 駝 云. 其 鄕
míng wǒ gù dāng yīn shě qí míng yì zì wèi tuó tuó yún qí xiāng
명 아 고 당 인 사 기 명 역 자 위 탁 타 운 기 향

曰 豊 樂 鄕, 在 長 安 西. 駝 業 種 樹, 凡 長 安 豪
yuē fēng lè xiāng zài cháng ān xī tuó yè zhòng shù fán cháng ān háo
왈 풍 악 향 재 장 안 서 타 업 종 수 범 장 안 호

家 富 人, 爲 觀 遊 及 賣 果 者 皆 爭 迎 取 養 視.[4]
jiā fù rén wéi guān yóu jí mài guǒ zhě jiē zhēng yíng qǔ yǎng shì
가 부 인 위 관 유 급 매 과 자 개 쟁 영 취 양 시

1) 곽탁타란 사람 이름으로 그가 나무를 잘 심었으므로 나무를 심는, 곧 종수 곽탁타라 한 것이다. 여기에서 탁은 긴 헝겊 자루요, 타는 낙타이니 낙타 등은 살이 자루처럼 불쑥 내밀어 있으므로 낙타를 탁타라고 말하기도 하는데, 이것은 곽이란 사람이 곱사등이기 때문에 그렇게 별명이 붙여진 것이다. 이 글의 요지는 나무를 심는 이치를 들어 정치의 要道를 말하며 治者들의 반성을 촉구한다.

2) 僂 : 구부릴 루. 등이 굽은 것, 곱사등이.

3) 높이 솟아있는 모양, 낙타의 등이 솟은 것.

4) 觀遊 : 정원이나 나무를 관상. 賣果者 : 과일 장수. 爭迎取養視 : 果樹를 돌보게 하려고 다투어 나무를 보게 하였다.

駝所種樹, 或移徙, 無不活, 且碩茂,5) 蚤實以
tuó suǒ zhòng shù huò yí xǐ wú bù huó qiě shuò mào zǎo shí yǐ
타 소 종 수 혹 이 사 무 불 활 차 석 무 조 실 이

蕃.6) 他植者雖窺伺傚慕,7) 莫能如也. 有問之,
fān tā zhí zhě suī kuì sì xiào mù mò néng rú yě yǒu wèn zhī
번 타 식 자 수 규 사 효 모 막 능 여 야 유 문 지

對曰, 槖駝非能使木壽且孳也,8) 以能順木
duì yuē tuó tuó fēi néng shǐ mù shòu qiě zī yě yǐ néng shùn mù
대 왈 탁 타 비 능 사 목 수 차 자 야 이 능 순 목

之天, 以致其性焉爾, 凡植木之性, 其本欲
zhī tiān yǐ zhì qí xìng yān ěr fán zhí mù zhī xìng qí běn yù
지 천 이 치 기 성 언 이 범 식 목 지 성 기 본 욕

舒,9) 其培10) 欲平, 其土欲故,11) 其築欲密, 旣然
shū qí péi yù píng qí tǔ yù gù qí zhù yù mì jì rán
서 기 배 욕 평 기 토 욕 고 기 축 욕 밀 기 연

已,12) 勿動勿慮, 去不復顧,13) 其蒔14) 也若子, 其置
yǐ wù dòng wù lǜ qù bú fù gù qí shì yě ruò zǐ qí zhì
이 물 동 물 려 거 불 부 고 기 시 야 약 자 기 치

5) 碩茂 : 잘 자라서 무성한 모양. 석은 크다는 뜻, 자손의 번성을 뜻하는 말로 쓰인다.
6) 일찍 열매를 맺고 수량이 많다. 조는 벼룩이 아닌 일찍(早)이라는 뜻으로 쓰임.
7) 窺伺傚慕 : 규사는 가만히 엿봄, 규와 사 모두 엿본다는 뜻. 효모는 모방하고 본뜸, 배워서 본받음.
8) 孳 : 자람, 번식함.
9) 舒 : 펴다, 바르게 뻗도록 하다.
10) 培 : 북을 주는 것. 흙을 돋우어 나무 뿌리를 덮어주는 일.
11) 故 : 원래 있었던 故土, 출생지.
12) 이미 그러한 일을 끝내고.
13) 復顧 : 다시 돌아보지 않는다.
14) 蒔 : 심음, 이식함.

也若棄, 則其天者全而其性得矣. 故吾不
yě ruò qì zé qí tiān zhě quán ér qí xìng dé yǐ gù wú bú
야 약 기 즉 기 천 자 전 이 기 성 득 의 고 오 불

害其長而已, 非有能碩而茂之也, 不抑耗[15]
hài qí zhǎng ér yǐ fēi yǒu néng shuò ér mào zhī yě bú yì hào
해 기 장 이 이 비 유 능 석 이 무 지 야 불 억 모

其實而已, 非有能蚤而蕃之也. 他植者則
qí shí ér yǐ fēi yǒu néng zǎo ér fān zhī yě tā zhí zhě zé
기 실 이 이 비 유 능 조 이 번 지 야 타 식 자 즉

不然, 根拳[16] 而土易, 其培之也若不過焉, 則
bù rán gēn quán ér tǔ yì qí péi zhī yě ruò bú guò yān zé
불 연 근 권 이 토 역 기 배 지 야 약 불 과 언 즉

不及焉, 苟[17] 有能反是者, 則又愛之太恩, 憂
bù jí yān gǒu yǒu néng fǎn shì zhě zé yòu ài zhī tài ēn yōu
불 급 언 구 유 능 반 시 자 즉 우 애 지 태 은 우

之太勤, 旦視而暮撫, 已去而復顧, 甚者爪
zhī tài qín dàn shì ér mù fǔ yǐ qù ér fù gù shèn zhě zhuǎ
지 태 근 단 시 이 모 무 이 거 이 부 고 심 자 조

其膚,[18] 以驗其生枯, 搖其本, 以觀其疏密,[19] 而
qí fū yǐ yàn qí shēng kū yáo qí běn yǐ guān qí shū mì ér
기 부 이 험 기 생 고 요 기 본 이 관 기 소 밀 이

15) 抑耗 : 억눌러 없애다, 결실을 방해하다.
16) 뿌리를 주먹쥐듯이 구부림.
17) 진실로.
18) 爪其膚 : 손톱으로 나무껍질을 긁어 봄.
19) 疏密 : 나무 뿌리와 흙 사이가 엉성하여 빈틈이 있는 것과 그 사이가 빈틈없이 단단하게 꽉 차있는 것을 말한다.

木 之 性, 日 以 離 矣. 雖 曰, 愛 之, 其 實 害 之, 雖
mù zhī xìng rì yǐ lí yǐ suī yuē ài zhī qí shí hài zhī suī
목 지 성 일 이 리 의 수 왈 애 지 기 실 해 지 수

曰, 憂 之, 其 實 讐 之, 故 不 我 若 也, 吾 又 何 能
yuē yōu zhī qí shí chóu zhī gù bù wǒ ruò yě wú yòu hé néng
왈 우 지 기 실 수 지 고 불 아 약 야 오 우 하 능

爲 矣 哉. 問 者 曰, 以 子 之 道, 移 之 官 理[20] 可 乎.
wéi yǐ zāi wèn zhě yuē yǐ zǐ zhī dào yí zhī guān lǐ kě hu
위 의 재 문 자 왈 이 자 지 도 이 지 관 리 가 호

駝 曰, 我 知 種 樹 而 已, 理 非 吾 業 也. 然 吾 居
tuó yuē wǒ zhī zhòng shù ér yǐ lǐ fēi wú yè yě rán wú jū
타 왈 아 지 종 수 이 이 이 비 오 업 야 연 오 거

鄕, 見 長 人 者 好 煩 其 令, 若 甚 憐 焉, 而 卒 以
xiāng jiàn zhǎng rén zhě hào fán qí lìng ruò shèn lián yān ér zú yǐ
향 견 장 인 자 호 번 기 영 약 심 련 언 이 졸 이

禍. 旦 暮 吏 來 而 呼 曰, 官 命 促 爾 耕, 勖 爾 植,
huò dàn mù lì lái ér hū yuē guān mìng cù ěr gēng xù ěr zhí
화 단 모 리 래 이 호 왈 관 명 촉 이 경 욱 이 식

督 爾 穫,[21] 蚤 繅 而 緖,[22] 蚤 織 而 縷, 字 而 幼 孩, 遂
dū ěr huò zǎo qiāo ér xù zǎo zhī ér lǚ zì ér yòu hái suì
독 이 확 조 조 이 서 조 직 이 루 자 이 유 해 수

---

20) 官理 : 理는 治와 같다. 官治는 정치하는 일을 말한다. 당나라 고종의 諱字가 治였으므로 '治' 字를 피하여 '理'라 한 것이다.

21) 促爾耕, 勖爾植, 督爾穫 : 밭을 갈라 재촉하고, 나무를 심도록 권장하고, 수확하라고 독려함. 爾는 너의 뜻이다. 욱은 힘쓰다, 독은 살피다.

22) 繅而緖 : 繅는 물레를 돌려 실을 자아내는 것이요, 而는 그 아래 네 개의 而와 더불어 汝로 쓰이며, 緖는 실.

而鷄豚, 鳴鼓而聚之, 擊木而召之, 吾小人
ér jī tún míng gǔ ér jù zhī jī mù ér zhào zhī wú xiǎo rén
이 계 돈 명 고 이 취 지 격 목 이 소 지 오 소 인

具饔飧[23] 以勞吏者, 且不得暇, 又何以蕃吾
jù yōng sūn yǐ láo lì zhě qiě bù dé xiá yòu hé yǐ fán wú
구 옹 손 이 로 리 자 차 부 득 가 우 하 이 번 오

生[24] 而安吾性邪. 故病且怠, 若是則與吾業
shēng ér ān wú xìng ye gù bìng qiě dài ruò shì zé yǔ wú yè
생 이 안 오 성 야 고 병 차 태 약 시 즉 여 오 업

者, 其亦有類乎. 問者喜曰, 不亦善夫.[25] 吾問
zhě qí yì yǒu lèi hu wèn zhě xǐ yuē bú yì shàn fū wú wèn
자 기 역 유 류 호 문 자 희 왈 불 역 선 부 오 문

養樹, 得養人術. 傳其事, 以爲官戒也.
yǎng shù dé yǎng rén shù chuán qí shì yǐ wèi guān jiè yě
양 수 득 양 인 술 전 기 사 이 위 관 계 야

23) 饔飧 : 옹은 아침 밥이요, 손은 저녁 밥이다.
24) 蕃吾生 : 우리의 삶을 번창하게 하다.
25) 또한 좋지 아니한가?

(10) 前赤壁賦[1)] – 蘇軾[2)]

qián chì bì fù　sū shì
전 적 벽 부　소 식

壬戌之秋, 七月旣望,[3)] 蘇子與客泛舟,[4)] 遊於
rén xū zhī qiū qī yuè jì wàng　sū zǐ yǔ kè fàn zhōu　yóu yú
임 술 지 추 칠 월 기 망　소 자 여 객 범 주　유 어

赤壁之下. 淸 風徐來, 水波不興. 擧酒屬客,[5)]
chì bì zhī xià qīng fēng xú lái shuǐ bō bù xīng jǔ jiǔ zhǔ kè
적 벽 지 하 청 풍 서 래 수 파 불 흥 거 주 촉 객

---

1) 黃州로 유배된 소식이 元豊5年(1082)에 楊世昌과 함께 적벽에서 두 차례 배를 띄워 노닐며 감회를 써낸 것이 전·후「적벽부」이다. 모두 천고의 명편이다. 湖北에는 적벽으로 불리는 곳이 모두 네 곳이 있다. ① 嘉魚縣 동북쪽 長江변에 있다. 周瑜가 조조를 대파한 赤壁之戰의 역사적 장소. ② 武昌縣. ③ 漢陽縣. ④ 黃岡縣 성 밖으로 이곳이 소식이 뱃놀이한 곳이다. 동파가 적벽을 노닐며 적벽전을 회고한 것은 단지 이름이 같음에 유래한 것이다.
2) 蘇東坡(1036~1101) : 北宋 때 사람. 이름은 軾, 자는 子瞻, 호는 東坡居士. 四川省 眉山縣 출생, 愛稱 坡公·坡仙. 蘇洵의 아들로 태어나 21세에 동생 轍과 함께 문과에 급제했고, 26세 때 制科에 합격 등용되어 鳳翔府 사무관이 되었다. 송나라 제일의 시인이자 詞人이며, 唐宋八大家의 한 사람이다. 특히 詞作에 있어 호방·曠達한 풍격으로 호방파를 이루어 이전의 완약한 풍조를 벗어남으로써 사의 내용을 해방시켰다. 서예의 대가였고 그림에 있어서도 문인화의 창시자로 명성을 지니고 있다. 王安石의 新法을 반대하여 杭州·密州·徐州·湖州 등 외지로 물러나야만 했고, 시로써 시정을 풍자했다고 하여 죽음을 겨우 면한 뒤 黃州로 귀양갔다. 다시 汝州·常州·항주에서 지내기도 하고 惠州·瓊州 등지로 쫓겨나기도 했다. 이런 경험을 통하여 그의 견문이 넓어지고 인생을 보는 눈도 巨視化하였던 것이다. 신법이 부활되자 海南島로 다시 유배되었다. 徽宗의 즉위와 함께 유배에서 풀려나 귀향하던 길에 江蘇省 常州에서 사망. 그는 기본적으로 유학을 숭상했으나 한편 노장사상도 좋아했다. 만년에는 불경과『道藏』도 많이 읽었고 스님과 도사들과 교류하고 술을 즐기며 여자를 사랑하기도 하며 다양한 인생을 추구하였다. 이렇듯 座談과 유머를 좋아해 여러 문인과 교류하며 새로운 詩境을 개척하였다. 재능이 풍부하여 詩·文·書·畵 등에 고루 훌륭한 작품을 남겼다. 47세 때「적벽부」를 썼으며,『소동파전집』115권이 있다. 주요작품은「전적벽부」·「후적벽부」, 사집으로는『東坡樂府』등이 전한다.
3) 壬戌 : 송 神宗 元豊5年(1082). 旣望 : 望은 음력 15일이며, 기망이란 이미 지나간 망이니 음력 7월 16일을 말한다.
4) 泛舟 : 배를 띄우다.
5) 屬客 : 촉은 붙인다는 뜻이니, 곧 손에게 잔을 권하는 것이다.

誦明月之詩, 歌窈窕之章.[6] 少焉[7] 月出於東
sòng míng yuè zhī shī gē yǎo tiǎo zhī zhāng shǎo yān yuè chū yú dōng
송 명 월 지 시 가 요 조 지 장 소 언 월 출 어 동

山之上, 徘徊於斗牛[8]之間. 白露橫江, 水光
shān zhī shàng pái huái yú dǒu niú zhī jiān bái lù héng jiāng shuǐ guāng
산 지 상 배 회 어 두 우 지 간 백 로 횡 강 수 광

接天.[9] 縱一葦[10]之所如, 凌萬頃之茫然.[11] 浩
jiē tiān zòng yī wěi zhī suǒ rú líng wàn qǐng zhī máng rán hào
접 천 종 일 위 지 소 여 능 만 경 지 망 연 호

浩乎如憑虛御風,[12] 而不知其所止, 飄飄乎
hào hū rú píng xū yù fēng ér bù zhī qí suǒ zhǐ piāo piāo hu
호 호 여 빙 허 어 풍 이 부 지 기 소 지 표 표 호

如遺世獨立,[13] 羽化而登仙.[14] 於是飲酒樂甚,
rú yí shì dú lì yǔ huà ér dēng xiān yú shì yǐn jiǔ lè shèn
여 유 세 독 립 우 화 이 등 선 어 시 음 주 락 심

扣舷[15]而歌之, 歌曰, 桂棹兮蘭槳,[16] 擊空明兮
kòu xián ér gē zhī gē yuē guì zhào xī lán jiǎng jī kōng míng xī
구 현 이 가 지 가 왈 계 도 혜 란 장 격 공 명 혜

---

6) 誦明月之詩 : 『詩經 · 陳風』의 月出編을 읊다. 歌窈窕之章 : 『詩經 · 周南』 關雎編 요조의 장을 노래한다.
7) 이윽고 얼마 뒤에.
8) 斗牛 : 두는 南斗星, 우는 牽牛星.
9) 白露橫江 : 흰 이슬은 강물 위에 비껴 내리고. 水光接天 : 물빛은 하늘에 닿았다.
10) 一葦 : 작은 배.
11) 능은 넘어가다, 건너다. 만경은 한없이 너른 바다, 망연은 하도 너르고 멀어서 아득한 모양을 뜻한다.
12) 浩浩乎 : 크고 넓은 것을 표현. 憑虛御風 : 憑은 의지하다. 虛는 허공을 가리키며, 御는 乘과 같다. 허공에 의지하여 바람을 타고 간다는 말은 마음이 이미 신선의 경지에 들어가고 있음을 뜻한다.
13) 飄飄乎 : 가벼이 나부끼는 모양. 遺世獨立 : 세속을 떠나 구속되지 않는 자유로운 경지.
14) 날개가 돋아 신선이 되어 하늘로 올라감.

泝流光.[17] 渺渺[18] 兮余懷, 望美人兮天一方.[19] 客
sù liú guāng miǎo miǎo xī yú huái wàng měi rén xī tiān yì fāng kè
소 류 광 묘 묘 혜 여 회 망 미 인 혜 천 일 방 객

有吹洞簫者,[20] 倚歌[21] 而和之, 其聲嗚嗚然,[22]
yǒu chuī dòng xiāo zhě yǐ gē ér hè zhī qí shēng wū wū rán
유 취 통 소 자 의 가 이 화 지 기 성 오 오 연

如怨如慕, 如泣如訴, 餘音嫋嫋,[23] 不絶如縷,[24]
rú yuàn rú mù rú qì rú sù yú yīn niǎo niǎo bù jué rú lǚ
여 원 여 모 여 읍 여 소 여 음 요 요 부 절 여 루

舞幽壑之潛蛟,[25] 泣孤舟之嫠婦.[26] 蘇子愀然,
wǔ yōu hè zhī qián jiāo qì gū zhōu zhī lí fù sū zǐ qiǎo rán
무 유 학 지 잠 교 읍 고 주 지 리 부 소 자 초 연

正襟危坐,[27] 而問客曰, 何爲其然也. 客曰, 月
zhèng jīn wēi zuò ér wèn kè yuē hé wèi qí rán yě kè yuē yuè
정 금 위 좌 이 문 객 왈 하 위 기 연 야 객 왈 월

---

15) 뱃전을 두드리다.
16) 桂棹蘭槳 : 계수나무 노와 목란 상앗대.
17) 空明 : 달이 물속을 훤히 비친 것을 가리킴. 泝 : 거슬러 올라갈 소. 流光 : 달빛으로 물결이 흐르는 것처럼 반짝이는 모양.
18) 넓고도 아득한 모양.
19) 天一方 : 하늘 저 한 곳에. 작자 소동파가 유배 중이었기 때문에 위의 미인은 조정에 있는 현인군자요, 하늘 저쪽이란 곧 조정을 가리킨다는 설이 있다.
20) 洞簫 : 퉁소.
21) 노래에 맞춰.
22) 嗚嗚然 : 구슬픈 소리의 형용.
23) 嫋嫋 : 소리가 가냘프고 길게 이어지다.
24) 실처럼 끊어지지 않으니.
25) 幽壑之潛蛟 : 깊은 골짜기에 숨어있는 蛟龍, 곧 뿔 없는 용.
26) 孤舟之嫠婦 : 외로운 배의 과부.
27) 愀然 : 슬픈 모양. 正襟 : 옷을 단정히 하다. 危坐＝正坐・端坐. 반듯이 앉다.

明 星 稀, 烏 鵲 南 飛,[28] 此 非 曹 孟 德 之 詩 乎. 西
míng xīng xī wū què nán fēi cǐ fēi cáo mèng dé zhī shī hu xī
명 성 희 오 작 남 비 차 비 조 맹 덕 지 시 호 서

望 夏 口, 東 望 武 昌.[29] 山 川 相 繆,[30] 鬱 乎 蒼
wàng xià kǒu dōng wàng wǔ chāng shān chuān xiāng liáo yù hū cāng
망 하 구 동 망 무 창 산 천 상 무 울 호 창

蒼,[31] 此 非 孟 德 之 困 於 周 郎[32] 者 乎. 方 其 破 荊
cāng cǐ fēi mèng dé zhī kùn yú zhōu láng zhě hu fāng qí pò jīng
창 차 비 맹 덕 지 곤 어 주 랑 자 호 방 기 파 형

州, 下 江 陵, 順 流 而 東 也, 舳 艫[33] 千 里, 旌 旗[34]
zhōu xià jiāng líng shùn liú ér dōng yě zhú lú qiān lǐ jīng qí
주 하 강 릉 순 류 이 동 야 축 로 천 리 정 기

蔽 空. 釃 酒[35] 臨 江, 橫 槊 賦 詩,[36] 固 一 世 之 雄
bì kōng shī jiǔ lín jiāng héng shuò fù shī gù yí shì zhī xióng
폐 공 시 주 임 강 횡 삭 부 시 고 일 세 지 웅

也. 而 今 安 在 哉. 況 吾 與 子, 漁 樵 於 江 渚[37] 之
yě ér jīn ān zài zāi kuàng wú yǔ zǐ yú qiáo yú jiāng zhǔ zhī
야 이 금 안 재 재 황 오 여 자 어 초 어 강 저 지

28) 月明星稀, 烏鵲南飛 : 달이 밝아서 별들이 드물게 보이고, 까막까치가 남쪽으로 날아간다. 孟德 曹操의 시 「短歌行」. 월명은 조조 자신을 비유한 말로 곧 자신의 위세에 군웅이 사라지며, 오작남비는 유비가 패하여 도주하는 것을 뜻한다. 『삼국지』의 그 적벽은 아니나 이름이 같은 적벽에서 적벽의 고사를 인용하고 있다.

29) 夏口, 武昌 : 湖北省의 지명으로 하구는 지금의 漢口.

30) 相繆 : 서로 엉키다.

31) 울울창창하다.

32) 周郎 : 吳의 周瑜. 郎은 청년, 젊은이. 조조의 백만 대군이 유비와 연합한 손권의 部將인 주유의 3만의 군사에게 대패한 일을 말함.

33) 船首와 船尾. 고물 축, 뱃머리 로.

34) 군대의 陣에 쓰는 여러 가지 깃발.

35) 술을 거르다, 여기서는 술을 따라 마시다. 거를 시.

36) 긴 창을 비껴들고 시를 지었으니. 삭은 1장8척이 되는 창.

上, 侶魚鰕而友麋鹿,[38] 駕一葉之扁舟, 擧匏
shàng lǚ yú xiā ér yǒu mí lù jià yí yè zhī piān zhōu jǔ páo
상 여 어 하 이 우 미 록 가 일 엽 지 편 주 거 포

樽以相屬,[39] 寄蜉蝣[40] 於天地, 渺滄海之一粟.[41]
zūn yǐ xiāng zhǔ jì fú yóu yú tiān dì miǎo cāng hǎi zhī yí sù
준 이 상 촉 기 부 유 어 천 지 묘 창 해 지 일 속

哀吾生之須臾, 羨[42] 長江之無窮. 挾飛仙以
āi wú shēng zhī xū yú xiàn cháng jiāng zhī wú qióng xié fēi xiān yǐ
애 오 생 지 수 유 선 장 강 지 무 궁 협 비 선 이

遨遊,[43] 抱明月而長終,[44] 知不可乎驟[45] 得, 託
áo yóu bào míng yuè ér cháng zhōng zhī bù kě hū zhòu dé tuō
오 유 포 명 월 이 장 종 지 불 가 호 취 득 탁

遺響於悲風.[46] 蘇子曰, 客亦知夫水與月乎.
yí xiǎng yú bēi fēng sū zǐ yuē kè yì zhī fū shuǐ yǔ yuè hu
유 향 어 비 풍 소 자 왈 객 역 지 부 수 여 월 호

逝者如斯,[47] 而未嘗往也, 盈虛[48] 者如彼, 而卒
shì zhě rú sī ér wèi cháng wǎng yě yíng xū zhě rú bǐ ér zú
서 자 여 사 이 미 상 왕 야 영 허 자 여 피 이 졸

---

37) 漁樵 : 고기잡고 나무하는 일. 江渚 : 강가.
38) 鰕 : 새우. 麋鹿 : 고라니.
39) 匏樽 : 박으로 만든 술잔. 相屬 : 主客이 쪽박 술잔 들어 서로 권하는 일.
40) 蜉蝣 : 하루살이. 인생의 덧없고 짧은 것에 비유한 말이다.
41) 망망한 푸른 바다에 뜬 한 알의 좁쌀이다. 아득할 묘.
42) 부러워할 선.
43) 挾 : 낄 협. 遨遊 : 밖에 나와 자유로이 노니는 것. 놀 오, 놀 유.
44) 長終 : 오래도록 살다 마친다.
45) 驟 : 갑자기, 쉽사리.
46) 遺響 : 퉁소 소리 뒤에 남는 여운. 託遺響於悲風 : 퉁소 소리 실은 슬픈 바람에 실어 보낸다. 비풍은 秋風.
47) 『論語 · 子罕』편에 나오는 말. 흐르는 물은 잠시도 쉬지 않고 밤낮으로 흐른다는 말이다. 가는 것은 이와 같은가.

莫消長也. 蓋將自其變者而觀之,[49] 則天地
mò xiāo zhǎng yě gài jiāng zì qí biàn zhě ér guān zhī zé tiān dì
막 소 장 야 개 장 자 기 변 자 이 관 지 즉 천 지

曾不能以一瞬, 自其不變者而觀之, 則物
céng bù néng yǐ yí shùn zì qí bú biàn zhě ér guān zhī zé wù
증 불 능 이 일 순 자 기 불 변 자 이 관 지 즉 물

與我皆無盡也. 而又何羨乎. 且夫天地之
yǔ wǒ jiē wú jìn yě ér yòu hé xiàn hu qiě fū tiān dì zhī
여 아 개 무 진 야 이 우 하 선 호 차 부 천 지 지

間, 物各有主. 苟非吾之所有, 雖一毫而莫
jiān wù gè yǒu zhǔ gǒu fēi wú zhī suǒ yǒu suī yì háo ér mò
간 물 각 유 주 구 비 오 지 소 유 수 일 호 이 막

取, 惟江上之淸風, 與山間之明月, 耳得之而
qǔ wéi jiāng shàng zhī qīng fēng yǔ shān jiān zhī míng yuè ěr dé zhī ér
취 유 강 상 지 청 풍 여 산 간 지 명 월 이 득 지 이

爲聲, 目寓之而成色. 取之無禁, 用之不竭.
wéi shēng mù yù zhī ér chéng sè qǔ zhī wú jìn yòng zhī bù jié
위 성 목 우 지 이 성 색 취 지 무 금 용 지 불 갈

是造物者之無盡藏[50]也, 而吾與子之所共
shì zào wù zhě zhī wú jìn zàng yě ér wú yǔ zǐ zhī suǒ gòng
시 조 물 자 지 무 진 장 야 이 오 여 자 지 소 공

48) 盈虧와 같다. 곧 달이 차고 이지러지는 것.
49) 우주 만상을 동적인 개념으로 본다면 어느 것 하나 그대로 가만히 있는 것이 없고, 불변의 개념으로 본다면 천지 만물은 오직 하나의 근원이라 나고 죽음이 따로 없으니 그 생명 또한 무한하여 다함이 없다.
50) 無盡藏 : 써도 써도 다함이 없는 한정없이 많은 것.

樂. 客喜而笑, 洗盞 更 酌, 肴核[51] 旣盡, 盃盤狼
lè kè xǐ ér xiào xǐ zhǎn gēng zhuó yáo hé jì jìn bēi pán láng
락 객희이소 세잔 경 작효핵 기진 배반낭

藉.[52] 相與枕藉[53] 乎舟中, 不知東方之旣白.[54]
jí xiāng yǔ zhěn jiè hū zhōu zhōng bù zhī dōng fāng zhī jì bái
자 상여침자 호주중 부지동방지기백

51) 효는 魚肉 안주, 핵은 과실 안주이다.
52) 잔과 쟁반이 어지러이 흩어져 있다. 藉 : 자 또는 적으로 읽는다.
53) 枕藉 : 서로 베고 잠.
54) 白 : 하얗게 날이 새는 것.

5. 諸子經書(제자경서)

(1) 論 語[1] 抄

lún yǔ chāo
논 어 초

子[2] 曰, 學而時習之,[3] 不亦說乎?[4] 有朋自遠方
zǐ yuē xué ér shí xí zhī bú yì yuè hu yǒu péng zì yuǎn fāng
자 왈 학 이 시 습 지 불 역 열 호 유 붕 자 원 방

來,[5] 不亦樂乎? 人不知而不慍,[6] 不亦君子乎?
lái bú yì lè hu rén bù zhī ér bú yùn bú yì jūn zǐ hu
래 불 역 락 호 인 부 지 이 불 온 불 역 군 자 호

(學而 · 第一章)
xué ér dì yī zhāng
학 이 제 일 장

1) 四書 중 하나이며 공자의 제자들이 지음. 공자(孔丘 : 자는 仲尼, 춘추시대 魯나라 사람)의 언행과 제자와 여러 사람들과의 문답, 제자의 언행을 모았다. 한문 전적은 크게 經 · 史 · 子 · 集의 4가지로 분류된다. 경은 儒學에 관한 것, 사는 역사기록, 자는 제자백가의 설, 집은 기타 문집을 가리킨다. 『논어』는 學而 · 爲政 · 八佾 · 里仁 · 公冶長 · 雍也 · 述而 · 泰伯 · 子罕 · 鄕黨 · 先進 · 顔淵 · 子路 · 憲問 · 衛靈公 · 季氏 · 陽貨 · 微子 · 子張 · 堯曰의 20편으로 구성되어 있다. 어록체로서 언어가 간결하고 함축적이며 대화의 운용이 뛰어나다.

2) 보통 남성을 지칭하는 말에서 스승에 대한 대명사로 쓰였으며, 『논어』에서는 공자를 가리킨다.

3) 學 : 먼저 도를 깨우친 사람에게 듣고 책을 통해서 새로운 지식을 배우는 일. 時習 : 때때로 익히다. 之는 배운 것. 기회 있을 때마다 복습하고 익힘. 습은 병아리가 날려고 노력하는 것에서 유래한 자.

4) 不亦~ 乎 : ~하지 아니한가? 說=悅(기쁠 열).

5) 朋 : 같은 스승에게서 배우는 동문, 동학, 또는 뜻을 같이 하는 사람. 自遠方 : 먼곳으로부터. 自는 ~로부터.

6) 慍 : 화내다.

有子[7] 曰, 其爲人也孝弟,[8] 而好犯上者鮮矣.[9]
yǒu zǐ yuē qí wéi rén yě xiào tì ér hào fàn shàng zhě xiǎn yǐ
유 자 왈 기 위 인 야 효 제 이 호 범 상 자 선 의

不好犯上, 而好作亂者, 未之有也. 君子務
bú hào fàn shàng ér hào zuò luàn zhě wèi zhī yǒu yě jūn zǐ wù
불 호 범 상 이 호 작 란 자 미 지 유 야 군 자 무

本,[10] 本立而道生. 孝弟也者, 其爲仁之本與.[11]
běn běn lì ér dào shēng xiào tì yě zhě qí wéi rén zhī běn yú
본 본 립 이 도 생 효 제 야 자 기 위 인 지 본 여

(學而 · 第二章)
xué ér dì èr zhāng
학 이 제 이 장

子曰, 弟子入則孝, 出則弟, 謹而信,[12] 汎愛衆
zǐ yuē dì zǐ rù zé xiào chū zé tì jǐn ér xìn fàn ài zhòng
자 왈 제 자 입 즉 효 출 즉 제 근 이 신 범 애 중

而親仁,[13] 行有餘力, 則以學文. (學而 · 第六章)
ér qīn rén xíng yǒu yú lì zé yǐ xué wén xué ér dì liù zhāng
이 친 인 행 유 여 력 즉 이 학 문 학 이 제 육 장

---

7) 공자의 弟子, 성이 有이고 이름이 若이다. 魯나라 사람. 유자라고 자를 붙인 것은 경칭으로 『논어』에서 공자는 弟子 중 '有若'과 '曾參'의 이름을 부르지 않고 '有子', '曾子'로 부른다. 유자는 공자보다 13년 손아래라고 한다.
8) 孝弟 : 부모에게 효성스럽고, 웃어른에게 공손함. 弟=悌(공경할 제)로 윗사람을 잘 섬기는 것.
9) 犯上 : 윗사람을 거역함. 鮮=少, 적다, 드물다.
10) 務本 : 근본에 힘쓰다.
11) 與=歟(어조사 여). 감탄의 뜻을 담고 있는 어조사로 쓰였다.

12) 근은 몸가짐이 바르고 규율이 있으며 일을 함에 恒心이 있는 것.
13) 親仁 : 어진 사람과 가까이 하다.

子曰, 君子食無求飽,[14] 居無求安, 敏於事而
zǐ yuē jūn zǐ shí wú qiú bǎo jū wú qiú ān mǐn yú shì ér
자 왈 군 자 식 무 구 포 거 무 구 안 민 어 사 이

愼於言,[15] 就有道而 正 焉, 可謂好學也已.
shèn yú yán jiù yǒu dào ér zhèng yān kě wèi hào xué yě yǐ
신 어 언 취 유 도 이 정 언 가 위 호 학 야 이

(學而 · 第十四章)
xué ér dì shí sì zhāng
학 이 제 십 사 장

子曰, 詩三百,[16] 一言以蔽之[17] 曰, 思無邪.[18]
zǐ yuē shī sān bǎi yì yán yǐ bì zhī yuē sī wú xié
자 왈 시 삼 백 일 언 이 폐 지 왈 사 무 사

(爲政 · 第一章)
wéi zhèng dì yī zhāng
위 정 제 일 장

---

14) 無求飽 : 배불리 먹어 호식하기를 원하지 않다.
15) 일을 실천하는 데 재빠르게 먼저 하고, 그 다음에 말함에 있어서는 삼가하여 조심하다.

16) 『詩經』의 시가 모두 311편이기 때문에 쓰인 말이다. 현재는 305편이 전한다.
17) 한 마디 말로 『시경』의 요지를 포괄하다.
18) 내용과 뜻이 바르고 삿됨이 없다.

子曰, 參乎![19] 吾道一以貫之.[20] 曾子曰, 唯.[21]
zǐ yuē shēn hū wú dào yī yǐ guàn zhī zēng zǐ yuē wéi
자 왈 삼 호 오 도 일 이 관 지 증 자 왈 유

子出,[22] 門人問曰, 何謂也? 曾子曰, 夫子之道,
zǐ chū mén rén wèn yuē hé wèi yě zēng zǐ yuē fū zǐ zhī dào
자 출 문 인 문 왈 하 위 야 증 자 왈 부 자 지 도

忠恕[23] 而已矣. (里仁 · 第十六章)
zhōngshù ér yǐ yǐ lǐ rén dì shí liù zhāng
충 서 이 이 의 이 인 제 십 육 장

子曰, 飯疏食[24] 飮水, 曲肱而枕之,[25] 樂亦在
zǐ yuē fàn shū shí yǐn shuǐ qǔ gōng ér zhěn zhī lè yì zài
자 왈 반 소 사 음 수 곡 굉 이 침 지 낙 역 재

其中矣. 不義而富且貴, 於我如浮雲.[26]
qí zhōng yǐ bú yì ér fù qiě guì yú wǒ rú fú yún
기 중 의 불 의 이 부 차 귀 어 아 여 부 운

(述而[27] · 第十五章)
shù ér dì shí wǔ zhāng
술 이 제 십 오 장

19) 參 : 증삼, 공자의 제자로 이름이 삼, 자는 子輿, 노나라 사람. 노둔한 성질이었으나 부단히 노력하여 공자의 道統을 이었다고 한다. 효자로 유명하다.
20) 一以貫之 : 하나의 진리로 두루 관통하여 포용하고 통한다.
21) 대답할 유. "네, 그렇습니다." 하는 대답.
22) 孔子가 나가자.
23) 忠은 자신에 대해 진실과 정성, 恕는 남에 대해 관용과 깊은 이해. 朱子는 忠은 體이며, 恕는 用이라 하였다.
24) 거친 잡곡과 음식을 먹다. 반은 동사, 소사가 목적어이다.
25) 曲肱 : 팔을 굽히다. 肱 : 팔뚝 굉. 팔꿈치를 굽혀 베개삼아 베다.
26) 浮雲 : 뜬 구름.
27) 편명. 본래 '술'은 옛 문헌을 바탕으로 편집하는 것이다. 예를 들면 刪詩書, 定禮樂, 贊周易, 修春秋 등이다. 공자가 군자는 "述而不作"이라 하였다.

子曰, 我非 生 而知之 者,[28] 好古敏以求之
zǐ yuē wǒ fēi shēng ér zhī zhī zhě hào gǔ mǐn yǐ qiú zhī
자 왈 아 비 생 이 지 지 자 호 고 민 이 구 지

者也.[29]
zhě yě
자 야

(述而 · 第十九章)
shù ér dì shí jiǔ zhāng
술 이 제 십 구 장

子曰, 知者不惑,[30] 仁者不憂,[31] 勇者不懼.[32]
zǐ yuē zhī zhě bú huò rén zhě bù yōu yǒng zhě bú jù
자 왈 지 자 불 혹 인 자 불 우 용 자 불 구

(子罕 · 第二十八章)
zǐ hǎn dì èr shí bā zhāng
자 한 제 이 십 팔 장

---

28) 生而知之 : 지혜가 월등하여 나면서 이미 초인적인 역량을 가지는 것.
29) 好古 : 옛 것을 좋아하다. 敏以求之 : 민첩하여 이것을 얻다.
30) 知者 : 지혜로운(총명) 사람. 不惑 : 미혹되지 않는다.
31) 不憂 : 근심하지 않는다.
32) 不懼 : 두려워하지 않는다.

顏淵問仁. 子曰, 克己復禮[33] 爲仁. 一日克己
yán yuān wèn rén zǐ yuē kè jǐ fù lǐ wéi rén yí rì kè jǐ
안 연 문 인 자 왈 극 기 복 례 위 인 일 일 극 기

復禮, 天下歸仁焉.[34] 爲仁由己,[35] 而由人乎哉?[36]
fù lǐ tiān xià guī rén yān wéi rén yóu jǐ ér yóu rén hū zāi
복 례 천 하 귀 인 언 위 인 유 기 이 유 인 호 재

顏淵曰, 請問其目?[37] 子曰, 非禮勿視,[38] 非禮勿
yán yuān yuē qǐng wèn qí mù zǐ yuē fēi lǐ wù shì fēi lǐ wù
안 연 왈 청 문 기 목 자 왈 비 례 물 시 비 례 물

聽, 非禮勿言, 非禮勿動.[39] 顏淵曰, 回[40] 雖不敏,
tīng fēi lǐ wù yán fēi lǐ wù dòng yán yuān yuē huí suī bù mǐn
청 비 례 물 언 비 례 물 동 안 연 왈 회 수 불 민

請事斯語矣.[41] (顏淵 · 第一章)
qǐng shì sī yǔ yǐ yán yuān dì yī zhāng
청 사 사 어 의 안 연 제 일 장

---

33) 克己 : 자신의 욕망을 이김. 復禮 : 예로 돌아오다, 예를 행하다.
34) 歸 : 돌아가다, ~를 찾는다, 행하다. 歸仁은 그 사람의 인함으로 인해 마음에서부터 순종하는 것.
35) 由己 : 자신으로부터, 인을 행함이 자신에게 달려 있다. 爲仁은 인을 행한다.
36) 由人乎哉 : 다른 사람으로부터 말미암을 것인가? 자신에게 달려있다는 묵시.
37) 目 : 細目, 項目, 실천해야 하는 條目.
38) 非~ 勿~ : ~가 아니면 ~하지 말라.
39) 動 : 行動함.
40) 顏回, 顏子라고 한다. 본래 字는 淵이나 회라고 한 것은 스승인 공자에게 대한 겸양어.
41) 그 말을 지키고 따르다. 관용적으로 쓰인다.

(2) 孟子[1] 抄

mèng zǐ chāo
맹 자 초

浩然之氣[2]

hào rán zhī qì
호 연 지 기

敢問夫子惡乎長?[3] 曰我知言, 我善養吾
gǎn wèn fū zǐ wù hū cháng yuē wǒ zhī yán wǒ shàn yǎng wú
감 문 부 자 오 호 장 왈 아 지 언 아 선 양 오

浩然之氣. 敢問何謂浩然之氣? 曰難言也. 其
hào rán zhī qì gǎn wèn hé wèi hào rán zhī qì yuē nán yán yě qí
호 연 지 기 감 문 하 위 호 연 지 기 왈 난 언 야 기

也, 至大至剛, 以直養[4] 而無害, 則塞於天地
yě zhì dà zhì gāng yǐ zhí yǎng ér wú hài zé sè yú tiān dì
야 지 대 지 강 이 직 양 이 무 해 즉 색 어 천 지

之間. 其爲氣也, 配義與道, 無是, 餒[5] 也. 是集
zhī jiān qí wéi qì yě pèi yì yǔ dào wú shì něi yě shì jí
지 간 기 위 기 야 배 의 여 도 무 시 뇌 야 시 집

---

1) 『맹자』는 인명인 동시에 서명이기도 하다. 맹자의 이름은 軻, 자는 子輿. 지금의 山東省 남부인 鄒나라에서 출생. 공자의 손자인 子思의 문하 사람에게서 수업하였다고 하며 亞聖으로 일컬어진다. 사서 중 하나인 『맹자』는 梁惠王·公孫丑·騰文公·離婁·萬章·告子·盡心의 7편이 각각 상·하 14편으로 구성되어 있으며, 내용은 맹자가 공자의 仁에 義를 추가한 왕도정치와 性善說을 중심으로 삼고 있다. 남송 朱子에 의해 유학의 기본 경전인 四書의 하나가 되었다. 격정적·웅변적·선동적이며 재기가 넘치고 의론이 도도하다.
2) 하늘과 땅 사이에 넘치게 가득 찬 넓고도 큰 元氣. 후일 知言과 養氣로 압축하여 지언은 진리를 아는 知의 공부로, 양기는 심신을 수행하는 行의 공부로 분류한다.
3) 惡乎長 : 무엇을 잘 하십니까?
4) 直養 : 적당히 배양하다.
5) 굶주리다, 결핍되어서 없어짐.

義[6] 所 生 者, 非 義 襲[7] 而 取 之 也. 行 有 不 慊
yì suǒ shēng zhě fēi yì xí ér qǔ zhī yě xíng yǒu bú qiàn
의 소 생 자 비 의 습 이 취 지 야 행 유 불 겸

於 心,[8] 則 餒 矣. 我 故 曰, 告 子 未 嘗 知 義, 以 其
yú xīn zé něi yǐ wǒ gù yuē gào zǐ wèi cháng zhī yì yǐ qí
어 심 즉 뇌 의 아 고 왈 고 자 미 상 지 의 이 기

外 之 也.[9] 必 有 事 焉 而 勿 正, 心 勿 忘, 勿 助
wài zhī yě bì yǒu shì yān ér wù zhèng xīn wù wàng wù zhù
외 지 야 필 유 사 언 이 물 정 심 물 망 물 조

長 也. 無 若 宋 人 然, 宋 人, 有 閔 其 苗 之 不 長
zhǎng yě wú ruò sòng rén rán sòng rén yǒu mǐn qí miáo zhī bù zhǎng
장 야 무 약 송 인 연 송 인 유 민 기 묘 지 부 장

而 揠 之 者, 芒 芒 然 歸. 謂 其 人 曰, 今 日 病 矣,
ér yà zhī zhě máng máng rán guī wèi qí rén yuē jīn rì bìng yǐ
이 알 지 자 망 망 연 귀 위 기 인 왈 금 일 병 의

予 助 苗 長 矣.[10] 其 子 趨 而 往 視 之, 苗 則 槁
yú zhù miáo zhǎng yǐ qí zǐ qū ér wǎng shì zhī miáo zé gǎo
여 조 묘 장 의 기 자 추 이 왕 시 지 묘 즉 고

---

6) 集義 : 의를 모으다.
7) 義襲 : 의가 일시적으로 엄습하다.
8) 不慊於心 : 마음에 미흡한 점이 없는 것.
9) 其外之也 : 의가 자신에게 있지 않고 밖에 있는 것으로 여기다.
10) 助苗長矣 : 揠苗助長이라는 고사성어가 여기서 나왔다. 묘의 고갱이를 뽑아 올린다는 뜻으로 성공을 서두르다가 도리어 해를 보는 것을 비유한다. 줄여서 助長이라고도 한다. 조장은 직역하면 도와서 성장시킨다는 뜻이나 급히 크게 하고자 무리하게 힘을 가하면 도리어 모든 것을 해치게 된다는 뜻으로 쓰인다.

矣. 天下之不助, 苗長者寡矣. 以爲無益而
yǐ tiān xià zhī bú zhù miáo zhǎng zhě guǎ yǐ yǐ wéi wú yì ér
의 천 하 지 부 조 묘 장 자 과 의 이 위 무 익 이

舍之者, 不耘苗者也, 助之長者, 揠苗者也.
shě zhī zhě bù yún miáo zhě yě zhù zhī zhǎng zhě yà miáo zhě yě
사 지 자 불 운 묘 자 야 조 지 장 자 알 묘 자 야

非徒無益, 而又害之. (公孫丑[11] 上 · 第二章)
fēi tú wú yì ér yòu hài zhī gōng sūn chǒu shàng dì èr zhāng
비 도 무 익 이 우 해 지 공 손 추 상 제 이 장

11) 맹자의 제자, 齊나라 사람. 공손은 성이고 추는 이름이다. 맹자에게 王道政治와 不動心, 浩然之氣 등에 관하여 질문하였다. 그는 政事에 뛰어났고 정치에 많은 관심을 보여 맹자와 토론하였는데, 『맹자』 공손추 · 이루 · 등문공 등에 그 내용이 전한다.

性 善
xìng shàn
성 선

公 都 子[12] 曰, 告 子[13] 曰, 性 無 善 無 不 善 也. 或
gōng dū zǐ yuē gào zǐ yuē xìng wú shàn wú bú shàn yě huò
공 도 자 왈 고 자 왈 성 무 선 무 불 선 야 혹

曰, 性 可 以 爲 善, 可 以 爲 不 善. 是 故, 文 武[14]
yuē xìng kě yǐ wéi shàn kě yǐ wéi bú shàn shì gù wén wǔ
왈 성 가 이 위 선 가 이 위 불 선 시 고 문 무

興, 則 民 好 善, 幽 厲[15] 興, 則 民 好 暴. 或 曰, 有
xīng zé mín hào shàn yōu lì xīng zé mín hào bào huò yuē yǒu
흥 즉 민 호 선 유 려 흥 즉 민 호 폭 혹 왈 유

性 善, 有 性 不 善. 是 故, 以 堯 爲 君, 而 有 象,[16]
xìng shàn yǒu xìng bú shàn shì gù yǐ yáo wéi jūn ér yǒu xiàng
성 선 유 성 불 선 시 고 이 요 위 군 이 유 상

以 瞽 瞍[17] 爲 父, 而 有 舜, 以 紂[18] 爲 兄 之 子, 且
yǐ gǔ sǒu wéi fù ér yǒu shùn yǐ zhòu wéi xiōng zhī zǐ qiě
이 고 수 위 부 이 유 순 이 주 위 형 지 자 차

12) 맹자의 제자.
13) 고자는 전국시대에 군소 사상가로 당시에는 맹자보다 유명했다고 한다. 맹자의 사상과 닮은 점이 있으나 기본적으로는 일치되지 않는 점이 많다. 맹자의 성선론에 대한 언급을 많이 했다.
14) 周나라 문왕과 무왕.
15) 주나라의 폭군인 유왕과 여왕.
16) 象 : 舜의 이복동생으로 品行이 악하였다.
17) 瞽瞍 : 舜의 아버지로 역시 品行이 악하였음.
18) 紂 : 殷을 망하게 한 폭군.

以爲君, 而有微子啓, 王子比干.[19] 今曰, 性善,
yǐ wéi jūn ér yǒu wēi zǐ qǐ wáng zǐ bǐ gàn jīn yuē xìng shàn
이 위 군 이 유 미 자 계 왕 자 비 간 금 왈 성 선

然則彼皆非與?[20] 孟子曰, 乃若其情,[21] 則可
rán zé bǐ jiē fēi yú mèng zǐ yuē nǎi ruò qí qíng zé kě
연 즉 피 개 비 여 맹 자 왈 내 약 기 정 즉 가

以爲善矣, 乃所謂善也. 若夫爲不善, 非才
yǐ wéi shàn yǐ nǎi suǒ wèi shàn yě ruò fū wéi bú shàn fēi cái
이 위 선 의 내 소 위 선 야 약 부 위 불 선 비 재

之罪也.[22] 惻隱之心, 人皆有之, 羞惡之心,
zhī zuì yě cè yǐn zhī xīn rén jiē yǒu zhī xiū wù zhī xīn
지 죄 야 측 은 지 심 인 개 유 지 수 오 지 심

人皆有之, 恭敬之心, 人皆有之, 是非之心,
rén jiē yǒu zhī gōng jìng zhī xīn rén jiē yǒu zhī shì fēi zhī xīn
인 개 유 지 공 경 지 심 인 개 유 지 시 비 지 심

人皆有之. 惻隱之心, 仁也, 羞惡之心, 義也,
rén jiē yǒu zhī cè yǐn zhī xīn rén yě xiū wù zhī xīn yì yě
인 개 유 지 측 은 지 심 인 야 수 오 지 심 의 야

恭敬之心, 禮也, 是非之心, 智也. 仁, 義, 禮,
gōng jìng zhī xīn lǐ yě shì fēi zhī xīn zhì yě rén yì lǐ
공 경 지 심 예 야 시 비 지 심 지 야 인 의 예

19) 微子啓, 比干 : 주왕의 숙부들. 간언하니 주가 심장을 잘라 죽임.
20) 그렇다면 다른 것은 모두 그르다는 것인가?
21) 乃若 : 접속사로 쓰여 至于(~로 말하자면, ~에 관해서는). 情은 타고난 성정.
22) 才는 타고난 資質. 才質의 죄가 아니다.

智, 非由外鑠我也,[23] 我固有之也, 弗思耳
zhì fēi yóu wài shuò wǒ yě wǒ gù yǒu zhī yě fú sī ěr
지 비 유 외 삭 아 야 아 고 유 지 야 불 사 이

矣.[24] 故曰, 求則得之, 舍則失之. 或相倍蓰
yǐ gù yuē qiú zé dé zhī shě zé shī zhī huò xiāng bèi xǐ
의 고 왈 구 즉 득 지 사 즉 실 지 혹 상 배 사

而無算者,[25] 不能盡其才者也.[26]
ér wú suàn zhě bù néng jìn qí cái zhě yě
이 무 산 자 불 능 진 기 재 자 야

(告子上 · 第六章)
gào zǐ shàng dì liù zhāng
고 자 상 제 육 장

23) 밖에서부터 자신을 녹여 융화하는 것이 아니다.
24) 단지 생각하지 않을 따름이다. 弗은 부정의 뜻으로 쓰였다.
25) 때로는 두 배도 되고 다섯 곱이 되어 셀 수 없는 것은,
26) 그의 재주를 다 하지 못하기 때문이다.

君 子 三 樂
jūn zǐ sān lè
군 자 삼 락

孟子曰, 君子有三樂, 而王天下不與存焉.[27)]
mèng zǐ yuē jūn zǐ yǒu sān lè ér wàng tiān xià bù yǔ cún yān
맹 자 왈 군 자 유 삼 락 이 왕 천 하 불 여 존 언

父母俱存, 兄弟無故, 一樂也.[28)] 仰不愧[29)] 於
fù mǔ jù cún xiōng dì wú gù yī lè yě yǎng bú kuì yú
부 모 구 존 형 제 무 고 일 락 야 앙 불 괴 어

天, 俯不怍於人,[30)] 二樂也. 得天下英才,[31)] 而
tiān fǔ bú zuò yú rén èr lè yě dé tiān xià yīng cái ér
천 부 부 작 어 인 이 락 야 득 천 하 영 재 이

敎育之, 三樂也. 君子有三樂, 而王天下不
jiào yù zhī sān lè yě jūn zǐ yǒu sān lè ér wàng tiān xià bù
교 육 지 삼 락 야 군 자 유 삼 락 이 왕 천 하 불

與存焉. (盡心上·第二十章)
yǔ cún yān jìn xīn shàng dì èr shí zhāng
여 존 언 진 심 상 제 이 십 장

27) 王天下 : 천하의 왕 노릇하다. 여기서 왕은 동사로 쓰였다. 不與存 : 함께 있지 않다, 그 안에 들지 않는다.
28) 인간은 누구나 부모·형제의 무고를 바라기 때문에 즐거움이다.
29) 쳐다보아 부끄럽지 않다.
30) 내려다보아 다른 사람에게 부끄럽지 않다.
31) 英才 : 영명한 인재.

(3) 大學[1] 抄

dà xué chāo
대 학 초

大學之道,[2] 在明明德,[3] 在親民,[4] 在止於至
dà xué zhī dào zài míng míng dé zài qīn mín zài zhǐ yú zhì
대 학 지 도 재 명 명 덕 재 친 민 재 지 어 지

善.[5] 知止而后有定,[6] 定而后能靜,[7] 靜而后
shàn zhī zhǐ ér hòu yǒu dìng dìng ér hòu néng jìng jìng ér hòu
선 지 지 이 후 유 정 정 이 후 능 정 정 이 후

能安,[8] 安而后能慮,[9] 慮而后能得.[10] 物有本
néng ān ān ér hòu néng lǜ lǜ ér hòu néng dé wù yǒu běn
능 안 안 이 후 능 려 여 이 후 능 득 물 유 본

末,[11] 事有終始,[12] 知所先後, 則近道矣. 古之
mò shì yǒu zhōng shǐ zhī suǒ xiān hòu zé jìn dào yǐ gǔ zhī
말 사 유 종 시 지 소 선 후 즉 근 도 의 고 지

---

1) 『禮記』 49편 중의 제 42편명으로 전해져 오다가, 12세기 송대에 朱熹가 『中庸』과 함께 떼어내어 사서 가운데 하나로 정하였다. 孔子와 그의 제자 曾子가 지은 유교 경전으로 알려지며 經1章, 傳10章으로 되어 있다.
2) 대인의 학, 학문의 완성을 위해 닦아야 할 도. 도를 학문의 방법, 수양의 방법으로 보기도 한다. 소학은 8세부터 배우고, 대학은 15세부터 배우는 글이라고도 하였다.
3) 明明德 : 첫 明 자는 "밝히다"는 동사, 둘째 明 자는 "밝은"이라는 형용사로 명덕은 밝은 덕. 인간이 하늘로부터 부여받은 才德.
4) 親民 : 친을 朱子는 '新'으로 보았다. 백성을 친애함, 新民은 백성을 새롭게 함.
5) 止於至善 : 지극한 선에 머무르다. 지는 머무르다, 굳건히 지키다. 지선은 지극한 선의 경지, 욕망을 제하고 선만 남은 경지.
6) 知止 : 지선에 머무르는 것을 안다. 后＝後. 定 : 정하다. 뜻의 일정한 방향, 마음의 방향이 정하여 흔들리지 않음.
7) 靜 : 고요해짐. 마음이 안정되어 내외의 유혹이나 방해로 동요되지 않음.
8) 安 : 편안함, 安存의 뜻.
9) 慮 : 사물에 대해 미리 주의하여 잘 사려하는 것.
10) 得 : 정할 곳을 얻는 것, 지선에 머무름을 얻음.
11) 本末 : 본은 明明德, 말은 親民.
12) 終始 : 종은 能得, 시는 知止.

欲明明德於天下者, 先治其國,[13] 欲治其國
yù míng míng dé yú tiān xià zhě xiān zhì qí guó yù zhì qí guó
욕 명 명 덕 어 천 하 자 선 치 기 국 욕 치 기 국

者, 先齊[14] 其家, 欲齊其家者, 先脩[15] 其身, 欲脩
zhě xiān qí qí jiā yù qí qí jiā zhě xiān xiū qí shēn yù xiū
자 선 제 기 가 욕 제 기 가 자 선 수 기 신 욕 수

其身者, 先正其心, 欲正其心者, 先誠其意,[16]
qí shēn zhě xiān zhèng qí xīn yù zhèng qí xīn zhě xiān chéng qí yì
기 신 자 선 정 기 심 욕 정 기 심 자 선 성 기 의

欲誠其意者, 先致其知,[17] 致知在格物.[18] 物
yù chéng qí yì zhě xiān zhì qí zhī zhì zhī zài gé wù wù
욕 성 기 의 자 선 치 기 지 치 지 재 격 물 물

格而后知至, 知至而后意誠, 意誠而后心
gé ér hòu zhī zhì zhī zhì ér hòu yì chéng yì chéng ér hòu xīn
격 이 후 지 지 지 지 이 후 의 성 의 성 이 후 심

正, 心正而后身脩, 身脩而后家齊, 家齊而
zhèng xīn zhèng ér hòu shēn xiū shen xiū ér hòu jiā qí jiā qí ér
정 심 정 이 후 신 수 신 수 이 후 가 제 가 제 이

---

13) 治其國 : 제후가 영토를 다스리다. 중국 전체를 천하라 하고 그것을 제후들이 나누어 영유하였다.
14) 齊 : 바로잡아 가지런히 함. 집안을 잘 다스림.
15) 脩 : 修와 같다.
16) 誠其意 : 의란 마음이 겉으로 나타난 구체적 작용. 성은 이 나타난 의를 온 마음과 뜻을 모아 성실히 하다. 『中庸』에서 성은 天의 도이며, 物의 終始라 하였다.
17) 致其知 : 지혜를 넓혀 모든 것의 이치를 알다.
18) 致知 : 지혜를 넓혀서 모든 것에 대해 그 이치를 알다. 格物 : 사리를 알다, 사물의 이치를 궁구하다. 하나 하나의 사물에 대하여 도리를 궁구하는 것. 주자는 사물의 이치를 추구하여 그 지극한 곳에 이르지 않는 데가 없이 하는 것이라고 하였다.

后國治,[19] 國治而后天下平. 自天子以至於
hòu guó zhì guó zhì ér hòu tiān xià píng zì tiān zǐ yǐ zhì yú
후 국 치 국 치 이 후 천 하 평 자 천 자 이 지 어

庶人,[20] 壹是[21] 皆以脩身爲本. 其本亂, 而末
shù rén yī shì jiē yǐ xiū shēn wéi běn qí běn luàn ér mò
서 인 일 시 개 이 수 신 위 본 기 본 란 이 말

治者否矣, 其所厚者薄, 而其所薄[22] 者厚, 未
zhì zhě fǒu yǐ qí suǒ hòu zhě bó ér qí suǒ bó zhě hòu wèi
치 자 부 의 기 소 후 자 박 이 기 소 박 자 후 미

之有也. (第一章)
zhī yǒu yě dì yī zhāng
지 유 야 제 일 장

19) 身脩 : 明德을 밝히고 수행함. 家齊 : 집안을 잘 다스리고 돌봄. 國治 : 나라를 다스리다.
20) 庶人 : 벼슬하지 못하는 평민. 자격이 있으나 벼슬하지 않는 사람을 士, 사가 벼슬하면 大夫, 그 위를 卿이라고 함.
21) 모두, 하나같이, 한결같이.
22) 所薄 : 박하게 할 바. 天下 國家를 가리킨다.

(4) 中 庸[1] 抄

zhōng yōng chāo

중 용 초

天 命 之 謂 性,[2] 率 性[3] 之 謂 道, 脩 道 之 謂 敎.[4]

tiān mìng zhī wèi xìng shuài xìng zhī wèi dào xiū dào zhī wèi jiào

천 명 지 위 성 솔 성 지 위 도 수 도 지 위 교

道 也 者, 不 可 須 臾[5] 離 也, 可 離, 非 道 也. 是 故,

dào yě zhě bù kě xū yú lí yě kě lí fēi dào yě shì gù

도 야 자 불 가 수 유 리 야 가 리 비 도 야 시 고

君 子 戒 愼 乎[6] 其 所 不 睹, 恐 懼[7] 乎 其 所 不 聞.

jūn zǐ jiè shèn hū qí suǒ bù dǔ kǒng jù hū qí suǒ bù wén

군 자 계 신 호 기 소 부 도 공 구 호 기 소 불 문

莫 見 乎 隱,[8] 莫 顯 乎 微,[9] 故 君 子 愼 其 獨 也.[10]

mò xiàn hū yǐn mò xiǎn hū wēi gù jūn zǐ shèn qí dú yě

막 현 호 은 막 현 호 미 고 군 자 신 기 독 야

---

1) 사서의 하나. 공자의 손자이며 증자의 제자인 子思에 의하여 그 底本이 성립되고 그 문하에 의해 완성을 보게 되었다 하며 보통 子思의 작이라고 알려져 있다. 『예기』 49편 제31편. 宋代에 이르러 程伊川·程明道의 연구를 거치고 朱子의 손에 의해 사서로 편입됨. 내용은 33장으로 이루어져 있다. 『중용』은 유교사상의 정수가 담긴 寶典 중의 하나로 훗날 성리학의 철학적 사상적 기틀이 된 책이다.

2) 天命 : 하늘이 내린 명. 선천적으로 타고난. 性 : 타고난 본성, 천성, 자연. 만물의 도리. 인간에 있어서는 仁義禮智를 가리킨다.

3) 천성에 따르는 것. 솔은 고스란히 따라가다.

4) 도를 닦는 것을 敎라 한다. 도는 자연의 성에 따라 평생 행하여야 할 도리. 仁性을 따르면 부자간의 친애, 백성이나 사물에 대한 사랑이 도요, 義性을 따르면 군신의 분별, 장자와 현자를 공경하는 것이 도이다. 脩道 : 저마다의 사람, 저마다의 때에 응한 법칙을 정하는 것.

5) 須臾 : 잠깐 사이, 짧은 시간.

6) 戒愼 : 경계하고 조심함. 삼가하다. 乎는 ~에, ~에서의 뜻.

7) 두려워함.

8) 莫見乎隱 : 莫~ 乎는 ~보다 ~한 것은 없다. 見(현)은 나타나다, 드러나다. 隱은 暗處, 깊숙한 마음 속.

9) 微 : 작은 일, 한 오라기 같은 意念의 움직임.

10) 愼獨 : 남은 알지 못하고 자기 홀로만이 아는 곳에서도 도를 벗어나지 않음.

喜怒哀樂之未發,[11] 謂之中,[12] 發而皆 中 節,[13]
xǐ nù āi lè zhī wèi fā wèi zhī zhōng fā ér jiē zhōng jié
희 로 애 락 지 미 발 위 지 중 발 이 개 중 절

謂之和. 中 也 者,[14] 天 下 之 大 本 也,[15] 和 也 者,
wèi zhī hé zhōng yě zhě tiān xià zhī dà běn yě hé yě zhě
위 지 화 중 야 자 천 하 지 대 본 야 화 야 자

天下之達道也.[16] 致 中 和,[17] 天 地 位 焉,[18] 萬 物
tiān xià zhī dá dào yě zhì zhōng hé tiān dì wèi yān wàn wù
천 하 지 달 도 야 치 중 화 천 지 위 언 만 물

育 焉. (第 一 章)
yù yān dì yī zhāng
육 언 제 일 장

11) 未發 : 감정이 밖으로 나타나지 않은 상태, 본성 그대로의 것. 희로애락이 나타나지 않고 있는 것.
12) 中이라 한다.
13) 中節 : 절도에 들어맞다. 여기서 중은 동사로 쓰였다.
14) 야는 주격의 강조를 나타낸다. 자는 ~하는 것의 뜻을 가진 접미사.
15) 大本 : 큰 근본
16) 達道 : 언제 어디서나 통하는 도. 達德과 함께 『중용』에서 강조하고 있다.
17) 밀고 나아가 극도에까지 이르게 함. 중은 감정의 내적인 면이고, 화는 감정의 외적 표현의 면인데 이것이 완전히 절도에 맞게 된 것을 이른다.
18) 位 : 제 위치에 安存하여 바르게 된다.

(5) 老子[1] 抄

lǎo zǐ chāo
노 자 초

道可道,[2] 非常道,[3] 名可名, 非常名.[4] 無名,[5] 天
dào kě dào fēi cháng dào míng kě míng fēi cháng míng wú míng tiān
도 가 도 비 상 도 명 가 명 비 상 명 무 명 천

地之始,[6] 有名萬物之母.[7] 故常無欲以觀其妙,[8]
dì zhī shǐ yǒu míng wàn wù zhī mǔ gù cháng wú yù yǐ guān qí miào
지 지 시 유 명 만 물 지 모 고 상 무 욕 이 관 기 묘

常有欲以觀其徼.[9] 此兩者[10] 同出而異名, 同
cháng yǒu yù yǐ guān qí jiào cǐ liǎng zhě tóng chū ér yì míng tóng
상 유 욕 이 관 기 요 차 량 자 동 출 이 이 명 동

謂之玄.[11] 玄之又玄, 衆妙[12] 之門. (第一章)[13]
wèi zhī xuán xuán zhī yòu xuán zhòng miào zhī mén dì yī zhāng
위 지 현 현 지 우 현 중 묘 지 문 제 일 장

---

1) 『노자』는 총 2편 81장으로 『道德經』이라고도 한다. 작자는 春秋時代 李耳(이름은 耼, 자는 伯陽, 춘추시대 楚나라 사람)라는 것이 통설이다. 司馬遷의 『史記·列傳』에 "노자는 楚의 苦縣 사람이다. 명은 耳, 자는 聃, 성은 李다." 했다. 『노자』는 이이가 函谷關을 지날 때 尹喜의 간청을 받아 지었다고 전한다. 언어가 간결하고 뜻이 심오하며 일부 문장에는 운이 들어있다.
2) 도라고 말할 수 있는 도. 앞의 도는 명사로 우주만물의 원리 본체, 뒤의 도는 말하다는 동사.
3) 常道 : 언제나 변하지 않는 도, 항구불변의 절대적인 도.
4) 常名 : 영원불멸의 절대적인 이름, 언제나 변하지 않는 이름.
5) 이름이 없는 것, 곧 도.
6) 우주의 근원.
7) 이름이 있으면 만물의 어머니. 유명은 이름이 있는 것이니 천지를 가리킨다.
8) 無欲=無爲. 妙 : 미묘함, 곧 미묘하여 이해할 수 없는 도의 본체.
9) 徼 : 돌아다니다. 변방, 끝, 결과, 귀착. 현상계. 순행함으로 사람이 지각할 수 있는 만물의 현상.
10) 양자는 유와 무. 王弼의 說은 始와 母.
11) 玄 : 幽玄, 玄妙, 神妙, 神秘. 말로 표현할 수 없는 미묘한 것.
12) 모든 사물의 妙理(현묘한 이치).
13) 세상에서 흔히 말하는 도는 진정한 도가 아니오, 이름을 붙인다면 진정한 이름이 될 수 없다. 이름이 없음은 하늘과 땅이 생기기 전의 것이라 그렇고 이름이 있는 것은 만물을 낳은 어머니가 있기 때문이다. 그러므로 무념·무상의 상태가 될 때 그 묘한 절대의 세계를 볼 수 있고 유념·유상의 상태일 때 그 차별함이 생기게 된다. 절대세계와 상대세계는 영구불변한 도에서 나왔으나 그 이름을 달리 하니 이것을 한가지로 말할 때 玄이라 한다. 이 현하고 현한 것으로부터

天長地久.[14] 天地所以[15] 能 長 且久者, 以其
tiān cháng dì jiǔ tiān dì suǒ yǐ néng cháng qiě jiǔ zhě yǐ qí
천 장 지 구 천 지 소 이 능 장 차 구 자 이 기

不自生,[16] 故能 長 生.[17] 是以, 聖人後其身[18]
bú zì shēng gù néng cháng shēng shì yǐ shèng rén hòu qí shēn
부 자 생 고 능 장 생 시 이 성 인 후 기 신

而身 先, 外其身[19] 而 身 存. 非以其 無私[20] 耶?
ér shēn xiān wài qí shēn ér shēn cún fēi yǐ qí wú sī ye
이 신 선 외 기 신 이 신 존 비 이 기 무 사 야

故能成其私.[21] (第七章)[22]
gù néng chéng qí sī dì qī zhāng
고 능 성 기 사 제 칠 장

세상의 모든 만물이 나왔다.

14) 하늘은 길고 땅은 오래 되었다. 영원성. 長과 久는 互文(두 개의 문장이나 글귀에서 한쪽의 말하는 것과 다른 쪽의 말하는 것이 서로 상통하여 상호 보완하여 전체의 문의를 완전하게 통하게 하는 작문법)이라고 하여 天地長久를 나누어서 말한 것이다.
15) 所以 : ~하는 까닭.
16) 不自生 : 스스로 낳는다는 생각없이 생성함, 사사로움이 없이 저절로 생성.
17) 長生 : 永遠不滅. 길이 살 수 있다.
18) 後其身 : 남과 다투지 않고 겸손함. 성인은 자신은 뒤로 가고 다른 사람을 앞에 한다.
19) 몸에 집착하지 않고 몸을 잊는 것. 자신 밖에 서니 도리어 자신이 분명히 존재한다.
20) 無私 : 자아의 욕심과 사심이 없는 것.
21) 成其私 : 스스로 이룰 수 있다. 무위자연의 도의 구현으로서의 참 자신을 이루는 것.
22) 하늘은 끝없이 길고 땅은 오래도록 존재한다. 하늘과 땅이 오래 있을 수 있는 것은 스스로 살려고 하지 않기 때문이다. 그래서 오래 살 수 있는 것이다. 그런 까닭에 성인은 자신이 남의 뒤에 오며 그 자신이 앞서 그 자신 밖에 서서 잊어버림으로 자신이 존재하게 된다. 그것은 사사로움이 없기 때문이다. 그리하여 자신의 이익을 성취할 수 있는 것이다.

(6) 莊子[1] 抄

zhuāng zǐ chāo
장 자 초

北冥[2] 有魚, 其名爲鯤.[3] 鯤之大, 不知其幾
běi míng yǒu yú qí míng wéi kūn kūn zhī dà bù zhī qí jǐ
북 명 유 어 기 명 위 곤 곤 지 대 부 지 기 기

千里也. 化而爲鳥, 其名爲鵬.[4] 鵬之背, 不
qiān lǐ yě huà ér wéi niǎo qí míng wéi péng péng zhī bèi bù
천 리 야 화 이 위 조 기 명 위 붕 붕 지 배 부

知其幾千里也. 怒[5] 而飛, 其翼若垂天之
zhī qí jǐ qiān lǐ yě nù ér fēi qí yì ruò chuí tiān zhī
지 기 기 천 리 야 노 이 비 기 익 약 수 천 지

雲. 是鳥也, 海運[6] 則將徙於南冥. 南冥者,
yún shì niǎo yě hǎi yùn zé jiāng xǐ yú nán míng nán míng zhě
운 시 조 야 해 운 즉 장 사 어 남 명 남 명 자

天池[7] 也. 齊諧[8] 者, 志怪[9] 者也. 諧之言曰, 鵬
tiān chí yě qí xié zhě zhì guài zhě yě xié zhī yán yuē péng
천 지 야 제 해 자 지 괴 자 야 해 지 언 왈 붕

---

1) 노자의 설을 이어 받은 장자(B.C. 369?~B.C. 286?)의 저서로 『南華經』이라고도 한다. 『史記·列傳』에 장자는 전국시대 楚나라 蒙사람으로서 이름은 周, 자는 子休로 孟子와 동시대인이라고 했다. 현존하는 『장자』는 內·外·雜篇을 합하여 모두 33편이며, 內篇 7편은 장자 자신의 작이고 나머지는 제자들의 僞作으로 본다. 기세가 호방하고 상상력이 풍부하며 특히 우언의 운용이 탁월하다.
2) 북해, 北溟이라고 씀.
3) 鯤 : 큰 물고기 이름. 원래는 물고기 뱃속의 극히 작은 알을 뜻했으나 장자가 신화 속의 큰 물고기 이름으로 차용했다.
4) 鵬 : 붕새, 鳳의 古字.
5) 세차게 밀치고.
6) 바다의 기운이 움직여 큰 바람이 일어남.
7) 天然之池. 곧 저절로 된 대자연의 못.
8) 서명 혹은 인명. 齊의 괴이한 逸事를 적은 書名. 淸의 王先謙은 集解에서 人名이라고 하였다.

之 徙 於 南 冥 也, 水 擊 三 千 里, 摶 扶 搖[10] 而
zhī xǐ yú nán míng yě shuǐ jī sān qiān lǐ tuán fú yáo ér
지 사 어 남 명 야 수 격 삼 천 리 단 부 요 이

上 九 萬 里. 去 以 六 月 息 者 也.[11] 野 馬[12] 也, 塵
shàng jiǔ wàn lǐ qù yǐ liù yuè xī zhě yě yě mǎ yě chén
상 구 만 리 거 이 유 월 식 자 야 야 마 야 진

埃 也, 生 物 之 以 息 相 吹 也.[13] 天 之 蒼 蒼,[14] 其
āi yě shēng wù zhī yǐ xī xiāng chuī yě tiān zhī cāng cāng qí
애 야 생 물 지 이 식 상 취 야 천 지 창 창 기

正 色 邪? 其 遠 而 無 所 至 極 邪?[15] 其 視 下 也,[16]
zhèng sè ye qí yuǎn ér wú suǒ zhì jí ye qí shì xià yě
정 색 야 기 원 이 무 소 지 극 야 기 시 하 야

亦 若 是 則 已 矣.[17]
yì ruò shì zé yǐ yǐ
역 약 시 즉 이 의

(逍 遙 遊)[18]
xiāo yáo yóu
소 요 유

9) 괴이한 사실을 적은 것.
10) 회오리바람을 타다.
11) 六月息 : 유월의 기식, 즉 계절풍. 息 : 기식, 호흡.
12) 아지랑이.
13) 以息相吹 : 기운을 서로 뿜어내다.
14) 蒼蒼 : 푸르고 푸르다.
15) 無所至極邪 : 극에 이르는 바가 없는 까닭인가?
16) 하늘 끝에서 내려다 보아도.
17) 또한 이와 같을 따름이다.
18) 유유자적의 뜻으로 마음이 무엇에도 구속되지 않으며 멀리 거닐며 논다는 의미이다. 사물에 얽매인 현실을 초월하여 자유롭게 구름이 흐르듯 천천히 거니는 것이다. 俗을 초탈하여 진정한 자유를 누리는 것.

勞 神 明 爲 一,[19] 而 不 知 其 同 也, 謂 之 朝 三.
láo shén míng wéi yī ér bù zhī qí tóng yě wèi zhī zhāo sān
노 신 명 위 일 이 부 지 기 동 야 위 지 조 삼

何 謂 朝 三? 狙 公 賦 芧 曰,[20] 朝 三 而 暮 四. 衆
hé wèi zhāo sān jū gōng fù xù yuē zhāo sān ér mù sì zhòng
하 위 조 삼 저 공 부 서 왈 조 삼 이 모 사 중

狙 皆 怒. 曰, 然 則 朝 四 而 暮 三. 衆 狙 皆 悅.
jū jiē nù yuē rán zé zhāo sì ér mù sān zhòng jū jiē yuè
저 개 노 왈 연 즉 조 사 이 모 삼 중 저 개 열

名 實 未 虧 而 喜 怒 爲 用,[21] 亦 因 是 也. 是 以 聖
míng shí wèi kuī ér xǐ nù wéi yòng yì yīn shì yě shì yǐ shèng
명 실 미 휴 이 희 로 위 용 역 인 시 야 시 이 성

人 和 之 以 是 非 而 休 乎 天 鈞,[22] 是 之 謂 兩 行.
rén hé zhī yǐ shì fēi ér xiū hū tiān diào shì zhī wèi liǎng xíng
인 화 지 이 시 비 이 휴 호 천 조 시 지 위 량 행

(齊 物 論)
qí wù lùn
제 물 론

19) 勞神明爲一 : 정신과 마음을 통일하려 애쓰면서도. 노는 힘쓰다, 애쓰다.

20) 원숭이를 좋아하던 저공이 상수리를 주면서 말했다. 狙(원숭이 저), 芧(상수리 서). 저공은 원숭이를 기르는 사람.

21) 명실은 달라지지 않았으나 기쁨과 노여움이 교차됐다.

22) 그래서 성인은 모든 시비를 조화시켜 균형있는 자연에 몸을 쉰다. 천조는 균형있는 자연.

(7) 般若心經[1)]

bō rě xīn jīng
반 야 심 경

觀	自	在	菩	薩,[2)]	行	深	般	若	波	羅	密	多	時,	照
guān	zì	zài	pú	sà	xíng	shēn	bō	rě	bō	luó	mì	duō	shí	zhào
관	자	재	보	살	행	심	반	야	바	라	밀	다	시	조

見	五	蘊	皆	空,[3)]	度	一	切	苦	厄.[4)]	舍	利	子,[5)]	色
jiàn	wǔ	yùn	jiē	kōng	dù	yí	qiè	kǔ	è	shè	lì	zǐ	sè
견	오	온	개	공	도	일	체	고	액	사	리	자	색

---

1) 『大般若經』은 6백권의 사상을 260자로 요약하여 그 진수만을 담고 있는 불경이다. 원래 경명은 『摩訶般若波羅密多心經』이나 보통 『반야심경』 또는 『심경』이라고 줄여서 부른다. 범어로 Prajñāpāramitñā－hrdaya－sūtra(프라지냐파라미타 흐리다야 수트라). 마하는 크다, 반야는 지혜, 바라밀다는 완성－도달, 심(hrdaya)은 심장・정수・심수. 곧 『마하반야바라밀다심경』은 '크고 위대한 지혜의 완성과 그 정수를 담은 경'이다. 다른 번역본엔 『大明度經』이라고도 되어 있다. 大는 마하, 明은 반야, 度는 바라밀다를 의역한 것이다. 범어 원본은 광본과 약본 두 종류가 전해진다. 광본은 如是我聞로 시작되는 序分과 歡喜奉行로 끝나는 流通分이 있고, 약본은 이 앞뒤가 없이 正宗分만 있다. 『반야심경』의 번역본은 다수이나 일반적인 것은 당 현장의 번역이다. 현존하는 한역본은 구마라집의 『마하반야바라밀다명주경』(402~ 413)과 현장의 『마하반야바라밀다심경』(649년) 등 7본이 전해진다. 이 밖에도 티베트역・몽고역・프랑스역・영역[제목 : Heart(of the Prajna－Paramita) Sutra, The Heart of the Perfection of Wisdom] 등이 있는데, 특히 1884년 Max Muller와 일본의 南條文雄 博士가 일본 장곡사 소장의 대본과 법륭사 소장의 소본을 교정・영역한 것이 있다. 주석서로는 중국의 당 窺基의 『般若波羅密多經幽贊』(2권), 法藏의 『般若波羅密多經略疏』(1권) 등 77부, 한국에서는 元曉의 『반야심경소』, 圓測의 『반야바라밀다심경찬』(1권)이 있는데, 원효의 것은 遺失되었다. 원측의 주석은 현장 한역본에 대한 최초의 주석서로 내용이 뛰어나 그 가치를 높이 평가받고 있다. 若의 발음은 'rùo'이나 통상 'rě'로 읽는다.
2) 관자재는 범어 Avalokitesvara의 번역. 보는 것이 자유자재한. 보살은 보리살타의 준말, 보리살타는 범어 Bodhisattva. 보디사트바는 깨달음을 나타내는 bodhi와 중생을 뜻하는 sattva가 합쳐진 것. 깨달음을 구하는 동시에 중생을 구제하는 自利利他를 실천하는 것, 각유정이라고도 한다.
3) 오온은 범어 Panca Skadha, 다섯 가지 쌓임이란 뜻. 화합하여 모인 것, 곧 인간을 구성하는 다섯 가지 色, 受, 想, 行, 識. 개공 : 모두 공하다.
4) 일체의 괴로움을 건너가다.
5) 범어 Sariputra(鶖子), 가차하여 舍利弗 또는 사리자라고 한다. 십대제자 중 지혜 제일 제자이다.

不 異 空, 空 不 異 色.[6] 色 卽 是 空, 空 卽 是 色,
bú yì kōng kōng bú yì sè sè jí shì kōng kōng jí shì sè
불 이 공 공 불 이 색 색 즉 시 공 공 즉 시 색

受 想 行 識, 亦 復 如 是. 舍 利 子, 是 諸 法 空
shòu xiǎng xíng shí yì fù rú shì shè lì zǐ shì zhū fǎ kōng
수 상 행 식 역 부 여 시 사 리 자 시 제 법 공

相, 不 滅, 不 垢 不 淨, 不 增 不 減. 是 故, 空 中
xiàng bú miè bú gòu bú jìng bù zēng bù jiǎn shì gù kōng zhōng
상 불 멸 불 구 부 정 부 증 불 감 시 고 공 중

無 色, 無 受 想 行 識, 無 眼 耳 鼻 舌 身 意,[7] 無
wú sè wú shòu xiǎng xíng shí wú yǎn ěr bí shé shēn yì wú
무 색 무 수 상 행 식 무 안 이 비 설 신 의 무

色 聲 香 味 觸 法,[8] 無 眼 界, 乃 至, 無 意 識 界,
sè shēng xiāng wèi chù fǎ wú yǎn jiè nǎi zhì wú yì shí jiè
색 성 향 미 촉 법 무 안 계 내 지 무 의 식 계

無 無 明, 亦 無 無 明 盡, 乃 至, 無 老 死, 亦 無
wú wú míng yì wú wú míng jìn nǎi zhì wú lǎo sǐ yì wú
무 무 명 역 무 무 명 진 내 지 무 노 사 역 무

老 死 盡,[9] 無 苦 集 滅 道,[10] 無 智 亦 無 得. 以 無
lǎo sǐ jìn wú kǔ jí miè dào wú zhì yì wú dé yǐ wú
노 사 진 무 고 집 멸 도 무 지 역 무 득 이 무

---

6) 色不異空, 空不異色 : 색은 공과 다르지 않고, 공은 색과 다르지 않다. 현상인 색과 존재의 본질인 공과의 관계를 표현한 것이다.

7) 眼耳鼻舌身意 : 六根이라고 하며 여섯 가지 주관적인 인식 작용을 하는 기관.

8) 色聲香味觸法 : 六境이라고 하며 여섯 가지 객관적인 인식 대상. 육근과 육경을 합하여 十二處라고 한다.

9) 십이연기에 대한 부정을 통해 반야의 도리를 설명하고 있다. 십이연기는 無明, 行, 識, 名色, 六入, 觸, 受, 愛, 取, 有, 生, 老死이다.

10) 고집멸도 사성제에 대한 부정. 고는 生・老・病・死의 四苦에 愛別離苦, 怨憎會苦, 求不得苦,

所 得 故, 菩 提 薩 陀, 依 般 若 波 羅 密 多 故, 心

suǒ dé gù pú tí sà tuó yī bō rě bō luó mì duō gù xīn

소 득 고 보 리 살 타 의 반 야 바 라 밀 다 고 심

罣 碍, 無 罣 碍 故, 無 有 恐 怖, 遠 離 顚 倒 夢

guà ài wú guà ài gù wú yǒu kǒng bù yuǎn lí diān dào mèng

가 애 무 가 애 고 무 유 공 포 원 리 전 도 몽

想, 究 竟 涅 槃. 三 世 諸 佛, 依 般 若 波 羅 密

xiǎng jiū jìng niè pán sān shì zhū fó yī bō rě bō luó mì

상 구 경 열 반 삼 세 제 불 의 반 야 바 라 밀

多, 故 得, 阿 耨 多 羅 三 藐 三 菩 耨 多 羅 三 藐

duō gù dé ā nòu duō luó sān miǎo sān pú nòu duō luó sān miǎo

다 고 득 아 뇩 다 라 삼 먁 삼 보 뇩 다 라 삼 먁

菩 提.[11] 故 知, 般 若 波 羅 密 多, 是 大 神 呪, 是

pú tí gù zhī bō rě bō luó mì duō shì dà shén zhòu shì

보 리 고 지 반 야 바 라 밀 다 시 대 신 주 시

大 明 呪, 是 無 上 呪, 是 無 等 等 呪, 能 除 一

dà míng zhòu shì wú shàng zhòu shì wú děng děng zhòu néng chú yí

대 명 주 시 무 상 주 시 무 등 등 주 능 제 일

切 苦, 眞 實 不 虛. 故 說, 般 若 波 羅 密 多 呪,

qiè kǔ zhēn shí bù xū gù shuō bō rě bō luó mì duō zhòu

체 고 진 실 불 허 고 설 반 야 바 라 밀 다 주

五蘊盛苦를 더해 八苦라고도 한다. 집은 고의 원인으로 모여서 관계를 맺는 것을 말한다. 멸은 고가 사라진 상태이고, 도는 괴로움을 소멸하는 방법으로 구체적 실천항목이 八正道이다. 이 여덟 가지를 잘 수행하면 苦가 사라진다. 팔정도 : 正見, 正思, 正語, 正業, 正命, 正精進, 正念, 正定.

11) 阿耨多羅三藐三菩提 : 無上正等正覺. 부처의 올바르고 완전한 깨달음의 지혜(최상의 지혜)를 뜻한다. Sanskrit anuttar(무상 : 더할 나위 없이 높은), samyak(정등 : 가장 올바른, 완전무결한), sambodhi(정각 : 궁극적인 깨달음)을 音譯한 것.

卽說呪曰, 揭諦揭諦, 波羅揭諦, 波羅僧
jí shuō zhòu yuē jiē dì jiē dì bō luó jiē dì bō luó sēng
즉 설 주 왈 아 제 아 제 바 라 아 제 바 라 승

揭諦, 菩提娑婆訶.[12] (『般若波羅密多心經』)
jiē dì pú tí suō pó hē bō rě bō luó mì duō xīn jīng
아 제 모 지 사 바 하 반 야 바 라 밀 다 심 경

12) 揭諦揭諦, 波羅揭諦, 波羅僧揭諦, 菩提, 娑婆訶 : 범어 Gate Gate Paragate Para- samgate Bodhi Svaha의 음역. 건너가자! 건너가자! 넘어서 건너가자! 모든 것을 넘어서 저 언덕으로 건너가자! 그 곳에서 깨달음을 얻으리라.

III.

실용편

1. 시사한자
2. 활용한자
3. 유의어·반의어
4. 잘못읽기 쉬운 한자

1. 시사한자

【ㄱ】

價格
jià gé

값 가, 격식 격

물건이 지니고 있는 가치를 돈으로 나타낸 것. 값

家計
jiā jì

집 가, 셀 계

한 집안 살림의 수입과 지출의 상태, 경제소비의 주체로 家庭을 이르는 말.

家計收支
jiā jì shōu zhī

집 가, 셀 계, 거둘 수, 지탱할 지
: household's total income and expenditure

각 가정에서 일정 기간에 벌어들인 돈(명목소득)과 쓴 돈(지출)을 비교해 남았는지 모자랐는지를 나타낸 것. 가계수지가 흑자를 냈다면 해당 가정은 벌어들인 것 가운데서 쓴 것을 의미하고, 적자를 냈다면 빚을 얻어 쓴 것이라고 보면 된다. 국내에서 통계청이 표본가구에 매월 1일 가계부를 주어 말일까지 소득과 지출을 기록하도록 해 이를 토대로 만들어진다. 가계부는 식료품비, 주거비, 광열수도비, 보건의료비, 교육비 등 중분류항목 아래 총 564개 세분류 항목으로 기록된다. 통계청은 이렇게 작성된 가계부를 매달 초순에 거둬 컴퓨터로 처리해 해당 월의 가계수지를 집계·공표한다. 또 이를 토대로 석 달에 한 번씩 분기별 가계수지와 연평균 가계수지를 계산한다.

加工貿易
jiā gōng mào yì

더할 가, 장인 공, 무역할 무, 바꿀 역
: improvement trade

원료를 수입하여 제품을 수출하는 형태의 무역. 수입해 온 물품을 그 수입국에 재수출하는 것을 적극적 가공무역, 제3국에 재수출하는 것을 통화적 가공무역이라 한다.

加算稅
jiā suàn shuì

더할 가, 셈할 산, 세금 세

규정한 세금을 납부하지 않았을 때 본래 부과된 금액에 일정 비율로 금액을 부과하는 세금. 납세 의무자가 세법상의 신고 의무를 이행하지 않거나 세금의 납부를 연체하였을 때 이에 대하여 경제적 불이익을 주는 행정적 조치이다.

假需要
jiǎ xū yào

거짓 가, 쓰일 수, 요긴할 요
: imaginary demand

실제로 주주로 경영에 참가하거나 배당금을 받을 것을 목적으로 주식을 매입하는 것이 아니라 단기차익을 목적으로 신용거래를 이용하여 매입하는 것. 이와 같은 것들은 곧 반대매매가 이루어지기 때문에 향후 전망이 불안정하다. 이에 반해 주식을 장기 보유할 목적으로 매입하는 것을 實需要라고 한다.

干城
gān chéng

방패 간, 성 성

방패와 성이라는 뜻으로 나라를 지키는 믿음직한 군대나 인물을 이르는 말.

間接稅
jiàn jiē shuì

사이 간, 접할 접, 세금 세
: indirect tax

세금을 납부하는 사람과 실제로 부담하는 사람이 다른 세금. 부가가치세·특별소비세·주세·관세 등이 이에 해당한다. 이것은 납세자로부터 擔稅者에게 부담이 옮겨지므로 조세의 징수가 용이하고 대중 과세의 성질을 띠는 반면, 빈부의 격차를 심화시키고 물가를 자극한다. 또 국민총생산을 구성하는 항목으로 기업의 경상계정상에는 경비이지만 소득이 아니고 최종구매자에게 전가되는 세금 및 세외부담 등을 말한다. 전매익금, 각종 수수료 등 기업 부담금이 포함되며 지방세인 사업소세 등도 이에 포함된다.

開發途上國
kāi fā tú shàng guó

열 개, 필 발, 길 도, 위 상, 나라 국
: developing countries

산업의 근대화와 경제 개발이 선진국에 비하여 뒤떨어진 나라. 제2차 세계대전 후에 독립한 아시아, 아프리카, 중남미의 여러 나라가 이에 속하며, 과거에는 후진국이라 불렀다 ≒ 개도국, 발전도상국, 저개발국.

開發負擔金
kāi fā fù dān jīn

열 개, 필 발, 질 부, 멜 담, 쇠 금

개발에 따른 이익이 개인에게 돌아가 지가상승과 부동산투기를 조장하는 것을 방지하기 위해 국가가 개발 이익의 50%를 사업시행자 또는 토지소유자로부터 거둬들이는 제도. 1990년 3월부터 시행되었다. 여기서 개발이익은 개발로 인한 순수한 차익(개발로 인한 땅값 상승액－개발비용)이 정상적인 땅값 상승액보다 큰 경우 그 금액을 말한다. 부가대상

이 되는 개발사업의 범위는 택지 개발사업, 공업단지 조성사업, 도심지 재개발사업, 골프장 건설사업 등이다.

開發制限區域
kāi fā zhì xiàn qū yù

열 개, 필 발, 지을 제, 막을 한, 구역 구, 지경 역 : Green Belt

국토해양부 장관은 도시의 무질서한 확산을 방지하고 도시 주변의 자연환경을 보전하여 도시민의 건전한 생활환경을 확보하기 위하여, 또는 국방부 장관의 요청이 있어 보안상 도시의 개발을 제한할 필요가 있다고 인정되는 때에는 그 도시의 주변지역에 대하여 도시개발을 제한한 지역의 지정을 도시계획으로 결정할 수 있다. 이와 같이 도시개발이 제한되는 구역을 개발제한구역이라 하는데, 이 구역 안에서는 주택지조성사업·공업용지조성사업과 기타 그 구역지정의 목적에 위배되는 도시계획사업을 시행할 수 없다. 그리하여 이 구역 안에서는 토지의 형질의 변경 또는 건축물의 건축에 대한 허가에 있어 시장·군수는 그 신청된 내용이 일정한 요건을 갖추지 아니하는 한 이를 허용하지 못하게 되어 있다.

開放經濟
kāi fàng jīng jì

열 개, 놓을 방, 날 경, 건널 제

상품, 어음, 자본 따위를 외국과 거래할 때 제한을 두지 아니하는 경제 ↔ 封鎖經濟.

個人破産制度
gè rén pò chǎn zhì dù

낱 개, 사람 인, 깨뜨릴 파, 낳을 산, 지을 제, 법도 도

개인이 소비생활상의 상품구매나 신용대출, 혹은 지나친 빚보증으로 인해 자신의 능력으로 감당할 수 없는 빚을 진 경우, 그 채무자를 구제하기 위해 이러한 개인(즉 채무자)의 신청에 의해 법원이 개인에 대해 파산을 선고하고, 파산절차를 거쳐 채무를 변제해주는 제도를 말한다 ≒ 소비자파산제도.

個人回生制度
gè rén huí shēngzhì dù

낱 개, 사람 인, 돌아올 회, 날 생, 지을 제, 법도 도

법원이 강제로 채무를 재조정해 파산을 구제하는 일종의 개인 법정관리. 2004년 9월 23일 실시되었다. 파산에 직면한 봉급생활자나 소규모 자영업자, 전문직 종사자 등 꾸준한 수입이 있는 사람들이 5년 동안 빚을 성실히 갚으면 나머지 빚을 탕감 받는 제도로 파산선고로 인해 개인들이 직장에서 퇴출당하는 등 사회적 경제적 불이익을 당하지 않도록 하기

위한 예방조치다. 개인회생제도는 신협이나 사채에서 빌린 돈은 구제 대상에서 제외하는 개인 워크아웃과 달리 모든 채무에 대해 포괄적으로 구제한다. 또 전체 채무도 3억 원으로 제한된 개인 워크아웃에 비해 사채 사업대출 등 채무 종류와 무관하게 포괄적으로 구제해 준다. 보증 채무는 워크아웃은 변제계획에 따라 상환하면 소멸하지만 회생제도는 본인 당사자가 면책되더라도 보증인의 책임은 계속 유지된다는 점이 다르다.

景氣循環
jǐng qì xún huán

별 경, 기운 기, 좇을 순, 고리 환
: trade cycle

자본주의 사회의 경제활동의 상승확장 과정과 하강수축 과정을 되풀이하는 변동을 경기변동이라고 하며, 보통 4개의 국면이 순환하는 데서 경기순환이라 한다. 경기의 국면은 불황(depression), 회복(recovery), 호황(prosperity), 후퇴(recession)의 네 가지로 구분하는 것이 보통이다. 예전에는 공황(panic)이 중시되었으며 호황에 이어지는 국면으로 여겨졌으나 근년에는 빌트인 스태빌라이저(경기 자동안정 장치)에 의하여 경기변동을 자동적으로 조절해서 경제를 안정시키는 체제가 갖추어졌기 때문에 경기 국면으로서는 공황을 후퇴로 대체하고 있다 ≒ 경기 변동.

經常收支
jīng cháng shōu zhī

날 경, 항상 상, 거둘 수, 지탱할 지
: balance of current account

한 나라의 대외거래 상태를 나타내는 지표 중의 하나로 상품수지, 서비스수지, 소득수지, 이전수지를 합한 것이다. 보통 국제수지 적자 또는 국제수지 흑자를 말할 때는 대개 경상수지를 기준으로 하고 있다. 경상수지에 자본수지를 합한 것이 종합수지이며, 경상수지에 자본수지 중의 장기 자본수지를 더한 것이 기초수지이다.

梗塞
gěng sè

막힐 경, 막힐 색

막힘, 교섭이 진전되지 않는 것.

經營
jīng yíng

날 경, 경영할 영

기업이나 사업을 관리하고 운영함 ≒ 經紀 기초를 닦고 계획을 세워 어떤 일을 해 나감.

經濟成長率
jīng jì chéng zhǎng lǜ

날 경, 건널 제, 이룰 성, 어른 장, 비율 률
: economic growth rate

국민이 일정 기간 보통은 1년에 경제성장을 이룩한 비율을 말하며, 실질국민총생산 또는 실질국민소득의 연간 또는 연도간 증가율로 이를 나타낸다. 어느 해의 경제성장률(%)≒(어느 해의 실질국민총생산)－(전년의 실질국민총생산) ×100. 이와 같이 경제성장률은 실질액의 증가율을 나타내고 있으므로, 실질성장률이라고도 한다. 즉, 경제성장률≒(금년도 GNP증가분÷전년도 GNP)×100.

經濟活動人口
jīng jì huó dòng rén kǒu

날 경, 건널 제, 살 활, 움직일 동, 사람 인, 입 구

15세 이상의 인구 가운데 노동 능력 및 노동 의사를 가지고 있는 인구. 취업자와 실업자를 모두 포함한다.

顧客預託金
gù kè yù tuō jīn

돌아볼 고, 손 객, 미리 예, 부탁할 탁, 쇠 금
: customer's deposit

증권회사가 유가증권의 매매 거래와 관련하여 고객에게 받아 일시 보관 중인 豫受金. 위탁자 예수금, 저축자 예수금, 환매 조건부 예수금, 신용 거래 보증금 따위가 있으며, 증권회사는 이를 전액 현금 또는 예금으로 보관하여야 한다.

孤獨死
gū dú sǐ

외로울 고, 홀로 독, 죽을 사

옆에 아무도 없이 혼자서 숨지고, 시신은 죽은 후 24시간 이후에 발견되는 경우를 말한다. 자살과 타살은 포함되지 않는다. 혼자 살다 병으로 갑자기 쓰러져 숨지는 경우가 대부분이다.

雇傭保險
gù yōng bǎo xiǎn

품살 고, 품팔이 용, 지킬 보, 험할 험

국민연금·의료보험·산업재해보상보험과 함께 4대 사회보장제도의 하나로 고용보험법에 의해 시행되는 사회보험.

固定資産
gù dìng zī chǎn

굳을 고, 정할 정, 재물 자, 낳을 산

1년 이상 생산 활동에 쓰이며 수익의 원천이 되는 재산. 토지, 공장, 기계 따위가 이에 해당한다≒고정재산·설비자산·설비재산.

固定換率制
gù dìng huàn lǜ zhì

굳을 고, 정할 정, 바꿀 환, 비율 률, 지을 제
: fixed exchange rate system

환율의 변동이 없거나 그 변동폭이 극히 제한되는 환율제도. 가장 고전적인 고정환율제는 금본위제이다. 금본위제하에서는 환율이 금의 평가를 중심으로 극히 작은 범위에서만 변동하지만 국가의 정책개입 여지가 거의 없다. 제 2차 대전 이후 브레튼우즈 체제에서 성립된 고정환율제는 금과 달러의 연계를 통한 금환본위체제였는데, 1970년대 초 미국의 경제력이 줄어들자 붕괴되어 세계경제는 변동환율제로 이행했다. 제2차 IMF 협정 개정시 변동환율제가 정식으로 인정되었다.

公共財
gōng gòng cái

공평할 공, 한가지 공, 재물 재
: public goods

많은 사람들이 동일한 재화와 서비스를 동시에 소비할 수 있으며, 그 재화와 서비스에 대하여 대가를 치루지 않더라도 소비 혜택에서 배제할 수 없는 성격을 가진 재화와 서비스를 말한다. 이러한 특성을 가진 재화와 서비스에는 국방・경찰・일기예보・등대・공원 등이 있다.

公企業
gōng qǐ yè

공평할 공, 꾀할 기, 업 업
국가나 지방 자치 단체가 사회 공공의 복리를 증진하기 위하여 경영하는 기업. 철도・우편・수도 따위의 사업이 주를 이룬다 ≒ 공공 기업.

公的資金
gōng de zī jīn

공평할 공, 과녁 적, 재물 자, 쇠 금
: Public Fund

공공의 사업 목적에 소요되는 자금을 정부가 지급 보증한 것으로, 국회 동의를 거쳐 조달된다. 공적자금은 금융기관으로부터의 부실 채권 매입, 금융기관에 대한 출자, 예금 대지급을 위해서 사용된다. 이 돈은 정부예산에서 직접 지원하는 것이 아니라 예금보험공사와 자산관리공사가 채권을 발행하여 조달하는데, 이 자금 중 예금보험공사와 자산관리공사가 발행한 채권의 이자와 원금 손실은 예산으로 부담하므로 이 부분은 국민부담으로 돌아온다.

公正去來法
gōng zhèng qù lái fǎ

공평할 공, 바를 정, 갈 거, 올 래, 법 법
: fair trade act

시장을 지배할 수 있는 기업가의 지위가 남용되거나 과도한 경제력이 집중되는 것을 방지하고, 부당한 공동 행위 및 부정 거래 행위를 규제하도록 규정한 법률. 공정하고 자유로운 경쟁의 촉진, 균형 있는 국민 경제의 발전을 도모함을 목적으로 한다. 정식 명칭은 '독점규제및공정거래에관한법률'이다.

恐慌
kǒng huāng

두려울 공, 허겁지겁할 황
: panic

호경기에 이끌려 활발한 투자가 계속되면 그 과잉투자가 원인이 되어 갑자기 경기가 악화돼 경제는 극도의 혼란 상태에 빠진다. 생산한 상품이 팔리지 않고 쌓이며, 물가가 떨어지고 많은 회사가 쓰러지는가 하면, 그 여파로 문을 닫는 금융기관도 생기게 된다. 이것이 전형적인 공황 상태이다. 보통 공황이라 하면 모든 경제부문을 휩쓰는 일반적 과잉생산공황을 가리킨다. 1929년 가을부터 1933년까지 계속된 세계공황을 대표적인 예로 들 수 있다 ≒ 경제공황.

寡占
guǎ zhàn

적을 과, 점령할 점
: oligopoly

소수의 거대기업이 시장의 대부분을 차지하는 형태를 말한다. 각 기업은 서로 대체할 수 있는 유사한 상품을 생산하여 같은 시장에서 상호 경쟁한다. 과점 기업 간에 강한 상호의존 관계가 형성되어 생산량과 가격을 합의하는 담합 행위가 일어날 수 있다. 그리고 담합 행위를 하며 한 덩어리로 움직이는 공급자들을 묶어서 카르텔(cartel)이라고 한다. 하지만 가격 인하로 인한 독점적 이익 때문에 카르텔은 쉽게 무너질 수 있다.

官僚主義
guān liáo zhǔ yì

벼슬 관, 동료 료, 주인 주, 옳을 의

관료정치 아래에 있는 관청이나 사회 집단에서 흔히 나타나는 독특한 행동 양식이나 의식 상태를 비판적으로 이르는 말. 상급자에게는 약하고 하급자에게는 힘을 내세우려 하며, 자기 업무와 직접 관련이 없는 일에는 신경을 쓰지 않고, 자기 책임은 지지 않으려 하면서도 독선적인 행동이나 의식을 보이는 따위의 특성을 이른다.

關稅
guān shuì

빗장 관, 세금 세

세관을 통과하는 화물에 대하여 부과되는 조세. 수출세, 수입세, 통과세의 세 종류가 있으나 현재 우리나라에는 수입세만 있다 ≒ 통관세.

關稅障壁
guān shuì zhàng bì

빗장 관, 세금 세, 막힐 장, 벽 벽

수입품에 관세를 높게 부과함으로써 수입을 억제하는 일. 국내 산업을 보호하거나 재정 수입을 늘리는 것이 목적이다.

慣習
guàn xí

익숙할 관, 익힐 습
: custom

사회생활상 계속 반복하여 행해지며 어느 정도까지 일반인 또는 일정한 직업 또는 계급에 속하는 사람을 구속하기에 이른 일종의 사회규범. 관습이 사회의 법적 확신에 의하여 지지되어서 법적 규범으로서의 가치를 취득한 것을 관습법이라 부르며 그렇지 않은 것을 사실인 관습이라 한다.

購買力
gòu mǎi lì

살 구, 살 매, 힘 력
: buying power

개인이나 단체가 어떤 재화나 용역을 살 수 있는 재력. 한 단위의 통화가 여러 가지 재화나 용역을 살 수 있는 능력.

救濟金融
jiù jì jīn róng

구원할 구, 건널 제, 쇠 금, 녹일 융
: relief loan

거래처인 기업이 도산하는 것을 막기 위하여 금융 기관이 정책적으로 지원하는 금융.

構造調整
gòu zào tiáo zhěng

얽을 구, 지을 조, 고를 조, 가지런할 정
: structural regulation

국가나 사회에 특별한 공로가 있거나 일정 기간 동안 국가기관에 복무한 사람에게 해마다 주는 돈. 무상 연금, 유상연금, 종신 연금, 유기 연금 따위로 나뉜다 ≒ 은금.

國家信用度
guó jiā xìn yòng dù

나라 국, 집 가, 믿을 신, 쓸 용, 법도 도
: country risk

한 나라의 채무 이행 의사와 능력이 얼마나 있는지를 표시한 것으로 국제 금융시장에서 차입 금리나 투자여건을 판단하는 기준이 된다. 국가신용도가 하락할 경우 외국투자자들이 자금 대출을 꺼리고 대출 금리를 올리게 된다. 개별기업이나 금융기관의 신용평가도 해당국가의 신용등급을 토대로 이루어지기 때문에 국가신용도가 낮으면 우량기업도 낮은 신용평가를 받게 된다. 국가의 신용등급 결정요소에는 정치체제의 안정성과 정통성 · 국제 금융시장과의 통합도 · 국가안보상 위험요인 등의 정치적 요소와 소득수준 및 분포 · 경제성장률 · 인플레이션 · 공공채무 부담 · 외채 · 외환보유고 수준 · 대외채무 불이행 경험 등의 경제적 요소가 있다. 미국의 무디스(Moody's)와 S&P(Standard & Poor's) 등은 국가나 기업에 대한 등급을 매기는 세계적인 신용평가 기관으로 권위있는 평가업무를 통해 국제 금융시장에서 막강한 영향력을 행사하고 있다.

國內總生産
guó nèi zǒng shēng chǎn

나라 국, 안 내, 거느릴 총, 날 생, 낳을 산
: GDP(gross national product)

국민 총생산에서 투자 수익 따위의 해외로부터의 순소득을 제외한 지표. 경제 성장의 대외 비교에 쓴다 ≒ 지디피(GDP).

國民年金
guó mín nián jīn

나라 국, 백성 민, 해 년, 쇠 금

늙거나 질병, 사망 따위를 당했을 경우에 본인이나 가족들의 생활 보장을 위하여 지급되는 연금 ≒ 복지연금.

國民所得
guó mín suǒ dé

나라 국, 백성 민, 바 소, 얻을 득

보통 1년 동안 한 나라의 국민이 생산 활동의 결과로 얻은 최종 생산물의 총액. 국민순생산에서 간접세를 빼고 경상 보조금을 합하여 구한다 ≒ 엔아이(NI).

國民純生産
guó mín chún shēng chǎn

나라 국, 백성 민, 순수할 순, 날 생, 낳을 산
net national product

보통 1년 동안 한 나라의 국민이 새로이 창출한 부가 가치의 총액, 국민 총생산에서 자본 감모액을 뺀 금액이다 ≒ 순국민생산, 순국민소득, 엔엔피(NNP).

國稅 / 地方稅
guó shuì dì fāng shuì

나라 국, 세금 세, 땅 지, 모 방, 세금 세

국세는 중앙정부가, 지방세는 지방정부가 징수하는 조세를 말하는데, 조세를 징수하는 주체에 따라 구별한 것이다. 국세는 크게 내국세, 관세, 목적세(교육세 · 교통세 등)로 나뉘며 내국세는 소득세, 법인세, 상속세, 자산재평가세, 토지초과이득세 등의 직접세와 부가가치세, 특별소비세, 주세, 인지세 등의 간접세가 있다. 지방세는 보통세와 목적세로 나뉘는데, 보통세에는 취득세, 등록세, 면허세, 마권세 등의 도세와 주민세, 재산세, 자동차세, 종합토지세 등의 시·군세가 있다. 목적세로는 공동시설세, 지역개발세, 도시계획세, 사업소세 등이 있다.

國際競爭力
guó jì jìng zhēng lì

나라 국, 즈음 제, 다툴 경, 다툴 쟁, 힘 력

국제 시장에서, 한 나라의 산업이나 기업이 경제적으로 경쟁하여 나가는 힘, 생산성, 자본력 따위에 좌우된다.

國際收支
guó jì shōu zhī

나라 국, 즈음 제, 거둘 수, 지탱할 지

한 나라가 일정한 기간 동안 다른 나라와 거래한 것을 모두 집계한 계정. 거래의 형태에 따라 경상 계정과 자본 계정으로 나누며, 경상 계정은 다시 무역 수지와 무역외 수지로 나눈다.

國際通貨
guó jì tōng huò

나라 국, 즈음 제, 통할 통, 재앙 화

국제간의 거래에서 결제에 이용하는 화폐. 미국의 달러, 영국의 파운드 따위이다.

國際通貨基金
guó jì tōng huò jī jīn

나라 국, 즈음 제, 통할 통, 재앙 화, 터 기, 쇠 금

1947년 3월에 설립한 국제 연합의 전문 기관의 하나. 브레턴우즈 협정에 따라 가맹국의 출자로 공동의 기금을 만들어, 각국이 이용하도록 함으로써 외화 자금의 조달을 원활히 하고, 나아가서는 세계 각국의 경제적 번영을 도모하기 위하여 설립한 국제 금융 결제 기관이다. 換과 단기 금융을 주로 취급한다 ≒ 아이엠에프(IMF : International Monetary Fund).

國際標準
guó jì biāo zhǔn

나라 국, 즈음 제, 표할 표, 법 준
: IS(International Standard)

세계 각국에서 생산되는 제품의 호환성을 확보하고 상호교역을 촉진시키기 위해 각종 규격·기술·용어 등에 대해 일정한 기준과 표준형태를 국제간 합의를 통해 규정해 놓은 것을 말한다. 전기분야는 국제전기회의(IEC)가, 전기 이외의 모든 분야는 국제표준화기구(ISO)가 국제표준안을 제정하고 있다.

國債
guó zhài

나라 국, 빚 채
: government bond

국가에서 세입의 부족을 보충하기 위해 발행하는 채권. 외국에서 발행하는 경우를 외국채라고 하며, 국내에서 발행하는 것을 내국채라고 한다. 용도에 따라서 赤字국채, 건설국채, 군사국채(군사비 조달을 위한 것) 등으로 나누어진다. 또한 국고의 자금융통을 일시적으로 원활케 하기 위해 발행하는 단기국채, 장기재원의 조달을 목적으로 발행하는 장기국채로도 나뉘어진다.

勸奬消費者價格
quàn jiǎng xiāo fèi zhě jià gé

권할 권, 장려할 장, 사라질 소, 쓸 비, 놈 자, 값 가, 격식 격

상품 및 용역에 대한 참고 목적으로 제조업자나 수입업자가 표시하는 가격. 소비자가 상품을 구입할 때 가격정보 역할을 한다. 권장소비자가격 표시여부는 제조업자의 의무사항이 아닌 임의사항이지만 판매가격의 20% 이상이 되면 부당표시에 해당, 규제를 받게 된다. 현재 유통되는 대부분의 상품들은 일반적으로 실제 판매가격에 비해 권장소비자가격이 높게 표시돼 있어 적정가격 판단에 혼란을 줄 수 있다.

歸屬地位
guī shǔ dì wèi

돌아갈 귀, 무리 속·붙일 촉, 땅 지, 자리 위

개인의 의사나 재능과 상관없이 태어나면서부터 운명적으로 갖게 되는 지위.

規則
guī zé

법 규, 법칙 칙

여러 사람이 다 같이 지키기로 작정한 법칙, 또는 제정된 질서 ≒ 方則. 헌법이나 법률에 입각하여 정립되는 제정법의 한 형식. 입법, 사법, 행정의 각 부에서 제정되며, 국회 인사 규칙, 감사원 사무 처리 규칙, 법원 사무 규칙 따위가 있다.

糾彈
jiū tán

꼴 규, 탄알 탄

잘못이나 옳지 못한 일을 잡아내어 따지고 나무람.

均衡價格
jūn héng jià gé

고를 균, 저울대 형, 값 가, 격식 격
: equilibrium price

상품의 수요와 공급이 균형을 이룰 때에 성립하는 가격을 균형가격이라 한다. 그러나 전제하는 시간의 장단에 따라 균형가격의 내용은 달라진다. 그러므로 어떤 시간적 관점에

서 보면 균형가격이지만 다른 시간적 관점에서 보면 불균형 가격이 되는 것이다. 시간적 시야의 장단에 따라 균형을 일시적 균형, 단기적 균형, 장기적 균형으로 구분한다. 이에 대응하여 균형가격도 일시적 균형가격, 단기적 균형가격 및 장기적 균형으로 구분하였다.

勤勞基準法
qín láo jī zhǔn fǎ

부지런할 근, 일할 로, 터 기, 법 준, 법 법

근로자의 사람다운 기본적 생활을 보장·향상시켜 노동자를 보호하려는 목적으로 만들어진 법으로, 근로보호법이라고도 한다. 이 법은 최저의 노동조건을 정한 것으로, 기준에 달하지 못하는 조건을 정한 근로계약은 그 부분만 효력이 없게 된다.

金利自由化
jīn lì zì yóu huà

쇠 금, 이로울 리, 스스로 자, 말미암을 유, 될 화

금리를 올리거나 내리거나 하는 것을 금융 시장 자율에 의하여 조절되게 함.

禁輸
jìn shū

금할 금, 보낼 수

수출입을 금지함.

金融監督院
jīn róng jiān dū yuàn

쇠 금, 녹일 융, 볼 감, 살필 독, 집 원
financial supervisory service

금융관련 업무를 포괄적으로 감독하는 정부기관이다. 기존의 은행, 증권, 보험 등 3개 감독원과 신용관리기금 등으로 나눠져 있던 금융 감독 기관들을 통합하여 1999년 1월부터 금융감독원이 출범했다.

金融所得綜合課稅
jīn róng suǒ dé zōng hé kè shuì

쇠 금, 녹일 융, 바 소, 얻을 득, 모두 종, 합할 합, 과정 과, 세금 세

개인별 연간 금융소득을 합산하여 4천만 원을 초과하는 소득은 다른 종합소득과 합산하여 누진세율(종합소득세율)을 적용, 종합 과세하는 제도.

金融實名制
jīn róng shí míng zhì

쇠 금, 녹일 융, 열매 실, 이름 명, 지을 제

은행 예금이나 증권 투자 따위 금융 거래를 할 때에 실제 명의로 하여야 하며, 가명이나 무기명 거래는 인정하지 않는 제도. 금융 거래의 정상화와 합리적 과세 기반을 마련하기 위한 것이다 ≒ 실명제.

基幹産業
jī gàn chǎn yè

터 기, 줄기 간, 낳을 산, 업 업

기초산업이라고도 한다. 한 나라의 산업 활동 중 없어서는 안 되는 측면을 갖고 있으며 산업구조상 상당한 비중을 차지하고 있는 산업을 말한다. 전력·석유 등의 에너지산업, 철강 등 범용 재료 공급 산업, 산업기계를 중심으로 한 조립산업이 이에 해당한다. 관련 산업의 영역이 매우 넓은 자동차산업, 조선산업 등과 더불어 첨단기술 산업에서 반도체산업, IC를 공급하는 전자공업 등도 기간산업이라고 할 수 있다.

寄附
jì fù

부칠 기, 붙을 부

자선 사업이나 공공사업을 돕기 위하여 돈이나 물건 따위를 대가 없이 내놓음.

企業公開
qǐ yè gōng kāi

꾀할 기, 업 업, 공평할 공, 열 개

개인이나 소수 주주로 구성되어 폐쇄성을 띠고 있는 기업이 법정 절차와 방법에 따라 그 주식을 일반 대중에게 분산하고 재무 내용을 공시하는 일. 기업의 불합리한 구조를 개편하여 효율성을 높이는 일.

機制
jī zhì

틀 기, 지을 제

인간의 행동에 영향을 미치는 심리의 작용이나 원리. 도피기제, 방어기제.

【ㄴ·ㄷ·ㄹ·ㅁ】

難航
nán háng

어려울 난, 항해할 항

항해하기 어려움, 어려운 항해. 따라서 어떤 일이 어려움에 부딪침.

內部者去來
nèi bù zhě qù lái

안 내, 부분 부, 놈 자, 갈 거, 올 래

증권 회사의 임직원이나 주요 주주가 그의 입장을 이용하여 입수한 정보를 기초로 주식을 사고파는 일. 증권 거래법에서 금지하고 있다.

內需
nèi xū

안 내, 쓰일 수

국내에서의 需要. 민간과 정부에 의한 소비와 투자.

勞動三法
láo dòng sān fǎ

수고로울 로, 움직일 동, 석 삼, 법 법

근로 기준법, 노동조합법, 노동 쟁의 조정법을 통틀어 이르는 말.

勞動組合
láo dòng zǔ hé

수고로울 로, 움직일 동, 짤 조, 합할 합

노동 조건의 改善 및 노동자의 사회적, 경제적인 지위 향상을 목적으로 노동자가 조직한 단체. 기업별, 산업별, 지역별 따위의 다양한 형태가 있다 ≒ 勞組.

綠色革命
lǜ sè gé mìng

푸를 록, 빛 색, 가죽 혁, 목숨 명

농업 개발도상국의 식량 생산력의 급속한 증대 또는 이를 위한 농업상의 모든 개혁을 이르는 말.

籠 城
lóng chéng

대그릇 농·롱, 성 성

적에게 둘러싸여 성문을 굳게 닫고 성을 지킴. 어떤 목적을 이루기 위하여 한자리를 떠나지 않고 시위함.

多國籍企業
duō guó jí qǐ yè

많을 다, 나라 국, 문서 적, 꾀할 기, 업 업

여러 나라에 계열 회사를 거느리고 세계적 규모로 생산, 판매하는 대기업 ≒ 국제기업, 세계기업. 참고 UN다국적기업위원회 유엔경제사회이사회 아래에 있는 기능 위원회의 하나. 다국적 기업에 관한 국제기구로 1974년에 설치되어 1975년 이후 해마다 한 차례 회의를 연다. 현재 회원국은 48개국이고 우리나라는 1982년에 가입하였다.

談合
tán hé

말씀 담, 합할 합

서로 의논하여 합의함. 경쟁 입찰을 할 때에 입찰 참가자가 서로 의논하여 미리 입찰 가격이나 낙찰자 따위를 정하는 일.

當座預金
dāng zuò yù jīn

마땅 당, 자리 좌, 미리 예, 쇠 금

은행이 예금자의 요구에 따라 예금액의 일부 또는 전부를 언제든지 지급할 것을 약속하는 예금. 지급을 요구할 때는 반드시 수표 또는 어음을 발행하도록 되어 있다. 이것은 은행이 예금자의 출납을 대행하므로 예금자의 비용과 노력을 절약시켜 주며, 은행에서는 장기적 대출 등의 운용이 불가능하므로 무이자인 것이 원칙이다. 다른 예금은 이자나 저축을 목적으로 하는 데 비해 당좌예금은 자금의 보관이나 지급 위탁을 주목적으로 한다.

大恐慌
dà kǒng huāng

큰 대, 두려울 공, 허겁지겁할 황

세계적으로 일어나는 큰 규모의 경제 공황. 흔히 1929년 10월에 일어난 뉴욕 증권시장의 주가대폭락을 계기로 하여 30년대에 엄습한 세계적 불황을 말한다.

代替財
dài tì cái

대신 대, 바꿀 체, 재물 재

서로 대신 쓸 수 있는 관계에 있는 두 가지의 재화. 쌀과 밀가루, 만년필과 연필, 버터와 마가린 따위이다 ≒ 대용재.

都賣業
dōu mài yè

모두 도, 팔 매, 업 업

도매업은 구입한 신품 또는 중고품을 변형하지 않고 도매업자, 소매업자, 산업단지 및 기관 등에 재판매하는 산업 활동을 말한다.

獨占
dú zhàn

홀로 독, 점령할 점

개인이나 하나의 단체가 다른 경쟁자를 배제하고 생산과 시장을 지배하여 이익을 독차지하여 경쟁자가 없는 상태 또는 그런 경제 현상, 완전경쟁의 정반대이다. 생산물의 공급에 있어서 파는 측이 가격을 지배하는 것을 공급독점이라고 하며 수요에 경쟁이 없어 사는 측이 가격을 지배하는 것을 수요독점이라고 한다.

目的稅
mù dì shuì

눈 목, 과녁 적, 세금 세

특정한 목적을 달성하기 위한 경비에 충당하려고 부과하는 세금. 방위세, 교육세 따위이다 ≒ 특별세.

貿易
mào yì

무역할 무, 바꿀 역

지방과 지방 사이에 서로 물건을 팔고 사거나 교환하는 일. 나라와 나라 사이에 서로 물품을 매매하는 일.

文化相對主義
wén huà xiāng duì zhǔ yì

글월 문, 될 화, 서로 상, 대할 대, 주인 주, 옳을 의

인류 문화는 일원적으로 진화하는 것이 아니라 제각기 독자적인 방향으로 발전하기 때문에 문화의 우열을 가릴 수 없다고 보는 태도나 관점.

物價水準
wù jià shuǐ zhǔn

만물 물, 값 가, 물 수, 법 준

개별 상품 가격의 종합으로서 표시된 물가의 높이. 모든 재화의 가격을 평균하는 것이 아니고 구매하는 비율에 의하여 평균하는

의미를 가진다. 소비재가격의 평균을 소비재물가수준이라 한다. 이와 동일하게 도매가격의 평균으로서 도매물가수준, 재화일반 평균으로서 일반물가수준 등을 생각할 수 있다.

物價指數
wù jià zhǐ shù

만물 물, 값 가, 가리킬 지, 셈 수

물가의 변동을 종합적으로 나타내는 지수. 일정한 장소나 일정한 시기의 일정한 상품의 가격을 100으로 잡고 다른 시기의 그 상품의 가격 변동 상태를 100에 대한 비례수로 나타낸다.

【ㅂ】

配當金
pèi dāng jīn

짝 배, 마땅 당, 쇠 금

배당하는 돈. 주식 소유자에게 주는 회사의 이익 분배금 ≒분배금.

法人
fǎ rén

법 법, 사람 인

사람 또는 재산의 결합체로서 권리·의무의 주체가 될 수 있는 것을 법인이라고 한다. 법인은 공법인과 사법인, 영리법인과 비영리법인, 사단법인과 재단법인, 국내법인과 외국법인으로 분류된다. 이 중에서 사단법인은 사람의 집합체인 단체이며 법인으로서 법률상 권리의무의 주체임을 인정받은 사람의 집단이 본체인 점에서 재단이 실질상의 주체인 재단법인과 다르다. 사단법인에는 민법 규정에 의한 비영리 법인인 사단법인과 상법 규정에 의한 영리법인인 사단법인이 있다. 이에 빈하여 재단법인은 일정한 목적을 위하여 출연한 재산을 개인의 권리에 귀속시키지 않고 그것을 독립된 것으로 하여 운영하기 위하여 그 재산을 구성요소로 하여 법률상 구성된 법인으로서 사람의 집단을 본체로 하는 사단법인과는 달리 재산을 실질상의 본체로 하는 것이어서 재산이 있는 한 영구히 존속할 수 있으며 영리 아닌 사업을 목적으로 하는 것만이 인정된다.

法定管理
fǎ dìng guǎn lǐ

법 법, 정할 정, 주관할 관, 다스릴 리

기업이 자력으로 회사를 운영하기 어려울 만큼 부채가 많을 때 법원에서 지정한 제3자가 자금을 비롯한 기업 활동 전반을 관리하는 것을 말한다. 즉, 부도위기에 몰린 기업을 파산시키기 보다는 살려내는 것이 기업과 채권자에게는 물론 국민경제 전반에 이롭다는 점이 이 제도의 취지라 할 수 있다. 법정관리는 해당 업체의 채권자 또는 주주도 신청할 수 있으나 대상 업체 스스로 신청하는 경우가 많으며 기업의 신청을 받게 되면 법원은 우선 재산보전처분 명령부터 내리고, 그 다음 보통 3개월 정도의 시간을 갖고 법정관리를 받아들일지 아니면 기각할지를 결정하게 된다. 법정관리가 수용되면 회사는 정리계획에 따라 제3자의 관리를 받으면서 장기간(10년)에 걸쳐 부채를 상환함으로써 빚에 대한 부담에서 해방될 수 있으며, 법원이 선임한 법정 관리인이 경영을 책임지게 된다. 반면 법정관리가 기각되면 기업은 파산절차에 들어간다.

變額保險
biàn é bǎo xiǎn

변할 변, 이마 액, 지킬 보, 험할 험

보험사의 투자실적에 따라 보험금 지급액수가 달라지는 실적배당형 보험 상품. 계약자가 납입한 보험료를 유가증권 등에 투자하고 그 운용실적에 따라 사망보험금(매월 변동), 해약환급금(매일 변동) 등이 변동되는 보험. 우리나라에서는 2001년 7월부터 판매하기 시작했다. 변액보험은 기존의 다른 금융권의 간접 투자 상품과 같이 보험료 중 투자 부분에 해당하는 보험료를 투자 전문가를 통해 주식이나 채권 등에 운용, 얻은 이익을 고객에게 환원해 준다는 측면에서 은행권의 단위형 금전신탁이나 투신사의 수익증권, 자산운용사의 뮤추얼펀드와 유사하다.

保稅
bǎo shuì

지킬 보, 세금 세

관세의 부과가 보류되는 일.

保稅區域
bǎo shuì qū yù

지킬 보, 세금 세, 구역 구, 지경 역
：bonded area

보세를 인정받은 전 지역을 가리키며 지정지역, 보세창고, 보세공장 등이 여기에 포함된다. 이 지역은 보세제도상에서 외국으로 간주되어 외국화물의 적재, 보관, 가공 등에 수입세가 면제된다.

補完財
bǔ wán cái

기울 보, 완전할 완, 재물 재

재화 중에서 동일 효용을 증대시키기 위해 함께 사용하는 두 재화로, 협동재라고도 한다. 이들 재화는 따로 소비할 때의 효용의 합계보다 두 재화를 함께 소비했을 때의 효용이 증가한다. 예를 들면 커피와 설탕, 펜과 잉크, 바늘과 실, 버터와 빵 등이다. 보완관계에 있는 두 재화는 하나의 수요가 증가하면 다른 하나의 수요도 증가하고, 하나의 가격이 오르면 두 재화의 수요가 동시에 감소한다.

普通預金
pǔ tōng yù jīn

널리 보, 통할 통, 미리 예, 쇠 금

예입과 인출을 수시로 자유로이 할 수 있는 통장식 은행 예금 ≒ 小口當座預金. 예금자가 수표를 발행하면 은행이 어느 때나 예금액으로 그 수표에 대한 지급을 하도록 되어 있는 예금.

保險
bǎo xiǎn

지킬 보, 험할 험

손해를 물어 주겠다는 보증. 재해나 각종 사고 따위가 일어날 경우의 경제적 손해에 대비하여, 공통된 사고의 위협을 피하고자 하는 사람들이 미리 일정한 돈을 함께 적립하여 두었다가 사고를 당한 사람에게 일정 금액을 주어 손해를 보상하는 제도. 동일한 경제적 위험에 있는 많은 사람들이 장래 우연히 생길 사고로 인하여 발생할 재산상의 수요를 만족시키기 위하여 미리 일정금액의 보험료를 내고, 공동자금을 형성하고 현실로 사고를 당한 자가 재산적 급여 즉 보험금을 받는 제도이다. 영업적 상행위의 하나로, 상행위가 되는 것은 독립한 보험자가 보험계약자에 대하여 영업으로서 보험을 인수하는 영리보험의 경우에 한하며, 보험가입자 그 자체가 구성하는 단체가 보험자가 되는 상호보험이나 정부가 주관하는 국영보험·사회보험 등의 공영보험은 여기에서 말하는 보험에 속하지 않는다.

複利
fù lì

겹칠 복, 이로울 리

복리법으로 계산된 이자 ≒ 겹리, 복변리, 重利. 일정한 기간의 기말마다 이자를 원금에 가산하여 그 합계액을 다음 기간의 원금으로 하는 이자 계산 방법 ≒ 복리계산, 복변리법, 복변법, 중리법.

附加價值
fù jiā jià zhí

붙을 부, 더할 가, 값 가, 값 치

생산 과정에서 새롭게 부가된 가치. 부가가치는 인건비, 이자, 이윤의 합계라고 할 수 있다. 부가가치를 경제 전체에 대해 합계한 것이 국민소득이다. 이것은 순부가가치이며 총부가가치는 순부가가치에 감가상각을 합한 것이다.

附加價值稅
fù jiā jià zhí shuì

붙을 부, 더할 가, 값 가, 값 치, 세금 세
: VAT(value added tax)

생산 및 유통의 각 단계에서 생성되는 부가가치에 대해 부과되는 조세이다. 여기서 부가가치(value added)란 각 거래단계의 사업자가 독자적으로 새로이 창출한 가치의 증분이라고 정의할 수 있다. 부가가치세는 그 과세대상이 되는 부가가치의 범위를 어디까지로 볼 것인가에 따라 GNP형 · 소득형 · 소비형의 세 가지 유형으로 나누어지는데, 현재 우리나라를 포함하여 부가가치세를 채택한 나라에서는 모두 소비형을 채택하고 있다.

不渡어음手票
bú dù shǒu piào

아닐 불 · 부, 건널 도, 손 수, 표 표

만기나 지급기일에 지급이 거절된 어음수표. 이는 경제상의 용어이며 법률용어는 아니다. 어음교환소의 교환에 돌린 어음수표가 부도났을 때에는 발행인은 부도처분을 받으며 일정기간 은행과의 거래를 정지당한다. 그리고 부도수표의 발행에 대한 처벌에는 부정수표단속법이 있다.

不動産實名制
bú dòng chǎn shí míng zhì

아닐 불 · 부, 움직일 동, 낳을 산, 열매 실, 이름 명, 지을 제

실제적으로 부동산을 소유하고 있는 사람이 명의신탁 · 미등기전매 등을 이용하여, 부동산투기를 행하여, 포탈, 부정 · 부조리의 원인 등을 제공하여 부동산 거래 질서를 문란하게 하는 근원적인 부동산 문제를 해결하기 위하여 1995년 7월 1일 이후 부동산에 관한 소유권과 기타 가등기 · 임차권을 포함한 물권의 변동에 관한 등기를 실소유자의 명의로 등기하여야 하도록 한 제도를 말함. 부동산을 취득한 후 3년 내에 소유권 이전등기를 하지 않고 그대로 두면, 명의신탁으로 간주하여 처벌을 받도록 하였음.

浮揚策
fú yáng cè

뜰 부, 날릴 양, 꾀 책

가라앉은 것을 떠오르게 하는 대책이나 방법. 경기 부양책, 증시 부양책.

富裕稅
fù yù shuì

부자 부, 넉넉할 유, 세금 세

부동산, 귀금속 등 재산에 대한 과세의 하나로 고액자산 소유자를 대상으로 한다. 서독이 채택하고 있으며, 일본도 전후 잠시 동안 실시하였다. 우리나라에는 부유세가 없지만 별장, 호화주택 등 사치성 재산에 대해서는 지방세로 중과세하도록 되어 있으며 취득세, 특별소비세를 물게 되어 있다.

負債
fù zhài

질 부, 빚 채

기업이 출자자(주식회사인 경우 주주) 이외의 제3자로부터 빌리고 있는 자금으로 타인자금이라고도 한다. 부채는 기업

이 개인, 회사 또는 기업의 외부조직에 대하여 짊어지고 있는 금전, 재화 또는 용역을 제공할 채무나 의무를 말하며 채권자 입장에서는 기업에 대하여 가지는 금전 또는 재화, 용역에 대한 청구권을 의미한다. 대차대조표에는 부채를 유동부채(차입금, 외상매입금, 지급어음 등, 고정부채(장기차입금, 사채), 충당금(퇴직급여충당금, 수선충당금)으로 구분하고 있다.

分散投資
fēn sàn tóu zī

나눌 분, 흩을 산, 던질 투, 재물 자

증권 투자 시 투자 위험을 적게 하기 위하여 여러 종목의 증권에 분산하여 투자함으로써 개개의 위험을 서로 상쇄·완화하도록 하는 투자 방법이다. 종류별 분산은 주식, 채권, 전환사채 등 여러 종류의 증권에 분산하는 것이며 지역적 분산은 각국의 경기변동이 동일하지 않기 때문에 각국 증권에 분산 투자해 경기변동의 영향을 완화하는 방법이다. 업종별 분산은 여러 업종에 분산하여 투자함으로써 투자 성과를 높이고자 하는 것이며, 기업별 분산은 소수의 기업에 집중투자하지 않고 기업별로 분산투자하는 방법이다.

粉飾決算
fěn shì jué suàn

가루 분, 꾸밀 식, 결단할 결, 셈할 산

영업상의 수지 계산을 할 때에 이익을 실제 이상으로 계상하는 일. 대차대조표나 손익계산서에 계상하는 항목의 금액을 실제보다 적거나 많게 만들어 이익을 조작하는 것이다. 자산을 부풀리거나 부채를 줄이는 것이 대표적인 수법이다. 그 결과 실제보다 당기순손실을 줄이거나 당기순이익을 늘리고 심지어 당기순손실을 당기순이익으로 둔갑시키기도 한다.

拂下
fú xià

떨칠 불, 아래 하

국가 또는 공공 단체의 재산을 개인에게 팔아넘기는 일. '매각', '팔아 버림'으로 순화.

【ㅅ】

相續稅
xiāng xù shuì

서로 상, 이을 속, 세금 세

국세의 하나. 상속, 유증 및 사인 증여에 의하여 취득한 재산에 대하여 부가한다. 遺産相續稅 : 유산 상속을 개시할 때에 그 재산에 대하여 부과하는 세금 ≒ 유산세.

上 場
shàng chăng

위 상, 마당 장

상품시장 또는 유가증권시장에서의 매매 목적물로 하는 것. 증권거래소는 유가증권시장에 상장할 유가증권의 심사 및 유가증권시장에 상장되어 있는 유가증권의 관리를 위하여 유가증권상장규정을 정하여야 한다.

上場會社
shàng chăng huì shè

위 상, 마당 장, 모일 회, 모일 사

기업을 공개하여 주식을 상장한 회사를 말한다. 증권거래소는 상장규정을 두고 소정의 요건을 갖춘 회사를 심사하여 상장시키고 있다. 상장회사는 경영과 증권에 관한 사항을 규정에 따라 정기적으로 거래소에 보고하여야 하며 일반 투자자에게 상장증권의 관리를 할 수 있도록 기업공시를 해야 한다.

生命科學
shēng mìng kē xué

날 생, 목숨 명, 과목 과, 배울 학

생명에 관계되는 현상을 종합적으로 연구하는 과학. 이에는 생물학, 화학, 물리학 따위의 기초적인 학문과 의학, 심리학, 인류학, 언어학, 사회학, 농학, 공학 따위의 많은 학문이 관련된다. 이는 새로운 약제의 개발, 환경의 조절, 의학계의 컴퓨터 응용, 유전자 연구, 인공 장기의 이식 등 그 적용 범위가 매우 넓다.

石油輸出國機構
shí yóu shū chū guó jī gòu

돌 석, 기름 유, 보낼 수, 날 출, 나라 국, 틀 기, 얽을 구

: OPEC(Organization of Petroleum Exporting Countries)

1960년에 바그다드에서 이란, 이라크, 사우디아라비아, 쿠웨이트, 베네수엘라의 5대 석유 수출국이 국제 석유 자본에 대한 발언권을 강화하기 위하여 결성한 기구. 본부와 사무국은 오스트리아 빈에 있다. 중동 산유국을 중심으로 카타르, 인도네시아, 아랍에미리트연합(UAE), 리비아, 알제리, 나이지리아, 에콰도르, 가봉 등 13개 산유국이 가입하고 있다 ≒ OPEC.

先物去來
xiān wù qù lái

먼저 선, 만물 물, 갈 거, 올 래

3개월 또는 6개월 미래의 약속 일시에 상품인도와 대금결제를 실행할 것을 현재 시점에서 계약하는 거래. 선물이란 어느 특정한 시기가 도래하면 상품을 인도하고 그 대금은 미리 정해 놓은 것을 말한다. 상품 인도를 하지 않은 상태에서는 되팔거나 되사들여 매매차액을 정산하는 것이 가능하다. 상품의 대량생산, 대량판매가 이루어짐에 따라 가격변동에 의해 입을 수도 있는

손실을 예방하는 것이 주목적이며 상품거래소는 이 거래를 전문적으로 행하는 시장이다. 정기거래라고도 한다.

成長産業
chéng zhǎng chǎn yè

이룰 성, 어른 장, 낳을 산, 업 업

높은 성장률을 유지하고 있는 산업이나 앞으로의 발전가능성으로 보아 높은 성장이 기대되는 산업을 말한다. 1990년대 이후에는 컴퓨터 관련 산업, 정보산업, 바이오테크놀로지산업, 신소재산업 등 하이테크산업과 함께 레저산업, 해양개발산업 등이 성장산업으로 꼽히고 있다. 반대의 경우는 斜陽産業이라 하며 석탄이나 방적 등이 대표적인 예이다.

世界貿易機構
shì jiè mào yì jī gòu

인간 세, 지경 계, 무역할 무, 바꿀 역, 틀 기, 얽을 구
: WTO(World Trade Organization)

세계 125개국 통상 대표가 7년 반 동안이나 진행해온 우루과이라운드 협상의 종말을 고하고 '마라케시 선언(1994년 4월 15일 모로코 마라케시에서 선언)'을 공동으로 발표하고, 1995년 1월 정식 출범하였다. 이로써 1947년 이래 국제무역 질서를 규율해 오던 관세 및 무역에 관한 일반협정 GATT 체제를 대신하게 되었다. 우리나라에서는 WTO 비준안 및 이행방안이 1994년 12월 16일 국회에서 통과되었다. WTO는 지금까지 GATT에 주어지지 않았던 세계 무역 분쟁 조정, 관세인하 요구, 반덤핑규제 등 막강한 법적권한과 구속력을 행사하게 된다. WTO의 최고의결기구는 총회이며 그 아래 상품교역위원회 등을 설치해 분쟁처리를 담당한다. 본부는 제네바에 있다. http://www.wto.org

所得控除
suǒ dé kòng chú

바 소, 얻을 득, 당길 공, 덜 제

소득세의 과세에 있어서 과세소득에서 미리 일정한 금액을 공제하는 것을 소득공제라고 한다. 즉 배우자공제, 부양가족공제, 근로소득공제, 의료비공제, 생명보험료공제, 장애자공제 등의 공제를 말한다. 최저생활수준의 유지에 그 목적이 있다.

消費財
xiāo fèi cái

사라질 소, 쓸 비, 재물 재

개인의 욕망을 직접적으로 충족시키기 위하여 소비되는 재화. 식료품, 의류, 가구, 주택 따위가 이에 해당한다 ≒ 일차재, 저차재.

損益分岐點
sǔn yì fēn qí diǎn

덜 손, 더할 익, 나눌 분, 갈림길 기, 점 점

매출액과 그 매출을 위해 소요된 모든 비용이 일치되는 점. 즉 어떤 일정한 매상의 경우에 비용의 정도와 손익의 정도, 또는 일정한 이익을 올리려면 매상이 얼마가 되어야 하며, 비용을 어느 한도로 억제하여야 하는지 등, 손익에 관한 매상과 비용의 관계에서 손실과 이익이 발생하지 않는 매출 수준을 의미함.

授權資本制
shòu quán zī běn zhì

줄 수, 권세 권, 재물 자, 근본 본, 지을 제

주식회사가 발행할 수 있는 주식의 총수 가운데 일정 부분만 설립할 때에 발행하고 잔여 부분에 대한 신주발행권은 이사회에 위임(수권)하는 제도를 수권자본제도라고 한다. 이에 반해 총액 인수주의는 회사 설립 시에 자본액을 정하고 그 자본액에 대한 주식의 인수가 모두 확정되어야 하는 제도이다. 수권자본제는 수권주식총수에 대한 인수를 필요로 하지 않으므로 회사설립을 용이하게 하고 자본조달의 기동성과 편이성을 발휘할 수 있는 장점을 가지고 있으나 회사채권자의 보호가 소홀해지고 회사의 재산적 기초가 약화될 위험이 있는 단점을 가지고 있다.

時價
shí jià

때 시, 값 가

평가시점에 있어서의 객관적인 시장가격 또는 거래가격을 말한다.

始價
shǐ jià

처음 시, 값 가

하루 중에서 최초로 성립된 가격, 즉 최초입회에서 형성된 가격이다. 후장에서 제일 먼저 이루어진 가격은 후장의 시가가 된다.

時事
shí shì

때 시, 일 사

당시에 일어난 여러 가지 사회적 사건. 시사 문제, 시사 해설.

失業
shī yè

잃을 실, 업 업

노동력이 완전 고용되지 않은 상태. 원인별로 분류하면 계절적 실업, 마찰적 실업(노동력의 이동이 원활히 이뤄지지 않아 훈련 등으로 인해 직업에 종사하지 못하는 실업), 자발적 실업(일하고 싶지 않는 것), 비자발적 실업(일하고 싶으나 일자리가 없는 것) 등이 있다. 협의로는 비자발적 실업을 실업이라고 말하는데 케인즈는 완전고용이란 비자발적 실업이 없는 상태로 되는 것이라고 정의하고 있다. 그밖에도 불만 상태 속에서 취업을 하고 있는 위장실업, 경제정체 또는 불황으로 인해서 생기는 구조적 실업, 저개발국의 직장부족으로 생긴 기술적 실업 등의 개념이 있다.

實存主義
shí cún zhǔ yì

열매 실, 있을 존, 주인 주, 옳을 의

실증주의에 대한 반동으로 일어나, 부조리한 현실의 허무와 절망·불안과 초조 속에서 고립된 인간이 극한상황을 극복하고 잃었던 자아를 발견함을 강조한 사상이다. 실존주의 문학의 대표 작품은 제2차 세계대전 후 사르트르(J.P.Sartre)의 『구토』, 카뮈(A.Camus)의 『이방인』 등이다.

實質所得
shí zhì suǒ dé

열매 실, 바탕 질, 바 소, 얻을 득

소비자물가지수를 감안해 조성한 소득으로 일정 기간에 벌어들인 돈(명목소득)을 소비자물가지수로 나눈 것이다. 각 개인이나 가정이 물가 변동이 없는 상태에서 어느 정도 돈을 벌었는지를 표시한다. 현재 우리나라 소비자물가지수는 1995년을 기준(100)으로 잡아 작성된 것이다. 따라서 실질소득은 1995년 당시 수준과 비교한 소득이 되는 셈이다. 실질소득≒(명목소득÷물가지수)×100.

【ㅇ】

額面價格
é miàn jià gé

이마 액, 낯 면, 값 가, 격식 격

화폐나 유가 증권 따위의 표면에 적힌 가격 ≒ 額面, 액면가, 表價.

約束
yuē shù

언약할 약, 묶을 속

발행인이 일정 금액을 일정 시기·장소에서 지불할 것을 약속한 어음이다. 거래의 실제로는 상품의 매주가 이 약속어음을 발행하고 매도자는 이것을 은행에서 할인받아 자금의 회수를 도모하는 것이 보통이다. 또 은행이 대출할 때에 차용인을 발행인, 은행을 수취인으로 하는 약속어음을 쓰게 하며 차용증서 대신으로 이것을 받는 경우도 있다.

約定金利
yuē dìng jīn lì

언약할 약, 정할 정, 쇠 금, 이로울 리

은행 등의 금융기관이 기업에 대해 금전을 대출하거나 어음을 할인하는 경우에 약속하는 금리로서 표면금리라고도 한다. 금융기관은 실제로는 대출 조건으로 예금과 담보를 요구하여 대출금의 일부를 구속하는 경우가 많기 때문에 기업의 실질적 금리부담은 약정금리보다 높은 것이 보통이다.

讓渡性預金證書
ràng dù xìng yù jīn zhèng shū

사양할 양, 건널 도, 성품 성, 미리 예, 쇠 금, 증거 증, 글 서
：CD(certificate of deposit)

은행의 정기예금 중에서 해당 증서의 양도를 가능케 하는 무기명 상품으로 은행에서 발행되고 증권사와 종금사를 통해 유통된다. 1961년 미국의 씨티은행이 처음 도입한 이후 우리나라에는 1974년 1차 도입되었다가 폐지되고 1984년 6월 재도입되어 1990년대 이후 급속한 신장세를 보이고 있다. CD는 최소 1,000만 원부터 최소 30일 이상 270일까지 발행이 가능해 규모가 큰 자금의 단기투자에 적합하며 발행시장보다 유통시장의 수익률이 높아 유통시장을 통한 투자가 유리하다. 한편 CD는 은행들이 기업에 대출해줄 때 대출금의 일부를 정기예금으로 강제시키는 '꺾기'의 수단으로도 사용되고 있다.

CD(cash dispenser)
현금자동지급기. 은행에 예금한 사람이 은행이 발행하는 예금자용 카드를 집어넣고 미리 정해진 번호로 기계를 누르면 현금이 자동적으로 나오는 기계.

CD(compact disk)
콤팩트디스크. 디지털화한 음성신호를 기록한 레코드판에서 레이저 광선으로 음을 재생시키는 방식의 음향기기. 레코드 바늘처럼 접촉하는 부분이 없기 때문에 레코드판의 마모를 막을 수 있으며, 또 디지털 녹음이므로 재생되는 음의 폭이 넓고 잡음이 없으며 음질과 기능이 뛰어나다.

讓渡所得稅
ràng dù suǒ dé shuì

사양할 양, 건널 도, 바 소, 얻을 득, 세금 세

토지, 건물 따위를 유상으로 양도하여 얻은 소득에 대하여 부과하는 조세. 매도 금액에서 취득할 때의 가격과 필요 경비, 양도 소득 공제 및 해당되는 공제 금액을 뺀 나머지에 대하여 부과된다. 이 세는 부동산 투기억제의 수단으로 제정된 것이므로 부동산 경기변동에 따라 신축성 있게 운영되고 있다.

良心의 自由
liáng xīn　　zì yóu

어질 량, 마음 심, 스스로 자, 말미암을 유

각자의 판단이나 확신을 외부에 표명하도록 강제당하지 않고 양심에 반하는 행위를 강요당하지 아니할 자유. 인권사상의 근원 내지 핵심인 인간의 존엄과 가치에서 파생한 내면적 정신활동의 자유로서, 어떤 경우에도 제한받지 않는 주관적 공권이다. 따라서 국회의원의 양심, 법관의 양심과 같은 직업적 양심과는 그 성질이 다르다. 반체제의 사상도 양심상의 결정 단계에 머물러 있고 외부에 표현되지 않는다면 규제할 필요가 없다. 양심의 자유의 주체는 자연인에게만 인정되고 법인에게는 인정되지 않는다. 양심의 자유의 제한은 모든 정신활동의 자유에 대한 전제가 되므로, 지나친 제한은 곧 인간의 존엄과 가치를 침해하는 것이며 본질적 내용의 침해가 되므로 그 한계는 중요성을 가진다. 양심의 자유에 반하는 행위의 강제금지로서는 판례증언거부권의 인정, 신문기자의 취재원에 관한 진술거부권, 사죄판결을 명하는 판결(찬・반이 있음)과 양심적 병역거부 불인정 등이 있다.

兩者投資協定
liǎng zhě tóu zī xié dìng

두 량, 놈 자, 던질 투, 재물 자, 협동 협, 정할 정 : BIT(bilateral investment treaty)

국적에 상관없이 동등한 투자 권리를 부여하는 협정. 이는 외국인 투자가도 내국인처럼 투자와 관련한 각종 법적 규제를 없애는 것으로 체결국가간 자유로운 투자를 허용하는 것을 의미한다. 투자협정이 체결되지 않으면 해당국에서 외국인의 투자자금을 몰수하거나 송금을 제한하는 등의 조치를 내려 손실을 보게 되는 극단적인 상황도 맞이할 수 있다. 투자협정은 이러한 위험으로부터 법적인 안전망을 마련해 주는 것이다. 그러나 국방이나 농업 등 자국 산업을 보호하기 위한 분야는 부속서를 통해 유보조항으로 규정, 투자자유화 대상에서 제외하는 경우가 있다. 반면에 자유무역협정(free trade agrement)은 모든 산업분야에 대해 관세나 물량제한 등 무역거래에 대한 규제를 완전히 없애자는 국가간 합의라고 할 수 있다. 이는 양자간 투자협정을 한 단계 넘어서 완전 자유경쟁체제에 돌입하는 것으로 해당 국가는 사실상의 공동경제권이 된다.

旅行者手票
lǚ xíng zhě shǒu piào

나그네 려, 다닐 행, 놈 자, 손 수, 표 표
: TC(Traveler Check)

해외여행자가 여비를 휴대하기 편리하도록 하기 위해 고안된 것으로 외국에서 현금 대신 쓸 수 있는 수표. 국내 은행에 미리 돈을 맡기고 외국에 가서 찾아 쓸 수 있다. 은행 자체에서 발행한 수표이기 때문에 현금과 마찬가지로 취급된다 ≒ 티시 TC.

逆關稅
nì guān shuì

거스를 역, 빗장 관, 세금 세

정보통신 관련 완제품에는 관세가 부과되지 않고 이들 제품에 사용되는 부품에 높은 관세가 부과되고 있는 현상을 말한다. 즉, WTO의 정보기술협정(IT)에 따라 2000년부터 정보통신 관련 수입 완제품에는 관세를 적용하지 않으나 일부 부품과 소재에 고율의 관세가 적용되고 있다. 예로 컬러 디스플레이튜브(CDT) · 리튬이온 축전지 · 반도체 제조용 코일 등에는 관세가 부과되지만 이들 부품을 사용한 완제품인 모니터 · 노트북PC · 리드프레임 등에는 관세가 부과되지 않는다. 역관세에 대해 해당업계에서는 국내 완제품의 가격경쟁력을 저하시킨다고 주장하고 있는 데 비해 수입 · 부품소재에 대해 관세를 낮추면 부품 국산화 촉진을 저해할 수 있다는 반론이 제기되고 있다.

逆廣告
nì guǎng gào

거스를 역, 넓을 광, 알릴 고

개인고객이 자신이 원하는 상품 · 목록 · 가격 등을 제시하면 해당조건에 공급이 가능한 공급업자가 상품이나 서비스를 제공하는 것을 말한다. 즉, 전통경제에서는 광고는 생산자나 유통업자가 소비자에게 정보를 전달하는 것으로 이해돼 왔다. 그러나 인터넷이 등장하면서부터 생산자 · 유통업자 · 소비자 간의 역할이 모호해지고 시장이 소비자 중심으로 변화하고 있다. 소비자가 원하는 사양과 가격을 제시하면서 상품을 팔 것인지를 협상하는 역광고는 여행 · 항공 · 가전제품 · 컴퓨터 등의 산업에까지 확산될 것으로 전망되고 있다. 대표적인 예로는 미국의 프라이스라인닷컴(www.priceline.com)사가 있다.

逆調
nì tiáo

거스를 역, 고를 조

일의 진행이 나쁜 방향으로 되어 가는 상태. 貿易逆調 : 한 나라의 수입액이 수출액보다 많은 상태.

年金
niánjīn

해 년, 쇠 금

미리 정해진 간격을 두고 지급되는 금액의 흐름을 말한다. 그 간격이란 1년일 수도 있고 월단위일 수도 있다. 또한 그 지급이 영구적인 것이 있고 일시적 또는 정해진 사건이 있는 시점까지만 계속되는 것이 있다. 영구연금이란 금액의 지급이 영구히 계속되는 것이다. 이에 반해 연금수취자의 생존기간까지만 계속되는 상속불가 연금도 있다. 가장 일반적인 연금의 예는 퇴직연금이나 액면에 대한 일정비율의 지급이자 흐름 등이 있다.

年金制度
niánjīn zhì dù

해 년, 쇠 금, 지을 제, 법도 도

연금은 가입자들이 노후를 대비하기 위해 법률로서 정기적으로 적립한 보험료를 내고 퇴직 후에 급여를 받도록 한 제도. 일종의 보험료를 내고 나중에 보험금을 받는 보험제도인 셈이다. 기금의 일종인 연금기금은 급여를 보장하기 위해 이 자금을 운용하거나 공공부문에 예치해 수익을 내고 있다.

預金保險制度
yù jīn bǎo xiǎnzhì dù

미리 예, 쇠 금, 지킬 보, 험할 험, 지을 제, 법도 도

금융기관의 파산 등으로 고객의 예금이 지급될 수 없을 때 예금보험공사에서 대신 고객 돈을 지급해주는 제도를 말한다. 미국, 캐나다 등 여러 나라에서 실시되고 있으며, 우리나라에서는 예금자보호법에 의해 설치된 예금보험공사가 예금보험업무를 수행하고 있다. 금융기관에 영업정지 등 보험사고가 발생할 경우, 예금보험공사에서 1인당 5,000만원까지 원금 및 이자를 보장해준다. 다만, 금융기관의 모든 상품이 보호를 받는 것은 아니고, 예금상품만 대상일 뿐 운용실적에 따라 원금손실이 발생할 수 있는 투자 상품은 보호받지 못한다. 보호대상 금융권역으로는 은행, 투자매매업자 · 투자중개업자, 보험, 종금, 상호신용금고 등 5개 금융권역이며, 이들 금융권역에 해당하는 금융회사는 예금보험공사에 예금액의 일정 비율을 보험료로 납부한다. 새마을금고, 농 · 수협단위조합은 보장대상에서 제외되지만 새마을금고와 농 · 수협단위조합은 자체 기금으로 예금을 보장해 주고 있다 ≒ 예금자보호제도.

外國人直接投資
wài guó rén zhí jiē tóu zī

밖 외, 나라 국, 사람 인, 곧을 직, 접할 접, 던질 투, 재물 자
: FDI(Foreign Direct Investment)

외국인이 대한민국 법인 또는 대한민국 국민이 영위하는 기업의 경영활동에 참가하는 행위이다. 당해 법인 또는 기업과 지속적인 경제관계를 수립할 목적으로 당해 법인이나 기업의 주식 또는 지분을 소유하는 것과 외국인 투자 기업의 해외 모기업 및 그 모기업과 일정한 자본출자 관계가 있는 기업이 당해 외국인 투자 기업에 5년 이상의 차관을 제공하는 것이다.

外換保有額
wài huàn bǎo yǒu é

밖 외, 바꿀 환, 지킬 보, 있을 유, 이마 액

한 나라가 일정 시점에서 보유하고 있는 대외 외환채권의 총액. 외환보유액이란 국제수지의 일시적 역조를 보전하기 위한 준비 역할을 하는 것이므로, 그 보유가 적정액인지의 여부에 대한 측정은 대외적 측면에서는 일반적으로 해당국의 연간 경상 수지액을 기준으로 결정되며, 대내적 측면에서는 국내신용에 따른 해외부문 통화량과 관련해 조정된다.

優良株
yōu liáng zhū

넉넉할 우, 어질 량, 그루 주

타 기업에 비해 수익성이 높고 성장성이 크며 자본 구성면에서도 안정적인 기업의 주식. 이중 어느 요소가 가장 중요한가는 시대에 따라 다르며 기업의 성격에 따라서도 달라질 수 있다. 이밖에 우량주를 판단하는 기준으로는 경영자의 능력, 기술력, 업계내의 지위, 국제경쟁력, 중요산업 여부 등을 들 수 있다. 선진국의 경우 우량주는 기업의 실적을 그대로 반영하는 경우가 많다. 따라서 우량주에 대한 투자시 기업 실적에 대한 예측은 더욱 중요한 요소로 작용하고 있다.

優先株
yōu xiān zhū

넉넉할 우, 먼저 선, 그루 주

보통주에 비하여 이익이나 이자의 배당 또는 잔여 재산의 분배 따위의 재산적 이익에 관하여 우선적 지위가 인정되는 주식.

源泉課稅
yuán quán kè shuì

언덕 원, 샘 천, 과정 과, 세금 세

소득이 생기는 원천에다 세금을 부과하는 것. 세금은 국가가 직접 납세자로부터 받아들이는 것이 보통이지만 국가 이외의 자가 소득에서 미리 공제해서 나중에 국가에다 납부하는 경우도 있다. 이것이 원천과세로서 급여소득, 퇴직소득, 배당소득, 이자소득 등이 이에 해당한다.

委託加工貿易
wěi tuō jiā gōng mào yì

맡길 위, 부탁할 탁, 더할 가, 장인 공, 무역할 무, 바꿀 역

한 나라의 업체가 다른 나라 업체에 원자재를 제공, 생산을 위임하고 생산된 제품을 다시 들여오거나 제3국에 수출하는 무역거래 형태이다. 賃加工이라고도 한다.

流動資産
liú dòng zī chǎn

흐를 류, 움직일 동, 재물 자, 낳을 산

짧은 기간 안에 현금으로 바꿀 수 있는 자산. 현금, 미수금, 예금, 외상 매출금, 유가 증권 따위의 당좌 자산과, 상품, 제품, 원재료, 저장품 따위의 재고 자산을 이른다.

유럽聯合
lián hé

잇달 련, 합할 합
：EC(European Union)

1994년 1월 1일 이후 사용하기 시작한 명칭, 1999년 1월부터 유로화 단일 통화체제를 출범시켰으며 동유럽 국가로 가맹국을 늘리려는 노력을 계속하고 있다

流通産業
liú tōng chǎn yè

흐를 류, 통할 통, 낳을 산, 업 업

생산과 소비를 잇는 일을 맡는 산업. 운송업, 판매업, 창고업 따위가 있다.

有限會社
yǒu xiàn huì shè

있을 유, 막을 한, 모일 회, 모일 사

50인 이하의 유한 책임 사원으로 조직되는 회사. 사원들은 회사에 대하여 원칙적으로 출자금액을 한도로 책임을 질 뿐, 회사채권자에 대하여는 책임지지 않는 사단법인이다. 주식회사 · 합명회사 · 합자회사와 함께 상법에 규정된 회사의 하나이며, 물적회사와 인적회사의 요소를 가미한 중간형태의 회사를 말한다.

癒着
yù zhuó

앓을 유, 붙을 착

원래는 의학용어로 손가락의 화상을 잘못 처치하여 癒合하는 것 따위를 말하는 것인데, 일반적으로 사물이 깊은 관계가 있어 서로 떨어지지 않게 결합된 상태를 말한다.

利潤
lì rùn

이로울 리, 윤택할 윤

기업의 총수입에서 일체의 생산비, 곧 地代 · 임금 및 이자 등을 공제한 잉여소득.

利子
lì zǐ

이로울 리, 아들 자

원본채권의 소득으로서 그 액과 존속기간에 비례하여 지급되는 금전 기타의 대체물, 법정과실의 일종임. 원본채권이 없는 地料·家賃·종신정기금 등이나 원본을 소각하는 월부상환금은 이자는 아니다. '길미', '변', '변리'로 순화 ≒ 利文, 利息, 利錢, 利條.

二重價格制
èr chóng jià gé zhì

두 이, 거듭할 중, 값 가, 격식 격, 지을 제

동일 품목에 대해 국내에서 판매하는 가격과 해외에 파는 가격이 다를 경우, 그 품목에는 2중 가격이 있다고 한다. 보통은 수출가격 쪽이 국내가격보다 싸지만 수출가격이 원가 이하로 보여지는 경우에는 출혈가격이라고 한다. 국내용과 해외용으로는 품질과 규격도 다른 것이 많기 때문에 일률적으로 비교할 수는 없다.

人間疏外
rén jiān shū wài

사람 인, 사이 간, 성길 소, 밖 외

인간성이 상실되어 인간다운 삶을 잃어버리는 일. 기계 문명이나 거대한 사회 조직, 산업 조직, 고도로 관리화되고 정보화된 사회가 오히려 인간에 대하여 부정적인 작용을 하는 데서부터 생겨난다.

人權
rén quán

사람 인, 권세 권

인간으로서 당연히 가지는 기본적 권리.

一般會計
yì bān kuài jì

한 일, 일반 반, 모일 회, 셀 계

국가의 가장 기본적인 회계로 국가에서 공공사업, 사회보장, 교육, 외교, 방위 등 일반 행정을 추진하는 데 필요한 경비를 처리하는 회계이다. 조세 수입, 국채 발행 등을 재원으로 한다. 국가 재정의 세입 세출은 여러 가지 회계로 갈라져 있는데, 국가 재정은 원래 하나의 회계로 처리할 수 있으며 이것을 예산의 단일주의라고 한다. 그러나 현실적으로는 예산 전체를 하나로 묶어 처리하기가 너무 복잡하기 때문에 특별한 사업이나 특별한 자금의 운용을 대상으로 하는 것은 특별회계로 따로 처리하고 있다.

賃貸借
lìn dài jiè

품삯 임, 빌릴 대, 빌릴 차

당사자 가운데 한쪽이 상대편에게 물건을 사용하게 하고, 상대편은 이에 대하여 일정한 임차료를 지급할 것을 내용으로 하는 계약 ≒ 임대차 계약.

入札
rù zhá

들 입, 패 찰

매수 신고인이 각자 봉함한 서면으로 매수 신고 가격을 써 내어 이를 비교하여 최고가 매수 신고인을 정하는 매각 방법이다.

【ㅈ】

資本
zī běn

재물 자, 근본 본

회사 영업을 위하여 주주(유한회사에서는 사원)가 출자한 기금의 전부 또는 중요 부분을 표시하는 일정한 금액. 이것을 주식회사법상의 자본(자본금액)이라고도 한다. 이 의의의 자본은 일정한 계산상의 수액이고, 영업 활동의 결과 또는 물가의 변동 등에 의하여 증감되는 회사의 현실재산과는 다르다.

資本財
zī běn cái

재물 자, 근본 본, 재물 재

부를 생산하기 위해 사용되는 토지 이외의 재화이다. 생산재는 넓은 의미로는 토지를 포함하며 나아가 노동까지 포함하는 것이지만 자본재는 인간에 의하여 생산된 수단 내지 중간 생산물로서 광의의 생산재에서 토지와 노동을 제외한 것이다. 자본재는 장기에 걸쳐 사용될 수 있는가에 따라 유동자본재와 고정자본재로 구분된다. 유동자본재는 원료, 재료 등이며 고정 자본재는 기계, 장치, 기타의 공장 설비이다. 그리고 투자재는 보통 자본재와 같은 뜻으로 사용되고 있다.

資本主義
zī běn zhǔ yì

재물 자, 근본 본, 주인 주, 옳을 의

생산 수단을 자본으로서 소유한 자본가가 이윤 획득을 위하여 생산 활동을 하도록 보장하는 사회 경제 체제.

資產管理會社
zī chǎn guǎn lǐ huì shè

재물 자, 낳을 산, 주관할 관, 다스릴 리, 모일 회, 모일 사
: AMC(Asset Management Company)

자산관리기법을 통해 부실채권에 딸린 부동산 등 담보물의 가치를 향상시킨 후 이를 처분해 수익을 발생시키는 회사다. 즉, 부실채권 정리기관에 채권을 일괄 양도하는 것보다 부실채권의 회수율을 높이기 위해 AMC는 자산관리기법을 활용해 부실채권의 회수율을 최대한 상승시키는 역할을 하는 기업이다. 자산관리공사나 금융권에서 부실채권을 넘겨받으면 일단 채권 추심업무를 통해 회수 가능 여부를 파악한다. 회수

가 불가능한 것으로 판단되면 담보물의 가치를 평가하는 작업에 들어간다. 건물의 경우 개보수를 통해 용도를 변경시키거나 기능을 향상시켜 되판다. 임대관리를 통해 수익을 발생시키기도 한다.

資産再評價
zī chǎn zài píng jià

재물 자, 낳을 산, 두번 재, 평할 평, 값 가

물가 상승으로 인해 기업 자산의 현실적 가액이 장부가액과 현저한 차이를 보일 때 그 자산을 재평가하는 것을 말한다. 인플레이션 때는 화폐가치의 변동이 극심하기 때문에 기업 재정의 안정유지를 위해 자산의 재평가가 필요하다. 자산재평가는 적정한 감가상각을 가능하게 하고 기업자산의 정확을 기함으로써 경영의 합리화를 도모하려는 것이다. 자산을 재평가하여 그 차액을 자본에 전입하면 주주는 無償株를 배정받게 된다.

自由貿易協定
zì yóu mào yì xié dìng

스스로 자, 말미암을 유, 무역할 무, 바꿀 역, 협동 협, 정할 정
: FTA(Free Trade Agreement)

국가간 상품의 이동을 자유화 시키는 협정. 특정 국가간에 배타적인 무역 특혜를 서로 부여하는 협정으로서 가장 느슨한 형태의 지역 경제통합 형태이며, 지역무역협정(RTA: regional trade agreement)의 대종을 이루고 있다. FTA가 포함하고 있는 분야는 협정 체약국들이 누구인가에 따라 상당히 다른 양상을 보인다. 전통적인 FTA와 개도국간의 FTA는 상품분야의 무역자유화 또는 관세 인하에 중점을 두고 있는 경우가 많다. 그러나 WTO 체제의 출범(1995년)을 전후하여 FTA의 적용 범위도 크게 확대되어 대상 범위가 점차 넓어지고 있다. 상품의 관세 철폐 이외에도 서비스 및 투자 자유화까지 포괄하는 것이 일반적인 추세다. 그 밖에 지적재산권, 정부조달, 경쟁정책, 무역구제제도 등 정책의 조화부문까지 협정의 대상 범위가 점차 확대되고 있다. 다자간 무역협상 등을 통하여 전반적인 관세 수준이 낮아지면서 다른 분야로 협력영역을 늘려가게 된 것도 이 같은 포괄 범위 확대의 한 원인이라고 할 수 있다.

自由財
zì yóu cái

스스로 자, 말미암을 유, 재물 재

사용 가치는 있지만 무한으로 존재하여 교환 가치가 없는 재화. 공기, 햇빛, 바닷물 따위가 있다 ≒ 자유재화.

場外去來
chángwài qù lái

마당 장, 밖 외, 갈 거, 올 래

증권거래소 밖에서 이루어지는 주식이나 채권의 거래. 주로 증권사 창구를 통해 증권업자 간, 또는 증권업자와 고객 간에 이루어진다는 뜻에서 점두거래라고도 한다. 채권은 특히 일부 전환사채와 지방 국공채를 제외하고는 대부분 장외에서 거래되어 장외거래가 장내거래보다 압도적으로 많다 ≒ 私募, 장외투기, 점두거래, 점두매매.

財務擔當 最高責任者
cái wù dān dāng zuì gāo zé rèn zhě

재물 재, 힘쓸 무, 멜 담, 마땅 당, 가장 최, 높을 고, 꾸짖을 책, 맡길 임, 놈 자
：CFO(Chief Finance Officer)

기업의 경리 · 자금 · 원가 · 심사 등의 조직을 하나로 통합하여 이를 총괄하는 재무담당최고책임자를 말한다. 종전에는 단순히 결산과 재무제표를 작성하는 것으로만 충분했으나, 기업 활동에서 직 · 간접 금융의 필요성이 커지고 원활한 자금 흐름의 중요성이 증대하고 있어 의사결정 지원체로 전환한 것이다. CFO는 정기적으로 경영층의 전략을 검토하고, 투자자들에게 회사 현황 및 향후 발전 방향을 충분히 설명할 수 있어야 한다. CFO는 최고경영자(CEO), 최고업무책임자(COO)와 함께 3대 최고경영인으로 분류된다. CFO는 미국 · 유럽 등에서는 보편적인 제도로 정착했고 국내에서는 LG그룹이 최초로 도입하여 대기업을 중심으로 확산되고 있다.

財閥
cái fá

재물 재, 공로 벌

財界에서, 여러 개의 기업을 거느리며 막강한 재력과 거대한 자본을 가지고 있는 자본가, 기업가의 무리. 동일한 자본 계통 하에 가족 및 혈족을 중심으로 경영권을 행사하며 정부의 지원하에 성장한 대규모 기업집단.

財產稅
cái chǎn shuì

재물 재, 낳을 산, 세금 세

지방세의 하나. 일정한 재산에 대하여 부가하며 상속세, 재평가세 따위가 있다 ≒ 자산세.

再割引率政策
zài gē yǐn lǜ zhèng cè

두번 재, 벨 할, 끌 인, 비율 률, 정사 정, 꾀 책

중앙은행으로부터의 차입규모를 조절하여 통화량을 줄이거나 늘리는 금융정책 수단을 통칭하는 말이다. 여기에서 재할인(rediscount)이란 시중은행이 기업에 할인해 준 어음을 중앙은행이 다시 할인해 주는 제도를 말한다. 한국은행이 얼마

나 재할인을 해주느냐에 따라 시중의 통화량이 영향을 받는다. 즉, 시중에 자금이 필요 이상으로 많이 풀려 있다고 판단되면 중앙은행은 재할인 금리를 높여 금융기관의 중앙은행 차입규모를 줄이도록 유도함으로써 금융기관이 시중에 공급할 수 있는 자금 규모를 줄이고 그 반대의 경우에는 재할인 금리를 낮추어 유동성을 조절한다.

貯蓄性預金
zhù xù xìng yù jīn

쌓을 저, 쌓을 축, 성품 성, 미리 예, 쇠 금

금융기관의 예금 가운데 예치기간을 미리 약정하거나 일정기간의 지급예고기간을 설정한 예금을 말한다. 저축성 예금은 언제나 입출금이 자유로운 요구불 예금에 비해 유동성이 낮은 반면 이율이 높다는 것이 특징이다. 정기예금, 정기적금, 상호부금, 주택부금 등이 우리나라 금융기관에서 취급하고 있는 대표적인 저축성 예금이다.

全國人民代表大會
quán guó rén mín dài biǎo dà huì

온전할 전, 나라 국, 사람 인, 백성 민, 대신할 대, 겉 표, 큰 대, 모일 회

약칭 全國人大, 全人大. 議事기관이자 동시에 집행기관이다. 대표는 1급행정구(省·직할시·자치구)의 인민대표대회에서 간접선거를 통해 선출되며, 이외에 인민해방군과 재외중국인에서 선출되는 대표도 있다. 임기 5년으로 연 1회 개최되는데, 헌법과 법률을 개정 또는 제정하고 국가 경제계획 및 국가 예산·결산을 심의하며 국가주석·부주석·중앙군사위주석·국무원총리·최고인민법원장·최고인민검찰원장 등을 선출한다. 상설기관으로 전국인민대표대회 상무위원회가 있어 전인대의 소집, 법률의 해석, 제정 등 전인대가 위임한 각종 기능과 권한을 행사한다. 1954년 9월에 제1기 1차 회의를 개최하여 신헌법을 제정하고 정부 지도자를 선출했는데 그 이전에는 중국인민정치협상회의가 전인대의 기능을 대신했다. 문화대혁명 기간인 1965~75년에는 개최되지 않았다. 2009년 3월 제 11기 2차 대회가 열렸다(제 11기 1차 현재 대표자 수는 2,987명).

戰略的提携
zhàn lüè de tí xié

싸움 전, 간략할 략, 과녁 적, 끌 제, 끌 휴

상호협력을 바탕으로 기술·생산·판매·자본 등 기업 기능의 모든 부분에 걸쳐 2개 또는 다수의 기업이 제휴하는 것을 말한다. 이를테면 기술의 공동개발, 특허의 공동사용, 생산라인·판매라인의 공유, 합작회사 설립 등 새로운 형태의 동업

이다. 과거의 동업은 단순히 공동투자였지만 전략적 제휴는 서로의 경영자원을 서로 보완한다는 점에서 큰 차이를 보인다. 경영자원에는 원자재, 부품 등 생산에 필요한 물건 뿐 아니라 기술, 경영 방법 등 물건을 만들고 유통하는 과정에서 쓰여지는 무형의 자원도 포함된다. 장사에 도움이 되는 모든 것이 포함된다.

電子決濟
diàn zǐ jué jì

번개 전, 아들 자, 결단할 결, 건널 제

인터넷 등의 전자적인 장치를 통해 결제하는 것. 지금까지의 결제 수단은 현금 통화나 예금 통화 중 하나였다. 현금 통화란 금융 기관의 계좌 예금을 말하며, 예금을 담보로 장부상의 計定대체에 의해 결제를 하는 수단이다. 그러나 전자 현금은 전자 데이터 자체가 내재 가치를 가지고 있어서 예금 계좌상의 단순한 전자 데이터 또는 불입이나 자동이체 등에 의한 결제를 할 때의 지정 데이터나 신용 카드 정보와는 다르게 된다. 그러므로 전자 현금이 제3의 결제 수단으로 주목되는 것이다.

電子商去來
diàn zǐ shāng qù lái

번개 전, 아들 자, 장사 상, 갈 거, 올 래
：E－Commerce

인터넷 등 전자매체를 이용해 상품을 거래하는 행위를 말한다. 일반적인 상품거래와 함께 고객마케팅, 광고, 정부 제품조달, 서비스 등도 여기에 포함된다. 특히 인터넷의 홈페이지나 가상상점을 개설해 판매활동을 하는 사이버 비지니스를 협의의 전자상거래라고도 한다. 전자상거래가 이루어지기 위해서는 관련 법률과 기본적인 시스템이 갖춰져야 한다. 판매자는 통신망을 이용하여 적은 비용으로 다수의 소비자와 거래할 수 있고 소비자는 유통마진 및 점포 유지비용 등이 제외되어 가격이 보다 저렴해진 상품을 쓰일 수 있다 ≒ e커머스.

電子政府
diàn zǐ zhèng fǔ

번개 전, 아들 자, 정사 정, 관청 부
：E政府(Electronic)

정보통신 기술을 잘 활용하여 최소의 비용으로 최고의 서비스를 생산하는 효율적인 정부를 말한다. 정부 내에 행정문서의 전자 교환 및 전자결재, 영상회의 시스템 도입, 정부 정보의 공동 활용 등이 촉진돼 조직 및 절차가 간소화되고 신속한 업무처리가 가능하게 됨으로써 생산성을 크게 높일 수 있다. 또한 민원인이 행정기관을 방문하지 않고도 정보통신망을 이용해 여러 부처가 관련된 복합 민원도 1회에 처리됨으로써 정부의 민원서비스가 획기적으로 개선된다. 특히 정부와 국민간에 자유롭게 정보를 주고받을 수 있는 기반이 구축됨으로써 국민이 필요로 하는 정부 정보를 편리하게 제공받을 수 있고, 국민들의 의사가 정책결정 과정에 신속히 반영되는 '열린 정부'가 실현된다.

轉換社債
zhuǎn huàn shè zhài

구를 전, 바꿀 환, 모일 사, 빚 채
: CB(convertible bond)

사채로 발행되나 일정한 기간이 지나면 채권 보유자의 청구가 있을 때 미리 결정된 조건대로 발행회사의 주식으로 전환할 수 있는 특약이 있는 사채. 주식과 같이 가격이 변동하므로 채권 보유자는 이자 외에 가격상승에 따른 이익을 얻을 수 있다.

情報化社會
qíng bào huà shè huì

뜻 정, 갚을 보, 될 화, 모일 사, 모일 회

이전의 산업 및 공업화 시대에 비하여 정보의 가치가 가장 중요시되는 사회를 말함. 중심적인 경제 및 사회활동은 정보의 생산과 전달을 통해 이루어지며, 그 과정에서 컴퓨터 및 인터넷이 가장 중요한 수단으로 이용됨. 情報社會라고도 함.

整理解雇
zhěng lǐ jiě gù

가지런할 정, 다스릴 리, 풀 해, 품살 고

사용자가 경영상 이유에 의하여 근로자를 해고하는 것을 말한다. 사용자가 정리해고를 할 경우에는 긴박한 경영상의 필요가 있어야 한다. 즉 경영 악화를 방지하기 위한 사업의 양도·합병·인수 등의 경우를 예로 들 수 있다. 정리해고를 할 경우 사용자는 해고를 피하기 위한 노력을 다하여야 하며 합리적이고 공정한 해고의 기준을 정하고 이에 따라 그 대상자를 선정하여야 한다. 이 경우 남녀의 성을 이유로 차별해서도 안 된다. 또한 사용자는 경영상 이유에 의한 해고를 하고자 하는 경우에는 하고자 하는 날의 50일 전까지 근로자 대표에게 해고를 피하기 위한 방법 및 해고의 기준 등을 통보하도록 하며, 일정 규모 이상의 해고의 경우에는 노동부 장관에게 신고하도록 하는 등 사용자의 해고권 남용을 견제하고 있다. 사용자는 경영상 이유에 의하여 근로자를 해고한 경우 해고일부터 3년 이내에 근로자를 채용하고자 하는 때에는 그 근로자를 우선 고용하도록 하며, 정부는 경영상 이유에 의하여 해고된 근로자에 대하여 생계안정·재취업·직업훈련 등 필요한 조치를 우선적으로 취하여야 한다.

帝國主義
dì guó zhǔ yì

임금 제, 나라 국, 주인 주, 옳을 의

우월한 군사력과 경제력으로 다른 나라나 민족을 정벌하여 대국가를 건설하려는 침략주의적 경향. 19세기 후반부터 시작된 자본주의의 최후 단계. 레닌이 사용한 용어로 독점체와 금융 자본의 지배가 이루어지고 자본의 수출이 특히 중요성을 갖는다. 국제 트러스트에 의한 세계 분할이 시작되어 자본주의 열강 사이에 영토 분할이 완료된 단계이며 자본가 계급과 노동자 계급 사이, 자본주의 열강들 사이, 자본주의 열강과 식민지 종속국 사이의 모순이 심화된 것을 특징으로 한다.

終價
zhōng jià

마칠 종, 값 가

시장 입회에서 그날 가장 나중에 형성된 가격. 경쟁에 의하여 단일가격으로 최종 성립된 가격.

從業員持株制
cóng yè yuán chí zhū zhì

좇을 종, 업 업, 인원 원, 가질 지, 그루 주, 지을 제

제1차 세계대전 후 산업민주화의 풍조 속에서 생긴 제도로, 종업원 주식매입제도·우리사주제라고도 한다. 특별한 조건 방법으로는 저가격·배당우선·공로주·의결권 제한·양도 제한 등이 있다. 종업원이 증권시장을 통하여 임의로 자사주식을 취득하는 것은 종업원지주제라고 하지 않는다. 이 제도의 목적은 종업원에 대한 근검 저축의 장려, 공로에 대한 보수, 자사에의 歸屬意識 고취, 자사에의 일체감 조성, 자본조달의 새로운 源泉 개발 등에 있다. 그러나 자본조달의 원천개발은 부차적인 목적이고, 주목적은 所有參與나 성과참여로써 근로 의욕을 높이고, 노사관계의 안정을 꾀하는 데 있다.

綜合所得稅
zōng hé suǒ dé shuì

모을 종, 합할 합, 바 소, 얻을 득, 세금 세

소득세 가운데 가장 대표적인 것이며 개인에게 귀속되는 각종 소득을 종합하여 과세하는 소득세이다. 1년 동안 발생한 이자소득, 배당소득, 부동산임대소득, 사업소득, 근로소득, 기타소득을 합산한 것이다.

主去來銀行
zhǔ qù lái yín háng

주인 주, 갈 거, 올 래, 은 은, 항렬 행

금융기관으로부터 거액여신을 수혜받고 있는 업체로서 여신관리대상으로 정한 계열기업군의 거래은행 중 주된 거래은행이며 종합적인 여신관리업무를 담당하고 있는 은행을 말한다. 현재 주거래은행에 의한 여신관리대상은 금융기관 총

여신(대출금 및 지급보증 포함)이 1,000억 원 이상인 계열기업군이다. 주거래은행은 여신관리 대상기업군 및 기업체에 대해 종합자금 수급계획의 협의, 부동산 및 기업투자의 제한, 결산협의, 기업경영 분석, 재무구조 개선지도 등의 업무를 수행함으로써 대상기업군 및 기업체에 대한 거액여신의 억제 및 재무구조의 개선을 지도하고 있다. 한편 이러한 주거래은행제도와 유사한 제도로 수출금융 수혜대상 업체와 수출실적 및 융자한도와 사후관리 등의 종합관리를 위한 주거래 외국환은행제도와 외국환업무 인증 및 사후관리를 위한 지정거래 외국환은행제도가 있다.

株主
zhū zhǔ

그루 주, 주인 주

주식을 소유하는 자. 주주의 자격에는 제한이 없으며, 자연인은 물론 회사라도 다른 회사의 주주가 될 수 있다. 또 자연인은 능력자이든 무능력자이든 불문한다. 주주의 수는 제한이 없으므로 1인 주주도 인정된다. 주주의 책임은 유한이며, 주주는 그가 가지고 있는 주식의 인수가액 이상의 책임을 부담하지 않는다.

仲介貿易
zhòng jiè mào yì

버금 중, 끼일 개, 무역할 무, 바꿀 역

어떤 나라에 거주하는 자가 외국상호간에 화물을 이동시켜 이에 따른 대금결제의 당사자가 되는 무역을 말하며 3국간 무역이라고도 한다. 거래물품은 제3국 상인을 거쳐서 인도되는 경우도 있으나 수출자로부터 수입자에게 직접 보내어지는 것이 일반적이다. 대금의 결제는 수출자가 수입자로부터 직접 회수하여 제3국의 상인에게 수수료만을 지급하는 경우도 있으나, 수출자는 제3국의 상인으로부터, 제3국의 상인은 수입자로부터 무역대금을 회수한다. 중계무역과의 중요한 차이는 제3국 상인이 수출입 거래의 당사자가 되어 매매차익을 취하는 것이 아니라 단지 중개수수료만을 목적으로 거래한다는 것이다.

中央銀行
zhōng yāng yín háng

가운데 중, 가운데 앙, 은 은, 항렬 행

한 나라의 금융과 통화 정책의 주체가 되는 은행. 은행권을 발행하고 국고의 출납을 다루며 금융 정책을 시행한다. 미국의 연방준비제도(FRB : Federal Reserve Bank, Federal Reserve Board), 영국의 잉글랜드은행, 서독의 연방은행, 프랑스의 프랑스은행, 한국의 한국은행 등이다.

贈與稅
zèng yǔ shuì

줄 증, 더불어 여, 세금 세

증여세는 증여에 의하여 재산이 무상으로 이전되는 경우에 그 증여세에 의하여 재산을 취득하는 자에게 부과하는 조세이다. 이처럼 증여에 대하여 증여세를 부과하는 것을 상속에 대하여 상속세를 부과하는 것과 형평을 맞춤으로써 생전증여를 통한 상속세의 회피를 방지하기 위한 것이다. 이러한 의미에서 증여세는 상속세에 대한 보완세로서 중요한 의의를 갖는다고 할 수 있다. 증여세의 납세의무자는 타인의 증여에 의하여 재산을 취득한 자(수증자)이다. 다만, 수증자가 영리법인인 경우에는 증여세를 면제한다. 수증자가 국내 비거수자이거나 주소 또는 거소가 분명하지 않은 때, 증어세를 납부할 능력이 없다고 인정되는 경우로서 체납으로 인하여 체납처분을 하여도 조세채권의 확보가 곤란한 경우에는 증여자가 증여세를 연대하여 납부할 의무를 진다.

增資
zēng zī

불을 증, 재물 자

회사가 일정액의 자본금을 늘리는 것이다. 증자의 유형에는 신주발행이 실질적인 자산의 증가로 연결되는 유상증자와 실질자산 증가없이 주식자본만 늘어나는 무상증자로 크게 대별되며, 이외에 전환사채 전환이나 주식배당 등이 있다.

支給準備制度
zhī jǐ zhǔn bèi zhì dù

지탱할 지, 넉넉할 급, 법 준, 갖출 비, 지을 제, 법도 도

금융기관에 대하여 예금 등 금전채무의 일정 비율에 해당하는 지급 준비금을 의무적으로 한국은행에 예치 또는 시재금으로 보유토록 하는 제도로서 원래 예금자 보호에서 출발하였으나 오늘날에는 재할인제도 및 공개시장 조작과 함께 중앙은행의 정통적인 통화 신용정책 수단의 하나로 활용되고 있다.

地方稅
dì fāng shuì

땅 지, 모 방, 세금 세

지방자치단체가 징수하는 조세를 지방세라 한다. 지방세는 국가의 수권에 의해 주로 지방자치단체가 관할하는 지역사회의 복지를 증진시키기 위한 목적에서 징수된다. 지방세의 특징으로는 국세와 비교해서 상대적이며 능력원칙과 더불어 이익원칙을 준용하는 것이 보통이다. 지방세를 소득세류, 소비세류, 그리고 자산세류로 3대별 할 경우 다음과 같다.

소득세류 : 농지세, 주민세 ; 소비세류 : 자동차세, 마권세, 도축세, 면허세, 등록세 ; 자산세류 : 재산세, 취득세, 도시계획세, 공동시설세, 사업소세.

地域社會
dì yù shè huì

땅 지, 지경 역, 모일 사, 모일 회

한 지역의 일정한 범위 안에서 地緣에 따라 자연스럽게 이루어진 생활 공동체 ≒ 地域共同體.

知的財産權
zhī de cái chǎn quán

알 지, 과녁 적, 재물 재, 낳을 산, 권세 권

문학 · 예술 및 과학작품, 연출, 예술가의 공연, 음반 및 방송, 발명, 과학적 발견, 공업의장, 등록상표 상호 등에 대한 보호 권리와 공업, 과학, 문학 또는 예술분야의 지적 활동에서 발생하는 모든 권리를 말한다. 크게 산업발전을 목적으로 하는 산업재산권과 문화창달을 목적으로 하는 저작권으로 분류할 수 있다. 이들 두 권리는 인간의 지적 창작물을 보호하는 無體재산권이라는 점과 그 보호기간이 한정돼 있다는 점에서는 동일하지만, 산업재산권이 특허청의 심사를 거쳐 등록을 해야만 보호되는 반면 저작권은 출판과 동시에 보호된다는 점이 다르며, 보호기간도 산업재산권은 10~20년 정도로 비교적 짧고 저작권은 저작자의 사후 30~50년까지로 상당히 길다는 차이점이 있다. 지적소유권에 관한 문제를 담당하는 국제기구로 WIPO(세계지적소유권기구)가 있다. 이 밖에 반도체 배치설계나 온라인디지털콘텐츠처럼 정통 지적재산권의 범주에 속하지 않는 것을 따로 분류해 '신지적재산권'이라고 한다.

地下經濟
dì xià jīng jì

땅 지, 아래 하, 날 경, 건널 제

공식적으로 집계되지 않는 모든 경제 활동을 의미한다. 검은 경제(Black economy), 그림자 경제(Shadow economy)로도 불린다. 이는 실제적으로 경제 활동이 실현되지만 공식적인 국민소득 통계에는 포함되지 않는 부분을 말한다. 여기에는 매매춘 · 밀수 · 도박과 같은 각종 불법 행위와 자영업자들의 조세 회피, 물물교환, 정규 제품의 불법적 생산에 의한 유통 등과 같은 탈법 행위 등이 포함된다.

【ㅊ·ㅌ·ㅎ】

差別化戰略
chā bié huà zhàn lüè

어긋날 차, 다를 별, 될 화, 싸움 전, 간략할 략

제조업자가 특정한 시장에서 강한 정체성을 확립하기 위하여 사용하는 마케팅 전략의 하나. 세분화 전략이라고도 한다.

차별화 전략을 사용하여 제조업자는 같은 특정 상품군의 상표에 대한 다양한 상품을 소개하여 그 상품 종류에 가용한 상품들을 커버하게 된다. 차별화 전략은 같은 종류의 상품을 생산하는 경쟁회사의 경쟁을 배격할 수 있는 전략이 된다. 그러나 이 전략은 광고비가 많이 든다. 각각의 세분화 시장에 개별적 마케팅 전략이 필요한데, 각 제품이 독립적으로 광고되어야 하기 때문이다.

次上位階層
cì shàngwèi jiē céng

버금 차, 위 상, 자리 위, 섬돌 계, 층 층

準極貧層이라 불린다. 최저생계비 대비 1~1.2배의 소득이 있는 잠재 빈곤층과 소득은 최저생계비 이하지만 고정재산이 있어 기초생활보상 대상자에서 제외된 비수급 빈곤층을 합쳐 이르는 말이다. 국민기초생활보장 수급자보다 약간 형편이 나은 사람들로 정상적 생활은 하나 희귀난치성 질환, 만성질환 등으로 생활고를 겪는 사람들이 대표적이다.

責任保險
zé rèn bǎo xiǎn

꾸짖을 책, 맡길 임, 지킬 보, 험할 험

피보험자가 보험기간 중의 사고로 인하여 제3자에게 손해배상책임을 진 경우에 보험자가 이로 인한 손해를 보상할 것을 목적으로 하는 일종의 손해보험. 이것은 피보험자가 보험사고로 인하여 직접 입은 재산상의 손해를 보상하는 것이 아니고, 제3자에 대한 손해배상책임을 짐으로써 입은 이른바 간접손해를 보상할 것을 목적으로 하는 점에서 일반 손해보험과 다르다. 자동차보험에서 책임보험은 모든 차량이 반드시 들어야 한다는 점에서 종합보험과 큰 차이를 보인다. 책임보험은 불의의 사고로 인한 피해자의 최소한 보상을 위해 자동차 손해배상보장법으로 가입을 의무화한 것이고, 종합보험은 자동차 소유자가 임의로 들 수 있다. 종합보험은 對人배상 뿐만 아니라 對物 및 자손(자기손실) 등에 따른 배상책임을 대신하나 책임보험은 피해자의 인적 피해만을 보상해 주는 것도 다른 점이다. 의료보험처럼 책임보험의 성격이 사회보장책으로서의 역할을 수행한다고 볼 수 있다.

哲人政治
zhé rén zhèng zhì

밝을 철, 사람 인, 정사 정, 다스릴 치

진리와 선을 아는 소수의 철인이 하는 정치. 플라톤이 그의 저서 『국가』에서 이상 국가를 실현하는 방법으로 주장하였다.

最高經營者
zuì gāo jīng yíng zhě

가장 최, 높을 고, 날 경, 경영할 영, 놈 자
: CEO(Chief Executive Officer)

미국 기업에서 처음 생긴 개념으로, 보통 대표이사와 같은 뜻으로 쓰인다. 대외적으로 기업을 대표하고 대내적으로는 이사회의 결의를 집행하며, 회사 업무에 관한 결정과 집행을 담당하는 등 대표이사와 유사한 지위・권한을 갖는다. CEO는 한 기업에 보통 1명이 있지만, 복수의 CEO를 두는 기업도 있으며, CEO가 회장직을 겸하는 경우도 있으나 두 직책이 분리되는 경우도 있다. CEO와 회장직이 분리되어 있는 경우에는 일반적으로 회장은 단지 이사회를 주재하는 권한만을 행사하는 데 반하여 CEO는 경영 전반을 통괄한다. 따라서 기업 경영에 관한 실권은 CEO에게 있다고 할 수 있다 ≒ 시이오.

最高運營責任者

zuì gāo yùn yíng zé rèn zhě

가장 최, 높을 고, 운전 운, 경영할 영, 꾸짖을 책, 맡길 임, 놈 자
：COO(Chief Operating Officer)

기업 내부의 사업을 총괄하는 책임자. 2000년부터 미국의 기업에서 생겨나기 시작해 세계적으로 파급된 직책으로, 기업 내의 사업을 총괄하는 책임자를 말한다. Chief Operating Officer를 번역한 것으로, 기업에 따라 최고업무책임자・최고집행책임자・업무최고책임자 등으로 폭넓게 쓰인다. COO로 약칭한다. 최고경영자인 CEO의 다음 직책으로, 보통 사장이 겸임하지만, 경우에 따라 CEO가 겸임하기도 한다. CEO의 독재형 경영구조를 막고, CEO가 개발이나 다른 업무에 매진할 수 있도록 돕는 한편, 경영구조의 전문화를 꾀하려는 목적에서 도입되었다. 회장의 정책에 따라 회사 내의 일상적인 업무를 원활하게 추진하기 위한 결정을 내리는 역할을 하는데, 미국과는 달리 한국에서는 사장이 CEO, 수석부사장이 최고운영책임자의 역할을 맡는 경우가 많다.

最高知識經營者

zuì gāo zhī shi jīng yíng zhě

가장 최, 높을 고, 알 지, 알 식・적을 지, 날 경, 경영할 영, 놈 자
：CKO(Chief Knowledge Officer)

조직의 지식경영과 지식관리를 책임지는 고급 임원. 최고지식경영자의 주요 임무는 지식경영과 관리에 대한 학습을 장려하여 조직의 경쟁력을 근본적으로 늘리고 전략과 비전을 제시하는 것이다. 국내에서는 1990년대 후반에 지식경영에 대한 논의가 활발해지면서 최고지식경영자가 등장하기 시작하였다. 21세기는 지식이 조직의 부와 경쟁력 창출의 핵심원천이 되는 지식경영의 시대이다. 지식경영이 중요해지면서

최고지식경영자의 필요성도 커졌다. CKO는 조직내 지식경영과 지식관리를 총지휘하는 고급 임원으로, 조직 내부 구성원들이 보유한 전문지식을 발굴하여 효과적으로 활용해야 한다. 또 지식경영을 위한 지식공유 시스템의 기반을 구축하여 사내 지식활용을 위한 지식문화 조성 등의 업무를 총괄지휘하며, 각종 정보수집부터 어떤 종류의 지식이 조직의 경쟁우위 강화에 필요한지 등을 결정한다.

最大效果原則
zuì dà xiào guǒ yuán zé

가장 최, 큰 대, 본받을 효, 실과 과, 언덕 원, 법칙 칙

일정한 비용으로 최대의 효과를 올리는 경제원칙. 경제원칙은 가급적 최소의 비용이나 희생으로 최대의 효과를 거둘 것을 목표로 한 경제행위를 말한다. 이를 경제주의라고도 하는데 최대효과원칙과 일정한 효과를 올리는 데 최소의 비용 또는 희생을 지불하려는 最小費用원칙, 비용·효과가 일정하지 않을 때, 그 비용과 효과의 차이를 가능한 한 크게 만드는 最大剩餘원칙 등이다.

最低賃金制度
zuì dī lìn jīn zhì dù

가장 최, 낮을 저, 품삯 임, 쇠 금, 지을 제, 법도 도

최저임금제란 국가가 제도적으로 근로자의 임금액을 보장하여 사용자에게 강제함으로써 노동관계에 있어 상대적 약자인 근로자를 보호하려는 제도이다. 사용자가 근로의 대가로 근로자에게 지급하는 임금은 개별적인 근로계약이나 노사간의 단체협약을 통하여 자율적으로 결정하는 것이 원칙이다. 그러나 단체협약의 당사자로서의 노동조합은 모든 사업장에 구성되어 있는 것이 아니고 개별적인 근로계약에 있어 근로자는 상대적으로 약자이기 때문에 근로자의 생계보호를 위한 임금 하한에 대한 적절한 장치가 필요하게 된다. 이러한 장치가 바로 최저임금제도이다.

最終財
zuì zhōng cái

가장 최, 마칠 종, 재물 재

재화의 생산 단계의 최후에 얻어지는 완성품. 식품 따위의 최종 소비재와 기계나 기구 따위의 최종 생산재가 있다.

追加更正豫算
zhuī jiā gēng zhèng yù suàn

따를 추, 더할 가, 고칠 경·다시 갱, 바를 정, 미리 예, 셈할 산

예산이 정하여진 뒤에 생긴 사유로 말미암아 이미 정한 예산에 변경을 가하여 이루어지는 예산 ≒ 보정예산, 추경예산.

出資轉換
chū zī zhuǎn huàn

날 출, 재물 자, 구를 전, 바꿀 환

기업 부채를 주식으로 전환하는 기업 재무구조 개선 방법 중 하나다. 일반적으로 금융기관이 기업에 대출하거나 보증 선 돈을 회수하지 않고 기업 주식과 맞교환하는 방식으로 이뤄진다. 대출금을 주식으로 전환하면 은행은 채권자에서 주주로 위상이 바뀌는 데 부실채권이 발생하는 것을 막고 기업을 정상화한 뒤 다른 곳에 매각할 수 있다. 기업은 부채 축소로 경영 정상화를 도모할 수 있다는 장점이 있다. 반면 기업은 경영진 교체 가능성이 커지고 은행은 수익이 불안정해지는 위험 부담이 있다.

出荷
chū hè

날 출, 연 하

짐이나 상품 따위를 내어 보냄. 생산자가 생산품을 시장으로 내어 보냄. '실어 내기'로 순화.

彈力性
tán lì xìng

탄알 탄, 힘 력, 성품 성

원인 변수의 값이 1% 변할 때, 그 영향을 받는 변수가 몇 퍼센트나 변하는지를 나타내는 척도. 수요의 가격 탄력성, 수요의 소득 탄력성, 공급의 가격 탄력성 따위가 있다.

炭素稅
tàn sù shuì

숯 탄, 흴 소, 세금 세

지구의 온난화 방지를 위해 이산화탄소(CO_2)를 배출하는 석유 등 각종 에너지 사용량에 따라 부과하는 세금을 말한다. 1991년 12월 EC(유럽공동체)에너지환경 각료회의에서 탄소세 도입 방침이 처음 합의됐다. 또 리우환경회의에서도 이 문제가 공식 논의되어 입장이 각각 다른 세계 각국의 비상한 관심의 대상이 되고 있다. EC가 제안한 탄소세 과세액은 1993년부터 원유 1배럴에 3달러를 부과하고 오는 2000년까지는 부과액을 매년 1달러씩 인상하는 것으로 되어 있다. 따라서 2000년이 되면 1배럴에 10달러의 탄소세를 징수한다는 내용이다.

土地去來許可制
tǔ dì qù lái xǔ kě zhì

흙 토, 땅 지, 갈 거, 올 래, 허락할 허, 옳을 가, 지을 제

투기 억제를 위해 국토해양부 장관이 특정 지역을 국토이용관리법상 거래규제 지역으로 지정하는 제도. 투기가 나타나거나 우려되는 지역을 대상으로 하며 각 지역에서 일정 면적 이상의 토지를 거래하려면 계약 전에 시도지사의 허가를 받

아야 한다. 단, 도시계획구역의 경우 주거지역은 180㎡, 상업지역은 200㎡ 도시계획구역 이외 지역의 경우 500㎡, 농지는 1000㎡, 임야는 2000㎡, 이하의 토지를 거래하는 경우는 토지거래계약허가를 받지 않아도 된다. 허가를 받고자 하는 자는 그 허가신청서에 계약내용과 그 토지의 이용계획 등을 기재하여 시장·군수 또는 구청장에게 제출하여야 한다. 시장·군수 또는 구청장은 그 허가신청서를 받은 날부터 15일 이내에 허가 또는 불허가의 처분을 하여 그 신청인에게 허가증을 교부하거나 불허가처분사유를 서면으로 통지한다. 허가대상에는 소유권 이전 뿐만 아니라 지상권·전세권·임차권 등의 설정도 포함된다. 토지거래신고제 : 일정 평수 이상의 토지거래를 할 때는 반드시 관계기관에 신고를 해야 한다는 법으로 부동산 투기 억제법이다.

通貨政策
tōng huò zhèng cè

통할 통, 재앙 화, 정사 정, 꾀 책

통화의 수량을 늘리거나 줄여서 국내의 경제 흐름을 통제하고 조절하려는 정책. 금리정책, 공개시장조작, 지급준비율 변경정책 따위가 있다.

投資信託會社
tóu zī xìn tuō huì shè

던질 투, 재물 자, 믿을 신, 부탁할 탁, 모일 회, 모일 사

투자자의 재산 증식과 산업자금의 원활한 조달, 자본시장 및 증권시장의 안정적 성장 발전을 목적으로 증권 투자신탁업법에 의하여 설립된 금융기관이다. 우리나라의 투자신탁은 계약형을 취하고 있으므로 위탁자, 수탁자, 수익자의 3자간 신탁계약에 기초를 두고 있다. 투자신탁회사는 위탁자로서 일반투자자로부터 모은 자금을 유가증권투자에 전문적으로 운용하고, 여기서 생긴 투자수익을 투자자에게 분배한다.

投資自由地域
tóu zī zì yóu dì yù

던질 투, 재물 자, 스스로 자, 말미암을 유, 땅 지, 지경 역

특정산업 또는 외국인의 투자를 유치하기 위해 투자 절차나 기업 활동과 관련한 제반 법령의 적용이 전부 또는 일부가 배제되거나 완화되는 일정한 지역을 말하며 시 단위 이상 규모인 것이 보통이다. 투자자유지역은 그 성격이 다양하기 때문에 기업들이 받는 혜택도 약간씩 차이가 난다. 그러나 대부분의 경우 이 지역에 입주한 기업들은 공장요지의 취득과 공장의 건설 각종 세금납부, 노동조건, 과실송금 등에서

각종 규제를 면제받거나 완화된 규정의 적용을 받는다. 마산 등에 있는 수출자유지역은 외국입주업체에 투자과실송금을 제한하지 않고 일부 세제상 지원을 해주는데 불과하다는 점에서 투자자유지역과는 구별된다. 또 현재 정부가 추진 중인 외국이 전용공단은 상업차관 등 외자도입상 예외조치를 인정해주는 정도라는 점에서 역시 투자자유지역과는 다르다. 정부는 94년 4월 특별법을 마련했다. 입주대상은 첨단고도기술 분양의 사업, 대규모 유통도매업, 지식경제부 장관이 경쟁력 강화를 위해 필요하다고 인정하는 사업이다.

特別消費稅
tè bié xiāo fèi shuì

특별할 특, 다를 별, 사라질 소, 쓸 비, 세금 세

특별한 물품 또는 용역의 소비에 대하여 부과하는 소비세이다. 부가가치세를 포함한 일반 매출세는 모든 재화 또는 용역 일반의 소비에 대하여 부과하는 일반소비세인데 특별소비세는 어느 특별한 물품이나 용역에 대하여서만 별도로 특별히 높은 세율로 과세하는 소비세이다. 우리나라 현행 특별소비세법에서도 그 과세대상을 특정한 물품, 특정한 장소에의 입장행위 및 특정한 장소에서의 유흥음식행위로 규정하고 있다.

特別會計
tè bié kuài jì

특별할 특, 다를 별, 모일 회, 꾀 계

정부예산은 일반회계와 특별회계로 구성되어 있는데, 이 중 특별회계는 한 국가의 회계 중 특정한 세입으로 특정한 세출을 충당하는 것이다. 예산통일성의 원칙에 따라 국가의 세입 세출은 하나의 회계로 통합해 정리하는 것이 이상적이지만 자본주의 경제가 고도화되고 국가기능이 복잡해짐에 따라 정부가 특정 사업을 직접 경영할 때가 많아지게 된다. 즉 정부가 세입 외에 돈을 빌려다 이 특별회계로 공공사업을 지원한다.

特殊銀行
tè shū yín háng

특별할 특, 다를 수, 은 은, 항렬 행

특별 법규의 적용을 받아 특별한 업무를 행하는 은행. 한국은행, 한국산업은행 따위이다 ≒ 특별은행.

特化
tè huà

특별할 특, 될 화

한 나라의 산업 구조나 수출 구성에 있어서 특정 산업이나 상품이 상대적으로 큰 비중을 차지하고 있는 상태. 각각 다른 개인, 산업, 지역 간에서 다른 생산 활동의 분업을 말한다. 단일재의 생산에도 이동조립에 의한 생산의 경우처럼, 다른 작업에 포함되는 특화와 분업이 있다. 특화는 특정의 공인과 상인의 작업과 같이 사회적인 생산단계에서도 생길 수 있다. 또 어떤 국가가 농업생산에 집중하고 다른 국가가 공업제품 생산에 집중하는 경우와 같이 지역과 국가단계에서도 생긴다. 특화가 행하여지는 것은 생산효율을 높이고 보다 싼 비용으로 생산을 증가시키는 것으로 생각되기 때문이다. 특화는 각 개인이 각각 다른 능력을 발휘하는 이점을 가지고 있다. 즉 각 개인이 각각 자기 자신이 보다 능률적으로 종사할 수 있는 생산 분야에서 일하게 되기 때문이다.

派生金融商品
pài shēng jīn róng shāng pǐn

물갈래 파, 날 생, 쇠 금, 녹일 융, 장사 상, 물건 품

채권, 금리, 외환, 주식 등의 금융자산을 기초로 파생된 상품. 전통적인 금융상품 자체를 대상으로 한 상품이 아니라 금융상품의 장래 가격변동을 예상해 만든 금융상품의 가격움직임을 상품화한 것이다. 대표적인 파생 금융상품으로는 선물, 선물환, 옵션, 스왑 등을 들 수 있으며 이들 파생상품을 대상으로 한 선물옵션, 스왑선물, 스왑옵션 등 2차 파생상품들 이외에도 약 1,200종의 파생상품이 있다. 파생금융상품은 원래 미래에 대한 위험에 적절히 대처하는데 그 목적이 있었다. 하지만 파생 금융상품에 본래 내포된 미래의 가격변동 예상과 작은 비용으로 대규모 거래가 가능한 점은 단기 고수익을 노리는 투기성 거래를 양산하고 있다. 파생 금융상품으로 인한 파산이나 큰 피해 사건은 금융기관, 기업, 지방정부 등을 가리지 않고 세계 도처에서 끊임없이 발생하고 있다.

平價切上
píng jià qiē shàng

평평할 평, 값 가, 끊을 절, 위 상

本位貨幣에 포함된 순금의 양을 늘리거나 하여 통화의 대외 가치를 높이는 일. 통화의 대외 구매력이 커지고 수출품의 외화 표시 가격이 오른다 ≒ 환절상 : 고정환율 제도하에서 환율을 하락시키는 것을 의미한다. 자국 통화가치가 상승되는 것을 의미한다.

平價切下
píng jià qiē xià

평평할 평, 값 가, 끊을 절, 아래 하

본위화폐에 포함된 순금의 양을 줄이거나 하여 통화의 대외 가치를 내리는 일. 통화의 대외 구매력이 약해지고 수출품의 외화 표시 가격이 내린다 ≒ 환절하 : 고정환율 제도하에서 환율을 상승시키는 것을 가리킨다. 자국 통화가치의 하락을 의미하는 것이다.

閉鎖型質問
bì suǒ xíng zhì wèn

단을 폐, 잠글 쇄, 거푸집 형, 바탕 질, 물을 문

질문지 또는 설문지는 문항 구성방식에 따라 크게 폐쇄형 질문과 開放型質問으로 구분할 수 있다. 폐쇄형 질문은 미리 준비된 선택지들 또는 항목들 가운데서 답을 선택하도록 하거나 또는 제한된 수만큼의 단어로 답하도록 구성된 질문을 말한다. 폐쇄적 질문이라고도 한다. 개방형 질문은 선택지나 항목들을 미리 준비하거나 답을 일정한 양으로 제한하지 않고 응답자가 자신의 견해나 태도를 자유롭게 표현할 수 있도록 구성된 질문을 말한다. 개방형 질문은 개방적 질문이라고도 한다.

限界效用
xiàn jiè xiào yòng

막을 한, 지경 계, 본받을 효, 쓸 용

일정한 종류의 재화가 잇따라 소비될 때 최후의 한 단위의 재화로부터 얻어지는 심리적 만족도. 욕망의 정도에 정비례하고 재화의 존재량에 반비례한다.

韓國工業規格
hán guó gōng yè guī gé

나라 한, 나라 국, 장인 공, 업 업, 법 규, 격식 격

한국공업 표준규격. 공업 표준화를 위해 제정된 공업규격을 보급 활용하여 제품의 품질개선과 생산능률의 향상, 거래의 단순화와 공정화를 도모하며 소비자를 보호하기 위해 만들어진 제도이다. 공업표준화법에 따라 합격한 제품에는 그것이 규격에 맞게 제조되었다는 특별한 표시를 해 정부가 품질을 보증한다. 공업기술수준이 아주 낮았던 시절에 제정된 것이므로 최소한의 규격기준이다 ≒ KS.

割賦金融
gē fù jīn róng

벨 할, 과할 부, 쇠 금, 녹일 융

내구소비재, 산업설비, 주택 등의 할부거래시 금융회사가 제조업체와 소비자 사이에 개입하여 제조업체에 물품대금을 일시불로 지급하고 소비자로부터 당해 물품대금을 일정 기간 분할하여 받는 금융형태. 이 때 상품의 소유권이 처음부터 구매자에게 이전하는 것이 아니라 최종 납입금과 수수료 등을 완납해야만 이전된다는 점에서 신용판매와는 다르다.

合理主義
hé lǐ zhǔ yì

합할 합, 이치 리, 주인 주, 옳을 의

이성이나 논리적 타당성에 근거하여 사물을 인식하거나 판단하는 태도나 사고방식. 철학에서 진정한 인식은 경험이 아닌 생득적인 이성에 의하여 얻어진다고 하는 태도. 데카르

트, 스피노자, 라이프니츠 등이 이러한 태도를 보인다 ≒ 유리론, 이성론, 이성주의, 합리론, 합리설.

合倂
hé bìng

합할 합, 아우를 병

합하는 것. 합병의 방법에는 법률적으로 두 가지가 있는데 하나는 한 개의 기업만이 존속하고 타 기업을 흡수하여 후자가 소멸하는 흡수합병이며, 다른 하나는 둘 이상의 기업이 소멸하고 새로운 기업을 창설하는 신설합병이다. 합병을 형태 측면에서 보면 생산 공정이 전후하는 이종의 기업이 합병하는 수직합병과 유사 산업에 속하는 기업끼리 합병하는 수평합병, 생산기술면에서 직접적 관련을 갖지 않은 기업간의 혼합합병이 있다. 부동산에서 지적공부에 등록된 2필지 이상을 1필지로 등록하는 것.

解約還給金
jiě yuē huán gěi jīn

풀 해, 언약할 약, 돌아올 환, 줄 급, 쇠 금

보험계약의 효력이 상실되거나 해약을 하게 될 때 보험계약자의 청구에 의해 지급되는 금액 해약환급금은 보험계약자가 납입하는 보험료 중 저축보험료 부문과 평준보험료 방식 때문에 발생한다. 평준보험료 방식에서는 계약초기에는 피보험자의 위험수준에 비해 다소 높은 보험료를 내게 되는데 이 부분이 적립되어 향후에 위험수준에 비해 낮은 보험료를 내게 되는 시기에 사용된다. 해약환급금의 계산은 책임준비금을 기준으로 하게 되는데 실무적으로는 해약 당시 그 계약의 책임준비금에서 미상각된 신계약비를 공제하여 계산된다.

換差損益
huàn chā sǔn yì

바꿀 환, 어긋날 차, 덜 손, 더할 익

외화표시거래로 인한 채권·채무 등에서 환율변동으로 인해 발생하는 손익. 환차손익은 넓게는 환결재손익과 환환산손익을 포함한다. 환결재손익은 거래발생시의 환율과 결재시의 환율과의 변동 차에서 발생하는 손익을 결재시에 계상하는 것이며, 환환산손익은 현재 환율을 기준으로 평가한 손익을 결산시에 계상하는 것이다.

會計監査
kuài jì jiān chá

모일 회, 셀 계, 볼 감, 사실할 사

회계기록 담당자가 작성한 일련의 회계기록 즉 회계전표, 제계정원장, 각종 보조부, 계산표, 시산표, 재무제표 등이 정확하며 타당한가를 판단하고 그 결과에 대한 증명을 하거나 의견을 제출하는 일.

會社債
hui shè zhài

모일 회, 모일 사, 빚 채

기업이 자금조달을 위해 직접 발행하는 채권으로 社債라고도 한다. 회사채는 주식과는 달리 회사의 수익에 관계없이 일정률의 이자가 지급되는 것이 특징이다. 금융기관에서 지급을 보증하는 보증사채와 무보증사채, 담보부사채가 있는데, 상장기업 또는 증권감독원에 등록된 법인이 기업자금 조달을 위해서 직접 발행한다. 이자는 3개월마다 후불하며 만기가 되면 액면금액을 지급받는다. 회사채는 회사가 직접 금융시장에서 자금을 조달하기 위하여 공모 또는 사모로 채권을 발행하는 것으로서, 공모채는 금융감독원에 유가증권 발행신고서를 접수하여 일반 대중에게 매출하는 절차로 발행된다.

效用
xiào yòng

본받을 효, 쓸 용

인간의 욕망을 충족시키는 힘. 인간의 욕망은 경제활동의 기초가 되고 있으므로 이 효용을 얻는 것이 경제활동을 뒷받침하는 일이 된다. 즉 효용을 낳고 또는 증대하는 것이 바로 생산이며, 한편 소비는 욕망을 충족시키기 위해서 효용을 가진 재화를 사용하는 일이다.

休眠保險金
xiū mián bǎo xiǎn jīn

쉴 휴, 잘 면, 지킬 보, 험할 험, 쇠 금

보험계약자가 보험료를 2개월 이상 납입하지 않아 계약이 실효된 후 2년이 지날 때까지 찾아가지 않은 경우와, 계약기간이 종료되었는데도 2년 후까지 찾아가지 않는 보험금을 말한다.

休業
xiū yè

쉴 휴, 업 업

사업이나 영업, 작업 따위를 일시적으로 중단하고 하루 또는 한동안 쉼.

稀少性 / 稀少價値
xī shǎo xìng · xī shǎo jià zhí

드물 희, 적을 소, 성품 성 / 드물 희, 적을 소, 값 가, 값 치

인간의 물질적 욕구에 비하여 그 충족 수단이 질적·양적으로 제한되어 있거나 부족한 상태. 드물기 때문에 인정되는 가치.

2. 활용한자

家(집 가) 가구(家口) 가장(家長) 가정(家庭) 가족(家族) 작가(作家)
佳(아름다울 가) 가인(佳人) 가절(佳節) 백년가약(百年佳約) 점입가경(漸入佳境)
街(거리 가) 가두(街頭) 가로수(街路樹) 종로삼가(鐘路三街)
可(옳을 가) 가능(可能) 가련(可憐) 불가(不可) 허가(許可)
歌(노래 가) 가곡(歌曲) 가사(歌詞) 가수(歌手) 가요(歌謠) 사면초가(四面楚歌)
加(더할 가) 가감(加減) 가열(加熱) 가속(加速) 가해(加害) 주마가편(走馬加鞭)
價(값 가) 가격(價格) 가치(價値) 고가(高價) 물가(物價) 정가(定價)
假(거짓 가) 가면(假面) 가령(假令) 가건물(假建物) 가처분(假處分)
架(시렁 가) 가공(架空) 가교(架橋) 서가(書架)
暇(겨를 가) 병가(病暇) 한가(閑暇) 휴가(休暇)
伽(절 가) 가야(伽倻) 가야금(伽倻琴) 승가(僧伽)
迦(부처 가) 가람(迦藍) 가섭(迦葉) 석가모니(釋迦牟尼)
駕(멍에 메울 가) 가마(駕馬) 거가(車駕) 능가(凌駕) 가경취숙(駕輕就熟)
嘉(아름다울 가) 가경(嘉慶) 가납(嘉納) 가례(嘉禮) 가상(嘉尙) 가언(嘉言)
角(뿔 각) 각도(角度) 각축(角逐) 각막염(角膜炎)
各(각각 각) 각각(各各) 각기(各其) 각자(各自) 각종(各種) 각양각색(各樣各色)
脚(다리 각) 각운(脚韻) 각주(脚註) 각질(脚疾) 각기병(脚氣病) 교각(橋脚)
却(물리칠 각) 각설(却說) 각하(却下) 기각(棄却) 매각(賣却) 퇴각(退却)
閣(집 각) 각료(閣僚) 각하(閣下) 누각(樓閣) 전각(殿閣)
覺(깨달을 각) 각성(覺醒) 감각(感覺) 경각(警覺) 발각(發覺) 시각(視覺)
刻(새길 각) 각고(刻苦) 각골(刻骨) 경각(頃刻) 정각(正刻) 조각(彫刻)
殼(껍질 각) 각과(殼果) 각물(殼物) 견각(堅殼) 지각(地殼) 갑각류(甲殼類)
干(방패 간) 간과(干戈) 간구(干求) 간섭(干涉) 간지(干支) 천간(天干)
間(사이 간) 간혹(間或) 공간(空間) 시간(時間) 중간(中間)
看(볼 간) 간과(看過) 간병(看病) 간파(看破) 간판(看板) 간호(看護)
刊(간행할 간) 간행(刊行) 개간(改刊) 신간(新刊) 일간(日刊)
肝(간 간) 간담(肝膽) 간장(肝臟) 간폐(肝肺) 충간(忠肝)
幹(줄기 간) 간사(幹事) 근간(根幹) 기간(基幹) 재간(才幹)
簡(대쪽 간) 간결(簡潔) 간단(簡單) 간략(簡略) 간편(簡便) 서간(書簡)
姦(간사할 간) 간음(姦淫) 간통(姦通) 간흉(姦凶) 강간(强姦)
懇(정성 간) 간곡(懇曲) 간구(懇求) 간절(懇切) 간청(懇請) 간담회(懇談會)
諫(간할 간) 간관(諫官) 간언(諫言) 직간(直諫) 충간(忠諫) 풍간(諷諫)
竿(장대 간) 간독(竿牘) 간두(竿頭) 범간(帆竿) 죽간(竹竿) 백척간두(百尺竿頭)

渴(목마를 갈) 갈구(渴求) 갈망(渴望) 갈증(渴症) 해갈(解渴)
葛(칡 갈) 갈건(葛巾) 갈근(葛根) 갈의(葛衣) 갈포(葛布) 갈건야복(葛巾野服)
減(덜 감) 감쇄(減殺) 감속(減速) 감원(減員) 감형(減刑) 십년감수(十年減壽)
感(느낄 감) 감각(感覺) 감동(感動) 감상(感傷) 감성(感性) 감화(感化)
敢(감히 감) 감사(敢死) 감행(敢行) 과감(果敢) 용감(勇敢)
監(볼 감) 감독(監督) 감리(監理) 감사(監事) 감옥(監獄) 대감(大監)
鑑(거울 감) 감별(鑑別) 감상(鑑賞) 감정(鑑定) 귀감(龜鑑) 동의보감(東醫寶鑑)
甘(달 감) 감귤(甘橘) 감미(甘味) 감언(甘言) 감주(甘酒) 감초(甘草)
甲(갑옷 갑) 갑을(甲乙) 갑골문(甲骨文) 귀갑(龜甲) 갑상선(甲狀腺)
江(강 강) 강남(江南) 강산(江山) 강촌(江村) 강하(江河) 금수강산(錦繡江山)
降(내릴 강) 강등(降等) 강림(降臨) 강복(降福) 강신(降神) 하강(下降)
(항복할 항) 항복(降伏) 항서(降書)
講(익힐 강) 강독(講讀) 강습(講習) 강의(講義) 강좌(講座) 수강(受講)
强(굳셀 강) 강경(强硬) 강력(强力) 강약(强弱) 강요(强要)
康(편안 강) 강녕(康寧) 건강(健康) 소강(小康) 평강(平康)
剛(굳셀 강) 강건(剛健) 강유(剛柔) 강직(剛直) 금강(金剛) 내강(內剛)
鋼(강철 강) 강옥(鋼玉) 강철(鋼鐵) 연강(鍊鋼) 제강(製鋼)
綱(벼리 강) 강령(綱領) 강목(綱目) 강상(綱常) 기강(紀綱) 대강(大綱)
腔(빈속 강) 강장(腔腸) 구강(口腔) 복강(腹腔) 비강(鼻腔) 흉강(胸腔)
岡(산등성이 강) 고강(高岡)
姜(성 강) 강씨(姜氏) 강태공(姜太公)
改(고칠 개) 개변(改變) 개선(改善) 개신(改新) 개정(改訂) 개혁(改革)
皆(다 개) 개병(皆兵) 개제(皆濟) 개기식(皆旣蝕) 개성불도(皆成佛道)
個(낱 개) 개별(個別) 개성(個性) 개인(個人) 개체(個體) 각개(各個)
開(열 개) 개강(開講) 개문(開門) 개봉(開封) 개설(開設) 개장(開場)
介(끼일 개) 개의(介意) 개입(介入) 매개(媒介) 소개(紹介) 중개(仲介)
慨(슬퍼할 개) 개세(慨世) 개탄(慨嘆) 감개(感慨) 강개(慷慨) 분개(憤慨)
槪(대개 개) 개관(槪觀) 개괄(槪括) 개념(槪念) 개론(槪論) 개요(槪要)
蓋(덮을 개) 개관(蓋棺) 개세(蓋世) 개연(蓋然) 복개(覆蓋) 차개(車蓋)
客(손 객) 객관(客觀) 객담(客談) 객실(客室) 객체(客體) 빈객(賓客)
更(다시 갱) 갱생(更生) 갱신(更新) 갱년기(更年期)
(고칠 경) 경정(更正) 변경(變更)
巨(클 거) 거대(巨大) 거두(巨頭) 거물(巨物) 거시(巨視) 거액(巨額)
居(살 거) 거실(居室) 거주(居住) 거처(居處) 동거(同居) 칩거(蟄居)
車(수레 거) 거마(車馬) 자전거(自轉車)
(수레 차) 차표(車票) 자동차(自動車) 기차(汽車)

擧(들 거)	거국(擧國) 거사(擧事) 거세(擧世) 거행(擧行)
距(떨어질 거)	거골(距骨) 거리(距離) 상거(相距)
拒(막을 거)	거부(拒否) 거역(拒逆) 거절(拒絶) 항거(抗拒)
據(의거할 거)	거점(據點) 근거(根據) 웅거(雄據) 의거(依據) 할거(割據)
去(갈 거)	거년(去年) 거래(去來) 거성(去聲) 과거(過去) 제거(除去)
建(세울 건)	건국(建國) 건물(建物) 건설(建設) 건축(建築)
乾(하늘 건)	건곤(乾坤) 건배(乾杯) 건습(乾濕) 건어물(乾魚物) 건전지(乾電池)
健(튼튼할 건)	건각(健脚) 건강(健康) 건승(健勝) 건투(健鬪) 보건(保健)
件(물건 건)	건수(件數) 사건(事件) 요건(要件) 용건(用件) 조건(條件)
巾(수건 건)	두건(頭巾) 수건(手巾) 탕건(宕巾) 홍건적(紅巾賊) 굴건제복(屈巾祭服)
傑(뛰어날 걸)	걸작(傑作) 걸출(傑出) 여걸(女傑) 인걸(人傑) 호걸(豪傑)
乞(빌 걸)	걸개(乞丐) 걸군(乞郡) 걸식(乞食) 구걸(求乞)
儉(검소할 검)	검소(儉素) 검약(儉約) 근검(勤儉)
劍(칼 검)	검객(劍客) 검술(劍術) 단검(短劍) 보검(寶劍) 각주구검(刻舟求劍)
檢(검사할 검)	검거(檢擧) 검사(檢查) 검색(檢索) 검증(檢證) 검토(檢討)
憩(쉴 게)	게식(憩息) 소게(小憩) 휴게실(休憩室)
格(격식 격)	격물(格物) 격식(格式) 격언(格言) 격조(格調) 풍격(風格)
擊(칠 격)	격고(擊鼓) 격멸(擊滅) 격퇴(擊退) 격파(擊破) 진격(進擊)
激(격할 격)	격감(激減) 격동(激動) 격랑(激浪) 격려(激勵) 격렬(激烈)
隔(막을 격)	격년(隔年) 격리(隔離) 격세(隔世) 원격(遠隔) 현격(懸隔)
見(볼 견)	견학(見學) 견해(見解) 고견(高見) 탁견(卓見)
堅(굳을 견)	견고(堅固) 견실(堅實) 견지(堅持) 중견작가(中堅作家)
絹(비단 견)	견면(絹綿) 견본(絹本) 견사(絹絲) 생사(生絲)
肩(어깨 견)	견골(肩骨) 견장(肩章) 비견(比肩)
遣(보낼 견)	견민(遣悶) 견사(遣使) 견외(遣外) 파견(派遣)
牽(끌 견)	견강(牽强) 견마(牽馬) 견우(牽牛) 견인(牽引) 견제(牽制)
犬(개 견)	견마(犬馬) 견원(犬猿) 견융(犬戎) 광견(狂犬) 충견(忠犬)
決(결단할 결)	결렬(決裂) 결사(決死) 결심(決心) 결연(決然) 결판(決判)
結(맺을 결)	결국(結局) 결론(結論) 결말(結末) 결맹(結盟) 결혼(結婚)
潔(깨끗할 결)	결백(潔白) 결벽(潔癖) 고결(高潔) 청결(淸潔)
缺(이지러질 결)	결격(缺格) 결근(缺勤) 결석(缺席) 결점(缺點) 결핍(缺乏)
訣(헤어질 결)	결별(訣別) 비결(秘訣) 영결(永訣) 토정비결(土亭秘訣)
兼(겸할 겸)	겸비(兼備) 겸업(兼業) 겸전(兼全) 겸직(兼職)
謙(겸손할 겸)	겸손(謙遜) 겸양(謙讓) 겸칭(謙稱) 겸허(謙虛)
輕(가벼울 경)	경박(輕薄) 경중(輕重) 경차(輕車) 경범죄(輕犯罪)

經(날 경) 경영(經營) 경위(經緯) 경전(經典) 경제(經濟) 성경(聖經)
庚(별 경) 경방(庚方) 경시(庚時)
耕(밭갈 경) 경작(耕作) 경지(耕地) 농경(農耕) 주경야독(晝耕夜讀)
敬(공경 경) 경로(敬老) 경애(敬愛) 공경(恭敬) 존경(尊敬) 효경(孝敬)
驚(놀랄 경) 경악(驚愕) 경칩(驚蟄) 경황(驚惶) 경천동지(驚天動地)
景(볕 경) 경관(景觀) 경치(景致) 광경(光景) 풍경(風景)
競(다툴 경) 경기(競技) 경마(競馬) 경매(競賣) 경쟁(競爭) 경주(競走)
竟(마침내 경) 경야(竟夜) 구경(究竟) 종경(終竟) 필경(畢竟)
境(지경 경) 경계(境界) 국경(國境) 변경(邊境) 환경(環境) 삼매경(三昧境)
鏡(거울 경) 경감(鏡鑑) 경대(鏡臺) 명경(明鏡) 안경(眼鏡) 파경(破鏡)
頃(이랑 경) 경각(頃刻) 경보(頃步) 경일(頃日) 식경(食頃)
傾(기울 경) 경국(傾國) 경도(傾倒) 경모(傾慕) 경사(傾斜) 경청(傾聽)
慶(경사 경) 경사(慶事) 경축(慶祝) 경하(慶賀) 국경(國慶)
警(경계할 경) 경계(警戒) 경고(警告) 경종(警鐘) 경찰(警察) 순경(巡警)
徑(지름길 경) 경로(徑路) 반경(半徑) 직경(直徑) 첩경(捷徑)
卿(벼슬 경) 객경(客卿) 공경(公卿) 구경(九卿) 추기경(樞機卿)
京(서울 경) 경극(京劇) 경기(京畿) 경향(京鄕) 동경(東京) 북경(北京)
硬(굳을 경) 경골(硬骨) 경수(硬水) 경화(硬化) 강경(强硬) 생경(生硬)
界(지경 계) 계선(界線) 세계(世界) 학계(學界) 계면조(界面調)
計(셀 계) 계량(計量) 계산(計算) 계책(計策) 계획(計劃) 통계(統計)
溪(시내 계) 계곡(溪谷) 계천(溪川) 청계(淸溪) 조계종(曹溪宗)
鷄(닭 계) 계란(鷄卵) 계명(鷄鳴) 계신(鷄晨) 오골계(烏骨鷄)
系(계통 계) 계보(系譜) 계열(系列) 계통(系統) 가계(家系) 체계(體系)
係(맺을 계) 계루(係累) 계사(係嗣) 계원(係員)
戒(경계할 계) 계고(戒告) 계명(戒名) 계엄(戒嚴) 계율(戒律) 훈계(訓戒)
癸(북방 계) 계방(癸方) 계시(癸時) 계미년(癸未年)
繼(이을 계) 계모(繼母) 계속(繼續) 계승(繼承)
契(계약 계) 계기(契機) 계약(契約) 계합(契合) 묵계(墨契)
桂(계수나무 계) 계관(桂冠) 계림(桂林) 계피(桂皮) 월계(月桂)
啓(열 계) 계도(啓導) 계명(啓明) 계몽(啓蒙) 계발(啓發) 장계(狀啓)
階(섬돌 계) 계급(階級) 계단(階段) 계제(階梯) 위계(位階) 층계(層階)
繫(맬 계) 계기(繫羈) 계류(繫留) 계마(繫馬) 연계(連繫)
季(계절 계) 계간(季刊) 계절(季節) 사계(四季) 춘계(春季) 동계(冬季)
械(틀 계) 계곡(械梏) 기계(機械) 기계(器械)
固(굳을 고) 고루(固陋) 고수(固守) 고유(固有) 고집(固執) 확고(確固)

苦(쓸 고) 고민(苦悶) 고생(苦生) 고심(苦心) 고통(苦痛) 고행(苦行)
考(상고할 고) 고려(考慮) 고시(考試) 고증(考證) 고찰(考察) 고고학(考古學)
高(높을 고) 고등(高等) 고려(高麗) 고속(高速) 고층(高層) 고구려(高句麗)
告(고할 고) 고소(告訴) 고발(告發) 고백(告白) 공고(公告) 통고(通告)
枯(마를 고) 고갈(枯渴) 고목(枯木) 영고성쇠(榮枯盛衰)
姑(시어미 고) 고구(姑舅) 고모(姑母) 고부(姑婦) 고식적(姑息的)
庫(곳집 고) 금고(金庫) 문고(文庫) 서고(書庫) 차고(車庫) 창고(倉庫)
孤(외로울 고) 고루(孤陋) 고아(孤兒) 독고(獨孤) 고군분투(孤軍奮鬪) 환과고독(鰥寡孤獨)
鼓(북 고) 고각(鼓角) 고막(鼓膜) 고복(鼓腹) 격고(擊鼓) 소고(小鼓)
稿(원고 고) 고료(稿料) 기고(寄稿) 원고(原稿) 탈고(脫稿) 투고(投稿)
顧(돌아볼 고) 고려(顧慮) 고명(顧命) 불고(不顧) 삼고(三顧) 회고(回顧)
古(예 고) 고대(古代) 고목(古木) 고문(古文) 고풍(古風) 고색창연(古色蒼然)
故(연고 고) 고국(故國) 고사(故事) 고향(故鄕) 변고(變故) 연고(緣故)
攷(생각할 고) 고구(攷究) 고려(攷慮) 고문(攷問) 고정(攷訂) 고찰(攷察)
雇(품살 고) 고용(雇用) 고용(雇傭) 해고(解雇)
穀(곡식 곡) 곡물(穀物) 곡식(穀食) 곡창(穀倉) 오곡(五穀) 추곡(秋穀)
曲(굽을 곡) 곡예(曲藝) 곡절(曲折) 서곡(序曲) 왜곡(歪曲) 우여곡절(迂餘曲折)
谷(골 곡) 곡수(谷水) 곡운(谷雲) 곡풍(谷風) 계곡(谿谷)
哭(울 곡) 곡성(哭聲) 곡읍(哭泣) 귀곡(鬼哭) 통곡(慟哭)
坤(땅 곤) 곤괘(坤卦) 곤방(坤方) 곤위(坤位)
困(괴로울 곤) 곤경(困境) 곤궁(困窮) 곤란(困難) 빈곤(貧困) 피곤(疲困)
骨(뼈 골) 골격(骨格) 골동(骨董) 골육(骨肉) 골절(骨折) 늑골(肋骨)
空(빌 공) 공간(空間) 공군(空軍) 공허(空虛) 창공(蒼空) 탁상공론(卓上空論)
共(한 가지 공) 공동(共同) 공범(共犯) 공산(共産) 공화국(共和國)
功(공 공) 공과(功過) 공로(功勞) 공세(攻勢) 공적(功績) 성공(成功)
工(장인 공) 공교(工巧) 공구(工具) 공업(工業) 공작(工作) 공장(工場)
供(이바지할 공) 공물(供物) 공양(供養) 공초(供招) 제공(提供)
恭(공손할 공) 공경(恭敬) 공근(恭勤) 공손(恭遜) 과공(過恭) 불공(不恭)
攻(칠 공) 공격(攻擊) 공략(攻略) 공수(攻守) 속공(速攻) 침공(侵攻)
恐(두려울 공) 공갈(恐喝) 공구(恐懼) 공포(恐怖) 황공(惶恐)
貢(바칠 공) 공거(貢擧) 공납(貢納) 공헌(貢獻) 조공(租貢)
孔(구멍 공) 공맹(孔孟) 공자(孔子) 공작(孔雀) 모공(毛孔) 안공(眼孔)
公(공평할 공) 공립(公立) 공리(公利) 공사(公私) 공인(公人) 공문서(公文書)
科(과목 과) 과거(科擧) 과목(科目) 과문(科文) 과시(科詩) 과학(科學)
過(지날 과) 과거(過去) 과도(過渡) 과반(過半) 과오(過誤) 과욕(過慾)

寡(적을 과)	과문(寡聞) 과부(寡婦) 다과(多寡) 중과부적(衆寡不敵)
誇(자랑할 과)	과공(誇功) 과대(誇大) 과시(誇示) 과장(誇張) 긍과(矜誇)
果(실과 과)	과당(果糖) 과수(果樹) 과실(果實) 과연(果然) 인과(因果)
課(과정 과)	과년(課年) 과세(課稅) 과업(課業) 과장(課長) 일과(日課)
瓜(오이 과)	과기(瓜期) 과년(瓜年) 과만(瓜滿) 모과(木瓜)
戈(창 과)	과극(戈棘) 과모(戈矛) 간과(干戈) 봉과(鋒戈) 의과(義戈)
郭(성 곽)	곽내(郭內) 곽박(郭璞) 성곽(城郭) 외곽(外廓) 윤곽(輪郭)
關(빗장 관)	관계(關係) 관련(關聯) 관세(關稅) 관여(關與) 상관(相關)
館(집 관)	관각(館閣) 관사(館舍) 객관(客館) 여관(旅館) 역관(驛館)
管(주관할 관)	관견(管見) 관내(管內) 관악(管樂) 관할(管轄) 기관(氣管)
貫(꿸 관)	관철(貫徹) 관통(貫通) 본관(本貫) 일관(一貫)
慣(익숙할 관)	관례(慣例) 관성(慣性) 관습(慣習) 관행(慣行)
冠(갓 관)	관례(冠禮) 금관(金冠) 약관(弱冠) 의관(衣冠)
寬(너그러울 관)	관대(寬大) 관서(寬恕) 관용(寬容) 관후(寬厚)
觀(볼 관)	관광(觀光) 관람(觀覽) 관찰(觀察) 객관(客觀) 주관(主觀)
官(벼슬 관)	관료(官僚) 관리(官吏) 관직(官職) 본관(本官) 관문서(官文書)
棺(널 관)	관구(棺柩) 관재(棺材) 석관(石棺) 입관(入棺) 하관(下棺)
灌(물댈 관)	관개(灌漑) 관목(灌木) 관장(灌腸) 관주(灌注) 침관(浸灌)
狂(미칠 광)	광간(狂簡) 광기(狂氣) 광란(狂亂) 광분(狂奔) 발광(發狂)
鑛(쇳돌 광)	광맥(鑛脈) 광물(鑛物) 광부(鑛夫) 광산(鑛山) 금광(金鑛)
光(빛 광)	광경(光景) 광명(光明) 광주(光州) 광채(光彩) 형광(螢光)
廣(넓을 광)	광고(廣告) 광대(廣大) 광야(廣野) 광어(廣魚) 장광설(長廣舌)
匡(바로잡을 광)	광구(匡救) 광보(匡輔) 광정(匡正) 정광(靖匡) 필광(弼匡)
掛(걸 괘)	괘관(掛冠) 괘념(掛念) 괘도(掛圖) 괘석(掛錫) 괘종(掛鐘)
卦(괘 괘)	괘사(卦辭) 괘효(卦爻) 길괘(吉卦) 점괘(占卦) 팔괘(八卦)
塊(흙덩어리 괴)	금괴(金塊) 석괴(石塊) 은괴(銀塊) 토괴(土塊)
怪(기이할 괴)	괴걸(怪傑) 괴담(怪談) 괴력(怪力) 괴물(怪物) 기괴(奇怪)
愧(부끄러울 괴)	무괴(無愧) 수괴(羞愧)
壞(무너질 괴)	괴멸(壞滅) 파괴(破壞)
較(견줄 교)	비교(比較) 일교차(日較差)
校(학교 교)	교내(校內) 교우(校友) 교정(校庭) 학교(學校)
郊(들 교)	교외(郊外) 교천(郊天) 근교(近郊)
橋(다리 교)	교대(橋臺) 교량(橋梁) 오작교(烏鵲橋)
矯(바로잡을 교)	교격(矯激) 교무(矯誣) 교정(矯正) 교각살우(矯角殺牛)
巧(공교할 교)	교언(巧言) 교졸(巧拙) 계교(計巧) 기교(奇巧)

交(사귈 교)	교류(交流) 교전(交戰) 교제(交際) 교통(交通) 친교(親交)
教(가르칠 교)	교과(教科) 교사(教師) 교양(教養) 교육(教育) 교직(教職)
句(글귀 구)	구두(句讀) 구문(句文) 구절(句節) 명구(名句) 자구(字句)
球(공 구)	구기(球技) 농구(籠球) 야구(野球) 전구(電球) 축구(蹴球)
丘(언덕 구)	구강(丘岡) 구롱(丘壟) 구릉(丘陵) 사구(砂丘)
舊(예 구)	구식(舊式) 구습(舊習) 구태(舊態) 구시대(舊時代)
懼(두려울 구)	구파(懼怕) 송구(悚懼) 의구(疑懼)
久(오랠 구)	구문(久聞) 장구(長久) 항구(恒久) 천장지구(天長地久)
驅(몰 구)	구박(驅迫) 구보(驅步) 구제(驅除) 구축(驅逐) 선구(先驅)
構(얽을 구)	구상(構想) 구성(構成) 구조(構造) 구축(構築) 허구(虛構)
具(갖출 구)	구비(具備) 구색(具色) 구체(具體) 구현(具現) 기구(器具)
區(구역 구)	구간(區間) 구구(區區) 구별(區別) 구분(區分) 구역(區域)
拘(잡을 구)	구금(拘禁) 구류(拘留) 구속(拘束) 구애(拘礙) 구인(拘引)
苟(구차할 구)	구생(苟生) 구안(苟安) 구차(苟且) 구합(苟合)
究(궁구할 구)	구명(究明) 궁구(窮究) 연구(硏究) 탐구(探究)
救(구원할 구)	구국(救國) 구인(救人) 구조(救助) 구휼(救恤)
口(입 구)	구강(口腔) 구두(口頭) 구미(口味) 구술(口述)
俱(함께 구)	구경(俱慶) 구비(俱備) 구존(俱存) 구현(俱現) 불구대천(不俱戴天)
九(아홉 구)	구경(九經) 구리(九里) 구장(九臟) 구공탄(九孔炭)
狗(개 구)	구도(狗盜) 구육(狗肉) 구체(狗彘) 구폐(狗吠)
鷗(갈매기 구)	구로(鷗鷺) 구맹(鷗盟) 구정(鷗汀) 백구(白鷗)
溝(도랑 구)	구거(溝渠) 구독(溝瀆) 구학(溝壑) 구혁(溝洫) 배수구(排水溝)
邱(언덕 구)	구릉(邱陵) 구정(邱井) 구학(邱壑) 대구(大邱)
仇(원수 구)	구가(仇家) 구인(仇人) 구한(仇恨) 보구(報仇) 원구(怨仇)
歐(칠 구)	구미(歐美) 구주(歐洲) 북구(北歐) 서구(西歐) 구라파(歐羅巴)
求(구할 구)	구걸(求乞) 구애(求愛) 구직(求職) 구혼(求婚) 구심력(求心力)
國(나라 국)	국가(國家) 국고(國庫) 국권(國權) 국립(國立) 국제(國際)
菊(국화 국)	국판(菊版) 국화(菊花) 수국(水菊) 추국(秋菊) 황국(黃菊)
局(판 국)	국량(局量) 국면(局面) 국한(局限) 난국(難局)
郡(고을 군)	군민(郡民) 군수(郡守) 군읍(郡邑) 군청(郡廳) 군현(郡縣)
群(무리 군)	군거(群居) 군도(群盜) 군상(群像) 군중(群衆) 군집(群集)
君(임금 군)	군부(君父) 군자(君子) 군주(君主) 성군(聖君)
軍(군사 군)	군가(軍歌) 군복(軍服) 군수(軍需) 장군(將軍) 해군(海軍)
屈(굴복할 굴)	굴곡(屈曲) 굴복(屈服) 굴욕(屈辱) 굴절(屈折) 비굴(卑屈)
窟(굴 굴)	굴혈(窟穴) 동굴(洞窟) 석굴(石窟) 소굴(巢窟) 토굴(土窟)

弓(활 궁) 궁도(弓道) 궁수(弓手) 궁인(弓人) 궁전(弓箭) 양궁(洋弓)

宮(집 궁) 궁궐(宮闕) 궁녀(宮女) 궁합(宮合) 미궁(迷宮) 후궁(後宮)

窮(다할 궁) 궁극(窮極) 궁리(窮理) 곤궁(困窮) 무궁(無窮) 궁여지책(窮餘之策)

權(권세 권) 권세(權勢) 권위(權威) 공권력(公權力) 천부인권(天賦人權)

卷(책 권) 권두(卷頭) 권말(卷末) 서권(書卷) 석권(席卷) 전권(全卷)

勸(권할 권) 권고(勸告) 권농(勸農) 권장(勸奬) 권주(勸酒) 권학(勸學)

券(문서 권) 문권(文券) 복권(福券) 여권(旅券) 주권(株券) 증권(證券)

拳(주먹 권) 권법(拳法) 권총(拳銃) 권투(拳鬪) 철권(鐵拳)

圈(우리 권) 권내(圈內) 권외(圈外) 상권(商圈) 당선권(當選圈) 성층권(成層圈)

厥(그 궐) 궐녀(厥女) 궐자(厥者) 궐초(厥初) 돌궐(突厥)

軌(수레바퀴 궤) 궤도(軌度) 궤범(軌範) 궤적(軌跡) 궤철(軌轍) 동궤(同軌)

鬼(귀신 귀) 귀곡(鬼哭) 귀면(鬼面) 귀신(鬼神) 귀재(鬼才) 마귀(魔鬼)

歸(돌아갈 귀) 귀가(歸家) 귀성(歸省) 귀순(歸順) 귀환(歸還) 복귀(復歸)

貴(귀할 귀) 귀빈(貴賓) 귀천(貴賤) 귀하(貴下) 부귀(富貴) 양귀비(楊貴妃)

龜(거북 귀·구) 귀감(龜鑑) 귀갑(龜甲) 귀복(龜卜) 영귀(靈龜) 구지가(龜旨歌)
(터질 균) 균열(龜裂)

糾(꼴 규) 규명(糾明) 규찰(糾察) 규탄(糾彈) 규합(糾合) 분규(紛糾)

規(법 규) 규격(規格) 규모(規模) 규범(規範) 규율(規律) 법규(法規)

叫(부르짖을 규) 애규(哀叫) 절규(絶叫) 아비규환(阿鼻叫喚)

奎(별 규) 규문(奎文) 규벽(奎壁) 규한(奎翰) 규장각(奎章閣)

閨(규방 규) 규방(閨房) 규범(閨範) 규수(閨秀) 규원(閨怨) 규합(閨閤)

圭(홀 규) 규각(圭角) 규벽(圭璧) 규장(圭璋) 규표(圭表) 삼복백규(三復白圭)

菌(버섯 균) 멸균(滅菌) 병균(病菌) 살균(殺菌) 세균(細菌) 항균(抗菌)

均(고를 균) 균등(均等) 균일(均一) 균질(均質) 균형(均衡) 평균(平均)

劇(연극 극) 극단(劇團) 극장(劇場) 비극(悲劇) 연극(演劇) 참극(慘劇)

極(다할 극) 극락(極樂) 극렬(極烈) 궁극(窮極) 남극(南極) 북극(北極)

克(이길 극) 극기(克己) 극복(克服) 초극(超克) 극기복례(克己復禮)

勤(부지런할 근) 근로(勤勞) 근무(勤務) 개근(皆勤) 야근(夜勤) 통근(通勤)

根(뿌리 근) 근간(根幹) 근거(根據) 근본(根本) 근절(根絶) 모근(毛根)

斤(도끼 근) 근량(斤量) 근수(斤數) 근칭(斤秤) 부근(斧斤)

僅(겨우 근) 근근(僅僅) 근소(僅少)

謹(삼갈 근) 근신(謹愼) 근엄(謹嚴) 근정(謹呈) 공근(恭謹) 온근(溫謹)

近(가까울 근) 근사(近似) 근시(近視) 원근(遠近) 최근(最近) 친근(親近)

筋(힘줄 근) 근골(筋骨) 근력(筋力) 근육(筋肉) 철근(鐵筋) 골격근(骨骼筋)

琴(거문고 금) 금선(琴線) 금슬(琴瑟) 심금(心琴) 탄금(彈琴)

錦(비단 금) 금수(錦繡) 금상첨화(錦上添花) 금의환향(錦衣還鄕)

今(이제 금) 금년(今年) 금일(今日) 고금(古今) 방금(方今) 금시초문(今始初聞)
禁(금할 금) 금단(禁斷) 금연(禁煙) 금주(禁酒) 금지(禁止) 통금(通禁)
禽(새 금) 금수(禽獸) 가금(家禽) 명금(鳴禽) 수금(水禽)
金(쇠 금) 금석(金石) 공금(公金) 임금(賃金) 현금(現金) 금란지교(金蘭之交)
(성 김) 김구(金九) 김유신(金庾信)
級(등급 급) 급수(級數) 동급(同級) 등급(等級) 특급(特級)
及(미칠 급) 급제(及第) 언급(言及) 급기야(及其也)
急(급할 급) 급전(急錢) 성급(性急) 시급(時急) 응급(應急) 급정거(急停車)
給(줄 급) 급수(給水) 급식(給食) 급여(給與) 봉급(俸給) 월급(月給)
肯(즐길 긍) 긍정(肯定) 긍종(肯從) 수긍(首肯)
機(틀 기) 기계(機械) 기관(機關) 기밀(機密) 기지(機智) 무기질(無機質)
期(기약할 기) 기간(期間) 기대(期待) 기약(期約) 만기(滿期) 우기(雨期)
基(터 기) 기금(基金) 기반(基盤) 기본(基本) 기인(基因) 기초(基礎)
氣(기운 기) 기골(氣骨) 기색(氣色) 기후(氣候) 심기(心氣) 신기루(蜃氣樓)
技(재주 기) 기능(技能) 기량(技倆) 기술(技術) 국기(國技) 연기(演技)
其(그 기) 기실(其實) 기여(其餘) 기타(其他) 부지기수(不知其數)
幾(몇 기) 기하학(幾何學) 기하급수(幾何級數)
器(그릇 기) 기구(器具) 다기(茶器) 둔기(鈍器) 무기(武器) 제기(祭器)
欺(속일 기) 기롱(欺弄) 기만(欺瞞) 기망(欺罔) 사기(詐欺) 자기(自欺)
旣(이미 기) 기왕(旣往) 기혼(旣婚) 기득권(旣得權) 기성복(旣成服)
豈(어찌 기) 기유차리(豈有此理)
祈(빌 기) 기구(祈求) 기도(祈禱) 기우제(祈雨祭) 기원(祈願)
棄(버릴 기) 기각(棄却) 기권(棄權) 기세(棄世) 기아(棄兒) 방기(放棄)
忌(꺼릴 기) 기일(忌日) 기탄(忌憚) 기피(忌避) 금기(禁忌) 시기(猜忌)
畿(경기 기) 기내(畿內) 기호(畿湖) 경기(京畿) 근기(近畿)
寄(부칠 기) 기거(寄居) 기고(寄稿) 기부(寄附) 기생(寄生) 기여(寄與)
奇(기이할 기) 기걸(奇傑) 기연(奇緣) 기행(奇行) 괴기(怪奇) 엽기(獵奇)
己(몸 기) 극기(克己) 이기(利己) 자기(自己) 지기(知己)
企(꾀할 기) 기대(企待) 기도(企圖) 기업(企業) 기획(企劃)
旗(기 기) 기수(旗手) 기장(旗章) 기치(旗幟) 기폭(旗幅) 국기(國旗)
飢(굶주릴 기) 기갈(飢渴) 기근(饑饉) 기아(飢餓) 기한(飢寒) 요기(療飢)
紀(벼리 기) 기강(紀綱) 기념(紀念) 기원(紀元) 기행(紀行) 군기(軍紀)
起(일어날 기) 기거(起居) 기립(起立) 기원(起源) 야기(惹起) 흥기(興起)
騎(탈 기) 기마(騎馬) 기병(騎兵) 기사(騎士) 기호지세(騎虎之勢)
記(기록할 기) 기념(記念) 기록(記錄) 기사(記事) 기억(記憶) 기자(記者)
妓(기생 기) 기녀(妓女) 기생(妓生) 관기(官妓) 명기(名妓) 창기(娼妓)

箕(키 기) 기성(箕星) 기주(箕疇) 기추(箕箒) 두기(斗箕) 기산지절(箕山之節)
岐(갈림길 기) 기도(岐塗) 기로(岐路) 다기(多岐) 분기(分岐) 다기망양(多岐亡羊)
耆(늙은이 기) 기구(耆耉) 기년(耆年) 기로(耆老) 기숙(耆宿) 기유(耆儒)
緊(급할 긴) 긴급(緊急) 긴밀(緊密) 긴박(緊迫) 긴장(緊張) 긴축(緊縮)
吉(길할 길) 길일(吉日) 길조(吉兆) 길흉(吉凶) 대길(大吉)
那(어찌 나) 나변(那邊) 지나(支那) 찰라(刹那) 비로자나(毘盧遮那)
諾(승낙할 낙) 수락(受諾) 승낙(承諾) 응낙(應諾) 허락(許諾) 유유낙낙(唯唯諾諾)
難(어려울 난) 난감(難堪) 난독(難讀) 간난(艱難) 고난(苦難) 곤난(困難) 백골난망(白骨難忘)
暖(따뜻할 난) 난류(煖流) 난방(暖房) 온난(溫暖) 한난(寒暖) 난대림(暖帶林)
男(사내 남) 남녀(男女) 남편(男便) 득남(得男) 장남(長男) 차남(次男)
南(남녘 남) 남극(南極) 남북(南北) 남산(南山) 남하(南下) 영남(嶺南)
納(드릴 납) 납기(納期) 납득(納得) 납부(納付) 납세(納稅) 납입(納入)
娘(여자 낭) 낭가(娘家) 낭자(娘子) 낭자군(娘子軍)
囊(주머니 낭) 낭포(囊胞) 담낭(膽囊) 배낭(背囊) 음낭(陰囊) 낭중지추(囊中之錐)
奈(어찌 내) 내하(奈何)
耐(견딜 내) 내구(耐久) 내열(耐熱) 내한(耐寒) 감내(堪耐) 인내(忍耐)
內(안 내) 내외(內外) 내장(內藏) 내재(內在) 댁내(宅內) 녹내장(綠內障)
乃(이에 내) 내부(乃父) 내지(乃至) 내형(乃兄) 종내(終乃)
女(계집 녀) 여권(女權) 여사(女史) 숙녀(淑女) 장녀(長女)
年(해 년) 연리(年利) 연보(年譜) 연봉(年俸) 청년(靑年) 연하장(年賀狀)
念(생각 념) 염불(念佛) 염원(念願) 염주(念珠) 상념(想念) 집념(執念)
寧(편안할 녕) 영정(寧靜) 영친(寧親) 강녕(康寧) 안녕(安寧) 정녕(丁寧)
怒(성낼 노) 노기(怒氣) 노도(怒濤) 분노(憤怒) 진노(震怒) 희로애락(喜怒哀樂)
努(힘쓸 노) 노력(努力)
奴(종 노) 노복(奴僕) 노비(奴婢) 노예(奴隷) 매국노(賣國奴) 수전노(守錢奴)
農(농사 농) 농경(農耕) 농부(農夫) 농사(農事) 부농(富農)
濃(짙을 농) 농담(濃淡) 농도(濃度) 농염(濃艶) 농축(濃縮) 농후(濃厚)
惱(번뇌할 뇌) 뇌쇄(惱殺) 고뇌(苦惱) 번뇌(煩惱) 오뇌(懊惱)
腦(뇌수 뇌) 뇌리(腦裏) 두뇌(頭腦) 세뇌(洗腦) 뇌진탕(腦震蕩) 뇌출혈(腦出血)
尿(오줌 뇨) 요도(尿道) 요석(尿石) 요소(尿素) 당뇨(糖尿)
能(능할 능) 능력(能力) 능숙(能熟) 본능(本能) 재능(才能) 능수능란(能手能爛)
泥(진흙 니) 이토(泥土) 녹니(綠泥) 운니(雲泥) 이전투구(泥田鬪狗)
尼(중 니) 이강(尼講) 이고(尼姑) 이보(尼父) 비구니(比丘尼)
茶(차 다·차) 다과(茶菓) 다례(茶禮) 다방(茶房) 녹차(綠茶) 다반사(茶飯事)
多(많을 다) 다단(多端) 다채(多彩) 파다(播多) 다방면(多方面) 다보탑(多寶塔)

單(홑 단) 단순(單純) 단신(單身) 단자(單子) 명단(名單) 식단(食單)
短(짧을 단) 단견(短見) 단구(短句) 단편(短篇) 장단(長短)
端(끝 단) 단서(端緖) 단오(端午) 단정(端整) 발단(發端) 이단(異端)
丹(붉을 단) 단심(丹心) 단장(丹粧) 단청(丹靑) 단풍(丹楓) 단순호치(丹脣皓齒)
但(다만 단) 단서(但書) 단지(但只)
旦(아침 단) 세단(歲旦) 원단(元旦)
團(둥글 단) 단결(團結) 단란(團欒) 단속(團束) 단원(團員) 단체(團體)
壇(제단 단) 강단(講壇) 교단(敎壇) 논단(論壇) 등단(登壇) 화단(花壇)
斷(끊을 단) 단교(斷交) 단념(斷念) 단속(斷續) 단호(斷乎) 언어도단(言語道斷)
段(조각 단) 단계(段階) 단락(段落) 분단(分段) 수단(手段) 일단락(一段落)
檀(박달나무 단) 단군(檀君) 목단(木壇) 진단(震檀) 흑단(黑檀)
達(통달할 달) 달성(達成) 달인(達人) 도달(到達) 속달(速達) 통달(通達)
談(말씀 담) 담론(談論) 담소(談笑) 담판(談判) 농담(弄談) 상담(相談)
淡(맑을 담) 담담(淡淡) 담묵(淡墨) 담박(淡泊) 냉담(冷淡) 담수어(淡水魚)
擔(멜 담) 담당(擔當) 담보(擔保) 담임(擔任) 가담(加擔) 부담(負擔)
潭(깊을 담) 담담(潭潭) 담사(潭思) 강담(江潭) 청담(淸潭)
沓(논 답) 분답(紛沓) 잡답(雜沓) 전답(田畓)
踏(밟을 답) 답보(踏步) 답사(踏査) 답습(踏襲) 답청(踏靑) 답파(踏破)
答(대답할 답) 답례(答禮) 답사(答辭) 답안(答案) 답장(答狀) 응답(應答)
當(마땅 당) 당국(當局) 당도(當到) 당선(當選) 당시(當時) 정당(正當)
唐(갑자기 당) 당돌(唐突) 당시(唐詩) 당황(唐惶) 황당무계(荒唐無稽)
糖(엿 당) 당분(糖分) 과당(果糖) 제당(製糖) 당뇨병(糖尿病) 포도당(葡萄糖)
黨(무리 당) 당규(黨規) 당론(黨論) 당수(黨首) 당쟁(黨爭) 당파(黨派)
堂(집 당) 당당(堂堂) 당호(堂號) 명당(明堂) 자당(慈堂) 명륜당(明倫堂)
大(큰 대) 대가(大家) 대소(大小) 사대(事大) 거대(巨大) 원대(遠大)
對(마주볼 대) 대책(對策) 대화(對話) 반대(反對) 상대(相對) 절대(絶對)
代(대신 대) 대리(代理) 대안(代案) 대역(代役) 대표(代表) 전대미문(前代未聞)
待(기다릴 대) 대우(待遇) 대접(待接) 환대(歡待) 후대(厚待) 석고대죄(席藁待罪)
貸(빌릴 대) 대부(貸付) 대여(貸與) 임대(賃貸) 진대법(賑貸法)
臺(대 대) 대간(臺諫) 누대(樓臺) 대만(臺灣) 어사대(御史臺) 고대광실(高臺廣室)
隊(무리 대) 대상(隊商) 대열(隊列) 대오(隊伍) 대장(隊長) 군대(軍隊)
帶(띠 대) 대동(帶同) 성대(聲帶) 연대(連帶) 한대(寒帶) 열대야(熱帶夜)
德(큰 덕) 덕망(德望) 덕택(德澤) 변덕(變德) 덕수궁(德壽宮)
刀(칼 도) 도척(刀尺) 과도(果刀) 단도(短刀) 은장도(銀粧刀)
到(이를 도) 도달(到達) 도래(到來) 도착(到着) 쇄도(殺到) 주도면밀(周到綿密)

度(법도 도) 경도(經度) 온도(溫度) 진도(進度) 척도(尺度)
道(길 도) 도장(道場) 도중(道中) 도의(道義) 서도(書道) 유도(柔道)
島(섬 도) 도서(島嶼) 군도(群島) 무인도(無人島) 반도(半島) 열도(列島)
都(도읍 도) 도읍(都邑) 도합(都合) 경도(京都) 수도(首都) 대도시(大都市)
圖(그림 도) 도식(圖式) 도안(圖案) 도장(圖章) 지도(地圖) 기상도(氣象圖)
徒(무리 도) 도배(徒輩) 문도(門徒) 신도(信徒) 학도(學徒)
桃(복숭아 도) 도리(桃李) 도화(桃花) 황도(黃桃) 무릉도원(武陵桃源)
稻(벼 도) 도량(稻粱) 도충(稻蟲) 도화(稻花) 갱도(秔稻) 도열병(稻熱病)
跳(뛸 도) 도약(跳躍)
途(길 도) 도상(途上) 도정(途程) 도중(途中) 반도(半途) 별도(別途)
陶(질그릇 도) 도공(陶工) 도기(陶器) 도도(陶陶) 도야(陶冶) 도취(陶醉)
逃(도망할 도) 도망(逃亡) 도분(逃奔) 도주(逃走) 도피(逃避) 포도(逋逃)
倒(넘어질 도) 도산(倒産) 도착(倒錯) 도치(倒置) 경도(傾倒) 압도(壓倒)
導(이끌 도) 선도(先導) 인도(引導) 전도(傳導) 지도(指導) 창도(唱導)
挑(돋울 도) 도발(挑發) 도전(挑戰)
盜(도적 도) 도벽(盜癖) 도용(盜用) 도적(盜賊) 거도(巨盜) 절도(竊盜)
渡(건널 도) 도강(渡江) 도두(渡頭) 도선(渡船) 진도(津渡) 과도기(過渡期)
塗(진흙 도) 도료(塗料) 도배(塗褙) 도장(塗裝) 도탄(塗炭) 호도(糊塗)
讀(읽을 독) 독경(讀經) 독서(讀書) 구독(購讀) 낭독(朗讀) 애독(愛讀)
毒(독할 독) 독감(毒感) 독사(毒蛇) 독설(毒舌) 독소(毒素) 중독(中毒)
篤(도타울 독) 독신(篤信) 독실(篤實) 돈독(敦篤) 독지가(篤志家)
督(살필 독) 독려(督勵) 독촉(督促) 감독(監督) 기독(基督) 총독(總督)
獨(홀로 독) 독단(獨斷) 독선(獨善) 고독(孤獨) 유독(惟獨) 유아독존(唯我獨尊)
敦(도타울 돈) 돈유(敦諭) 돈후(敦厚) 돈화(敦化)
豚(돼지 돈) 돈육(豚肉) 돈피(豚皮) 계돈(鷄豚) 양돈(養豚)
突(부딪칠 돌) 돌격(突擊) 돌발(突發) 돌변(突變) 돌입(突入) 돌출(突出)
同(한가지 동) 동가(同價) 동석(同席) 동심(同心) 동족(同族)
洞(마을 골 동) 동내(洞內) 동리(洞里) 동사무소(洞事務所)
(통할 통) 통촉(洞燭)
童(아이 동) 동심(童心) 동요(童謠) 동화(童話) 목동(牧童) 아동(兒童)
冬(겨울 동) 동복(冬服) 동절(冬節) 동지(冬至) 입동(立冬)
東(동녘 동) 동국(東國) 동서(東西) 동양(東洋) 해동(海東)
動(움직일 동) 동맥(動脈) 동물(動物) 동태(動態) 반동(反動) 진동(振動)
凍(얼 동) 동사(凍死) 동상(凍傷) 동우(凍雨) 냉동(冷凍)
銅(구리 동) 동상(銅像) 동전(銅錢) 동제(銅製) 금동(金銅) 청동(靑銅)
桐(오동나무 동) 동군(桐君) 동유(桐油) 오동(梧桐) 현동(絃桐)

豆(콩 두) 두부(豆腐) 두유(豆乳) 대두(大豆) 소두(小豆)
頭(머리 두) 두령(頭領) 두서(頭序) 두통(頭痛) 선두(先頭) 출두(出頭)
斗(말 두) 두주(斗酒) 소두(小斗) 태두(泰斗) 북두성(北斗星)
杜(막을 두) 두견(杜鵑) 두보(杜甫) 두절(杜絶) 두찬(杜撰) 두문불출(杜門不出)
屯(진칠 둔) 둔거(屯據) 둔병(屯兵) 둔보(屯堡) 둔전(屯田) 주둔(駐屯)
鈍(무딜 둔) 둔감(鈍感) 둔기(鈍器) 둔재(鈍才) 노둔(老鈍) 우둔(愚鈍)
得(얻을 득) 득실(得失) 득의(得意) 설득(說得) 습득(拾得) 이득(利得)
登(오를 등) 등교(登校) 등극(登極) 등기(登記) 등산(登山) 등용(登用)
燈(등 등) 등대(燈臺) 등잔(燈盞) 등촉(燈燭) 등화(燈火) 전등(電燈)
騰(오를 등) 등극(騰極) 등락(騰落) 등세(騰勢) 급등(急騰) 반등(反騰)
等(같을 등) 등가(等價) 등급(等級) 등질(等質) 고등(高等) 평등(平等)
藤(등나무 등) 등가(藤架) 등라(藤蘿) 등지(藤紙) 갈등(葛藤)
羅(벌일 라) 나열(羅列) 나졸(羅卒) 나찰(羅刹) 신라(新羅) 나침반(羅針盤)
螺(소라 라) 나사(螺絲) 나선(螺旋) 나전(螺鈿) 청라(青螺)
樂(즐길 락) 낙관(樂觀) 안락(安樂) 오락(娛樂) 쾌락(快樂) 낙천가(樂天家)
(풍류 악) 악곡(樂曲) 악보(樂譜) 악성(樂聖) 국악(國樂)
(좋아할 요) 요산요수(樂山樂水)
絡(얽을 락) 경락(經絡) 농락(籠絡) 맥락(脈絡) 연락(聯絡) 연락(連絡)
落(떨어질 락) 낙과(落果) 낙서(落書) 낙수(落水) 낙화(落花) 촌락(村落)
洛(강이름 락) 낙경(洛京) 낙서(洛書) 낙양(洛陽) 낙학(洛學) 낙동강(洛東江)
卵(알 란) 계란(鷄卵) 난생(卵生) 산란(産卵) 무정란(無精卵)
亂(어지러울 란) 난국(亂局) 난동(亂動) 난립(亂立) 난세(亂世) 혼란(混亂)
欄(난간 란) 난간(欄干) 난변(欄邊) 난외(欄外) 공란(空欄) 독자란(讀者欄)
蘭(난초 란) 난교(蘭交) 난죽(蘭竹) 난초(蘭草) 난향(蘭香) 금란(金蘭)
爛(문드러질 란) 난만(爛漫) 난발(爛發) 난숙(爛熟) 찬란(燦爛) 현란(絢爛)
覽(볼 람) 박람(博覽) 열람(閱覽) 유람(遊覽) 회람(回覽) 전람회(展覽會)
濫(넘칠 람) 남발(濫發) 남상(濫觴) 남용(濫用) 범람(氾濫) 외람(猥濫)
藍(쪽 람) 남루(藍縷) 남벽(藍碧) 남색(藍色) 가람(伽藍)
浪(물결 랑) 낭만(浪漫) 낭비(浪費) 격랑(激浪) 방랑(放浪) 유랑(流浪)
郎(사내 랑) 신랑(新郎) 낭군(郎君) 화랑(花郎)
廊(행랑 랑) 낭하(廊下) 낭주(廊柱) 화랑(畵廊) 회랑(回廊) 사랑방(舍廊房)
朗(밝을 랑) 낭랑(朗朗) 낭보(朗報) 낭송(朗誦) 낭음(朗吟) 명랑(明朗)
來(올 래) 내년(來年) 내왕(來往) 고래(古來) 외래(外來) 전래(傳來)
萊(명아주 래) 내무(萊蕪) 동래(東萊) 봉래(蓬萊) 초래(草萊)
冷(찰 랭) 냉대(冷待) 냉동(冷凍) 냉장(冷藏) 냉혈(冷血) 한랭(寒冷)
略(간략할 략) 약력(略歷) 약자(略字) 계략(計略) 생략(省略) 침략(侵略)

掠(노략질할 략)　약취(掠取) 약탈(掠奪) 겁략(劫掠) 노략(擄掠)
糧(양식 량)　양곡(糧穀) 양식(糧食) 식량(食糧) 군량미(軍糧米)
諒(믿을 량)　양지(諒知) 양찰(諒察) 양해(諒解) 간량(簡諒)
梁(들보 량)　교량(橋梁) 동량(棟梁) 상량(上梁) 양상군자(梁上君子)
良(어질 량)　양서(良書) 양심(良心) 양질(良質) 불량(不良) 선량(善良)
量(헤아릴 량)　양자(量子) 기량(器量) 분량(分量) 아량(雅量) 주량(酒量)
涼(서늘할 량)　납량(納涼) 온량(溫涼) 청량(淸涼) 추량(秋涼) 황량(荒涼)
兩(두 량)　양극(兩極) 양단(兩端) 양립(兩立) 양반(兩班) 양성(兩性)
樑(들보 량)　대량(大樑) 동량(棟樑) 상량(上樑)
亮(밝을 량)　양달(亮達) 양명(亮明) 양찰(亮察) 청량(淸亮)
慮(생각할 려)　고려(考慮) 배려(配慮) 사려(思慮) 심려(心慮) 염려(念慮)
旅(나그네 려)　여객(旅客) 여관(旅館) 여권(旅券) 여로(旅路) 여정(旅程)
麗(고울 려)　여용(麗容) 고려(高麗) 미려(美麗) 아려(雅麗) 화려(華麗)
勵(힘쓸 려)　여행(勵行) 격려(激勵) 독려(督勵) 면려(勉勵) 장려(獎勵)
驪(가라말 려)　여가(驪歌) 여구(驪駒) 여희(驪姬) 가려(駕驪)
呂(음률 려)　여포(呂布) 대려(大呂) 육려(六呂) 율려(律呂)
藜(명아주 려)　여갱(藜羹) 여극(藜棘) 여상(藜牀) 여장(藜杖)
廬(오두막집 려)　여막(廬幕) 여사(廬舍) 여산(廬山) 결려(結廬) 삼고초려(三顧草廬)
力(힘 력)　역량(力量) 역설(力說) 역점(力點) 역행(力行) 노력(努力)
曆(책력 력)　역관(曆官) 역법(曆法) 역서(曆書) 역술(曆術) 만세력(萬歲曆)
歷(지낼 력)　역대(歷代) 역사(歷史) 내력(來歷) 이력(履歷) 경력(經歷)
鍊(단련할 련)　연마(鍊磨) 연무(鍊武) 수련(修鍊) 훈련(訓鍊) 연금술(鍊金術)
憐(불쌍히 여길 련)　가련(可憐) 애련(哀憐) 연민(憐憫) 동병상련(同病相憐)
練(익힐 련)　수련(修練) 연습(練習) 정련(精練) 훈련(訓練)
連(이을 련)　연결(連結) 연발(連發) 연일(連日) 연좌(連坐) 연행(連行)
聯(잇달 련)　연대(聯隊) 연립(聯立) 연맹(聯盟) 연방(聯邦) 연합(聯合)
戀(그리워할 련)　연가(戀歌) 연모(戀慕) 연애(戀愛) 비련(悲戀) 실연(失戀)
蓮(연꽃 련)　연근(蓮根) 연화(蓮花) 목련(木蓮) 백련(白蓮) 수련(水蓮)
烈(매울 렬)　열녀(烈女) 열사(烈士) 맹렬(猛烈) 충렬(忠烈)
劣(용렬할 렬)　열등(劣等) 열악(劣惡) 용렬(庸劣) 우열(優劣) 졸렬(拙劣)
裂(찢을 렬)　결렬(決裂) 균열(龜裂) 분열(分裂) 파열(破裂) 지리멸렬(支離滅裂)
列(벌일 렬)　열강(列強) 열외(列外) 배열(排列) 병렬(竝列) 서열(序列)
廉(청렴할 렴)　염가(廉價) 염치(廉恥) 염탐(廉探) 청렴(淸廉)
獵(사냥할 렵)　수렵(狩獵) 밀렵(密獵) 어렵(漁獵) 엽기(獵奇) 엽총(獵銃)
令(명령할 령)　영장(令狀) 대령(待令) 법령(法令) 지령(指令) 교언영색(巧言令色)

領(거느릴 령) 영토(領土) 영해(領海) 강령(綱領) 수령(受領) 요령(要領)
零(떨어질 령) 영도(零度) 영락(零落) 영시(零時) 영점(零點) 영하(零下)
靈(신령 령) 영묘(靈妙) 영물(靈物) 영지(靈芝) 영험(靈驗) 망령(妄靈)
嶺(고개 령) 영남(嶺南) 영동(嶺東) 영봉(嶺峰) 준령(峻嶺) 분수령(分水嶺)
齡(나이 령) 노령(老齡) 묘령(妙齡) 수령(樹齡) 연령(年齡)
禮(예도 례) 예물(禮物) 예법(禮法) 예복(禮服) 예식(禮式) 예절(禮節)
例(본보기 례) 예문(例文) 예시(例示) 예외(例外) 용례(用例) 실례(實例)
爐(화로 로) 노변(爐邊) 풍로(風爐) 향로(香爐) 화로(火爐) 용광로(鎔鑛爐)
露(이슬 로) 노숙(露宿) 노점(露店) 노정(露呈) 노출(露出) 탄로(綻露)
路(길 로) 노상(路上) 노자(路資) 기로(岐路) 도로(道路) 육로(陸路)
勞(일할 로) 노고(勞苦) 노동(勞動) 노력(勞力) 노역(勞役) 피로(疲勞)
老(늙을 로) 노년(老年) 노령(老齡) 노쇠(老衰) 노승(老僧)노안(老眼)
蘆(갈대 로) 노가(蘆笳) 노립(蘆笠) 노적(蘆笛) 노주(蘆洲) 노화(蘆花)
魯(둔할 로) 노둔(魯鈍) 노박(魯朴) 우로(愚魯) 어로불변(魚魯不辨)
綠(푸를 록) 녹림(綠林) 녹음(綠陰) 녹지(綠地) 녹차(綠茶) 신록(新綠)
祿(복록 록) 녹명(祿命) 녹미(祿米) 녹봉(祿俸) 복록(福祿) 식록(食祿)
錄(기록할 록) 녹음(錄音) 녹화(錄畫) 기록(記錄) 등록(登錄) 비망록(備忘錄)
鹿(사슴 록) 녹각(鹿角) 녹용(鹿茸) 녹피(鹿皮) 순록(馴鹿)
論(의논할 론) 논리(論理) 논문(論文) 논설(論說) 논술(論述) 논평(論評)
弄(희롱할 롱) 농간(弄奸) 농담(弄談) 우롱(愚弄) 조롱(嘲弄) 희롱(戲弄)
賴(의뢰할 뢰) 무뢰(無賴) 신뢰(信賴) 의뢰(依賴) 친뢰(親賴)
雷(우뢰 뢰) 뇌우(雷雨) 낙뢰(落雷) 지뢰(地雷) 피뢰침(避雷針) 부화뇌동(附和雷同)
了(마칠 료) 요득(了得) 요해(了解) 수료(修了) 완료(完了) 종료(終了)
料(헤아릴 료) 급료(給料) 원료(原料) 음료(飮料) 자료(資料) 재료(材料)
僚(동료 료) 각료(閣僚) 관료(官僚) 동료(同僚) 막료(幕僚) 백료(百僚)
療(병고칠 료) 요갈(療渴) 요법(療法) 요양(療養) 의료(醫療) 진료(診療)
遼(멀 료) 요격(遼隔) 요동(遼東) 요원(遼遠) 광료(廣遼)
龍(용 룡) 용봉(龍鳳) 용상(龍床) 용안(龍顔) 곤룡(袞龍) 비룡(飛龍)
累(쌓을 루) 누계(累計) 누적(累積) 누진(累進) 연루(連累) 누란지위(累卵之危)
樓(다락 루) 누각(樓閣) 누상(樓上) 망루(望樓) 마천루(摩天樓) 신기루(蜃氣樓)
屢(자주 루) 누년(屢年) 누대(屢代) 누도(屢度) 누일(屢日) 누차(屢次)
淚(눈물 루) 누한(淚汗) 낙루(落淚) 혈루(血淚) 홍루(紅淚) 최루탄(催淚彈)
漏(샐 루) 누락(漏落) 누설(漏泄) 누수(漏水) 누전(漏電) 탈루(脫漏)
類(무리 류) 유별(類別) 유사(類似) 동류(同類) 인류(人類) 종류(種類)
柳(버드나무 류) 양류(楊柳) 유서(柳絮) 화류(花柳)

留(머무를 류) 유숙(留宿) 유임(留任) 만류(挽留) 보류(保留) 체류(滯留)
流(흐를 류) 유통(流通) 유행(流行) 교류(交流) 기류(氣流) 풍류(風流)
劉(죽일 류) 유람(劉覽) 유방(劉邦) 유비(劉備) 함류(咸劉)
陸(육지 륙) 육군(陸軍) 육로(陸路) 육상(陸上) 육지(陸地) 상륙(上陸)
六(여섯 륙) 육경(六經) 육례(六禮) 육예(六藝) 육대주(六大洲)
輪(바퀴 륜) 윤곽(輪郭) 윤독(輪讀) 윤번(輪番) 윤회(輪廻) 오륜기(五輪旗)
倫(인륜 륜) 윤리(倫理) 불륜(不倫) 오륜(五倫) 인륜(人倫) 천륜(天倫)
律(법칙 률) 율격(律格) 율동(律動) 규율(規律) 법률(法律) 음률(音律)
栗(밤 률) 율곡(栗谷) 율목(栗木) 생률(生栗) 전율(戰栗) 황률(黃栗)
隆(융성할 륭) 융기(隆起) 융성(隆盛) 융파(隆波) 흥륭(興隆)
勒(새길 륵) 늑공(勒功) 늑명(勒銘) 늑문(勒文) 늑비(勒碑) 미륵(彌勒)
陵(언덕 릉) 능곡(陵谷) 능멸(陵蔑) 능욕(陵辱) 구릉(丘陵) 왕릉(王陵)
利(이로울 리) 이율(利率) 이익(利益) 이자(利子) 예리(銳利) 유리(有利)
吏(관리 리) 이두(吏讀) 이방(吏房) 이속(吏屬) 관리(官吏) 탐관오리(貪官汚吏)
離(떠날 리) 이간(離間) 이별(離別) 이산(離散) 이탈(離脫) 이혼(離婚)
裏(속 리) 이면(裏面) 뇌리(腦裏) 심리(心裏) 표리(表裏)
履(신 리) 이력(履歷) 이적(履跡) 이행(履行)
梨(배나무 리) 이과(梨果) 이원(梨園) 이화(梨花)
李(오얏나무 리) 이백(李白) 도리(桃李)
里(마을 리) 이장(里長) 만리(萬里) 천리(千里) 향리(鄕里) 이정표(里程標)
理(다스릴 리) 이념(理念) 이론(理論) 이상(理想) 이성(理性) 이해(理解)
隣(이웃 린) 인가(隣家) 인근(隣近) 인리(隣里) 인접(隣接) 선린(善隣)
麟(기린 린) 인각(麟角) 인봉(麟鳳) 기린(麒麟) 봉린(鳳麟)
鱗(비늘 린) 어린(魚鱗) 용린(龍鱗)
臨(임할 림) 임시(臨時) 임상(臨床) 임종(臨終) 강림(降臨) 임기응변(臨機應變)
林(수풀 림) 임야(林野) 임업(林業) 임학(林學) 산림(山林) 유림(儒林)
立(설 립) 입동(立冬) 입론(立論) 입법(立法) 입안(立案) 입춘(立春)
笠(우리 립) 입모(笠帽) 입자(笠子) 봉립(蓬笠)
粒(알 립) 입미(粒米) 입자(粒子) 미립(微粒) 세립(細粒)
馬(말 마) 마부(馬夫) 마패(馬牌) 백마(白馬) 준마(駿馬) 흑마(黑馬)
痲(삼 마) 마의(痲衣) 마직(痲織) 마포(痲布) 마피(痲皮) 대마초(大痲草)
磨(갈 마) 마감(磨勘) 마멸(磨滅) 마찰(磨擦) 연마(鍊磨) 절차탁마(切磋琢磨)
魔(마귀 마) 마귀(魔鬼) 마녀(魔女) 마술(魔術) 병마(病魔) 악마(惡魔)
摩(만질 마) 마찰(摩擦) 무마(撫摩) 안마(按摩) 연마(硏摩) 마천루(摩天樓)
幕(장막 막) 막료(幕僚) 막부(幕府) 막사(幕舍) 주막(酒幕) 폐막(閉幕)

漠(사막 막) 막막(漠漠) 막연(漠然) 광막(廣漠) 사막(沙漠) 적막(寂漠)
莫(말 막) 막강(莫强) 막대(莫大) 막론(莫論) 막역(莫逆) 막중(莫重)
膜(막 막) 각막(角膜) 결막(結膜) 고막(鼓膜) 망막(網膜) 횡격막(橫膈膜)
慢(거만할 만) 교만(驕慢) 방만(放漫) 오만(傲慢) 자만(自慢) 태만(怠慢)
漫(퍼질 만) 만담(漫談) 만연(漫然) 만평(漫評) 만화(漫畵) 산만(散漫)
滿(찰 만) 만기(滿期) 만삭(滿朔) 만조(滿潮) 원만(圓滿) 충만(充滿)
萬(일만 만) 만감(萬感) 만고(萬古) 만물(萬物) 만복(萬福) 만사(萬事)
晩(늦을 만) 만년(晩年) 만찬(晩餐) 만추(晩秋) 만학(晩學)
灣(물굽이 만) 만곡(灣曲) 만입(灣入) 대만(臺灣) 항만(港灣)
蠻(오랑캐 만) 만군(蠻軍) 만어(蠻語) 만용(蠻勇) 만행(蠻行) 야만성(野蠻性)
末(끝 말) 말년(末年) 말로(末路) 말복(末伏) 말직(末職) 주말(週末)
忘(잊을 망) 망각(忘却) 망은(忘恩) 망년회(忘年會) 물망초(勿忘草)
茫(아득할 망) 망망(茫茫) 망양(茫洋) 창망(滄茫) 망연자실(茫然自失)
罔(없을 망) 망극(罔極) 기망(欺罔) 해괴망측(駭怪罔測)
望(바랄 망) 망향(望鄕) 갈망(渴望) 관망(觀望) 선망(羨望) 야망(野望)
亡(없어질 망) 망국(亡國) 망명(亡命) 망신(亡身) 망자(亡者) 멸망(滅亡)
忙(바쁠 망) 분망(奔忙) 다망(多忙)
妄(망령될 망) 망령(妄靈) 망상(妄想) 망언(妄言) 경망(輕妄) 노망(老妄)
網(그물 망) 망건(網巾) 망라(網羅) 망사(網紗) 법망(法網) 투망(投網)
賣(팔 매) 매매(賣買) 매점(賣店) 도매(都賣) 판매(販賣) 매국노(賣國奴)
妹(누이 매) 매부(妹夫) 매제(妹弟) 매형(妹兄) 자매(姉妹)
每(매양 매) 매년(每年) 매번(每番) 매사(每事) 매양(每樣) 매일(每日)
買(살 매) 매수(買收) 매식(買食) 매입(買入) 구매(購買)
媒(중매 매) 매개(媒介) 매체(媒體) 용매(溶媒) 중매(仲媒)
埋(묻을 매) 매몰(埋沒) 매복(埋伏) 매장(埋葬) 암매장(暗埋葬)
梅(매화 매) 매실(梅實) 매우(梅雨) 매향(梅香) 매화(梅花) 송죽매(松竹梅)
脈(맥 맥) 맥락(脈絡) 맥박(脈搏) 산맥(山脈) 정맥(靜脈) 혈맥(血脈)
麥(보리 맥) 맥아(麥芽) 맥주(麥酒) 숙맥(菽麥) 맥수지탄(麥秀之嘆)
盲(소경 맹) 맹목(盲目) 맹인(盲人) 맹종(盲從) 문맹(文盲) 야맹(夜盲)
盟(맹세 맹) 맹서(盟誓) 맹약(盟約) 동맹(同盟) 연맹(聯盟) 혈맹(血盟)
猛(사나울 맹) 맹견(猛犬) 맹렬(猛烈) 맹수(猛獸) 맹위(猛威) 용맹(勇猛)
孟(맏 맹) 맹자(孟子) 공맹(孔孟) 맹상군(孟嘗君) 맹모삼천(孟母三遷)
眠(잘 면) 수면(睡眠) 숙면(熟眠) 안면(安眠) 영면(永眠)
面(낯 면) 면담(面談) 면도(面刀) 면모(面貌) 면목(面目) 면접(面接)
綿(솜 면) 면면(綿綿) 면밀(綿密) 순면(純綿)

勉(힘쓸 면) 면려(勉勵) 면학(勉學) 권면(勸勉) 근면(勤勉)
免(면할 면) 면세(免稅) 면역(免疫) 면제(免除) 면책(免責) 면허(免許)
滅(멸할 멸) 멸망(滅亡) 멸종(滅種) 멸족(滅族) 소멸(消滅) 지리멸렬(支離滅裂)
冥(어두울 명) 명복(冥福) 명부(冥府) 명상(冥想) 명혼(冥婚) 유명(幽冥)
名(이름 명) 명망(名望) 명성(名聲) 성명(姓名) 차명(借名) 명승지(名勝地)
命(목숨 명) 명제(命題) 명중(命中) 숙명(宿命) 엄명(嚴命) 운명(運命)
明(밝을 명) 명료(明瞭) 명백(明白) 명암(明暗) 공명(公明) 광명(光明)
鳴(울 명) 계명(鷄鳴) 공명(共鳴) 비명(悲鳴) 자명종(自鳴鐘)
銘(새길 명) 명심(銘心) 감명(感銘) 비명(碑銘) 묘지명(墓誌銘) 좌우명(座右銘)
母(어머니 모) 모계(母系) 모성(母性) 모유(母乳) 모친(母親) 노모(老母)
侮(업신여길 모) 모멸(侮蔑) 모욕(侮辱) 수모(受侮)
慕(사모할 모) 경모(敬慕) 사모(思慕) 연모(戀慕) 추모(追慕) 흠모(欽慕)
貌(모양 모) 모양(貌樣) 미모(美貌) 외모(外貌) 용모(容貌) 풍모(風貌)
謀(꾀할 모) 모략(謀略) 모반(謀反) 모함(謀陷) 역모(逆謀) 권모술수(權謀術數)
某(아무 모) 모씨(某氏) 모월(某月) 모인(某人) 모일(某日) 모처(某處)
募(모을 모) 모병(募兵) 모집(募集) 공모(公募) 급모(急募) 응모(應募)
冒(무릅쓸 모) 모독(冒瀆) 모칭(冒稱) 모험(冒險)
模(법 모) 모방(模倣) 모범(模範) 모사(模寫) 모조(模造) 모형(模型)
毛(터럭 모) 모공(毛孔) 모발(毛髮) 모직(毛織) 모피(毛皮) 발모(發毛)
暮(저물 모) 모천(暮天) 모춘(暮春) 세모(歲暮) 조령모개(朝令暮改)
矛(창 모) 모극(矛戟) 모순(矛盾) 과모(戈矛)
帽(모자 모) 모자(帽子) 모표(帽標) 관모(官帽) 착모(着帽) 탈모(脫帽)
牧(칠 목) 목동(牧童) 목민(牧民) 목장(牧場) 목축(牧畜) 방목(放牧)
目(눈 목) 목격(目擊) 목례(目禮) 목록(目錄) 목전(目前) 목표(目標)
木(나무 목) 목각(木刻) 목공(木工) 목기(木器) 목석(木石) 목조(木造)
睦(화목할 목) 돈목(敦睦) 우목(友睦) 친목(親睦) 화목(和睦)
穆(화목할 목) 돈목(敦穆) 우목(友穆) 화목(和穆)
沐(머리감을 목) 목간(沐間) 목발(沐髮) 목세(沐洗) 목욕(沐浴) 목우(沐雨)
沒(빠질 몰) 몰살(沒殺) 몰수(沒收) 몰입(沒入) 골몰(汨沒) 매몰(埋沒)
夢(꿈 몽) 몽매(夢寐) 몽상(夢想) 몽유(夢遊) 몽중(夢中) 몽환(夢幻)
蒙(어릴 몽) 몽고(蒙古) 몽매(蒙昧) 계몽(啓蒙) 동몽(童蒙)
妙(묘할 묘) 묘기(妙技) 묘령(妙齡) 묘미(妙味) 묘수(妙數) 오묘(奧妙)
墓(무덤 묘) 묘비(墓碑) 묘소(墓所) 묘지(墓地) 성묘(省墓)
苗(싹 묘) 묘목(苗木) 묘판(苗板) 육묘(育苗) 종묘(種苗)
廟(사당 묘) 묘당(廟堂) 묘실(廟室) 묘의(廟議) 가묘(家廟) 종묘(宗廟)

卯(토끼 묘) 묘시(卯時) 묘주(卯酒) 을묘(乙卯)
描(그릴 묘) 묘사(描寫) 묘출(描出) 묘화(描畵) 소묘(素描)
戊(다섯째 천간 무) 무술(戊戌) 무신(戊申) 무오(戊午)
茂(무성할 무) 무림(茂林) 무성(茂盛) 무수(茂樹) 무재(茂材)
無(없을 무) 무관(無關) 무궁(無窮) 무기(無期) 무용(無用) 무가치(無價値)
務(힘쓸 무) 공무(公務) 사무(事務) 외무(外務) 의무(義務) 임무(任務)
武(굳셀 무) 무공(武功) 무력(武力) 무사(武士) 무신(武臣) 무예(武藝)
貿(무역할 무) 무역(貿易) 무시(貿市) 교무(交貿) 무역풍(貿易風)
霧(안개 무) 무산(霧散) 운무(雲霧) 오리무중(五里霧中)
舞(춤출 무) 무대(舞臺) 무도(舞蹈) 무용(舞踊) 무희(舞姬) 가무(歌舞)
巫(무당 무) 무녀(巫女) 무당(巫堂) 무속(巫俗) 무의(巫醫)
撫(어루만질 무) 무마(撫摩) 무휼(撫恤) 안무(按撫) 애무(愛撫) 위무(慰撫)
墨(먹 묵) 묵가(墨家) 묵수(墨守) 묵화(墨畵) 담묵(淡墨) 수묵(水墨)
默(잠잠할 묵) 묵계(默契) 묵념(默念) 묵인(默認) 암묵(暗默) 침묵(沈默)
門(문 문) 문벌(門閥) 문중(門中) 가문(家門) 대문(大門) 문외한(門外漢)
問(물을 문) 문답(問答) 문병(問病) 문상(問喪) 문안(問安) 문제(問題)
聞(들을 문) 견문(見聞) 염문(艶聞) 풍문(風聞) 문일지십(聞一知十)
文(글월 문) 문물(文物) 문집(文集) 문체(文體) 문학(文學) 문화(文化)
紋(무늬 문) 문양(紋樣) 문직(紋織) 지문(指紋) 파문(波紋) 화문석(花紋席)
勿(말 물) 물론(勿論) 사물(四勿) 물망초(勿忘草)
物(물건 물) 물권(物權) 물산(物産) 물욕(物慾) 물자(物資) 물질(物質)
未(아닐 미) 미달(未達) 미래(未來) 미숙(未熟) 미정(未定) 미혼(未婚)
眉(눈썹 미) 미간(眉間) 미목(眉目) 백미(白眉) 아미(蛾眉) 초미(焦眉)
微(작을 미) 미력(微力) 미묘(微妙) 미물(微物) 미세(微細) 미생물(微生物)
尾(꼬리 미) 미행(尾行) 교미(交尾) 대미(大尾) 수미(首尾)
米(쌀 미) 미곡(米穀) 백미(白米) 현미(玄米)
美(아름다울 미) 미감(美感) 미담(美談) 미모(美貌) 미술(美術) 미식(美食)
味(맛 미) 미각(味覺) 감미(甘味) 묘미(妙味) 취미(趣味) 흥미(興味)
迷(미혹할 미) 미궁(迷宮) 미로(迷路) 미신(迷信) 미혹(迷惑) 혼미(昏迷)
彌(널리 미) 미륵(彌勒) 미봉책(彌縫策) 나무아미타불(南無阿彌陀佛)
憫(민망할 민) 민망(憫惘) 민휼(憫恤) 긍민(矜憫) 연민(憐憫)
敏(민첩할 민) 민감(敏感) 민첩(敏捷) 불민(不敏) 예민(銳敏) 총민(聰敏)
民(백성 민) 민생(民生) 민속(民俗) 민심(民心) 민족(民族) 민중(民衆)
閔(가엽게 여길 민) 민비(閔妃) 민상(閔傷) 민씨(閔氏) 민위(閔慰) 민옹전(閔翁傳)
密(빽빽할 밀) 밀담(密談) 밀림(密林) 밀약(密約) 밀폐(密閉) 밀회(密會)

蜜(꿀 밀) 밀감(蜜柑) 밀랍(蜜蠟) 봉밀(蜂蜜) 바라밀(波羅蜜)
朴(소박할 박) 소박(素朴) 순박(淳朴) 질박(質朴)
博(넓을 박) 박물(博物) 박사(博士) 박식(博識) 박애(博愛) 박람회(博覽會)
拍(칠 박) 박수(拍手) 박자(拍子) 박장대소(拍掌大笑)
薄(얇을 박) 박대(薄待) 박덕(薄德) 박봉(薄俸) 박명(薄命) 박복(薄福)
迫(닥칠 박) 박력(迫力) 박해(迫害) 궁박(窮迫) 급박(急迫) 압박(壓迫)
泊(배댈 박) 담박(淡泊) 숙박(宿泊) 정박(停泊) 표박(漂泊)
叛(배반할 반) 반군(叛軍) 반기(叛旗) 반란(叛亂) 반역(叛逆) 배반(背叛)
半(반 반) 반감(半減) 반신(半身) 과반(過半) 전반(前半) 절반(折半)
伴(짝 반) 반려(伴侶) 반주(伴奏) 동반(同伴) 수반(隨伴)
般(일반 반) 반야(般若) 일반(一般) 전반(全般) 제반(諸般)
班(나눌 반) 반상(班常) 반열(班列) 수반(首班) 양반(兩班)
返(돌아올 반) 반납(返納) 반송(返送) 반환(返還)
反(돌이킬 반) 반대(反對) 반문(反問) 반복(反復) 반성(反省) 반역(反逆)
飯(밥 반) 반주(飯酒) 반찬(飯饌) 백반(白飯) 조반(朝飯)
盤(소반 반) 반석(盤石) 기반(基盤) 선반(旋盤) 음반(音盤) 나침반(羅針盤)
斑(아롱질 반) 반마(斑馬) 반문(斑紋) 반점(斑點) 백반(白斑)
拔(뺄 발) 발군(拔群) 발본(拔本) 발탁(拔擢) 선발(選拔)
髮(터럭 발) 발부(髮膚) 단발(短髮) 모발(毛髮) 삭발(削髮) 산발(散髮)
發(필 발) 발각(發覺) 발견(發見) 발굴(發掘) 발명(發明) 발병(發病)
跋(발문 발) 발문(跋文) 발어(跋語) 서발(序跋) 제발(題跋)
鉢(바리때 발) 발낭(鉢囊) 사발(沙鉢) 탁발승(托鉢僧) 약사발(藥沙鉢)
防(막을 방) 방비(防備) 방수(防水) 방어(防禦) 방지(防止)
方(방법 방) 방금(方今) 방법(方法) 방식(方式) 방위(方位) 방향(方向)
放(놓을 방) 방기(放棄) 방랑(放浪) 방송(放送) 방학(放學) 방화(放火)
房(방 방) 다방(茶房) 독방(獨房) 선방(禪房) 신방(新房) 주방(廚房)
訪(찾을 방) 방문(訪問) 방일(訪日) 내방(來訪) 순방(巡訪) 탐방(探訪)
倣(본받을 방) 방효(倣效) 모방(模倣) 의방(依倣)
傍(곁 방) 방계(傍系) 방관(傍觀) 방청(傍聽) 근방(近傍) 방약무인(傍若無人)
妨(해로울 방) 방해(妨害) 무방(無妨)
邦(나라 방) 방가(邦家) 방국(邦國) 방토(邦土) 만방(萬邦) 이방(異邦)
芳(향기 방) 방년(芳年) 방초(芳草) 방향(芳香)
榜(방붙일 방) 방목(榜目) 방문(榜文) 낙방(落榜) 표방(標榜) 현방(懸榜)
坊(동네 방) 객방(客坊) 승방(僧坊) 주방(酒坊) 방각본(坊刻本) 방방곡곡(坊坊曲曲)
紡(길쌈할 방) 방적(紡績) 방직(紡織) 면방(綿紡) 모방(毛紡) 혼방(混紡)

培(북돋울 배)	배양(培養) 배토(培土) 재배(栽培)
輩(무리 배)	배출(輩出) 배항(輩行) 동배(同輩) 선배(先輩) 연배(年輩)
倍(곱 배)	배가(倍加) 배수(倍數) 백배(百倍) 십배(十倍) 사반공배(事半功倍)
排(밀칠 배)	배격(排擊) 배구(排球) 배설(排泄) 배수(排水) 배척(排斥)
杯(잔 배)	배반(杯盤) 건배(乾杯) 축배(祝杯) 배중물(杯中物)
拜(절 배)	배례(拜禮) 배알(拜謁) 경배(敬拜) 재배(再拜) 참배(參拜)
配(짝 배)	배급(配給) 배달(配達) 배당(配當) 배분(配分) 배필(配匹)
背(등 배)	배경(背景) 배반(背叛・反) 배신(背信) 배수진(背水陣) 배은망덕(背恩忘德)
裵(상 배)	배씨(裵氏)
胚(임신할 배)	배아(胚芽) 배유(胚乳) 배잉(胚孕) 배자(胚子) 배대(胚胎)
百(일백 백)	백가(百家) 백년(百年) 백성(百姓) 백약(百藥) 백제(百濟)
白(흰 백)	백골(白骨) 백금(白金) 백미(白眉) 백발(白髮) 백야(白夜)
伯(맏 백)	백부(伯父) 백형(伯兄) 백작(伯爵) 백중(伯仲) 화백(畵伯)
栢(잣 백)	송백(松柏) 죽백(竹栢) 향백(香栢) 백엽주(栢葉酒)
煩(번거로울 번)	번뇌(煩惱) 번민(煩悶) 번쇄(煩瑣) 번잡(煩雜)
繁(번성할 번)	번다(繁多) 번성(繁盛) 번영(繁榮) 번창(繁昌) 번화(繁華)
飜(뒤칠 번)	번복(飜覆) 번안(飜案) 번역(飜譯)
番(차례 번)	번지(番地) 번호(番號) 당번(當番) 비번(非番)
伐(정벌할 벌)	벌목(伐木) 벌초(伐草) 살벌(殺伐) 정벌(征伐) 토벌(討伐)
罰(벌줄 벌)	벌금(罰金) 벌주(罰酒) 벌칙(罰則) 형벌(刑罰) 신상필벌(信賞必罰)
凡(평범할 범)	범례(凡例) 범부(凡夫) 범상(凡常) 범속(凡俗) 범인(凡人)
範(법 범)	범례(範例) 범위(範圍) 범주(範疇) 규범(規範) 모범(模範)
犯(범할 범)	범법(犯法) 범인(犯人) 범죄(犯罪) 범칙(犯則) 범행(犯行)
汎(뜰 범)	범람(汎濫) 범설(汎說) 범애(汎愛) 범신론(汎神論)
梵(범어 범)	범각(梵閣) 범문(梵文) 범서(梵書) 범어(梵語) 범종(梵鐘)
法(법 법)	법가(法家) 법규(法規) 법률(法律) 법전(法典) 법칙(法則)
碧(푸를 벽)	벽공(碧空) 벽안(碧眼) 벽옥(碧玉) 벽오동(碧梧桐)
壁(벽 벽)	벽보(壁報) 벽장(壁欌) 벽지(壁紙) 벽화(壁畵) 장벽(障壁)
辨(분변할 변)	변리(辨理) 변명(辨明) 변별(辨別) 변증(辨證) 논변(論辨)
辯(말잘할 변)	변론(辯論) 변사(辯士) 변설(辯舌) 변호(辯護) 웅변(雄辯)
邊(가 변)	변경(邊境) 변방(邊方) 변새(邊塞) 도로변(道路邊) 광대무변(廣大無邊)
變(변할 변)	변경(變更) 변덕(變德) 변동(變動) 변모(變貌) 변화(變化)
別(다를 별)	별관(別館) 별당(別堂) 별식(別食) 별명(別名) 별세(別世)
病(병 병)	병가(病暇) 병색(病色) 병원(病院) 병자(病者) 병환(病患)

竝(아우를 병) 병렬(竝列) 병용(竝用) 병창(竝唱) 병치(竝置) 병행(竝行)
屛(병풍 병) 병위(屛衛) 병풍(屛風) 화병(畵屛)
兵(군사 병) 병과(兵科) 병력(兵力) 병사(兵士) 병역(兵役) 병영(兵營)
丙(남녘 병) 병과(丙科) 병인(丙寅) 병종(丙種)
柄(자루 병) 병국(柄國) 병좌(柄坐) 권병(權柄) 문병(文柄) 정병(政柄)
甁(병 병) 금병(金甁) 은병(銀甁) 주병(酒甁) 화병(花甁) 유리병(琉璃甁)
秉(잡을 병) 병권(秉權) 병심(秉心) 병직(秉直) 병촉야유(秉燭野遊)
炳(밝을 병) 병연(炳然) 병요(炳耀) 병욱(炳煜) 병촉(炳燭) 병환(炳煥)
譜(적을 보) 계보(系譜) 악보(樂譜) 연보(年譜) 인보(印譜) 족보(族譜)
報(갚을 보) 보고(報告) 보답(報答) 보상(報償) 보수(報酬) 보은(報恩)
步(걸음 보) 보병(步兵) 보초(步哨) 보행(步行) 초보(初步) 행보(行步)
保(보전할 · 지킬 보) 보건(保健) 보류(保留) 보수(保守) 보유(保有) 보험(保險)
普(넓을 보) 보급(普及) 보통(普通) 보편(普遍)
補(기울 보) 보강(補强) 보상(補償) 보색(補色) 보약(補藥) 보조(補助)
寶(보배 보) 보검(寶劍) 보고(寶庫) 보물(寶物) 보석(寶石) 보화(寶貨)
菩(보제 보) 보제(菩提) 보살면(菩薩面) 보살승(菩薩乘)
輔(도울 보) 보국(輔國) 보도(輔導) 보세(輔世) 보좌(輔佐) 보필(輔弼)
甫(클 보) 보보(甫甫) 보전(甫田)
伏(엎드릴 복) 복병(伏兵) 복선(伏線) 굴복(屈伏) 삼복(三伏) 잠복(潛伏)
卜(점 복) 복서(卜筮) 복술(卜術) 복자(卜者) 복채(卜債) 점복(占卜)
複(겹칠 복) 복도(複道) 복사(複寫) 복수(複數) 복식(複式) 복잡(複雜)
腹(배 복) 복부(腹部) 복안(腹案) 복통(腹痛) 공복(空腹) 심복(心腹)
覆(엎어질 복) 복개(覆蓋) 복면(覆面) 번복(飜覆) 전복(顚覆) 복분자(覆盆子)
復(돌아올 복) 복구(復舊) 복권(復權) 복학(復學) 광복(光復) 반복(反復)
(다시 부) 부흥(復興) 부활(復活)
服(옷 복) 복무(服務) 복역(服役) 복용(服用) 복종(服從) 극복(克服)
福(복 복) 복지(福祉) 다복(多福) 만복(萬福) 축복(祝福) 행복(幸福)
僕(종 복) 공복(公僕) 노복(奴僕) 동복(童僕) 비복(婢僕) 사복(私僕)
本(근본 본) 본관(本貫) 본적(本籍) 본질(本質) 각본(脚本) 근본(根本)
逢(만날 봉) 봉변(逢變) 봉착(逢着) 상봉(相逢)
奉(받들 봉) 봉사(奉仕) 봉사(奉祀) 봉안(奉安) 봉정(奉呈) 신봉(信奉)
峯(봉우리 봉) 고봉(高峯) 설봉(雪峯) 상상봉(上上峯) 최고봉(最高峯)
封(봉할 봉) 봉건(封建) 봉쇄(封鎖) 봉인(封印) 개봉(開封) 동봉(同封)
鳳(새 봉) 봉추(鳳雛) 봉황(鳳凰) 난봉(鸞鳳) 봉선화(鳳仙花)
蜂(벌 봉) 봉기(蜂起) 봉아(蜂衙) 봉접(蜂蝶) 양봉(養蜂) 토봉(土蜂)
烽(봉화 봉) 봉기(烽起) 봉대(烽臺) 봉화(烽火) 봉수대(烽燧臺)

部(떼 부)　부대(部隊) 부락(部落) 부분(部分) 간부(幹部) 전부(全部)
府(관청 부)　부군(府君) 명부(冥府) 정부(政府)
赴(다다를 부)　부고(赴告) 부임(赴任)
扶(붙들 부)　부로(扶老) 부양(扶養) 부조(扶助) 부지(扶持) 상부상조(相扶相助)
浮(뜰 부)　부침(浮沈) 부동표(浮動票) 부랑아(浮浪兒) 부석사(浮石寺)
婦(며느리 부)　부녀(婦女) 부덕(婦德) 부인(婦人) 과부(寡婦) 주부(主婦)
副(버금 부)　부사(副詞) 부상(副賞) 부업(副業) 부산물(副産物) 부작용(副作用)
符(병부 부)　부신(符信) 부절(符節) 부합(符合) 부호(符號) 신부(神符)
富(부자 부)　부강(富强) 부귀(富貴) 부자(富者) 갑부(甲富) 졸부(猝富)
附(붙을 부)　부근(附近) 부대(附帶) 부록(附錄) 부설(附設) 부속(附屬)
腐(썩을 부)　부식(腐蝕) 부심(腐心) 부패(腐敗) 두부(豆腐) 진부(陳腐)
否(아닐 부)　부결(否決) 부인(否認) 가부(可否) 거부(拒否) 안부(安否)
(막힐 비)　비괘(否卦) 비색(否塞)
父(아비 부)　부모(父母) 부자(父子) 백부(伯父) 조부(祖父) 부전자전(父傳子傳)
簿(문서 부)　부기(簿記) 명부(名簿) 출석부(出席簿) 가계부(家計簿)
賦(과할 부)　부과(賦課) 부세(賦稅) 부여(賦與) 부역(賦役) 천부(天賦)
付(부칠 부)　부탁(付託) 교부(交付) 기부(寄付) 분부(分付) 송부(送付)
夫(지아비 부)　부부(夫婦) 부인(夫人) 부자(夫子) 필부(匹夫) 부창부수(夫唱婦隨)
負(질 부)　부담(負擔) 부상(負傷) 부채(負債) 부하(負荷) 승부(勝負)
釜(가마솥 부)　부관(釜關) 부산(釜山) 철부(鐵釜) 부중생어(釜中生魚)
膚(살갗 부)　부기(膚肌) 피부(皮膚) 신체발부(身體髮膚)
北(북녘 북)　북극(北極) 북두(北斗) 북송(北送) 강북(江北) 납북(拉北)
(질 배)　패배(敗北)
粉(가루 분)　분말(粉末) 분쇄(粉碎) 분유(粉乳) 분홍(粉紅)
分(나눌 분)　분담(分擔) 분리(分離) 분석(分析) 구분(區分) 身分(신분)
奔(달아날 분)　분망(奔忙) 분방(奔放) 분주(奔走) 광분(狂奔)
奮(떨칠 분)　분발(奮發) 분전(奮戰) 분투(奮鬪) 흥분(興奮)
墳(무덤 분)　분묘(墳墓) 고분(古墳) 봉분(封墳)
憤(성낼 분)　분개(憤慨) 분격(憤激) 분기(憤氣) 분통(憤痛) 울분(鬱憤)
紛(어지러울 분)　분규(紛糾) 분잡(紛雜) 분란(紛亂) 분분(紛紛) 분쟁(紛爭)
盆(주발 분)　분재(盆栽) 분지(盆地) 복분(覆盆) 병분(甁盆) 화분(花盆)
不(아닐 불·부)　부당(不當) 불가(不可) 불행(不幸) 부조리(不條理) 불구대천(不俱戴天)
佛(부처 불)　불경(佛經) 불교(佛敎) 불상(佛像) 염불(念佛) 예불(禮佛)
拂(떨칠 불)　불식(拂拭) 불자(拂子) 지불(支拂)
弗(아닐 불·부)　불소(弗素) 불화(弗貨) 백만불(百萬弗)
崩(무너질 붕)　붕괴(崩壞) 붕어(崩御) 분붕(分崩)

朋(벗 붕) 붕당(朋黨) 붕우(朋友) 붕우유신(朋友有信)
備(갖출 비) 비고(備考) 비치(備置) 비품(備品) 겸비(兼備) 유비무환(有備無患)
比(견줄 비) 비견(比肩) 비교(比較) 비유(比喩) 비율(比率) 대비(對比)
婢(여자종 비) 비녀(婢女) 비복(婢僕) 비첩(婢妾) 시비(侍婢) 노비(奴婢)
飛(날 비) 비약(飛躍) 비행기(飛行機) 오비이락(烏飛梨落) 혼비백산(魂飛魄散)
卑(낮을 비) 비겁(卑怯) 비굴(卑屈) 비하(卑下) 야비(野卑) 남존여비(男尊女卑)
碑(비석 비) 비각(碑閣) 비문(碑文) 비석(碑石) 구비(口碑) 묘비(墓碑)
肥(살찔 비) 비대(肥大) 비만(肥滿) 비옥(肥沃) 비육(肥肉) 천고마비(天高馬肥)
祕(숨길 비) 비결(祕訣) 비밀(祕密) 비방(祕方) 비서(祕書) 비화(祕話)
悲(슬플 비) 비관(悲觀) 비극(悲劇) 비련(悲戀) 비애(悲哀) 희비(喜悲)
費(쓸 비) 비용(費用) 경비(經費) 사비(私費) 소비(消費) 학비(學費)
非(아닐 비) 비범(非凡) 비정(非情) 비행(非行) 시비(是非) 비상구(非常口)
妃(왕비 비) 비빈(妃嬪) 귀비(貴妃) 대비(大妃) 왕비(王妃) 정비(正妃)
批(비평할 비) 비점(批點) 비준(批准) 비판(批判) 비평(批評)
鼻(코 비) 비염(鼻炎) 비조(鼻祖) 이비인후과(耳鼻咽喉科) 이목구비(耳目口鼻)
貧(가난할 빈) 빈곤(貧困) 빈민(貧民) 빈혈(貧血) 청빈(淸貧) 안빈낙도(安貧樂道)
賓(손님 빈) 빈주(賓主) 국빈(國賓) 귀빈(貴賓) 내빈(來賓)
頻(자주 빈) 빈도(頻度) 빈발(頻發) 빈번(頻繁)
氷(얼음 빙) 빙벽(氷壁) 빙산(氷山) 빙하(氷河) 결빙(結氷) 박빙(薄氷)
聘(맞을 빙) 빙모(聘母) 빙부(聘父) 빙장(聘丈) 초빙(招聘)
邪(간사할 사) 사념(邪念) 사설(邪說) 사악(邪惡) 사특(邪慝) 간사(奸邪)
似(같을 사) 근사(近似) 유사(類似) 의사(擬似) 혹사(酷似) 사이비(似而非)
射(쏠 사) 사격(射擊) 사살(射殺) 반사(反射) 발사(發射) 투사(投射)
四(넉 사) 사계(四季) 사시(四時) 사촌(四寸) 사군자(四君子) 조삼모사(朝三暮四)
社(모일 사) 사교(社交) 사단(社團) 사설(社說) 사장(社長) 사회(社會)
辭(말씀 사) 사양(辭讓) 사임(辭任) 사전(辭典) 사직(辭職) 사퇴(辭退)
詞(말 사) 사장(詞章) 사조(詞藻) 가사(歌詞) 동사(動詞) 품사(品詞)
司(맡을 사) 사법(司法) 사제(司祭) 사회(司會) 사령관(司令官)
沙(모래 사) 사기(沙器) 사막(沙漠) 사발(沙鉢) 백사장(白沙場)
蛇(뱀 사) 사족(蛇足) 사행(蛇行) 백사(白蛇) 독사(毒蛇)
捨(버릴 사) 용사(用捨) 취사(取捨) 희사(喜捨)
寫(베낄 사) 사본(寫本) 사실(寫實) 사진(寫眞) 묘사(描寫) 필사(筆寫)
仕(벼슬 사) 사환(仕宦) 봉사(奉仕) 출사(出仕) 치사(致仕)
斜(비낄 사) 사선(斜線) 사시(斜視) 사양(斜陽) 경사(傾斜)
謝(사례할 사) 사과(謝過) 사례(謝禮) 사은(謝恩) 사의(謝意) 사죄(謝罪) 감사(感謝)

私(사사로울 사)	사견(私見) 사복(私服) 사유(私有) 사택(私宅) 사학(私學)
思(생각할 사)	사고(思考) 사상(思想) 사색(思索) 심사(心思) 사춘기(思春期)
士(선비 사)	사관(士官) 사화(士禍) 병사(兵士) 사대부(士大夫) 변호사(辯護士)
詐(속일 사)	사기(詐欺) 사칭(詐稱) 사술(詐術) 모사(謀詐) 교사(矯詐)
師(스승 사)	사부(師父) 사제(師弟) 교사(敎師) 의사(醫師)
絲(실 사)	사류(絲柳) 면사(綿絲) 생사(生絲) 철사(鐵絲)
巳(여섯째 지지 사)	사시(巳時) 기사환국(己巳換局) 을사조약(乙巳條約)
史(역사 사)	사관(史觀) 사기(史記) 사적(史蹟) 역사(歷史) 국사(國史)
斯(이 사)	사계(斯界) 사문(斯文) 아사달(阿斯達)
事(일 사)	사건(事件) 사고(事故) 사무(事務) 사정(事情) 행사(行事)
寺(절 사)	사원(寺院) 사찰(寺刹) 사탑(寺塔) 산사(山寺) 불국사(佛國寺)
祀(제사 사)	고사(告祀) 제사(祭祀) 기제사(忌祭祀)
査(조사할 사)	사정(査正) 감사(監査) 검사(檢査) 내사(內査) 답사(踏査)
死(죽을 사)	사경(死境) 사망(死亡) 사별(死別) 생사(生死) 안락사(安樂死)
賜(줄 사)	사약(賜藥) 하사(下賜) 후사(厚賜)
舍(집 사)	사랑(舍廊) 사택(舍宅) 관사(官舍) 교사(校舍) 기숙사(寄宿舍)
使(하여금 사)	사명(使命) 사신(使臣) 사역(使役) 사용(使用) 노사(勞使)
祠(사당 사)	사당(祠堂) 사원(祠院) 신사(神祠) 현충사(顯忠祠)
砂(모래 사)	사막(砂漠) 사포(砂布) 열사(熱砂) 토사(土砂)
紗(비단 사)	사등(紗燈) 사모(紗帽) 사창(紗窓)
削(깎을 삭)	삭감(削減) 삭발(削髮) 삭제(削除) 첨삭(添削)
朔(초하루 삭)	삭풍(朔風) 삭망(朔望) 만삭(滿朔) 칠삭동(七朔童)
産(낳을 산)	산란(産卵) 산모(産母) 산업(産業) 파산(破産) 특산물(特産物)
山(메 산)	산림(山林) 산맥(山脈) 산수(山水) 산악(山岳) 금강산(金剛山)
算(셈 산)	산수(算數) 산출(算出) 계산(計算) 합산(合算) 환산(換算)
酸(초 산)	산성(酸性) 산소(酸素) 산화(酸化) 유산균(乳酸菌)
散(흩어질 산)	산만(散漫) 산문(散文) 산보(散步) 산재(散在) 한산(閑散)
殺(죽일 살)	살기(殺氣) 살벌(殺伐) 살생(殺生) 묵살(默殺) 학살(虐殺)
(감할 쇄)	쇄도(殺到) 감쇄(減殺) 상쇄(相殺)
三(석 삼)	삼각(三角) 삼복(三伏) 삼척(三陟) 탈삼진(奪三振)
森(나무빽빽할 삼)	삼립(森立) 삼엄(森嚴) 삼림욕(森林浴)
償(갚을 상)	상환(償還) 배상(賠償) 변상(辨償) 보상금(補償金)
像(형상 상)	군상(群像) 기상(氣像) 불상(佛像) 허상(虛像) 초상화(肖像畫)
嘗(맛볼 상)	미상불(未嘗不) 와신상담(臥薪嘗膽)
狀(모양 상)	상태(狀態) 상황(狀況) 궁상(窮狀) 이상(異狀) 증상(症狀)
(문서 장)	장원(狀元) 상장(賞狀) 영장(令狀) 청첩장(請牒狀) 신용장(信用狀)

祥(상서로울 상) 상서(祥瑞) 발상지(發祥地) 불상사(不祥事)
桑(뽕나무 상) 부상(扶桑) 상전벽해(桑田碧海)
賞(상줄 상) 상벌(賞罰) 상장(賞狀) 상품(賞品) 감상(鑑賞) 현상금(懸賞金)
傷(상할 상) 상심(傷心) 상처(傷處) 상해(傷害) 부상(負傷) 손상(損傷)
想(생각 상) 상념(想念) 상상(想像) 공상(空想) 구상(構想) 회상(回想)
相(서로 상) 상관(相關) 상대(相對) 상봉(相逢) 상호(相互) 위상(位相) 재상(宰相)
霜(서리 상) 상설(霜雪) 상재(霜災) 성상(星霜) 추상(秋霜) 풍상(風霜)
尙(오히려 상) 상궁(尙宮) 상고(尙古) 상무(尙武) 고상(高尙) 숭상(崇尙)
上(위 상) 상관(上官) 상류(上流) 상석(上席) 정상(頂上) 형이상학(形而上學)
詳(자세할 상) 상론(詳論) 상세(詳細) 상술(詳述) 미상(未詳) 소상(昭詳)
喪(죽을 상) 상가(喪家) 상례(喪禮) 상실(喪失) 문상(問喪) 조상(弔喪)
裳(치마 상) 의상(衣裳) 녹의홍상(綠衣紅裳) 동가홍상(同價紅裳)
象(코끼리 상) 상징(象徵) 대상(對象) 상아탑(象牙塔) 기상대(氣象臺)
床(평상 상) 책상(冊床) 병상(病床) 침상(寢床) 제사상(祭祀床)
常(항상 상) 상례(常禮) 상식(常識) 상임(常任) 일상(日常) 정상(正常)
商(장사 상) 상가(商街) 상권(商權) 상업(商業) 상점(商店) 협상(協商)
塞(막을 색) 군색(窘塞) 궁색(窮塞) 질색(窒塞) 어색(語塞)
(변방 새) 요새(要塞) 새옹지마(塞翁之馬)
色(빛 색) 색맹(色盲) 색욕(色慾) 색채(色彩) 기색(氣色) 안색(顔色)
索(새끼줄 삭) 삭막(索莫·索寞·索漠)
(찾을 색) 색인(索引) 색출(索出) 모색(摸索) 사색(思索) 수색(搜索)
生(날 생) 생계(生計) 생명(生命) 생물(生物) 생애(生涯) 생활(生活)
逝(갈 서) 서거(逝去) 급서(急逝)
署(관청 서) 서리(署理) 서명(署名) 부서(部署) 지서(支署) 경찰서(警察署)
書(글 서) 서기(書記) 서류(書類) 서신(書信) 서원(書院) 공문서(公文書)
暑(더울 서) 대서(大暑) 처서(處暑) 한서(寒暑)
庶(여러 서) 서민(庶民) 서출(庶出)
誓(맹세할 서) 서약(誓約) 서원(誓願) 맹서(盟誓) 선서(宣誓)
西(서녘 서) 서구(西歐) 서기(西紀) 서력(西曆) 서부(西部) 서양(西洋)
緖(실마리 서) 단서(端緖) 유서(由緖) 정서(情緖)
恕(용서할 서) 용서(容恕) 충서(忠恕)
序(차례 서) 서두(序頭) 서론(序論) 서막(序幕) 서열(序列) 순서(順序)
敍(지을 서) 서술(敍述) 서경(敍景) 서사시(敍事詩)
徐(천천할 서) 서행(徐行) 서재필(徐載弼)
瑞(상서 서) 서광(瑞光) 서기(瑞氣) 서설(瑞雪) 서운(瑞運) 상서(祥瑞)
析(꺾을 석) 석출(析出) 분석(分析)

石(돌 석) 석공(石工) 석관(石棺) 석유(石油) 화석(化石) 석빙고(石氷庫)
惜(아낄 석) 석별(惜別) 애석(哀惜) 통석(痛惜)
昔(예 석) 금석(今昔) 석일(昔日)
席(자리 석) 석권(席卷) 석차(席次) 객석(客席) 좌석(坐席) 수석(首席)
夕(저녁 석) 석간(夕刊) 석양(夕陽) 석조(夕照) 추석(秋夕) 칠석(七夕)
釋(풀 석) 석방(釋放) 보석(保釋) 주석(註釋・注釋) 해석(解釋) 희석(稀釋)
錫(주석 석) 석장(錫杖) 주석(朱錫)
碩(클 석) 석덕(碩德) 석사(碩士) 석학(碩學) 석좌교수(碩座敎授)
奭(성할 석) 석연(奭然)
選(가릴 선) 선거(選擧) 선발(選拔) 선택(選擇) 당선(當選) 정선(精選)
鮮(고울 선) 선명(鮮明) 선혈(鮮血) 신선(新鮮) 생선(生鮮) 조선(朝鮮)
旋(돌 선) 선율(旋律) 선회(旋回) 개선(凱旋) 나선형(螺旋形) 선풍적(旋風的)
先(먼저 선) 선각(先覺) 선생(先生) 선조(先祖) 솔선(率先) 우선(于先)
船(배 선) 선박(船舶) 선원(船員) 선장(船長) 조선(造船) 우주선(宇宙船)
宣(베풀 선) 선교(宣敎) 선서(宣誓) 선양(宣揚) 선전(宣傳) 선포(宣布)
禪(참선 선) 선승(禪僧) 선종(禪宗) 좌선(坐禪) 참선(參禪) 선문답(禪問答)
仙(신선 선) 선녀(仙女) 선인(仙人) 신선(神仙) 수선화(水仙花)
線(줄 선) 선로(線路) 곡선(曲線) 복선(伏線) 전선(戰線) 혼선(混線)
善(착할 선) 선량(善良) 선정(善政) 선처(善處) 개선(改善) 최선(最善)
扇(부채 선) 선형(扇形) 태극선(太極扇) 선풍기(扇風機) 합죽선(合竹扇)
腺(선 선) 갑상선(甲狀腺) 임파선(淋巴腺) 편도선(扁桃腺)
雪(눈 설) 설경(雪景) 설산(雪山) 설욕(雪辱) 폭설(暴雪) 흑설탕(黑雪糖)
說(말씀 설) 설교(說敎) 설명(說明) 논설(論說) 소설(小說) 전설(傳說)
(달랠 세) 유세(遊說)
(기쁠 열) 열락(說樂) 학이시습지불역열호(學而時習之不亦說乎)
設(베풀 설) 설계(設計) 설비(設備) 설치(設置) 건설(建設) 창설(創設)
舌(혀 설) 설전(舌戰) 설화(舌禍) 독설(毒舌) 구설수(口舌數)
纖(가늘 섬) 섬유(纖維) 섬세(纖細) 섬약(纖弱) 합섬(合纖)
涉(건널 섭) 섭렵(涉獵) 섭외(涉外) 간섭(干涉) 교섭(交涉)
攝(당길 섭) 섭씨(攝氏) 섭정(攝政) 섭취(攝取) 포섭(包攝)
燮(화할 섭) 섭리(燮理) 섭화(燮和) 조섭(調燮)
盛(성할 성) 성대(盛大) 성쇠(盛衰) 성황(盛況) 풍성(豊盛) 전성기(全盛期)
省(살필 성) 성묘(省墓) 성찰(省察) 귀성(歸省) 반성(反省) 자성(自省)
(덜 생) 생략(省略) 생례(省禮)
星(별 성) 성운(星雲) 성좌(星座) 위성(衛星) 혹성(惑星) 첨성대(瞻星臺)
城(성 성) 성곽(城郭) 성벽(城壁) 경성(京城) 농성(籠城) 성황당(城隍堂)

姓(성씨 성) 성명(姓名) 성씨(姓氏) 백성(百姓) 동성(同姓) 이성(異姓)
聖(성스러울 성) 성경(聖經) 성인(聖人) 성자(聖者) 성현(聖賢) 신성(神聖)
性(성품 성) 성격(性格) 성욕(性慾) 성품(性品) 근성(根性) 성리학(性理學)
聲(소리 성) 성대(聲帶) 성악(聲樂) 명성(名聲) 환호성(歡呼聲)
成(이룰 성) 성공(成功) 성사(成事) 성장(成長) 형성(形成) 성균관(成均館)
誠(정성 성) 성금(誠金) 성실(誠實) 성의(誠意) 정성(精誠) 효성(孝誠)
細(가늘 세) 세균(細菌) 세밀(細密) 세부(細部) 세포(細胞) 상세(詳細)
世(인간 세) 세계(世界) 세기(世紀) 속세(俗世) 처세(處世) 출세(出世)
稅(세금 세) 세관(稅關) 세금(稅金) 과세(課稅) 탈세(脫稅) 세무사(稅務士)
洗(씻을 세) 세련(洗練) 세례(洗禮) 세수(洗手) 세제(洗劑) 세탁(洗濯)
歲(해 세) 세시(歲時) 세월(歲月) 만세(萬歲) 연세(年歲) 세한도(歲寒圖)
勢(형세 세) 세도(勢道) 세력(勢力) 공세(攻勢) 대세(大勢) 여세(餘勢)
蘇(깨어날 소) 소생(蘇生) 소련(蘇聯) 소식(蘇軾)
騷(소란할 소) 소동(騷動) 소란(騷亂) 소요(騷擾) 소음(騷音)
所(바 소) 소감(所感) 소득(所得) 소망(所望) 소원(所願) 주소(住所)
昭(밝을 소) 소명(昭明) 소상(昭詳)
召(부를 소) 소명(召命) 소집(召集) 소환(召還) 소환장(召喚狀)
燒(불사를 소) 소각(燒却) 소주(燒酒) 소화(燒火) 전소(全燒)
消(사라질 소) 소멸(消滅) 소비(消費) 소식(消息) 취소(取消) 해소(解消)
訴(호소할 소) 소송(訴訟) 고소(告訴) 승소(勝訴) 항소(抗訴) 호소력(呼訴力)
掃(쓸 소) 소멸(掃滅) 소탕(掃蕩) 일소(一掃) 청소(淸掃)
笑(웃음 소) 냉소(冷笑) 미소(微笑) 폭소(爆笑) 소문만복래(笑門萬福來)
小(작을 소) 소변(小便) 소총(小銃) 군소(群小) 축소(縮小) 소설가(小說家)
少(적을 소) 소년(少年) 소량(少量) 감소(減少) 노소(老少) 연소(年少)
疏(성길 소) 소략(疏略) 소탈(疏脫) 소통(疏通) 소홀(疏忽) 소외감(疏外感)
蔬(채소 소) 채소(菜蔬)
素(소박할 소) 소박(素朴) 소복(素服) 검소(儉素) 요소(要素) 평소(平素)
巢(깃 소) 소굴(巢窟) 난소(卵巢) 귀소성(歸巢性)
屬(무리 속) 속성(屬性) 부속(附屬) 소속(所屬) 전속(專屬) 귀금속(貴金屬)
(붙을 촉) 촉망(屬望)
束(묶을 속) 속박(束縛) 결속(結束) 구속(拘束) 단속(團束) 약속(約束)
速(빠를 속) 속도(速度) 속단(速斷) 과속(過速) 신속(迅速) 강속구(强速球)
續(이을 속) 속출(續出) 속편(續篇) 계속(繼續) 연속(連續) 지속(持續)
粟(조 속) 속미(粟米) 창해일속(滄海一粟)
俗(풍속 속) 속물(俗物) 속세(俗世) 속어(俗語) 민속(民俗) 풍속도(風俗圖)
損(덜 손) 손상(損傷) 손해(損害) 결손(缺損) 파손(破損) 훼손(毁損)

孫(손자 손) 손녀(孫女) 손자(孫子) 자손(子孫) 종손(宗孫) 후손(後孫)

率(거느릴 솔) 솔선(率先) 솔직(率直) 경솔(輕率) 인솔(引率) 통솔(統率)
(율 률) 비율(比率) 세율(稅率) 배율(倍率) 타율(打率) 백분율(百分率)

頌(기릴 송) 칭송(稱頌) 찬송가(讚頌歌)

送(보낼 송) 송별(送別) 운송(運送) 환송(還送) 송구영신(送舊迎新)

松(소나무 송) 송진(松津) 송충(松蟲) 노송(老松) 송도삼절(松都三絶)

訟(송사할 송) 소송(訴訟) 송사(訟事)

誦(외울 송) 낭송(朗誦) 암송(暗誦)

宋(송나라 송) 송대(宋代) 송학(宋學) 당송(唐宋) 남송(南宋)

刷(인쇄할 쇄) 쇄신(刷新) 인쇄(印刷) 축쇄판(縮刷版)

鎖(잠글 쇄) 봉쇄(封鎖) 족쇄(足鎖) 폐쇄(閉鎖) 연쇄점(連鎖店)

衰(쇠할 쇠) 쇠약(衰弱) 쇠퇴(衰退・衰頹) 노쇠(老衰) 흥망성쇠(興亡盛衰)

囚(가둘 수) 죄수(罪囚) 양심수(良心囚) 탈옥수(脫獄囚) 사형수(死刑囚)

收(거둘 수) 수록(收錄) 수입(收入) 철수(撤收) 추수(秋收) 회수(回收)

需(쓰일 수) 수요(需要) 특수(特需) 혼수(婚需) 성수기(盛需期)

樹(나무 수) 수목(樹木) 수립(樹立) 수림(樹林) 과수(果樹) 상록수(常綠樹)

殊(다를 수) 수훈(殊勳) 특수성(特殊性)

修(닦을 수) 수련(修鍊) 수료(修了) 수신(修身) 수양(修養) 보수(補修)

垂(드리울 수) 수직선(垂直線) 현수막(懸垂幕) 솔선수범(率先垂範)

隨(따를 수) 수시(隨時) 수필(隨筆) 수행(隨行) 부수적(附隨的)

壽(목숨 수) 수명(壽命) 수의(壽衣) 장수(長壽) 천수(天壽)

水(물 수) 수도(水道) 수질(水質) 수해(水害) 호수(湖水) 음료수(飮料水)

受(받을 수) 수강(受講) 수고(受苦) 수신(受信) 수업(受業) 접수(接受)

輸(보낼 수) 수송(輸送) 수혈(輸血) 밀수(密輸) 수출입(輸出入) 운수업(運輸業)

秀(빼어날 수) 수작(秀作) 수재(秀才) 우수(優秀) 준수(俊秀)

數(셀 수) 수량(數量) 수학(數學) 운수(運數) 분수(分數) 과반수(過半數)
(자주 삭) 삭뇨증(數尿症)
(빽빽할 촉) 촉고(數罟)

手(손 수) 수단(手段) 수첩(手帖) 악수(握手) 착수(着手) 수수료(手數料)

遂(드디어 수) 수행(遂行) 미수(未遂) 완수(完遂)

睡(졸음 수) 수면(睡眠) 혼수(昏睡)

帥(장수 수) 원수(元帥) 장수(將帥) 총수(總帥) 통수권(統帥權)

授(줄 수) 수수(授受) 수여(授與) 교수(教授) 전수(傳授)

守(지킬 수) 수구(守舊) 수비(守備) 수호(守護) 고수(固守) 보수(保守)

獸(짐승 수) 맹수(猛獸) 야수(野獸) 수의사(獸醫師)

搜(찾을 수) 수사(搜查) 수색(搜索) 수소문(搜所聞)

愁(근심 수)	수심(愁心) 우수(憂愁) 애수(哀愁) 향수(鄕愁)
誰(누구 수)	수하(誰何) 수원수구(誰怨誰咎)
首(머리 수)	수긍(首肯) 수뇌(首腦) 수미(首尾) 수석(首席) 당수(黨首)
須(모름지기 수)	수유(須臾) 필수(必須)
雖(비록 수)	수연(雖然) 주수구방기명유신(周雖舊邦其命維新)
洙(수수 수)	수사학(洙泗學)
隋(수나라 수)	수당(隋唐) 수서(隋書)
髓(골수 수)	골수(骨髓) 정수(精髓) 진수(眞髓)
粹(순수할 수)	국수주의(國粹主義) 순수(純粹) 정수(精粹)
孰(누구 숙)	숙시숙비(孰是孰非)
淑(맑을 숙)	숙녀(淑女) 정숙(貞淑) 요조숙녀(窈窕淑女)
宿(잘 숙) (별자리 수)	숙명(宿命) 숙박(宿泊) 숙식(宿食) 숙취(宿醉) 하숙(下宿) 성수(星宿)
叔(아재비 숙)	숙부(叔父) 숙모(叔母) 숙질(叔姪) 외숙(外叔) 당숙(堂叔)
肅(엄숙할 숙)	숙연(肅然) 엄숙(嚴肅) 자숙(自肅) 정숙(靜肅)
熟(익을 숙)	능숙(能熟) 미숙(未熟) 숙달(熟達) 조숙(早熟)
瞬(눈깜짝일 순)	순식간(瞬息間) 순발력(瞬發力)
巡(돌 순)	순경(巡警) 순례(巡禮) 순방(巡訪) 순찰(巡察)
殉(따라죽을 순)	순교(殉敎) 순국(殉國) 순직(殉職)
純(순수할 순)	순결(純潔) 순수(純粹) 순진(純眞) 단순(單純)
順(순할 순)	순리(順理) 순서(順序) 순위(順位) 순종(順從) 이순(耳順)
旬(열흘 순)	초순(初旬) 중순(中旬) 하순(下旬) 칠순(七旬)
脣(입술 순)	순망치한(脣亡齒寒) 단순호치(丹脣皓齒)
循(좇을 순)	순환(循環)
盾(방패 순)	모순(矛盾)
淳(순박할 순)	순박(淳朴) 순박(淳樸) 순백(淳白) 순수(淳粹) 청순(淸淳)
舜(순임금 순)	순우(舜禹) 순전(舜典) 요순(堯舜) 우순(虞舜)
述(지을 술)	구술(口述) 논술(論述) 약술(略述) 저술(著述)
戌(개 술)	술시(戌時) 술일(戌日) 경술국치(庚戌國恥)
術(꾀 술)	술수(術數) 마술(魔術) 기술(技術) 예술원(藝術院)
崇(높을 숭)	숭배(崇拜) 숭상(崇尙) 존숭(尊崇) 숭례문(崇禮門)
襲(엄습할 습)	급습(急襲) 답습(踏襲) 세습(世襲) 엄습(掩襲)
拾(주울 습) (열 십)	습득(拾得) 습유(拾遺) 수습(收拾) 십만(拾萬)
習(익힐 습)	습관(習慣) 습득(習得) 습작(習作) 악습(惡習) 학습(學習)
濕(젖을 습)	습기(濕氣) 습도(濕度) 습지(濕地) 가습기(加濕器)

昇(오를 승) 상승(上昇) 승단(昇段) 승진(昇進) 승강기(昇降機)

勝(이길 승) 승리(勝利) 승부(勝負) 승패(勝敗) 필승(必勝) 결승전(決勝戰)

承(이을 승) 승계(承繼) 승낙(承諾) 승인(承認) 계승(繼承) 사승(師承) 전승(傳承)

僧(중 승) 고승(高僧) 승려(僧侶) 승복(僧服) 파계승(破戒僧)

乘(탈 승) 승객(乘客) 승차(乘車) 합승(合乘) 승용차(乘用車)

升(되 승) 승당(升堂) 승평(升平) 승진(升進) 승천(升天) 승강기(升降機)

丞(정승 승) 승상(丞相) 정승(政丞)

時(때 시) 시간(時間) 시사(時事) 시절(時節) 당시(當時)

侍(모실 시) 내시(內侍) 시녀(侍女)

示(보일 시) 시범(示範) 시사(示唆) 시위(示威) 게시(揭示) 과시(誇示)

視(볼 시) 시각(視覺) 시찰(視察) 시청(視聽) 감시(監視) 주시(注視)

詩(시 시) 시가(詩歌) 시문(詩文) 시인(詩人) 시집(詩集) 서정시(敍情詩)

試(시험할 시) 시식(試食) 시험(試驗) 응시(應試) 입시(入試) 시금석(試金石)

是(이 시) 시비(是非) 시인(是認) 국시(國是) 역시(亦是)

市(저자 시) 시민(市民) 시장(市場) 시정(市井) 시청(市廳) 도시(都市)

始(비로소 시) 시작(始作) 시조(始祖) 시초(始初) 창시(創始) 원시(原始)

施(베풀 시) 시공(施工) 시상(施賞) 시설(施設) 시책(施策) 시행(施行)

矢(화살 시) 효시(嚆矢) 시석(矢石)

諡(시호 시) 시법(諡法) 시호(諡號) 사시(賜諡) 추시(追諡)

息(쉴 식) 여식(女息) 질식(窒息) 탄식(嘆息) 소식(消息) 자식(子息)

識(알 식) 식견(識見) 식별(識別) 지식(知識) 상식(常識)
(기록할 지) 표지(標識)

飾(꾸밀 식) 가식(假飾) 복식(服飾) 수식(修飾) 장식(裝飾)

食(먹을 식) 식구(食口) 식당(食堂) 식사(食事) 곡식(穀食)
(밥 사) 소사(蔬食) 단사표음(簞食瓢飮)

式(법 식) 식순(式順) 식전(式典) 격식(格式) 예식(禮式) 의식(儀式)

植(심을 식) 식목(植木) 식물(植物) 이식(移植) 식민지(植民地)

蝕(좀먹을 식) 부식(腐蝕) 월식(月蝕) 일식(日蝕) 침식(浸蝕) 개기식(皆旣蝕)

殖(불을 식) 식재(殖財) 번식(繁殖) 생식(生殖) 양식(養殖) 증식(增殖)

晨(새벽 신) 혼정신성(昏定晨省)

神(귀신 신) 신격(神格) 신령(神靈) 신화(神話) 귀신(鬼神) 정신(精神)

申(원숭이 신) 신고(申告) 신년(申年) 신문고(申聞鼓) 신사임당(申師任堂)

辛(매울 신) 신고(辛苦) 신랄(辛辣) 신미양요(辛未洋擾) 천신만고(千辛萬苦)

身(몸 신) 신세(身世) 신분(身分) 신체(身體) 단신(短身) 분신(分身)

信(믿을 신) 신뢰(信賴) 신앙(信仰) 신용(信用) 미신(迷信) 서신(書信)

愼(삼갈 신) 신중(愼重) 근신(謹愼)

新(새 신) 신년(新年) 신문(新聞) 신춘(新春) 신진(新進) 혁신(革新)
臣(신하 신) 신민(臣民) 신하(臣下) 공신(功臣) 간신(奸臣) 대신(大臣) 충신(忠臣)
伸(펼 신) 신원(伸寃) 신장(伸張) 신축성(伸縮性)
腎(콩팥 신) 신장(腎臟) 신장(腎腸) 신허(腎虛) 간신(肝腎) 부신(副腎)
實(열매 실) 실용(實用) 실천(實踐) 실학(實學) 진실(眞實) 실명제(實名制)
失(잃을 실) 실망(失望) 실성(失性) 실수(失手) 득실(得失) 과실(過失)
室(집 실) 실내(室內) 거실(居室) 교실(敎室) 온실(溫室) 침실(寢室)
深(깊을 심) 심사(深思) 심야(深夜) 심층(深層) 심호흡(深呼吸)
心(마음 심) 심란(心亂) 심신(心身) 심증(心證) 고심(苦心) 민심(民心)
審(살필 심) 심판(審判) 심사(審査) 예심(豫審) 즉심(卽審)
甚(심할 심) 극심(極甚) 막심(莫甚) 심지어(甚至於)
尋(찾을 심) 심방(尋訪) 추심(推尋)
十(열 십) 십계(十戒) 십진법(十進法) 십중팔구(十中八九)
雙(쌍 쌍) 쌍방(雙方) 쌍벽(雙璧) 쌍생아(雙生兒) 쌍안경(雙眼鏡)
氏(성씨 씨) 씨족(氏族) 성씨(姓氏) 무명씨(無名氏)
我(나 아) 아군(我軍) 아집(我執) 자아(自我) 무아경(無我境)
雅(맑을 아) 아량(雅量) 우아(優雅) 온아(溫雅)
亞(버금 아) 아류(亞流) 아열대(亞熱帶) 동남아(東南亞) 아세아(亞細亞)
芽(싹 아) 맹아(萌芽) 발아(發芽)
兒(아이 아) 아동(兒童) 아명(兒名) 고아(孤兒) 미아(迷兒) 아녀자(兒女子)
牙(어금니 아) 아성(牙城) 치아(齒牙) 상아탑(象牙塔)
餓(주릴 아) 아귀(餓鬼) 아사(餓死) 기아(飢餓)
衙(마을 아) 아문(衙門) 아전(衙前) 관아(官衙)
阿(언덕 아) 아부(阿附) 아첨(阿諂) 아방궁(阿房宮)
岳(큰산 악) 산악(山岳) 관악산(冠岳山)
惡(악할 악) 악마(惡魔) 악습(惡習) 악취(惡臭) 추악(醜惡)
(미워할 오) 오한(惡寒) 증오(憎惡) 혐오(嫌惡) 호오(好惡)
雁(기러기 안) 안당(雁堂) 안진(雁陣) 안항(雁行)
岸(언덕 안) 연안(沿岸) 남해안(南海岸) 해안선(海岸線)
顔(얼굴 안) 안면(顔面) 안색(顔色) 동안(童顔) 홍안(紅顔)
案(책상 안) 안건(案件) 안내(案內) 답안(答案) 제안(提案)
安(편안 안) 안녕(安寧) 안락(安樂) 안전(安全) 평안(平安) 안시성(安市城)
眼(눈 안) 안경(眼鏡) 안과(眼科) 안목(眼目) 안약(眼藥) 안질(眼疾)
按(누를 안) 안마(按摩) 안무(按舞) 안배(按排) 안수(按手)
謁(뵐 알) 알현(謁見) 배알(拜謁)
巖(바위 암) 암반(巖盤) 암석(巖石) 기암괴석(奇巖怪石)

暗(어두울 암) 암기(暗記) 암시(暗示) 암울(暗鬱) 명암(明暗) 암암리(暗暗裡)
庵(암자 암) 암자(庵子)
壓(누를 압) 압권(壓卷) 압박(壓迫) 압사(壓死) 압승(壓勝) 혈압(血壓)
押(수결 압) 압류(押留) 압송(押送) 압수(押收) 압정(押釘)
央(가운데 앙) 중앙(中央) 진앙(震央)
仰(우러를 앙) 숭앙(崇仰) 신앙(信仰) 추앙(推仰)
殃(재앙 앙) 재앙(災殃) 앙화(殃禍)
涯(물가 애) 생애(生涯) 천애(天涯)
愛(사랑할 애) 애국(愛國) 애정(愛情) 애착(愛着) 연애(戀愛) 열애(熱愛)
哀(슬플 애) 애도(哀悼) 애석(哀惜) 애원(哀願) 비애(悲哀)
崖(언덕 애) 단애(斷崖) 절애(絶崖)
厄(재앙 액) 액운(厄運) 횡액(橫厄)
額(이마 액) 액면(額面) 액수(額數) 액자(額字) 금액(金額) 총액(總額)
液(진 액) 액체(液體) 액화(液化) 용액(溶液) 점액(粘液) 혈액(血液)
野(들 야) 야당(野黨) 야망(野望) 야인(野人) 열대야(熱帶野) 야심만만(夜深滿滿)
夜(밤 야) 야간(夜間) 야근(夜勤) 야학(夜學) 전야제(前夜祭)
也(어조사 야) 급기야(及其也) 독야청청(獨也靑靑)
耶(어조사 야) 유야무야(有耶無耶)
若(같을 약) 약간(若干) 만약(萬若) 반야심경(般若心經)
躍(뛸 약) 약동(躍動) 약진(躍進) 도약(跳躍) 비약(飛躍) 활약(活躍)
約(맺을 약) 약속(約束) 약혼(約婚) 계약(契約) 공약(公約) 요약(要約)
藥(약 약) 약국(藥局) 약사(藥師) 약초(藥草) 약주(藥酒) 독약(毒藥)
弱(약할 약) 약골(弱骨) 약세(弱勢) 강약(强弱) 빈약(貧弱) 노약자(老弱者)
讓(사양할 양) 양도(讓渡) 양보(讓步) 겸양(謙讓) 사양(辭讓) 선양(禪讓)
養(기를 양) 양계(養鷄) 양식(養殖) 양육(養育) 교양(敎養) 봉양(奉養)
揚(날릴 양) 게양(揭揚) 억양(抑揚) 지양(止揚) 양수기(揚水機) 양자강(揚子江)
樣(모양 양) 양식(樣式) 양태(樣態) 다양(多樣) 모양(模樣)
楊(버들 양) 수양(垂楊) 양귀비(楊貴妃)
陽(볕 양) 양력(陽曆) 양지(陽地) 석양(夕陽) 태양(太陽)
羊(양 양) 양모(羊毛) 양피(羊皮) 속죄양(贖罪羊)
洋(큰바다 양) 양복(洋服) 양식(洋食) 대양(大洋) 동서양(東西洋)
壤(흙 양) 천양(天壤) 토양(土壤) 평양(平壤)
魚(고기 어) 어류(魚類) 어물(魚物) 활어(活魚) 건어물(乾魚物)
漁(고기잡을 어) 어민(漁民) 어선(漁船) 어획(漁獲) 출어(出漁)
語(말씀 어) 어감(語感) 어조(語調) 언어(言語) 국어(國語) 유행어(流行語)

御(모실 어)	어가(御駕) 어명(御命) 어용(御用) 제어(制御)
於(어조사 어)	어중간(於中間) 어차피(於此彼) 심지어(甚至於)
禦(막을 어)	어구(禦寇) 방어(防禦)
抑(누를 억)	억압(抑壓) 억울(抑鬱) 억제(抑制) 억지(抑止) 억하심정(抑何心情)
憶(생각 억)	기억(記憶) 추억(追憶)
億(억 억)	억겁(億劫) 억만(億萬) 수억(數億) 억조창생(億兆蒼生)
言(말씀 언)	언급(言及) 언론(言論) 언행(言行) 망언(妄言) 명언(名言)
焉(어조사 언)	어언(於焉) 종언(終焉) 언감생심(焉敢生心)
諺(상말 언)	언문(諺文) 언해(諺解) 속언(俗諺)
彦(선비 언)	언사(彦士)
嚴(엄할 엄)	엄금(嚴禁) 엄동(嚴冬) 엄명(嚴命) 엄밀(嚴密) 근엄(謹嚴)
業(업 업)	업계(業界) 업무(業務) 업보(業報) 사업(事業) 졸업(卒業)
如(같을 여)	여래(如來) 여실(如實) 여전(如前) 여하간(如何間)
予(나 여)	여탈(予奪) 여소자(予小子) 여일인(予一人) 천상여(天喪予)
余(나 여)	여배(余輩) 여등(余等)
餘(남을 여)	여가(餘暇) 여념(餘念) 여력(餘力) 여운(餘韻) 여유(餘裕)
汝(너 여)	여등(汝等) 여배(汝輩) 여의도(汝矣島)
與(더불 여)	여건(與件) 여당(與黨) 여야(與野) 관여(關與) 참여(參與)
輿(수레 여)	여론(輿論) 여망(輿望) 상여(喪輿)
逆(거스를 역)	역경(逆境) 역모(逆謀) 역설(逆說) 역적(逆賊) 거역(拒逆)
亦(또 역)	역시(亦是) 역연(亦然)
易(바꿀 역)	역학(易學) 교역(交易) 무역(貿易) 역성혁명(易姓革命) 역지사지(易地思之)
(쉬울 이)	이행(易行) 간이(簡易) 용이(容易) 안이(安易) 난이도(難易度)
役(부릴 역)	역할(役割) 고역(苦役) 군역(軍役) 병역(兵役) 징역(懲役)
驛(역말 역)	역전(驛前) 역사(驛舍) 역마살(驛馬煞) 안암역(安岩驛) 종착역(終着驛)
疫(전염병 역)	역질(疫疾) 검역(檢疫) 면역(免疫) 방역(防疫)
域(지경 역)	구역(區域) 광역(廣域) 영역(領域) 지역(地域) 성역(聖域)
譯(번역할 역)	역관(譯官) 번역(飜譯) 의역(意譯) 직역(直譯) 통역(通譯)
硏(갈 연)	연구(硏究) 연마(硏磨) 연수(硏修)
然(그럴 연)	연후(然後) 과연(果然) 당연(當然) 자연(自然) 필연(必然)
延(뻗칠 연)	연기(延期) 연장(延長) 지연(遲延) 연세대(延世大)
鉛(납 연)	연필(鉛筆) 아연(亞鉛) 흑연(黑鉛)
演(펼 연)	연극(演劇) 연설(演說) 강연(講演) 공연(公演) 연예인(演藝人)
沿(물가 연)	연도(沿道) 연변(沿邊) 연안(沿岸) 연해(沿海)
燃(불사를 연)	연료(燃料) 연소(燃燒) 연등(燃燈)

煙(연기 연) 연기(煙氣) 연초(煙草) 연하(煙霞) 금연(禁煙) 흡연(吸煙)
軟(연할 연) 연골(軟骨) 연약(軟弱) 연체동물(軟體動物) 유연성(柔軟性)
緣(인연 연) 연고(緣故) 연유(緣由) 인연(因緣) 혈연(血緣)
宴(잔치 연) 연석(宴席) 연회(宴會) 주연(酒宴) 축연(祝宴) 송별연(送別宴)
燕(제비 연) 연거(燕居) 연작(燕雀) 연미복(燕尾服)
筵(대자리 연) 연설(筵說) 강연(講筵) 경연(經筵)
淵(못 연) 연원(淵源) 심연(深淵) 안연(顔淵)
衍(넘칠 연) 연문(衍文) 부연(敷衍) 만연(曼衍)
硯(벼루 연) 연적(硯滴) 연지(硯池) 필연(筆硯) 연병(硯屛)
悅(기쁠 열) 열락(悅樂) 남녀상열지사(男女相悅之詞) 희열(喜悅)
熱(더울 열) 열광(熱狂) 열대(熱帶) 열성(熱誠) 가열(加熱) 이열치열(以熱治熱)
閱(검열할 열) 열독(閱讀) 열람(閱覽) 검열(檢閱) 교열(校閱) 사열(査閱)
染(물들일 염) 염료(染料) 염색(染色) 감염(感染) 오염(汚染) 전염(傳染)
炎(불꽃 염) 염량(炎涼) 염천(炎天) 관절염(關節炎) 뇌염(腦炎) 폐렴(肺炎)
鹽(소금 염) 염장(鹽醬) 염전(鹽田) 식염수(食鹽水)
葉(잎 엽) 엽서(葉書) 엽전(葉錢) 낙엽(落葉) 말엽(末葉) 엽록소(葉綠素)
營(경영할 영) 영농(營農) 영리(營利) 영업(營業) 경영(經營) 운영(運營)
影(그림자 영) 영상(影像) 영향(影響) 환영(幻影) 촬영(撮影)
永(길 영) 영겁(永劫) 영결(永訣) 영구(永久) 영생(永生) 영원(永遠)
英(꽃부리 영) 영걸(英傑) 영웅(英雄) 영재(英才) 영특(英特) 육영(育英)
迎(맞을 영) 영신(迎新) 영접(迎接) 영합(迎合) 송영(送迎) 환영(歡迎)
映(비칠 영) 영화(映畵) 반영(反映) 방영(放映) 상영(上映)
榮(영화 영) 영광(榮光) 영달(榮達) 영예(榮譽) 영욕(榮辱) 번영(繁榮)
詠(읊을 영) 음영(吟詠) 영가(詠歌) 영탄(詠歎)
泳(헤엄칠 영) 경영(競泳) 배영(背泳) 수영(水泳) 접영(蝶泳)
譽(기릴 예) 명예(名譽) 영예(榮譽)
銳(날카로울 예) 예리(銳利) 예민(銳敏) 첨예(尖銳)
豫(미리 예) 예감(豫感) 예고(豫告) 예방(豫防) 예상(豫想) 예측(豫測)
藝(재주 예) 예능(藝能) 예술(藝術) 공예(工藝) 문예(文藝) 연예인(演藝人)
隷(종 예) 예속(隷屬) 예서(隷書) 노예(奴隷)
傲(거만할 오) 오기(傲氣) 오만(傲慢) 오시(傲視)
誤(그르칠 오) 오기(誤記) 오보(誤報) 오답(誤答) 오해(誤解) 착오(錯誤)
烏(까마귀 오) 오골계(烏骨鷄) 오비이락(烏飛梨落) 오작교(烏鵲橋) 오합지졸(烏合之卒)
悟(깨달을 오) 오도(悟道) 오성(悟性) 각오(覺悟) 돈오(頓悟)
吾(나 오) 오당(吾黨) 오도(吾道) 오등(吾等) 오비삼척(吾鼻三尺)

吳(나라이름 오)　오람(吳藍) 오월(吳越) 오음(吳吟) 오기연저(吳起吮疽)
午(낮 오)　오수(午睡) 오전(午前) 단오(端午) 정오(正午) 갑오경장(甲午更張)
五(다섯 오)　오감(五感) 오곡(五穀) 오륜(五倫) 오행(五行) 삼삼오오(三三五五)
汚(더러울 오)　오명(汚名) 오물(汚物) 오염(汚染) 오욕(汚辱) 오점(汚點)
梧(벽오동나무 오)　오동(梧桐) 오추(梧秋)
娛(즐길 오)　오락(娛樂) 오유(娛遊)
嗚(탄식할 오)　오열(嗚咽) 오호(嗚呼)
獄(감옥 옥)　옥사(獄死) 감옥(監獄) 지옥(地獄) 투옥(投獄)
玉(구슬 옥)　옥동자(玉童子) 옥석(玉石) 옥수(玉手) 옥편(玉篇) 금과옥조(金科玉條)
沃(물 댈 옥)　옥답(沃畓) 옥토(沃土) 비옥(肥沃)
屋(집 옥)　옥상(屋上) 옥외(屋外) 가옥(家屋) 사옥(社屋)
溫(따뜻할 온)　온도(溫度) 온돌(溫突) 온순(溫順) 온천(溫泉) 온고지신(溫故知新)
翁(늙은이 옹)　옹주(翁主) 노옹(老翁) 어옹(漁翁) 촌옹(村翁)
擁(안을 옹)　옹립(擁立) 옹벽(擁壁) 옹호(擁護) 포옹(抱擁)
瓦(기와 와)　와기(瓦器) 와해(瓦解) 청와대(青瓦臺)
臥(누울 와)　와룡(臥龍) 와병(臥病) 와신상담(臥薪嘗膽)
窩(움집 와)　와가(窩家) 와주(窩主) 와장(窩藏) 봉와(蜂窩) 탄와(彈窩)
緩(느릴 완)　완곡(緩曲) 완만(緩慢) 완충(緩衝) 완화(緩和)
完(완전할 완)　완결(完結) 완벽(完璧) 완비(完備) 완성(完成) 보완(補完)
曰(가로 왈)　왈가왈부(曰可曰否) 공자왈맹자왈(孔子曰孟子曰)
往(갈 왕)　왕년(往年) 왕래(往來) 왕복(往復) 기왕(旣往) 우왕좌왕(右往左往)
王(임금 왕)　왕가(王家) 왕권(王權) 왕도(王道) 왕실(王室) 왕조(王朝)
旺(성할 왕)　왕성(旺盛) 왕운(旺運) 흥왕(興旺) 성왕(盛旺)
倭(왜놈 왜)　왜관(倭館) 왜구(倭寇) 왜선(倭船) 왜적(倭賊)
畏(두려울 외)　외경(畏敬) 외구(畏懼) 경외(敬畏)
外(바깥 외)　외가(外家) 외교(外交) 외화(外貨) 내외(內外) 예외(例外)
要(요긴할 요)　요건(要件) 요긴(要緊) 요구(要求) 요령(要領) 요점(要點)
窯(가마 요)　요업(窯業) 도요(陶窯)
謠(노래 요)　가요(歌謠) 동요(童謠) 민요(民謠) 속요(俗謠)
遙(멀 요)　요원(遙遠) 소요(逍遙)
腰(허리 요)　요대(腰帶) 요절(腰折) 요통(腰痛)
搖(흔들 요)　요동(搖動) 동요(動搖) 요람(搖籃) 요지부동(搖之不動)
浴(목욕 욕)　욕실(浴室) 욕탕(浴湯) 목욕(沐浴) 삼림욕(森林浴) 일광욕(日光浴)
辱(욕될 욕)　굴욕(屈辱) 능욕(凌辱) 모욕(侮辱) 설욕(雪辱) 치욕(恥辱)
慾(욕심 욕)　욕구(慾·欲求) 욕심(慾·欲心) 욕정(慾·欲情) 애욕(愛慾)

欲(하고자할 욕) 욕망(欲·慾望) 욕속부달(欲速不達)
勇(날랠 용) 용감(勇敢) 용기(勇氣) 용단(勇斷) 용맹(勇猛) 용사(勇士)
庸(떳떳할 용) 용부(庸夫) 용렬(庸劣) 용졸(庸拙) 범용(凡庸) 중용(中庸)
用(쓸 용) 용구(用具) 용건(用件) 용례(用例) 용무(用務) 무용지물(無用之物)
容(얼굴 용) 용납(容納) 용모(容貌) 용서(容恕) 용이(容易) 수용(受容)
溶(질펀히 흐를 용) 용매(溶媒) 용액(溶液) 용연(溶然) 용해(溶解)
鏞(큰종 용) 생용(笙鏞) 서용(西鏞) 용악(鏞樂) 정약용(鄭若鏞)
憂(근심 우) 우국(憂國) 우려(憂慮) 우수(憂愁) 우울(憂鬱) 우환(憂患)
羽(깃 우) 우익(羽翼) 우화등선(羽化登仙)
優(넉넉할 우) 우대(優待) 우등(優等) 우량(優良) 우승(優勝) 우수(優秀)
尤(더욱 우) 우물(尤物) 우암(尤庵)
祐(도울 우) 우복(祐福) 우조(祐助) 강우(降祐) 신우(神祐) 천우(天祐)
佑(도울 우) 보우(保佑) 천우신조(天佑神助)
又(또 우) 일신우일신(日新又日新)
遇(만날 우) 경우(境遇) 불우(不遇) 예우(禮遇) 대우(待遇) 천재일우(千載一遇)
隅(모퉁이 우) 우각(隅角) 사우(四隅)
友(벗 우) 우애(友愛) 우의(友誼) 우정(友情) 우호(友好) 죽마고우(竹馬故友)
雨(비 우) 우기(雨期) 우산(雨傘) 우천(雨天) 호우(豪雨) 우후죽순(雨後竹筍)
牛(소 우) 우골(牛骨) 우유(牛乳) 견우(牽牛) 우이독경(牛耳讀經)
愚(어리석을 우) 우둔(愚鈍) 우매(愚昧) 우민(愚民) 우직(愚直)
于(어조사 우) 우선(于先) 우산국(于山國)
郵(우편 우) 우송(郵送) 우체(郵遞) 우편(郵便) 우표(郵票)
右(오른 우) 우익(右翼) 우측(右側) 좌우명(座右銘) 우왕좌왕(右往左往)
宇(집 우) 우주(宇宙) 우주선(宇宙船)
偶(짝 우) 우발(偶發) 우연(偶然) 대우(對偶) 배우자(配偶者)
禹(우임금 우) 우공(禹貢) 우문(禹門) 우보(禹步) 우역(禹域) 대우(大禹)
旭(아침 해 욱) 욱광(旭光) 욱단(旭旦) 욱일(旭日)
雲(구름 운) 운무(雲霧) 운우지정(雲雨之情) 운집(雲集) 부운(浮雲) 청운(青雲)
運(옮길 운) 운동(運動) 운명(運命) 운송(運送) 운영(運營) 운전(運轉)
韻(운 운) 운율(韻律) 운치(韻致) 각운(脚韻) 압운(押韻) 여운(餘韻)
云(이를 운) 운운(云云) 운위(云謂)
熊(곰 웅) 웅담(熊膽) 웅장(熊掌) 웅호(熊虎)
雄(수컷 웅) 웅대(雄大) 웅변(雄辯) 웅장(雄壯) 자웅(雌雄) 군웅할거(群雄割據)
源(근원 원) 원천(源泉) 근원(根源) 기원(起源) 연원(淵源) 자원(資源)
原(언덕 원) 원가(原價) 원고(原稿) 원료(原料) 원인(原因) 초원(草原)

苑(나라 동산 원)　원소(苑沼) 원유(苑囿) 비원(秘苑)
援(도울 원)　원군(援軍) 원조(援助) 구원(救援) 지원(支援) 후원(後援)
園(동산 원)　원림(園林) 원예(園藝) 공원(公園) 낙원(樂園) 정원(庭園)
圓(둥글 원)　원만(圓滿) 원숙(圓熟) 원활(圓滑) 동심원(同心圓) 원불교(圓佛敎)
遠(멀 원)　원격(遠隔) 원근(遠近) 원대(遠大) 소원(疏遠) 영원(永遠)
願(원할 원)　원망(願望) 원서(願書) 기원(祈願) 염원(念願) 애원(哀願)
員(인원 원)　감원(減員) 만원(滿員) 점원(店員) 인원(人員) 회원(會員)
怨(원망할 원)　원망(怨望) 원성(怨聲) 원수(怨讐) 원한(怨恨) 숙원(宿怨)
冤(원통할 원)　원귀(冤鬼) 원루(冤淚) 원통(冤痛) 원혼(冤魂) 신원(伸冤)
元(으뜸 원)　원기(元氣) 원년(元年) 원로(元老) 원소(元素) 기원(紀元)
院(집 원)　원장(院長) 병원(病院) 사원(寺院) 서원(書院) 학원(學院)
越(넘을 월)　월권(越權) 월동(越冬) 우월(優越) 초월(超越) 탁월(卓越)
月(달 월)　월간(月刊) 월급(月給) 월말(月末) 밀월(蜜月) 월계관(月桂冠)
渭(강 이름 위)　위수(渭水) 위양(渭陽) 비위(沸渭) 위빈어부(渭濱漁父)
僞(거짓 위)　위선(僞善) 위조(僞造) 위폐(僞幣) 진위(眞僞) 허위(虛僞)
魏(높을 위)　위궐(魏闕) 위연(魏然) 위류(魏柳) 위서(魏書) 위징(魏徵)
圍(에울 위)　범위(範圍) 주위(周圍) 포위(包圍) 분위기(雰圍氣)
委(맡길 위)　위원(委員) 위임(委任) 위촉(委囑) 위탁(委託)
胃(밥통 위)　위벽(胃壁) 위산(胃酸) 위액(胃液) 위염(胃炎) 위장(胃臟)
尉(벼슬 위)　위관(尉官) 대위(大尉) 중위(中尉) 소위(少尉)
緯(씨 위)　위도(緯度) 경위(經緯) 남위(南緯) 북위(北緯)
違(어길 위)　위반(違反) 위배(違背) 위법(違法) 위약(違約) 위화감(違和感)
慰(위로할 위)　위로(慰勞) 위문(慰問) 위안(慰安) 위자료(慰藉料) 자위(自慰)
威(위엄 위)　위력(威力) 위세(威勢) 위신(威信) 위엄(威嚴) 위협(威脅)
危(위태할 위)　위급(危急) 위기(危機) 위중(危重) 위태(危殆) 위험(危險)
謂(이를 위)　가위(可謂) 소위(所謂) 운위(云謂)
位(자리 위)　위계(位階) 위상(位相) 위치(位置) 고위(高位) 방위(方位)
偉(클 위)　위대(偉大) 위력(偉力) 위업(偉業) 위용(偉容) 위인(偉人)
爲(할 위)　위시(爲始) 위인(爲人) 무위(無爲) 위정자(爲政者) 전화위복(轉禍爲福)
衛(호위할 위)　위병(衛兵) 방위(防衛) 호위(護衛) 민방위(民防衛)
幽(그윽할 유)　유명(幽明) 유령(幽靈) 유심(幽深) 유택(幽宅) 심산유곡(深山幽谷)
油(기름 유)　유가(油價) 유전(油田) 유화(油畵) 석유(石油) 원유(原油)
諭(깨우칠 유)　유시(諭示) 유지(諭旨) 고유(告諭) 교유(敎諭)
誘(꾈 유)　유괴(誘拐) 유발(誘發) 유인(誘引) 유혹(誘惑) 권유(勸誘)
愈(나을 유)　유심(愈甚) 유유(愈愈)

遺(남길 유) 유감(遺憾) 유물(遺物) 유산(遺産) 유언(遺言) 유전(遺傳)
裕(넉넉할 유) 유복(裕福) 부유(富裕) 여유(餘裕) 풍유(豊裕)
遊(놀 유) 유람(遊覽) 유목(遊牧) 유세(遊說) 유희(遊戱) 유원지(遊園地)
由(말미암을 유) 유래(由來) 유서(由緖) 경유(經由) 사유(事由) 이유(理由)
悠(멀 유) 유구(悠久) 유연(悠然) 유유(悠悠) 유원(悠遠) 유장(悠長)
維(벼리 유) 유신(維新) 유지(維持) 섬유(纖維)
柔(부드러울 유) 유도(柔道) 유순(柔順) 유연(柔軟) 온유(溫柔) 외유내강(外柔內剛)
儒(선비 유) 유가(儒家) 유교(儒敎) 유도(儒道) 유림(儒林) 유학(儒學)
幼(어릴 유) 유년(幼年) 유아(幼兒) 유충(幼蟲) 유치(幼稚) 장유유서(長幼有序)
酉(닭 유) 유시(酉時) 을유(乙酉) 신유사옥(辛酉邪獄) 정유재란(丁酉再亂)
惟(생각할 유) 유독(惟獨) 유일(惟一) 사유(思惟)
唯(오직 유) 유물론(唯物論) 유심론(唯心論) 유아독존(唯我獨尊) 유일무이(唯一無二)
猶(오히려 유) 유예(猶豫) 집유(執猶)
有(있을 유) 유감(有感) 유능(有能) 유력(有力) 유리(有利) 유명무실(有名無實)
兪(점점 유) 유연(兪然) 유유(兪兪) 유편(兪扁) 쾌유(快愈)
乳(젖 유) 유모(乳母) 유방(乳房) 유아(乳兒) 우유(牛乳) 두유(豆乳)
肉(고기 육) 육감(肉感) 육성(肉聲) 육수(肉水) 육식(肉食) 육체(肉體)
育(기를 육) 육성(育成) 육아(育兒) 교육(敎育) 발육(發育) 체육(體育)
尹(다스릴 윤) 윤찰(尹祭) 부윤(府尹) 서윤(庶尹) 영윤(令尹)
閏(윤달 윤) 윤년(閏年) 윤월(閏月) 윤일(閏日)
潤(윤택할 윤) 윤기(潤氣) 윤택(潤澤) 윤활유(潤滑油) 이윤(利潤) 침윤(浸潤)
允(진실로 윤) 윤가(允可) 윤공(允恭) 윤당(允當) 윤납(允納) 윤허(允許)
融(녹일 융) 융자(融資) 융통(融通) 융합(融合) 융화(融化) 금융(金融)
殷(성할 은) 은감(殷鑑) 은전(殷奠) 은허(殷墟)
隱(숨을 은) 은거(隱居) 은밀(隱密) 은신(隱身) 은어(隱語) 은폐(隱蔽)
銀(은 은) 은막(銀幕) 은발(銀髮) 은하수(銀河水) 은행(銀行) 수은주(水銀柱)
恩(은혜 은) 은덕(恩德) 은사(恩師) 은인(恩人) 은총(恩寵) 은혜(恩惠)
乙(새 을) 을지로(乙支路) 을미사변(乙未事變) 갑론을박(甲論乙駁)
蔭(그늘 음) 음관(蔭官) 음덕(蔭德) 음영(蔭映) 음울(蔭鬱) 녹음(綠蔭)
陰(그늘 음) 음덕(陰德) 음모(陰謀) 음지(陰地) 음해(陰害) 음흉(陰凶)
飮(마실 음) 음독(飮毒) 음료(飮料) 음복(飮福) 음식(飮食) 음주(飮酒)
音(소리 음) 음계(音階) 음반(音盤) 음성(音聲) 음악(音樂) 음운(音韻)
吟(읊을 음) 음미(吟味) 음영(吟詠) 신음(呻吟) 음풍농월(吟風弄月) 음유시인(吟遊詩人)
淫(음란할 음) 음담(淫談) 음란(淫亂) 음심(淫心) 음탕(淫蕩) 간음(姦淫)

邑(고을 읍) 읍내(邑內) 읍장(邑長) 도읍(都邑)
泣(울 읍) 읍소(泣訴) 감읍(感泣) 읍참마속(泣斬馬謖)
凝(엉길 응) 응결(凝結) 응고(凝固) 응시(凝視) 응집(凝集) 응축(凝縮)
應(응할 응) 응급(應急) 응낙(應諾) 응답(應答) 응보(應報) 응원(應援)
儀(거동 의) 의례(儀禮) 의식(儀式) 예의(禮儀) 위의(威儀)
意(뜻 의) 의견(意見) 의미(意味) 의사(意思) 의식(意識) 의의(意義) 의지(意志)
宜(마땅 의) 의당(宜當) 시의(時宜) 편의(便宜)
矣(어조사 의) 여의도(汝矣島) 만사휴의(萬事休矣)
義(옳을 의) 의거(義擧) 의리(義理) 의무(義務) 불의(不義) 정의(正義)
衣(옷 의) 의관(衣冠) 의발(衣鉢) 의복(衣服) 의상(衣裳) 금의환향(錦衣還鄕)
議(의논할 의) 의결(議決) 의원(議員) 의장(議長) 회의(會議) 불가사의(不可思議)
疑(의심할 의) 의문(疑問) 의심(疑心) 의혹(疑惑) 혐의(嫌疑) 회의(懷疑)
醫(의원 의) 의료(醫療) 의사(醫師) 의술(醫術) 의약(醫藥) 의원(醫院)
依(의지할 의) 의거(依據) 의뢰(依賴) 의지(依支) 의탁(依託) 귀의(歸依)
擬(헤아릴 의) 의고(擬古) 의성(擬聲) 의인(擬人) 의태(擬態) 모의(模擬)
耳(귀 이) 이목구비(耳目口鼻) 이순(耳順) 마이동풍(馬耳東風) 중이염(中耳炎)
爾(너 이) 이금(爾今) 이아(爾雅) 이여(爾汝) 도이(徒爾) 이조(爾曹)
異(다를 이) 이견(異見) 이변(異變) 이상(異常) 이성(異性) 이질(異質)
貳(두 이) 이심(貳心) 이신(貳臣) 이과(貳過)
二(두 이) 이율배반(二律背反) 불사이군(不事二君) 일석이조(一石二鳥)
而(말이을 이) 이립(而立) 이이(而已) 사이비(似而非) 애이불비(哀而不悲)
以(써 이) 이래(以來) 이상(以上) 이외(以外) 이전(以前) 이하(以下)
夷(오랑캐 이) 이적(夷狄) 동이(東夷) 양이(攘夷)
移(옮길 이) 이동(移動) 이민(移民) 이사(移徙) 이식(移植) 이전(移轉)
已(이미 이) 이결(已決) 이심(已甚) 이왕(已往) 부득이(不得已)
伊(저 이) 이고(伊皐) 이오(伊吾) 이윤(伊尹) 울이(鬱伊)
翼(날개 익) 보익(輔翼) 우익(右翼) 좌익(左翼)
益(더할 익) 국익(國益) 손익(損益) 실익(實益) 유익(有益) 이익(利益)
翊(도울 익) 익대(翊戴) 익성(翊成) 익찬(翊贊) 광익(匡翊) 보익(輔翊).
引(끌 인) 인계(引繼) 인도(引導) 인력(引力) 인수(引受) 인용(引用)
印(도장 인) 인감(印鑑) 인세(印稅) 인쇄(印刷) 각인(刻印) 봉인(封印)
寅(범 인) 인시(寅時) 인월(寅月) 인정(寅正) 병인양요(丙寅洋擾)
人(사람 인) 인간(人間) 인류(人類) 인정(人情) 성인(成人) 성인(聖人)
認(알 인) 인식(認識) 인정(認定) 인증(認證) 인지(認知) 묵인(默認)
仁(어질 인) 인술(仁術) 인애(仁愛) 인자(仁慈) 인후(仁厚) 인의예지(仁義禮智)

因(인할 인) 인과(因果) 인습(因襲) 인연(因緣) 요인(要因) 패인(敗因)

忍(참을 인) 인고(忍苦) 인내(忍耐) 인욕(忍辱) 견인(堅忍) 잔인(殘忍)

刃(칼날 인) 병인(兵刃) 백인(白刃) 봉인(鋒刃) 수인(手刃)

姻(혼인 인) 인척(姻戚) 결인(結姻) 혼인(婚姻)

日(날 일) 일과(日課) 일기(日氣) 일상(日常) 일식(日蝕) 기일(忌日)

逸(편안 일) 안일(安逸) 일품(逸品) 일화(逸話) 은일(隱逸) 독일(獨逸)

一(한 일) 일국(一國) 일반(一般) 일족(一族) 일치(一致) 통일(統一)

壹(한 일) 일만(壹萬) 전일(專壹) 일지(壹志) 일의(壹意)

任(맡길 임) 임관(任官) 임기(任期) 임명(任命) 임무(任務) 임의(任意)

壬(북방 임) 임방(壬方) 임술(壬戌) 임오군란(壬午軍亂) 임진왜란(壬辰倭亂)

賃(품삯 임) 임금(賃金) 임대(賃貸) 노임(勞賃) 무임(無賃) 운임(運賃)

入(들 입) 입구(入口) 입문(入門) 입사(入社) 입실(入室) 입장(入場)

字(글자 자) 자구(字句) 자전(字典) 약자(略字) 오자(誤字) 한자(漢字)

者(놈 자) 근자(近者) 기자(記者) 필자(筆者) 환자(患者) 당사자(當事者)

恣(방자할 자) 방자(放恣) 자행(恣行)

慈(사랑 자) 자비(慈悲) 자애(慈愛) 자선(慈善) 자친(慈親) 인자(仁慈)

自(스스로 자) 자각(自覺) 자긍(自矜) 자립(自立) 자력(自力) 자유(自由)

子(아들 자) 자녀(子女) 자손(子孫) 자식(子息) 자제(子弟) 탁자(卓子)

雌(암컷 자) 자웅(雌雄) 자성(雌性) 자예(雌蕊) 자복(雌伏) 자봉(雌蜂)

玆(이 자) 자익(玆益) 자산(玆山)

磁(자석 자) 자극(磁極) 자기(磁器) 자석(磁石) 자장(磁場) 전자(電磁)

紫(자줏빛 자) 자단(紫檀) 자색(紫色) 자주(紫朱) 자외선(紫外線)

資(재물 자) 자격(資格) 자본(資本) 자원(資源) 자질(資質) 물자(物資)

刺(찌를 자) 자객(刺客) 자극(刺戟) 자수(刺繡) 난자(亂刺) 풍자(諷刺)
(찌를 척) 척살(刺殺)

姿(모양 자) 자색(姿色) 자세(姿勢) 자태(姿態)

姊(손위누이 자) 자매(姊妹) 자부(姊夫) 자서(姊壻) 자형(姊兄)

酌(잔질할 작) 수작(酬酌) 대작(對酌) 짐작(斟酌) 참작(參酌) 무작정(無酌定)

爵(벼슬 작) 작위(爵位) 백작(伯爵) 작록(爵祿)

昨(어제 작) 작년(昨年) 작금(昨今) 작일(昨日) 작월(昨月)

作(지을 작) 작가(作家) 작당(作黨) 작업(作業) 작용(作用) 작전(作戰)

殘(잔인할 잔) 잔혹(殘酷) 잔인(殘忍) 잔학(殘虐) 잔류(殘留) 잔액(殘額)

潛(잠길 잠) 잠수(潛水) 잠복(潛伏) 잠입(潛入) 잠적(潛跡) 잠행(潛行)

蠶(누에 잠) 잠실(蠶室) 잠식(蠶食) 잠부(蠶婦) 잠상(蠶桑) 농잠(農蠶)

箴(바늘 잠) 잠간(箴諫) 잠계(箴戒) 잠명(箴銘) 잠언(箴言)

暫(잠깐 잠) 잠시(暫時) 잠정(暫定)

雜(섞일 잡) 잡다(雜多) 잡채(雜菜) 잡곡(雜穀) 잡지(雜誌) 잡념(雜念)
藏(감출 장) 저장(貯藏) 무진장(無盡藏) 소장(所藏) 사장(死藏) 비장(秘藏)
章(글 장) 장구(章句) 문장(文章) 악장(樂章) 인장(印章) 훈장(勳章)
長(긴 장) 장관(長官) 장기(長技) 장단(長短) 장수(長壽) 신장(身長)
丈(어른 장) 장척(丈尺) 장인(丈人) 장모(丈母) 대장부(大丈夫) 노인장(老人丈)
裝(꾸밀 장) 장식(裝飾) 포장(鋪裝) 복장(服裝) 장치(裝置) 장신구(裝身具)
粧(단장할 장) 장식(粧飾) 단장(丹粧) 화장(化粧)
墻(담 장) 월장(越墻) 분장(粉墻)
場(마당 장) 장소(場所) 장내(場內) 장면(場面) 극장(劇場) 직장(職場)
障(막힐 장) 장벽(障壁) 보장(保障) 장애(障碍) 고장(故障) 지장(支障)
掌(손바닥 장) 장악(掌握) 합장(合掌) 장갑(掌匣) 선인장(仙人掌) 박장대소(拍掌大笑)
莊(장엄할 장) 장엄(莊嚴) 장중(莊重) 별장(別莊) 장원(莊園) 산장(山莊)
臟(오장 장) 장기(臟器) 심장(心臟) 오장(五臟) 내장(內臟) 신장(腎臟)
葬(장사지낼 장) 장례(葬禮) 매장(埋葬) 화장(火葬) 장사(葬事) 수장(水葬)
將(장수 장) 장교(將校) 장군(將軍) 장래(將來) 장성(將星) 장수(將帥)
匠(장인 장) 장인(匠人) 거장(巨匠) 공장(工匠)
壯(장할 장) 장관(壯觀) 장년(壯年) 장려(壯麗) 장렬(壯烈) 장원(壯元)
杖(지팡이 장) 장구(杖屨) 장독(杖毒) 장형(杖刑) 철장(鐵杖)
腸(창자 장) 단장(斷腸) 맹장(盲腸) 위장(胃腸) 탈장(脫腸) 구절양장(九折羊腸)
張(베풀 장) 장본인(張本人) 과장(誇張) 주장(主張) 긴장(緊張) 확장(擴張)
帳(장막 장) 장막(帳幕) 장부(帳簿) 통장(通帳) 휘장(揮帳) 일기장(日記帳)
奬(권할 장) 장려(奬勵) 장학(奬學) 권장(勸奬)
再(두번 재) 재건(再建) 재기(再起) 재수(再修) 재심(再審) 재차(再次)
裁(마를 재) 재단(裁斷) 재봉(裁縫) 결재(決裁) 재판(裁判) 재가(裁可)
齋(재계할 재) 재계(齋戒) 재단(齋壇) 재실(齋室) 서재(書齋)
(상복 자) 자최(齋衰)
載(실을 재) 적재(積載) 게재(揭載) 등재(登載) 연재(連載) 탑재(搭載)
栽(심을 재) 재배(栽培) 분재(盆栽)
哉(어조사 재) 선재(善哉) 쾌재(快哉) 재생명(哉生明) 재생백(哉生魄)
在(있을 재) 재야(在野) 재위(在位) 재직(在職) 재학(在學) 잠재(潛在)
材(재목 재) 재료(材料) 재목(材木) 재질(材質) 교재(敎材) 약재(藥材)
財(재물 재) 재단(財團) 재물(財物) 재벌(財閥) 재산(財産) 재정(財政)
宰(재상 재) 재상(宰相) 읍재(邑宰) 재신(宰臣) 주재(主宰)
災(재앙 재) 재난(災難) 재앙(災殃) 화재(火災) 재해(災害) 수재(水災)
才(재주 재) 재기(才氣) 재능(才能) 재색(才色) 수재(秀才) 천재(天才)
爭(다툴 쟁) 쟁론(爭論) 쟁의(爭議) 쟁탈(爭奪) 경쟁(競爭) 당쟁(黨爭)

著(나타날 저) 저명(著明) 저서(著書) 저술(著述) 저작(著作) 현저(顯著)
低(낮을 저) 저가(低價) 저렴(低廉) 저속(低俗) 저온(低溫) 저음(低音)
抵(막을 저) 저촉(抵觸) 저당(抵當) 저항(抵抗) 대저(大抵)
底(밑 저) 저변(底邊) 도저(到底) 기저(基底) 철저(徹底) 저의(底意)
貯(쌓을 저) 저금(貯金) 저장(貯藏) 저축(貯蓄) 저수지(貯水池)
寂(고요할 적) 적막(寂寞) 한적(閑寂) 울적(鬱寂) 적멸(寂滅) 정적(靜寂)
的(과녁 적) 적중(的中) 목적(目的) 표적(標的) 적실(的實) 적확(的確)
敵(대적할 적) 적군(敵軍) 천적(天敵) 적지(敵地) 강적(强敵) 적대시(敵對視)
賊(도적 적) 도적(盜賊) 산적(山賊) 해적(海賊) 역적(逆賊) 적반하장(賊反荷杖)
摘(딸 적) 적발(摘發) 지적(指摘) 적출(摘出)
適(맞을 적) 적격(適格) 적당(適當) 적용(適用) 적응(適應) 쾌적(快適)
籍(문서 적) 호적(戶籍) 서적(書籍) 부적(符籍) 제적(除籍) 학적(學籍)
滴(물방울 적) 연적(硯滴) 적수(滴水) 여적(餘滴) 적로(滴露) 우적(雨滴)
赤(붉을 적) 적도(赤道) 적자(赤字) 적나라(赤裸裸) 적토마(赤兎馬) 적혈구(赤血球)
績(길쌈 적) 방적(紡績) 성적(成績) 공적(功績) 치적(治績) 업적(業績)
積(쌓을 적) 적체(積滯) 누적(累積) 적극(積極) 적설(積雪) 퇴적(堆積)
跡(자취 적) 인적(人跡) 필적(筆跡) 흔적(痕跡) 족적(足跡) 종적(蹤跡)
蹟(자취 적) 흔적(痕蹟) 고적(古蹟) 사적(史蹟) 필적(筆蹟) 기적(奇蹟)
笛(피리 적) 기적(汽笛) 경적(警笛) 고적대(鼓笛隊)
廛(가게 전) 전방(廛房) 시전(市廛)
錢(돈 전) 금전(金錢) 동전(銅錢) 본전(本錢) 엽전(葉錢) 환전(換錢)
田(밭 전) 전원(田園) 전답(田畓) 균전(均田) 염전(鹽田) 유전(油田)
電(번개 전) 전기(電氣) 전류(電流) 전송(電送) 전파(電波) 감전(感電)
典(법 전) 전고(典故) 전당(典當) 전범(典範) 전아(典雅) 전적(典籍)
戰(싸움 전) 전란(戰亂) 전략(戰略) 전술(戰術) 전쟁(戰爭) 전황(戰況)
前(앞 전) 전과(前科) 전도(前途) 전반(前半) 전진(前進) 전후(前後)
專(오로지 전) 전공(專攻) 전문(專門) 전횡(專橫) 전용(專用) 전업(專業)
全(온전 전) 전국(全國) 전권(全權) 전무(全無) 전체(全體) 안전(安全)
轉(구를 전) 전환(轉換) 운전(運轉) 전이(轉移) 전직(轉職) 반전(反轉)
傳(전할 전) 전설(傳說) 전수(傳受) 전염(傳染) 전통(傳統) 전파(傳播)
奠(제사지낼 전) 전물(奠物) 석전(釋奠) 제전(祭奠)
箋(찌지 전) 전문(箋文) 전주(箋註) 전혜(箋惠)
殿(큰집 전) 전하(殿下) 궁전(宮殿) 전각(殿閣) 신전(神殿) 어전(御殿)
展(펼 전) 전개(展開) 전람(展覽) 전망(展望) 전시(展示) 발전(發展)
箭(화살 전) 전간(箭幹) 전우(箭羽) 전통(箭筒) 비전(飛箭) 화전(火箭)

折(꺾을 절) 절반(折半) 굴절(屈折) 골절(骨折) 절충(折衷) 좌절(挫折)
絶(끊을 절) 절경(絶景) 절교(絶交) 절규(絶叫) 절대(絶對) 절정(絶頂)
節(마디 절) 절기(節氣) 절도(節度) 절약(節約) 절제(節制) 절조(節操)
切(절실할 절) 절실(切實) 간절(懇切) 절감(切感) 절친(切親)
竊(훔칠 절) 절도(竊盜) 절취(竊取) 표절(剽竊)
店(가게 점) 점원(店員) 개점(開店) 노점(露店) 매점(賣店) 상점(商店)
粘(끈끈할 점) 점막(粘膜) 점액(粘液) 점토(粘土) 지점토(紙粘土)
點(점 점) 점검(點檢) 점심(點心) 점자(點字) 결점(缺點) 요점(要點)
占(점칠 점) 점술(占術) 점괘(占卦) 점거(占據) 점령(占領) 독점(獨占)
漸(점점 점) 점차(漸次) 점층(漸層) 점진(漸進) 점입가경(漸入佳境)
蝶(나비 접) 접영(蝶泳) 호접(蝴蝶) 호접지몽(胡蝶之夢)
接(접할 접) 접경(接境) 접골(接骨) 접속(接續) 접수(接受) 접전(接戰)
整(가지런할 정) 정돈(整頓) 정리(整理) 정렬(整列) 정비(整備) 조정(調整)
靜(고요할 정) 정숙(靜肅) 정적(靜寂) 정좌(靜坐) 안정(安靜)
貞(곧을 정) 정녀(貞女) 정숙(貞淑) 정절(貞節) 정조(貞操)
旌(기 정) 정문(旌門) 정상(旌賞) 정표(旌表)
程(길 정) 여정(旅程) 이정표(里程標) 과정(過程) 일정(日程)
淨(깨끗할 정) 정결(淨潔) 정화(淨化) 청정(淸淨)
鄭(나라 이름 정) 정씨(鄭氏) 정현(鄭玄) 정위상간(鄭衛桑間)
呈(드릴 정) 증정(贈呈) 노정(露呈)
庭(뜰 정) 정원(庭園) 가정(家庭) 교정(校庭) 宮庭(궁정)
情(뜻 정) 정담(情談) 정보(情報) 정서(情緖) 정열(情熱)
停(머무를 정) 정년(停年) 정박(停泊) 정전(停電) 정지(停止) 정거장(停車場)
訂(바로잡을 정) 정정(訂正) 개정(改訂) 교정(校訂)
正(바를 정) 정각(正刻) 정상(正常) 정오(正午) 정월(正月) 정의(正義)
晶(밝을 정) 정광(晶光) 결정(結晶) 수정(水晶)
鼎(솥 정) 정립(鼎立) 정신(鼎臣)
井(우물 정) 정전(井田) 시정(市井) 천정부지(天井不知)
丁(장정 정) 백정(白丁) 장정(壯丁)
政(정사 정) 정계(政界) 정권(政權) 정당(政黨) 정부(政府) 정책(政策)
頂(정수리 정) 정상(頂上) 정점(頂點) 산정(山頂) 천정(天頂)
亭(정자 정) 정자(亭子) 객정(客亭)
定(정할 정) 정가(定價) 정기(定期) 정원(定員) 가정(假定)
精(정할 정) 정교(精巧) 정독(精讀) 정밀(精密) 정선(精選) 정신(精神)
廷(조정 정) 정시(廷試) 조정(朝廷) 법정(法廷) 궁정(宮廷)

征(칠 정)	정벌(征伐) 정복(征服) 출정(出征) 원정(遠征)
靖(편안할 정)	정광(靖匡) 정절(靖節) 안정(安靖)
齊(가지런할 제)	제창(齊唱) 일제(一齊)
濟(건널 제)	제세(濟世) 경제(經濟) 구제(救濟)
提(끌 제)	제안(提案) 제시(提示) 제휴(提携) 제공(提供) 제출(提出)
制(지을 제)	제압(制壓) 제한(制限) 견제(牽制) 통제(統制) 제도(制度)
除(덜 제)	제거(除去) 제대(除隊) 제명(除名) 제외(除外)
堤(둑 제)	제방(堤防) 제천(堤川) 김제(金堤)
諸(모든 제)	제국(諸國) 제군(諸君) 제후(諸侯) 제자백가(諸子百家)
際(즈음 제)	차제(此際) 교제(交際) 실제(實際)
弟(아우 제)	제자(弟子) 자제(子弟) 형제(兄弟)
劑(약 지을 제)	약제(藥劑) 조제(調劑) 탕제(湯劑)
帝(임금 제)	제왕(帝王) 상제(上帝) 황제(皇帝)
題(제목 제)	제목(題目) 과제(課題) 난제(難題) 문제(問題)
祭(제사 제)	제기(祭器) 제단(祭壇) 제례(祭禮) 제문(祭文) 제사(祭祀)
製(지을 제)	제과(製菓) 제당(製糖) 제약(製藥) 제조(製造) 수제(手製)
第(차례 제)	제일(第一) 차제(次第) 제삼자(第三者)
粗(거칠 조)	조밀(粗密) 조잡(粗雜) 정조(精粗)
調(고를 조)	조리(調理) 조미(調味) 조사(調査) 조절(調節) 조화(調和)
趙(나라 이름 조)	조광조(趙光祖) 전조(前趙) 후조(後趙)
助(도울 조)	조력(助力) 조사(助詞) 조수(助手) 구조(救助) 부조(扶助)
燥(마를 조)	조갈(燥渴) 건조(乾燥) 초조(焦燥)
曹(마을 조)	조조(曹操) 관조(官曹) 법조(法曹) 육조(六曹)
藻(말 조)	조감(藻鑑) 조아(藻雅) 사조(辭藻)
祚(복 조)	조업(祚業) 조윤(祚胤) 복조(福祚)
照(비출 조)	조명(照明) 낙조(落照) 대조(對照) 참조(參照)
鳥(새 조)	조류(鳥類) 조수(鳥獸) 화조(花鳥) 황조(黃鳥)
彫(새길 조)	조각(彫刻) 조소(彫塑) 조탁(彫琢) 목조(木彫) 부조(浮彫)
曺(성씨 조)	조식(曺植)
租(조세 조)	조세(租稅) 조차(租借)
朝(아침 조)	조간(朝刊) 조공(朝貢) 조반(朝飯) 조석(朝夕) 조조(早朝)
兆(억조 조)	조짐(兆朕) 길조(吉兆) 전조(前兆) 징조(徵兆)
早(이를 조)	조기(早起) 조로(早老) 조숙(早熟) 조퇴(早退) 조혼(早婚)
操(잡을 조)	조심(操心) 지조(志操) 정조(貞操) 조신(操身)
條(가지 조)	조항(條項) 조건(條件) 조리(條理) 조목(條目)

弔(조상할 조) 조문(弔問) 조상(弔喪) 근조(謹弔)
造(지을 조) 조선(造船) 조성(造成) 조어(造語) 조예(造詣) 위조(僞造)
組(짤 조) 조직(組織) 조성(組成) 조각(組閣)
祖(할아비 조) 조국(祖國) 조상(祖上) 비조(鼻祖) 선조(先祖)
潮(밀물 조) 조수(潮水) 사조(思潮) 조류(潮流) 풍조(風潮)
族(겨레 족) 족보(族譜) 족속(族屬) 가족(家族) 민족(民族) 유족(遺族)
足(발 족) 족쇄(足鎖) 족적(足跡) 족하(足下) 만족(滿足) 수족(手足)
尊(높을 존) 존경(尊敬) 존귀(尊貴) 존숭(尊崇) 존엄(尊嚴) 존칭(尊稱)
存(있을 존) 존립(存立) 존재(存在) 보존(保存) 적자생존(適者生存)
卒(마칠 졸) 졸도(卒倒) 졸병(卒兵) 졸업(卒業) 창졸(倉卒)
拙(졸할 졸) 졸렬(拙劣) 졸필(拙筆) 공졸(工拙) 졸속(拙速)
宗(마루 종) 종가(宗家) 종교(宗敎) 종묘(宗廟) 종친(宗親)
終(마칠 종) 종결(終決) 종신(終身) 종전(終戰) 시종(始終)
縱(놓을 종) 방종(放縱) 종횡(縱橫) 종단(縱斷)
腫(부스럼 종) 종기(腫氣) 종양(腫瘍) 종창(腫脹)
鐘(쇠북 종) 종고(鐘鼓) 괘종(掛鐘) 자명종(自鳴鐘)
種(씨 종) 종류(種類) 종목(種目) 종자(種子) 잡종(雜種)
綜(잉아 종) 종합(綜合) 착종(錯綜)
從(좇을 종) 종군(從軍) 종래(從來) 종횡(從橫) 순종(順從)
佐(도울 좌) 보좌(輔佐) 좌명(佐命)
坐(앉을 좌) 좌시(坐視) 좌약(坐藥) 좌정(坐定) 연좌(緣坐)
左(왼 좌) 좌천(左遷) 좌측(左側) 좌충우돌(左衝右突)
座(자리 좌) 좌석(座席) 좌담(座談) 좌장(座長) 강좌(講座) 좌우명(座右銘)
罪(허물 죄) 죄과(罪科) 죄명(罪名) 죄수(罪囚) 단죄(斷罪) 범죄(犯罪)
州(고을 주) 제주(濟州) 구주(九州)
珠(구슬 주) 주옥(珠玉) 염주(念珠) 진주(珍珠) 주렴(珠簾) 주산(珠算)
柱(기둥 주) 원주(圓柱) 사주(四柱) 교주고슬(膠柱鼓瑟)
晝(낮 주) 주간(晝間) 주야(晝夜) 백주(白晝) 주경야독(晝耕夜讀)
走(달릴 주) 경주(競走) 도주(逃走) 분주(奔走) 질주(疾走)
週(돌 주) 주간(週刊) 주기(週期) 격주(隔週)
周(두루 주) 주지(周知) 주위(周圍) 주도면밀(周到綿密)
駐(머무를 주) 주둔(駐屯) 주차(駐車) 주재(駐在)
洲(물가 주) 만주(滿洲) 미주(美洲) 오대주(五大洲)
注(물댈 주) 주의(注意) 주사(注射) 주유소(注油所)
舟(배 주) 주유(舟遊) 각주구검(刻舟求劍) 일엽편주(一葉片舟)

鑄(쇠부어 만들 주) 주조(鑄造) 주물(鑄物) 주화(鑄貨) 주형(鑄型)
朱(붉을 주) 주작(朱雀) 인주(印朱) 주자학(朱子學)
呪(빌 주) 주문(呪文) 주물(呪物) 주술(呪術) 저주(咀呪)
株(그루 주) 주식(株式) 주주(株主) 수주대토(守株待兎)
住(살 주) 주거(住居) 주소(住所) 주택(住宅) 이주(移住) 영주권(永住權)
酒(술 주) 주량(酒量) 주연(酒宴) 주점(酒店) 주정(酒酊) 주흥(酒興)
奏(아뢸 주) 주청(奏請) 주달(奏達) 연주(演奏) 독주(獨奏) 취주(吹奏)
註(주낼 주) 주석(註釋) 주소(註疏) 주해(註解) 두주(頭註) 각주(脚註)
主(주인 주) 주관(主管) 주류(主流) 주빈(主賓) 주최(主催) 주축(主軸)
宙(집 주) 주우(宙宇) 벽주(碧宙) 우주(宇宙)
竹(대 죽) 죽림(竹林) 죽순(竹筍) 죽장(竹杖) 송죽(松竹) 오죽헌(烏竹軒)
浚(깊을 준) 준급(浚急) 준설(浚渫) 준정(浚井)
遵(좇을 준) 준수(遵守) 준법(遵法)
俊(뛰어날 준) 준걸(俊傑) 준수(俊秀)
準(법 준) 준거(準據) 준비(準備) 기준(基準) 표준(標準) 평준(平準)
濬(칠 준) 준담(濬潭) 준원(濬源) 준철(濬哲)
中(가운데 중) 중도(中途) 중독(中毒) 중순(中旬) 중용(中庸) 중화(中和)
重(무거울 중) 중복(重複) 중시(重視) 중역(重役) 중점(重點) 중후(重厚)
衆(무리 중) 중론(衆論) 중생(衆生) 민중(民衆) 관중(觀衆)
仲(버금 중) 백중(伯仲) 중형(仲兄) 중개(仲介) 중매(仲媒) 중재(仲裁)
卽(곧 즉) 즉각(卽刻) 즉석(卽席) 즉시(卽時) 즉위(卽位) 즉흥(卽興)
增(더할 증) 증가(增加) 증설(增設) 증원(增員) 증진(增進) 증폭(增幅)
憎(미울 증) 증오(憎惡) 애증(愛憎) 가증(可憎)
曾(일찍 증) 증손(曾孫) 증조(曾祖) 증자(曾子) 미증유(未曾有)
贈(줄 증) 기증(寄贈) 증정(贈呈) 증여(贈與)
證(증거 증) 증거(證據) 증명(證明) 증서(證書) 증표(證票) 증험(證驗)
症(증세 증) 증세(症勢) 염증(厭症) 증상(症狀) 갈증(渴症) 통증(痛症)
蒸(찔 증) 증발(蒸發) 증류(蒸溜) 증기(蒸氣) 훈증(薰蒸)
支(지탱할 지) 지급(支給) 지류(支流) 지배(支配) 지지(支持) 지출(支出)
枝(가지 지) 지간(枝幹) 지엽(枝葉) 연리지(連理枝)
持(가질 지) 지병(持病) 지속(持續) 지참(持參) 견지(堅持) 지구력(持久力)
之(갈 지) 지자(之子) 지자로(之字路) 역지사지(易地思之) 지동지서(之東之西)
止(그칠 지) 지양(止揚) 지혈(止血) 금지(禁止) 정지(停止) 폐지(廢止)
脂(기름 지) 지고(脂膏) 지방(脂肪) 지분(脂粉) 연지(臙脂)
只(다만 지) 지금(只今) 단지(但只)

遲(더딜 지) 지체(遲滯) 지각(遲刻) 지진아(遲進兒) 지지부진(遲遲不進)
地(땅 지) 지구(地球) 지뢰(地雷) 지리(地理) 지역(地域) 지위(地位)
志(뜻 지) 지사(志士) 지향(志向) 동지(同志) 독지가(篤志家)
旨(뜻 지) 지의(旨義) 지취(旨趣) 논지(論旨) 요지(要旨) 취지(趣旨)
肢(사지 지) 지간(肢幹) 지골(肢骨) 지체(肢體) 사지(四肢)
指(손가락 지) 지목(指目) 지시(指示) 지적(指摘) 지침(指針) 지휘(指揮)
智(지혜 지) 지혜(智慧) 지략(智略) 예지(叡智) 지용(智勇)
知(알 지) 지각(知覺) 지기(知己) 지성(知性) 지식(知識) 지음(知音)
池(못 지) 천지(天池) 함지(咸池) 전지(電池) 저수지(貯水池)
至(이를 지) 지극(至極) 지난(至難) 지당(至當) 지성(至誠) 지엄(至嚴)
誌(기록할 지) 일지(日誌) 잡지(雜誌) 비지(碑誌) 주간지(週刊誌)
紙(종이 지) 지면(紙面) 지전(紙錢) 지폐(紙幣) 표지(表紙) 한지(韓紙)
芝(지초 지) 지란(芝蘭) 지애(芝艾) 지초(芝草) 영지(靈芝)
址(터 지) 지대(址臺) 고지(故址) 구지(舊址) 기지(基址) 유지(遺址)
直(곧을 직) 직감(直感) 직속(直屬) 직시(直視) 직접(直接) 직진(直進)
稷(기장 직) 직신(稷神) 사직(社稷) 서직(黍稷)
職(벼슬 직) 직분(職分) 직책(職責) 직업(職業) 직원(職員) 취직(就職)
織(짤 직) 직물(織物) 직녀(織女) 방직(紡織) 조직(組織)
秦(나라 이름 진) 진월(秦越) 진전(秦篆) 진진(秦晉) 선진(先秦)
津(나루 진) 진경(津徑) 진도(津渡) 진안(津岸) 요진(要津) 지진(知津)
進(나아갈 진) 진도(進度) 진로(進路) 진보(進步) 진척(進陟) 진퇴(進退)
晉(나아갈 진) 진고(晉鼓) 진산(晉山) 진접(晉接) 진질(晉秩)
鎭(누를 진) 진압(鎭壓) 진통(鎭痛) 진정(鎭靜)
陳(베풀 진) 진열(陳列) 진술(陳述) 진설(陳設) 개진(開陳) 진부(陳腐)
盡(다할 진) 진력(盡力) 진심(盡心) 소진(消盡) 탕진(蕩盡) 무진장(無盡藏)
振(떨칠 진) 진동(振動) 진흥(振興) 진작(振作) 진양(振揚)
塵(먼지 진) 진겁(塵劫) 진세(塵世) 진구(塵垢) 진망(塵網) 홍진(紅塵)
辰(별 진) 진성(辰星) 진수(辰宿) 진시(辰時) 진일(辰日) 일월성신(日月星辰)
珍(보배 진) 진귀(珍貴) 진수(珍羞) 진기(珍奇) 진미(珍味) 진주(珍珠)
陣(진칠 진) 진영(陣營) 포진(布陣) 배수진(背水陣) 장사진(長蛇陣)
眞(참 진) 진가(眞價) 진솔(眞率) 진실(眞實) 진위(眞僞) 진지(眞摯)
震(벼락 진) 지진(地震) 진노(震怒) 진원(震源) 강진(强震) 뇌진탕(腦震蕩)
質(바탕 질) 질문(質問) 질박(質朴) 질의(質疑) 소질(素質)
疾(병 질) 질병(疾病) 질환(疾患) 고질(痼疾) 질주(疾走) 질시(疾視)
姪(조카 질) 질부(姪婦) 질녀(姪女) 생질(甥姪)

秩(차례 질) 질서(秩序) 질만(秩滿)
輯(모을 집) 집록(輯錄) 집성(輯成) 완집(完輯) 수집(蒐輯) 편집(編輯)
集(모을 집) 집단(集團) 집약(集約) 집회(集會) 모집(募集) 집대성(集大成)
執(잡을 집) 집권(執權) 집념(執念) 집무(執務) 집착(執着) 집행유예(執行猶豫)
徵(부를 징) 징집(徵集) 징용(徵用) 징수(徵收) 상징(象徵) 특징(特徵)
懲(징계할 징) 징계(懲戒) 징역(懲役) 징벌(懲罰) 권선징악(勸善懲惡)
且(또 차) 차치(且置) 구차(苟且) 차문차답(且問且答) 차전차주(且戰且走)
遮(막을 차) 차단(遮斷) 차도(遮道) 중차(重遮)
次(버금 차) 차관(次官) 차기(次期) 차남(次男) 차점(次點) 편차(編次)
借(빌릴 차) 차관(借款) 차용(借用) 가차(假借) 대차(貸借) 임차(賃借)
此(이 차) 차후(此後) 여차(如此) 피차(彼此) 차일피일(此日彼日)
箚(차자 차) 차기(箚記) 차자(箚子)
差(어긋날 차) 차등(差等) 차별(差別) 차이(差異) 오차(誤差) 천차만별(千差萬別)
着(붙을 착) 착상(着想) 착수(着手) 착실(着實) 착안(着眼) 침착(沈着)
捉(잡을 착) 착송(捉送) 포착(捕捉)
錯(섞일 착) 착각(錯覺) 착란(錯亂) 착시(錯視) 착오(錯誤) 착잡(錯雜)
簒(모을 찬) 찬립(簒立) 찬술(撰述) 찬역(簒逆) 찬위(簒位)
撰(지을 찬) 찬문(撰文) 찬정(撰定) 찬술(撰述) 찬집(撰集) 찬자(撰者)
贊(도울 찬) 찬동(贊同) 찬성(贊成) 찬조(贊助) 찬반(贊反) 협찬(協贊)
讚(기릴 찬) 찬미(讚美) 찬사(讚辭) 찬송(讚頌) 찬양(讚揚) 칭찬(稱讚)
察(살필 찰) 경찰(警察) 관찰(觀察) 사찰(査察) 순찰(巡察) 진찰(診察)
刹(절 찰) 찰나(刹那) 사찰(寺刹)
參(참여할 참) 참가(參加) 참고(參考) 참여(參與) 참작(參酌) 참조(參照)
慙(부끄러울 참) 참개(慙慨) 참괴(慙愧) 참덕(慙德) 참회(慙悔) 수참(羞慙)
慘(비참할 참) 참사(慘事) 참극(慘劇) 참형(慘刑) 비참(悲慘) 처참(悽慘)
唱(부를 창) 창극(唱劇) 창도(唱導) 선창(先唱) 절창(絶唱) 주창(主唱)
滄(찰 창) 창창(滄滄)
滄(찰 창) 창명(滄溟) 창망(滄茫) 창해(滄海)
窓(창문 창) 창구(窓口) 창문(窓門) 동창(同窓) 학창(學窓) 창호지(窓戶紙)
昌(창성 창) 창성(昌盛) 창평(昌平) 번창(繁昌) 창언정론(昌言正論)
創(비롯할 창) 창간(創刊) 창시(創始) 창작(創作) 창조(創造) 독창(獨創)
暢(화창할 창) 창달(暢達) 창쾌(暢快) 화창(和暢) 유창(流暢)
蒼(푸를 창) 창공(蒼空) 창백(蒼白) 창천(蒼天) 창생(蒼生) 고색창연(古色蒼然)
倉(곳집 창) 창고(倉庫) 창곡(倉穀) 곡창(穀倉) 관창(官倉) 미창(米倉)
蔡(거북 채) 채륜(蔡倫) 신채(神蔡) 채동지(蔡同知)

菜(나물 채) 채소(菜蔬) 채식(菜食) 야채(野菜) 채근담(菜根譚)
採(캘 채) 채용(採用) 채점(採點) 채집(採集) 채취(採取) 채택(採擇)
采(캘 채) 채색(采色) 채용(采用) 풍채(風采) 문채(文采) 신채(薪采)
債(빚 채) 채권(債券) 채무(債務) 사채(私債) 공채(公債) 부채(負債)
彩(채색 채) 색채(色彩) 광채(光彩) 이채(異彩) 문채(文彩) 다채(多彩)
責(꾸짖을 책) 책망(責望) 책무(責務) 책임(責任) 직책(職責) 질책(叱責)
冊(책 책) 책력(冊曆) 책봉(冊封) 책상(冊床) 별책(別冊) 서책(書冊)
策(꾀 책) 책략(策略) 계책(計策) 묘책(妙策) 대책(對策) 정책(政策)
處(곳 처) 처결(處決) 처방(處方) 처벌(處罰) 처지(處地) 처치(處置)
悽(슬퍼할 처) 처연(悽然) 처창(悽愴) 처절(悽絶) 처참(悽慘) 처고(悽苦)
妻(아내 처) 처남(妻男) 처자(妻子) 처제(妻弟) 애처(愛妻) 공처가(恐妻家)
尺(자 척) 척도(尺度) 척독(尺牘) 척촌(尺寸) 지척(咫尺)
斥(물리칠 척) 척후(斥候) 척사(斥邪) 척화(斥和) 척병(斥兵) 배척(排斥)
戚(겨레 척) 척족(戚族) 척신(戚臣) 인척(姻戚) 외척(外戚) 친척(親戚)
拓(개척할 척) 척식(拓植) 척지(拓地) 개척(開拓) 간척(干拓) 낙척(落拓)
川(내 천) 천렵(川獵) 천변(川邊) 산천(山川) 하천(河川)
泉(샘 천) 천석(泉石) 구천(九泉) 청천(淸泉) 황천(黃泉)
淺(얕을 천) 천견(淺見) 천박(淺薄) 심천(深淺) 천학비재(淺學非才)
千(일천 천) 천추(千秋) 천태만상(千態萬狀) 천편일률(千篇一律)
天(하늘 천) 천복(天福) 천성(天性) 천수(天壽) 천직(天職) 낙천(樂天)
薦(천거할 천) 천거(薦擧) 추천(推薦) 공천(公薦) 낙천(落薦) 자천(自薦)
賤(천할 천) 천시(賤視) 귀천(貴賤) 미천(微賤) 빈천(貧賤) 비천(卑賤)
遷(옮길 천) 천도(遷都) 변천(變遷) 좌천(左遷) 개과천선(改過遷善)
踐(밟을 천) 천리(踐履) 천답(踐踏) 실천(實踐) 천력(踐歷)
澈(물 맑을 철) 경철(鏡澈) 징철(澄澈)
喆(밝을 철) 철(哲)과 同字
鐵(쇠 철) 철교(鐵橋) 철근(鐵筋) 철기(鐵器) 철도(鐵道) 철망(鐵網)
哲(밝을 철) 철인(哲人) 철학(哲學) 성철(聖哲) 현철(賢哲) 명철(明哲)
徹(통할 철) 철저(徹底) 철야(徹夜) 관철(貫徹) 투철(透徹) 철두철미(徹頭徹尾)
僉(다 첨) 첨위(僉位) 첨좌(僉座) 첨원(僉員) 첨의(僉意)
尖(뾰족할 첨) 첨단(尖端) 첨예(尖銳) 첨탑(尖塔) 첨병(尖兵) 첨형(尖形)
添(더할 첨) 첨가(添加) 첨부(添附) 첨삭(添削) 첨작(添酌) 별첨(別添)
帖(표제 첩) 서첩(書帖) 화첩(畵帖) 수첩(手帖) 청첩(請帖) 사진첩(寫眞帖)
妾(첩 첩) 첩부(妾婦) 첩실(妾室) 소첩(小妾) 처첩(妻妾) 천첩(賤妾)
晴(갤 청) 청랑(晴朗) 청음(晴陰) 쾌청(快晴)

聽(들을 청)　청각(聽覺) 청강(聽講) 청중(聽衆) 청취(聽取) 청문회(聽聞會)
淸(맑을 청)　청결(淸潔) 청렴(淸廉) 청소(淸掃) 청순(淸純) 청탁(淸濁)
請(청할 청)　청부(請負) 청탁(請託) 청혼(請婚) 신청(申請) 청구서(請求書)
靑(푸를 청)　청동(靑銅) 청사(靑史) 청운(靑雲) 청춘(靑春) 청사진(靑寫眞)
廳(관청 청)　청사(廳舍) 관청(官廳) 시청(市廳) 군청(郡廳)
體(몸 체)　체면(體面) 체벌(體罰) 체육(體育) 체조(體操) 체험(體驗)
替(바꿀 체)　교체(交替) 대체(代替)
滯(막힐 체)　체납(滯納) 체증(滯症) 정체(停滯) 지체(遲滯)
逮(미칠 체)　체포(逮捕) 체국(逮鞫)
遞(갈마들 체)　체신(遞信) 체송(遞送) 우체(郵遞) 역체(驛遞)
楚(가시나무 초)　고초(苦楚) 신초(辛楚) 사면초가(四面楚歌)
招(부를 초)　초대(招待) 초래(招來) 초빙(招聘) 초청(招請) 초혼(招魂)
初(처음 초)　초급(初級) 초기(初期) 초등(初等) 당초(當初) 시초(始初)
草(풀 초)　초개(草芥) 초고(草稿) 초당(草堂) 초안(草案) 초창(草創)
抄(베낄 초)　초록(抄錄) 초사(抄寫) 초서(抄書) 초본(抄本)
肖(닮을 초)　초사(肖似) 초상(肖像) 불초(不肖) 초상화(肖像畵)
礎(주춧돌 초)　초석(礎石) 기초(基礎) 정초(定礎)
超(뛰어넘을 초)　초월(超越) 초탈(超脫) 초탈(超脫) 초연(超然) 초인(超人)
秒(초 초)　초속(秒速) 초침(秒針) 분초(分秒)
促(재촉할 촉)　촉박(促迫) 촉진(促進) 독촉(督促) 최촉(催促)
觸(닿을 촉)　촉각(觸角) 촉감(觸感) 촉발(觸發) 저촉(抵觸) 접촉(接觸)
燭(촛불 촉)　촉대(燭臺) 촉심(燭心) 촉루(燭淚) 화촉(華燭) 등촉(燈燭)
寸(마디 촌)　촌각(寸刻) 촌수(寸數) 촌음(寸陰) 촌지(寸志)
村(마을 촌)　촌가(村家) 촌락(村落) 촌부(村婦) 촌장(村長) 농촌(農村)
摠(모두 총)　총(總)과 同
叢(모일 총)　총설(叢說) 총서(叢書) 총생(叢生) 총집(叢集) 총론(叢論)
塚(무덤 총)　총묘(塚墓) 의총(義塚)
總(거느릴 총)　총계(總計) 총괄(總括) 총력(總力) 총리(總理) 총회(總會)
聰(귀밝을 총)　총명(聰明) 총기(聰氣) 총민(聰敏)
銃(총 총)　총포(銃砲) 총상(銃傷) 총탄(銃彈) 권총(拳銃) 총격전(銃擊戰)
最(가장 최)　최근(最近) 최신(最新) 최적(最適) 최종(最終) 최초(最初)
崔(높을 최)　최최(崔崔) 최외(崔嵬) 최치원(崔致遠) 최판관(崔判官)
催(재촉할 최)　최면(催眠) 개최(開催) 주최(主催) 최루탄(催淚彈)
秋(가을 추)　추곡(秋穀) 추분(秋分) 추수(秋收) 추파(秋波) 추호(秋毫)
推(밀 추)　추구(推究) 추리(推理) 추진(推進) 추천(推薦) 추측(推測)

樞(지도리 추) 추기(樞機) 추밀(樞密) 천추(天樞)
追(따를 추) 추도(追悼) 추모(追慕) 추방(追放) 추억(追憶) 추적(追跡)
抽(뽑을 추) 추출(抽出) 추상(抽象)
醜(추할 추) 추남(醜男) 추녀(醜女) 추문(醜聞) 추태(醜態) 추악(醜惡)
逐(쫓을 축) 축출(逐出) 구축(驅逐) 각축(角逐) 추축(追逐)
縮(줄일 축) 축소(縮小) 축약(縮約) 감축(減縮) 수축(收縮) 신축(伸縮)
畜(기를 축) 축사(畜舍) 가축(家畜) 목축(牧畜) 축산업(畜産業)
築(쌓을 축) 축조(築造) 건축(建築) 개축(改築) 증축(增築) 구축(構築)
蓄(쌓을 축) 축재(蓄財) 축적(蓄積) 저축(貯蓄) 함축(含蓄) 전축(電蓄)
軸(굴대 축) 추축(樞軸) 지축(地軸) 주축(主軸) 좌표축(座標軸)
祝(빌 축) 축문(祝文) 축배(祝杯) 축복(祝福) 축포(祝砲) 축하(祝賀)
丑(소 축) 축시(丑時) 기축옥사(己丑獄死)
春(봄 춘) 춘설(春雪) 춘흥(春興) 맹춘(孟春) 청춘(靑春)
出(날 출) 출납(出納) 출동(出動) 출산(出産) 출중(出衆) 출처(出處)
蟲(벌레 충) 충치(蟲齒) 곤충(昆蟲) 유충(幼蟲) 해충(害蟲)
充(채울 충) 충당(充當) 충분(充分) 충원(充員) 충족(充足) 충혈(充血)
忠(충성 충) 충고(忠告) 충성(忠誠) 충신(忠臣) 충직(忠直) 충간(忠諫)
衝(찌를 충) 충격(衝擊) 충돌(衝突) 충동(衝動) 상충(相衝) 좌충우돌(左衝右突)
臭(냄새 취) 악취(惡臭) 체취(體臭) 탈취(脫臭) 향취(香臭) 구상유취(口尙乳臭)
趣(취미 취) 취미(趣味) 취향(趣向) 취지(趣旨) 정취(情趣) 흥취(興趣)
醉(취할 취) 취객(醉客) 취흥(醉興) 심취(心醉) 도취(陶醉) 만취(滿醉)
聚(모일 취) 취렴(聚斂) 취합(聚合) 적취(積聚)
吹(불 취) 취적(吹笛) 고취(鼓吹) 취주악(吹奏樂)
就(나아갈 취) 취업(就業) 취임(就任) 취직(就職) 취항(就航) 성취(成就)
取(가질 취) 취득(取得) 취소(取消) 취하(取下) 섭취(攝取) 쟁취(爭取)
側(곁 측) 측근(側近) 측면(側面) 좌측(左側) 우측(右側) 양측(兩側)
測(헤아릴 측) 측량(測量) 예측(豫測) 관측(觀測) 측정(測定) 계측(計測)
層(층 층) 층계(層階) 계층(階層) 고층(高層) 저층(底層) 지층(地層)
恥(부끄러울 치) 치욕(恥辱) 국치(國恥) 수치(羞恥) 염치(廉恥) 후안무치(厚顔無恥)
値(값 치) 가치(價値) 근사치(近似値) 수치(數値) 절대치(絶對値)
置(둘 치) 치중(置重) 위치(位置) 배치(配置) 방치(放置) 안치(安置)
齒(이 치) 치아(齒牙) 치통(齒痛) 유치(乳齒) 유치(幼齒)
致(이를 치) 치부(致富) 치사(致死) 치하(致賀) 경치(景致) 운치(韻致)
治(다스릴 치) 치란(治亂) 치료(治療) 치안(治安) 치산(治産) 치장(治粧) 치죄(治罪)
稚(어릴 치) 치졸(稚拙) 치기(稚氣) 치어(稚魚) 유치(幼稚)

則(법칙 칙) 규칙(規則) 법칙(法則) 변칙(變則) 원칙(原則)
勅(조서 칙) 칙서(勅書) 칙사(勅使) 칙명(勅命)
親(친할 친) 친구(親舊) 친근(親近) 친목(親睦) 친숙(親熟) 친절(親切)
七(일곱 칠) 칠보(七寶) 칠석(七夕) 칠순(七旬) 북두칠성(北斗七星)
漆(옻 칠) 칠기(漆器) 칠판(漆板) 칠흑(漆黑) 교칠지교(膠漆之交)
沈(잠길 침) 침잠(沈潛) 침몰(沈沒) 침착(沈着) 침묵(沈默)
侵(침노할 침) 침략(侵略) 침탈(侵奪) 침공(侵攻) 침범(侵犯) 침입(侵入)
寢(잠잘 침) 침실(寢室) 침대(寢臺) 침식(寢食) 침소(寢所) 취침(就寢)
枕(베개 침) 침두(枕頭) 목침(木枕) 고침(高枕) 병침(丙枕)
浸(젖을 침) 침수(浸水) 침투(浸透) 침식(浸蝕) 침습(浸濕)
針(바늘 침) 침모(針母) 분침(分針) 지침(指針) 침엽수(針葉樹)
稱(일컬을 칭) 칭송(稱頌) 칭찬(稱讚) 호칭(號稱) 사칭(詐稱) 통칭(通稱)
快(쾌할 쾌) 쾌감(快感) 쾌거(快擧) 쾌유(快癒) 쾌청(快晴) 쾌활(快活)
他(다를 타) 타계(他界) 타향(他鄕) 배타(排他) 타율적(他律的)
陀(비탈질 타) 불타(佛陀) 다라니(陀羅尼)
打(칠 타) 타격(打擊) 타구(打毬) 타산(打算) 타진(打診) 타파(打破)
墮(떨어질 타) 타락(墮落) 타루(墮淚)
妥(온당할 타) 타당(妥當) 타협(妥協) 타결(妥結)
托(의탁할 탁) 탁발(托鉢) 무의무탁(無依無托) 탁물언지(托物言志)
濁(흐릴 탁) 탁류(濁流) 탁주(濁酒) 둔탁(鈍濁) 혼탁(混濁)
濯(씻을 탁) 탁족(濯足) 세탁(洗濯)
卓(높을 탁) 탁월(卓越) 탁구(卓球) 탁자(卓子) 식탁(食卓) 원탁회의(圓卓會議)
託(부탁할 탁) 부탁(付託) 신탁(信託) 결탁(結託) 위탁(委託)
琢(쫄 탁) 탁마(琢磨) 탁옥(琢玉) 조탁(彫琢)
歎(탄식할 탄) 탄식(歎息) 탄성(歎聲) 개탄(慨歎) 감탄(感歎) 한탄(恨歎)
彈(탄알 탄) 탄력(彈力) 탄환(彈丸) 지탄(指彈) 방탄(防彈) 폭탄(爆彈)
炭(숯 탄) 탄광(炭鑛) 탄소(炭素) 석탄(石炭) 연탄(煉炭) 도탄(塗炭)
誕(탄생할 탄) 탄생(誕生) 탄신(誕辰) 황탄(荒誕) 성탄(聖誕) 탄일종(誕日鐘)
脫(벗을 탈) 탈당(脫黨) 탈락(脫落) 탈세(脫稅) 탈진(脫盡) 탈피(脫皮)
奪(빼앗을 탈) 탈취(奪取) 탈환(奪還) 강탈(强奪) 쟁탈(爭奪) 침탈(侵奪)
貪(탐할 탐) 탐심(貪心) 탐욕(貪慾) 식탐(食貪) 탐관오리(貪官汚吏)
探(찾을 탐) 탐구(探究) 탐사(探査) 탐색(探索) 탐지(探知) 탐험(探險)
塔(탑 탑) 석탑(石塔) 첨탑(尖塔) 층탑(層塔) 상아탑(象牙塔) 금자탑(金字塔)
湯(끓을 탕) 탕약(湯藥) 온탕(溫湯) 열탕(熱湯) 욕탕(浴湯) 중탕(重湯)
怠(게으를 태) 태만(怠慢) 태업(怠業) 권태(倦怠) 나태(懶怠) 과태료(過怠料)

台(별 태) 태위(台位) 삼태(三台) 천태종(天台宗)
胎(아이 밸 태) 태교(胎敎) 태몽(胎夢) 태생(胎生) 태아(胎兒) 잉태(孕胎)
太(클 태) 태고(太古) 태극(太極) 태반(太半) 태양(太陽) 태초(太初)
泰(클 태) 태평(泰平) 태산준령(泰山峻嶺) 태연자약(泰然自若)
殆(위태할 태) 태반(殆半) 위태(危殆)
態(모습 태) 태도(態度) 상태(狀態) 실태(實態) 변태(變態) 자태(姿態)
宅(집 택) 택지(宅地) 고택(古宅) 사택(社宅) 저택(邸宅)
澤(못 택) 광택(光澤) 덕택(德澤) 윤택(潤澤) 은택(恩澤) 혜택(惠澤)
擇(가릴 택) 택일(擇日) 선택(選擇) 채택(採擇) 양자택일(兩者擇一)
兎(토끼 토) 섬토(蟾兎) 옥토(玉兎) 토사구팽(兎死狗烹)
土(흙 토) 토기(土器) 토사(土砂) 토양(土壤) 토질(土質) 토산품(土產品)
討(칠 토) 토론(討論) 토벌(討伐) 토의(討議) 검토(檢討) 성토(聲討)
吐(토할 토) 토로(吐露) 토설(吐說) 실토(實吐) 구토설사(嘔吐泄瀉)
統(거느릴 통) 통계(統計) 통일(統一) 통제(統制) 통치(統治) 통합(統合)
筒(대롱 통) 필통(筆筒) 연통(煙筒) 원통형(圓筒形) 우체통(郵遞筒)
通(통할 통) 통과(通過) 통념(通念) 통신(通信) 간통(姦通) 개통(開通)
痛(아플 통) 통곡(痛哭) 통증(痛症) 통탄(痛歎) 통쾌(痛快) 고통(苦痛)
退(물러갈 퇴) 퇴각(退却) 퇴원(退院) 퇴장(退場) 퇴진(退陣) 사퇴(辭退)
投(던질 투) 투서(投書) 투숙(投宿) 투약(投藥) 투자(投資) 투표(投票)
鬪(싸움 투) 투사(鬪士) 투쟁(鬪爭) 사투(死鬪) 암투(暗鬪) 전투(戰鬪)
透(꿰뚫을 투) 투과(透過) 투명(透明) 투시(透視) 투영(投映) 투철(透徹)
特(특별할 특) 특권(特權) 특급(特級) 특기(特技) 특수(特殊) 특집(特輯)
派(갈래 파) 파견(派遣) 파병(派兵) 당파(黨派) 좌파(左派) 학파(學派)
破(깨뜨릴 파) 파격(破格) 파괴(破壞) 파산(破產) 간파(看破) 격파(擊破)
波(물결 파) 파급(波及) 파도(波濤) 파란(波瀾) 파장(波長) 전파(電波)
坡(비탈 파) 파두(坡頭) 파안(坡岸)
播(뿌릴 파) 파종(播種) 파식(播殖) 전파(傳播)
頗(자못 파) 파다(頗多) 편파(偏頗) 험파(險頗)
把(잡을 파) 파악(把握) 파수(把守) 파지(把持) 파맥(把脈)
罷(파할 파) 파업(罷業) 파직(罷職) 파장(罷場) 파면(罷免) 파출(罷黜)
婆(할미 파) 노파(老婆) 산파(產婆) 노파심(老婆心)
判(쪼갤 판) 판결(判決) 판단(判斷) 판독(判讀) 판례(判例) 판사(判事)
板(널 판) 판각(板刻) 판본(板本) 간판(看板) 목판(木板) 흑판(黑板)
瓣(외씨 판) 과판(瓜瓣) 연판(蓮瓣) 안전판(安全瓣)
版(판목 판) 판권(版權) 판목(版木) 동판(銅版) 재판(再版) 출판(出版)

販(팔 판) 판매(販賣) 판로(販路) 가판(街販) 시판(市販) 총판(總販)
八(여덟 팔) 팔자(八字) 팔등신(八等身) 팔불출(八不出) 사방팔방(四方八方)
貝(조개 패) 패각(貝殼) 패물(貝物) 패총(貝塚) 어패류(魚貝類)
牌(패 패) 패호(牌號) 패목(牌木)
敗(패할 패) 패망(敗亡) 패배(敗北) 패소(敗訴) 패전(敗戰) 패잔병(敗殘兵)
遍(두루 편) 편력(遍歷) 편재(遍在) 보편(普遍)
便(편할 편) 편람(便覽) 편리(便利) 편승(便乘) 간편(簡便) 편의점(便宜店)
(오줌 변) 변기(便器) 변비(便秘) 변소(便所) 대변(大便)
編(엮을 편) 편성(編成) 편역(編譯) 편입(編入) 편찬(編纂) 편년체(編年體)
片(조각 편) 편도(片道) 편린(片鱗) 편육(片肉) 단편(斷片) 파편(破片)
篇(책 편) 단편(短篇) 옥편(玉篇) 장편(長篇) 장편(掌篇) 천편일률(千篇一律)
偏(치우칠 편) 편견(偏見) 편모(偏母) 편식(偏食) 편애(偏愛) 편중(偏重)
平(평평할 평) 평균(平均) 평등(平等) 평면(平面) 평소(平素) 평화(平和)
坪(평평할 평) 평당(坪當) 평수(坪數) 건평(建坪)
評(평할 평) 평가(評價) 평론(評論) 평어(評語) 평전(評傳) 평판(評判)
蔽(가릴 폐) 폐차(蔽遮) 엄폐(掩蔽) 은폐(隱蔽) 일언이폐지(一言以蔽之)
閉(닫을 폐) 폐막(閉幕) 폐문(閉門) 폐쇄(閉鎖) 개폐(開閉) 폐회식(閉會式)
弊(폐단 폐) 폐단(弊端) 폐습(弊習) 폐해(弊害) 구폐(舊弊) 피폐(疲弊)
幣(폐백 폐) 폐물(幣物) 폐백(幣帛) 위폐(僞幣) 지폐(紙幣) 화폐(貨幣)
廢(폐할 폐) 폐간(廢刊) 폐비(廢妃) 폐위(廢位) 폐지(廢止) 폐허(廢墟)
肺(허파 폐) 폐간(肺肝) 폐렴(肺炎) 폐병(肺病) 폐부(肺腑) 폐활량(肺活量)
砲(돌쇠뇌 포) 포격(砲擊) 포대(砲隊) 포병(砲兵) 포환(砲丸) 포탄(砲彈)
浦(물가 포) 포구(浦口) 포만(浦灣) 포항(浦項) 목포(木浦)
圃(밭 포) 포전(圃田) 농포(農圃) 약포(藥圃) 화포(花圃)
飽(배부를 포) 포만(飽滿) 포식(飽食) 포화(飽和)
布(베 포) 포고(布告) 포교(布敎) 포의(布衣) 반포(頒布) 분포(分布)
包(쌀 포) 포괄(包括) 포용(包容) 포장(包裝) 포함(包含) 내포(內包)
抱(안을 포) 포부(抱負) 포옹(抱擁) 포주(抱主) 회포(懷抱)
捕(잡을 포) 포로(捕虜) 포승(捕繩) 포착(捕捉) 생포(生捕) 체포(逮捕)
胞(태 포) 포자(胞子) 동포(同胞) 세포(細胞) 단세포(單細胞)
幅(너비 폭) 광폭(廣幅) 대폭(大幅) 소폭(小幅) 전폭(全幅)
暴(사나울 폭・포) 폭군(暴君) 폭동(暴動) 폭등(暴騰) 폭력(暴力) 폭로(暴露)
포악(暴惡) 포학(暴虐) 강포(强暴) 횡포(橫暴)
爆(폭발할 폭) 폭격(爆擊) 폭발(爆發) 폭음(爆音) 폭탄(爆彈) 폭파(爆破)
表(겉 표) 표기(表記) 표면(表面) 표현(表現) 표리부동(表裏不同)
漂(뜰 표) 표류(漂流) 표백제(漂白劑)

票(표 표) 개표(開票) 득표(得票) 투표(投票) 표결(票決)
標(표할 표) 표기(標記) 표본(標本) 표시(標示) 표적(標的) 표준(標準)
品(물건 품) 품성(品性) 품절(品切) 품질(品質) 기품(氣品) 물품(物品)
楓(단풍나무 풍) 단풍(丹楓) 금풍(錦楓) 풍악산(楓嶽山)
風(바람 풍) 풍경(風景) 풍류(風流) 풍물(風物) 풍속(風俗) 풍향(風向)
豐(풍년 풍) 풍년(豊年) 풍성(豊盛) 풍요(豊饒) 풍족(豊足)
皮(가죽 피) 피부(皮膚) 피혁(皮革) 모피(毛皮) 철면피(鐵面皮) 피상적(皮相的)
被(입을 피) 피고(被告) 피동(被動) 피살(被殺) 피선(被選) 피해(被害)
彼(저 피) 피안(彼岸) 피차(彼此) 차일피일(此日彼日)
疲(피곤할 피) 피곤(疲困) 피로(疲勞) 피폐(疲弊)
避(피할 피) 피서(避暑) 피신(避身) 피임(避姙) 기피(忌避) 회피(回避)
弼(도울 필) 필도(弼導) 필녕(弼寧) 보필(輔弼)
畢(마칠 필) 필경(畢竟) 필생(畢生) 필업(畢業)
必(반드시 필) 필사(必死) 필수(必須) 필승(必勝) 필연(必然) 필요(必要)
筆(붓 필) 필기(筆記) 필두(筆頭) 필사(筆寫) 필순(筆順) 필체(筆體)
匹(필 필) 필마(匹馬) 필부(匹夫) 배필(配匹)
河(강 하) 하구(河口) 하천(河川) 강하(江河) 대하(大河) 산하(山河)
荷(멜 하) 하물(荷物) 하중(荷重) 부하(負荷) 출하(出荷)
下(아래 하) 하강(下降) 하락(下落) 하류(下流) 하숙(下宿) 하수구(下水溝)
何(어찌 하) 하등(何等) 여하(如何) 기하학(幾何學) 기하급수(幾何級數)
夏(여름 하) 하계(夏季) 하복(夏服) 하지(夏至) 입하(立夏) 춘하추동(春夏秋冬)
賀(하례 하) 하객(賀客) 하례(賀禮) 연하장(年賀狀) 근하신년(謹賀新年)
學(배울 학) 학교(學校) 학년(學年) 학벌(學閥) 학습(學習) 학위(學位)
鶴(학 학) 학수(鶴首) 백학(白鶴) 현학(玄鶴) 군계일학(群鷄一鶴)
旱(가물 한) 한기(旱氣) 한발(旱魃) 한재(旱災) 한해(旱害) 대한(大旱)
韓(나라 한) 한국(韓國) 한복(韓服) 한류(韓流) 한지(韓紙) 한의학(韓醫學)
翰(날개 한) 한모(翰毛) 한묵(翰墨) 필한(筆翰) 한림원(翰林院)
汗(땀 한) 한삼(汗衫) 한증(汗蒸) 발한(發汗) 한우충동(汗牛充棟)
閑(한가할 한) 한담(閑談) 한량(閑良) 한산(閑散) 망중한(忙中閑)
寒(찰 한) 한기(寒氣) 한대(寒帶) 한랭(寒冷) 한식(寒食) 한파(寒波)
限(막을 한) 한계(限界) 한량(限量) 한정(限定) 국한(局限) 권한(權限)
漢(한수 한) 한강(漢江) 한문(漢文) 한시(漢詩) 한양(漢陽) 한자(漢字)
恨(한할 한) 한탄(恨歎) 여한(餘恨) 원한(怨恨) 정한(情恨) 통한(痛恨)
割(벨 할) 할거(割據) 할애(割愛) 분할(分割) 역할(役割)
咸(다 함) 함고(咸告) 함집(咸集) 함흥차사(咸興差使)

含(머금을 함) 함량(含量) 함유(含有) 함축(含蓄) 포함(包含)
陷(빠질 함) 함락(陷落) 함몰(陷沒) 함정(陷穽) 결함(缺陷) 모함(謀陷)
函(상자 함) 함수(函數) 함척(函尺) 투표함(投票函) 우편함(郵便函)
艦(싸움배 함) 함정(艦艇) 함포(艦砲) 군함(軍艦) 함대(艦隊) 함선(艦船)
合(합할 합) 합당(合當) 합당(合黨) 합동(合同) 합석(合席) 합성(合成)
巷(거리 항) 항간(巷間) 항요(巷謠) 누항(陋巷) 여항(閭巷) 위항(委巷)
抗(막을 항) 항거(抗拒) 항변(抗辯) 항의(抗議) 반항(反抗) 저항(抵抗)
航(배 항) 항공(航空) 항로(航路) 항해(航海) 귀항(歸航) 운항(運航)
項(목 항) 항목(項目) 항우(項羽) 사항(事項) 조항(條項)
港(항구 항) 항구(港口) 항만(港灣) 공항(空港) 군항(軍港) 귀항(歸港)
恒(항상 항) 항상(恒常) 항성(恒星) 항시(恒時) 항구적(恒久的)
亥(돼지 해) 해방(亥方) 해시(亥時) 해월(亥月) 신해(辛亥)
該(해당할 해) 해당(該當) 해박(該博) 해효(該曉)
海(바다 해) 해군(海軍) 해류(海流) 해변(海邊) 해산물(海産物) 해수욕(海水浴)
解(풀 해) 해결(解決) 해독(解毒) 해방(解放) 해산(解散) 해석(解釋)
害(해할 해) 해독(害毒) 해충(害蟲) 가해(加害) 공해(公害) 피해(被害)
奚(어찌 해) 해금(奚琴) 해노(奚奴) 해동(奚童)
核(씨 핵) 핵실(核實) 핵심(核心) 중핵(中核) 핵분열(核分裂)
行(다닐 행) 행동(行動) 행사(行事) 행실(行實) 행위(行爲) 행차(行次)
幸(다행 행) 행복(幸福) 행운(幸運) 불행(不幸) 다행(多幸)
享(누릴 향) 향년(享年) 향락(享樂) 향수(享壽) 향유(享有) 배향(配享)
鄕(시골 향) 향교(鄕校) 향리(鄕吏) 향수(鄕愁) 향촌(鄕村) 고향(故鄕)
響(울릴 향) 반향(反響) 영향(影響) 음향(音響)
香(향기 향) 향기(香氣) 향수(香水) 향취(香臭) 분향(焚香) 방향제(芳香劑)
向(향할 향) 향상(向上) 남향(南向) 경향(傾向) 향학열(向學熱)
虛(빌 허) 허공(虛空) 허구(虛構) 허기(虛飢) 허비(虛費) 허세(虛勢)
許(허락할 허) 허가(許可) 허락(許諾) 허용(許容) 면허(免許) 특허(特許)
軒(집 헌) 헌등(軒燈) 헌함(軒檻) 고헌(高軒)
獻(드릴 헌) 헌금(獻金) 헌납(獻納) 헌상(獻上) 헌신(獻身) 봉헌(奉獻)
憲(법 헌) 헌법(憲法) 헌장(憲章) 헌정(憲政) 위헌(違憲)
驗(경험할 험) 경험(經驗) 시험(試驗) 실험(實驗) 체험(體驗) 효험(效驗)
險(험할 험) 험난(險難) 험담(險談) 모험(冒險) 보험(保險) 위험(危險)
革(가죽 혁) 혁대(革帶) 혁명(革命) 혁신(革新) 개혁(改革) 연혁(沿革)
赫(붉을 혁) 혁연(赫然) 혁혁(赫赫) 혁세(赫世) 혁노(赫怒)
玄(검을 현) 현관(玄關) 현묘(玄妙) 현미(玄米) 현손(玄孫) 현황(玄黃)

縣(고을 현) 현령(縣令) 현리(縣吏) 군현(郡縣) 주현(州縣) 현감(縣監)
顯(나타날 현) 현귀(顯貴) 현달(顯達) 현시(顯示) 현미경(顯微鏡)
現(나타날 현) 현금(現金) 현대(現代) 현상(現象) 현실(現實) 현재(現在)
懸(매달 현) 현격(懸隔) 현금(懸金) 현상(懸賞) 현안(懸案) 현판(懸板)
鉉(솥귀 현) 현태(鉉台) 삼현(三鉉) 정현(鼎鉉)
弦(시위 현) 현금(弦琴) 현월(弦月) 현영(弦影)
絃(줄 현) 현가(絃歌) 현금(絃琴) 현악(絃樂) 관현(管絃) 탄현(彈絃)
賢(어질 현) 현명(賢明) 현인(賢人) 현자(賢者) 성현(聖賢) 현모양처(賢母良妻)
峴(재 현) 현산(峴山)
穴(구멍 혈) 혈거(穴居) 혈극(穴隙) 공혈(孔穴) 암혈(巖穴)
血(피 혈) 혈기(血氣) 혈맹(血盟) 혈안(血眼) 고혈압(高血壓) 냉혈한(冷血漢)
嫌(싫어할 혐) 혐기(嫌忌) 혐오(嫌惡) 혐의(嫌疑)
峽(골짜기 협) 협중(峽中) 협촌(峽村) 협곡(峽谷) 협로(峽路)
協(협동 협) 협동(協同) 협력(協力) 협연(協演) 협정(協定) 협회(協會)
脅(갈비 협) 협박(脅迫) 위협(威脅) 협통(脇痛)
型(거푸집 형) 전형(典型) 모형(模型) 원형(元型)
兄(맏 형) 형부(兄夫) 형제(兄弟) 매형(妹兄) 종형(從兄) 처형(妻兄)
形(모양 형) 형국(形局) 형체(形體) 도형(圖形) 기형아(畸形兒)
螢(반딧불 형) 형광(螢光) 형설(螢雪) 형화(螢火)
衡(저울대 형) 형평(衡平) 균형(均衡) 평형(平衡) 도량형(度量衡)
刑(형벌 형) 형법(刑法) 형사(刑事) 감형(減刑) 구형(求刑) 실형(實刑)
亨(형통할 형) 형통(亨通) 길형(吉亨) 형도(亨途)
兮(어조사 혜) 간혜(簡兮) 소소혜(蕭蕭兮) 대풍기혜(大風起兮)
惠(은혜 혜) 혜택(惠澤) 은혜(恩惠) 특혜(特惠) 호혜(互惠)
慧(지혜 혜) 혜안(慧眼) 혜민(慧敏) 지혜(智慧) 혜심(慧心)
鎬(냄비 호) 빙호(氷鎬)
浩(넓을 호) 호기(浩氣) 호탕(浩蕩) 호연지기(浩然之氣)
虎(범 호) 호피(虎皮) 호환(虎患) 맹호(猛虎) 호시탐탐(虎視眈眈)
壺(병 호) 호상(壺狀) 호상(壺觴) 투호(投壺) 빙호(氷壺) 전호(箭壺)
號(이름 호) 호령(號令) 호봉(號俸) 구호(口號) 기호(記號) 번호(番號)
呼(부를 호) 호객(呼客) 호소(呼訴) 호응(呼應) 호칭(呼稱) 심호흡(深呼吸)
互(서로 호) 호용(互用) 호혜(互惠) 호선(互選) 상호(相互)
乎(어조사 호) 호재(乎哉) 단호(斷乎) 차호(嗟乎)
胡(오랑캐 호) 호가(胡笳) 호란(胡亂) 호복(胡服) 호국(胡國)
好(좋을 호) 호오(好惡) 호투(好投) 호평(好評) 호황(好況) 선호(選好)

戶(지게문 호)　호구(戶口) 호적(戶籍) 호조(戶曹) 호주(戶主) 창호지(窓戶紙)
護(지킬 호)　호국(護國) 호신(護身) 간호(看護) 보호(保護) 옹호(擁護)
毫(터럭 호)　호리(毫釐) 호말(毫末) 호발(毫髮) 추호(秋毫) 휘호(揮毫)
豪(호걸 호)　호걸(豪傑) 호기(豪氣) 호방(豪放) 호탕(豪宕) 부호(富豪)
湖(호수 호)　호남(湖南) 호반(湖畔) 호수(湖水) 석호(潟湖)
惑(미혹할 혹)　혹세(惑世) 미혹(迷惑) 유혹(誘惑) 의혹(疑惑) 현혹(眩惑)
或(혹 혹)　혹시(或是) 혹여(或如) 혹자(或者) 간혹(間或) 설혹(設或)
魂(넋 혼)　혼령(魂靈) 혼백(魂魄) 유혼(幽魂) 초혼(招魂) 영혼(靈魂)
混(섞을 혼)　혼동(混同) 혼란(混亂) 혼선(混線) 혼성(混成) 혼탁(混濁)
昏(어두울 혼)　혼란(昏亂) 혼미(昏迷) 황혼(黃昏) 혼정신성(昏定晨省)
婚(혼인 혼)　혼기(婚期) 혼수(婚需) 혼인(婚姻) 혼전(婚前) 결혼(結婚)
渾(흐릴 혼)　혼연(渾然) 혼일(渾一) 혼천의(渾天儀) 웅혼(雄渾)
忽(문득 홀)　홀시(忽視) 홀연(忽然) 소홀(疎忽) 홀홀(忽忽)
弘(클 홍)　홍보(弘報) 홍문관(弘文館) 홍익인간(弘益人間)
紅(붉을 홍)　홍삼(紅蔘) 홍안(紅顔) 홍역(紅疫) 홍일점(紅一點)
鴻(기러기 홍)　홍지(鴻志) 홍모(鴻毛) 홍곡지지(鴻鵠之志)
洪(넓을 홍)　홍복(洪福) 홍수(洪水) 홍범(洪範)
畵(그림 화)　화가(畵家) 화구(畵具) 화랑(畵廊) 화면(畵面) 화풍(畵風)
華(빛날 화)　화교(華僑) 화려(華麗) 화촉(華燭) 화혼(華婚) 번화가(繁華街)
花(꽃 화)　화단(花壇) 화분(花盆) 개화(開花) 헌화(獻花) 화문석(花紋席)
化(될 화)　화석(化石) 화장(化粧) 화학(化學) 개화(開化) 변화(變化)
話(말씀 화)　화두(話頭) 화제(話題) 담화(談話) 발화(發話) 설화(說話)
禾(벼 화)　화곡(禾穀) 화묘(禾苗) 화수(禾穗)
火(불 화)　화산(火山) 화장(火葬) 화재(火災) 방화(放火) 진화(鎭火)
禍(재앙 화)　화근(禍根) 화복(禍福) 화재(禍災) 소화(燒火)
貨(재물 화)　화물(貨物) 화폐(貨幣) 금화(金貨) 보화(寶貨) 백화점(百貨店)
和(화할 화)　화기(和氣) 화음(和音) 화합(和合) 화해(和諧) 융화(融和)
穫(거둘 확)　수확(收穫) 추확(秋穫) 일수백확(一樹百穫)
確(굳을 확)　확답(確答) 확률(確率) 확립(確立) 확인(確認) 확증(確證)
擴(넓힐 확)　확대(擴大) 확장(擴張) 확충(擴充) 확대경(擴大鏡) 확성기(擴聲器)
環(고리 환)　환경(環境) 환형(環形) 옥환(玉環) 지환(指環) 순환(循環)
桓(굳셀 환)　반환(盤桓) 환환(桓桓)
患(근심 환)　환난(患難) 환부(患部) 환자(患者) 노환(老患) 병환(病患)
歡(기쁠 환)　환담(歡談) 환대(歡待) 환송(歡送) 환영(歡迎) 환희(歡喜)
還(돌아올 환)　환갑(還甲) 환송(還送) 환원(還元) 생환(生還) 상환(償還)

換(바꿀 환) 환기(換氣) 환언(換言) 환전(換錢) 교환(交換) 전환(轉換)
幻(변할 환) 환각(幻覺) 환영(幻影) 환상(幻想) 환몽(幻夢) 환멸(幻滅)
煥(불꽃 환) 환란(煥爛) 환려(煥麗) 환발(渙發)
丸(둥글 환) 환약(丸藥) 환제(丸劑) 탄환(彈丸) 포환(砲丸) 청심환(淸心丸)
滑(미끄러울 활) 활석(滑石) 활주(滑走) 윤활(潤滑)
(다스릴 골) 골계(滑稽) 골골(滑汨)
活(살 활) 활극(活劇) 활기(活氣) 활로(活路) 활발(活潑) 활성화(活性化)
荒(거칠 황) 황당(荒唐) 황전(荒田) 황폐(荒廢) 황야(荒野) 황무지(荒蕪地)
黃(누를 황) 황금(黃金) 황사(黃砂) 황천(黃泉) 황혼(黃昏) 부황(浮黃)
滉(물 깊을 황) 황양(滉漾)
皇(임금 황) 황실(皇室) 황제(皇帝) 황후(皇后) 교황(敎皇) 천황(天皇)
況(하물며 황) 근황(近況) 상황(狀況) 정황(情況) 성황(盛況)
繪(그림 회) 회화(繪畫) 회사(繪事) 도회(圖繪)
悔(뉘우칠 회) 회개(悔改) 회심(悔心) 회한(悔恨) 참회(懺悔) 후회(後悔)
回(돌아올 회) 회갑(回甲) 회전(回轉) 선회(旋回) 만회(挽回) 철회(撤回)
會(모일 회) 회계(會計) 회사(會社) 회의(會議) 교회(敎會) 기회(機會)
灰(재 회) 회진(灰塵) 회벽(灰壁) 회색(灰色) 회백색(灰白色)
懷(품을 회) 회유(懷柔) 회의(懷疑) 회포(懷抱) 술회(述懷) 감회(感懷)
劃(그을 획) 획일(劃一) 구획(區劃) 계획(計劃) 획기적(劃期的)
獲(얻을 획) 획득(獲得) 획리(獲利) 획죄(獲罪) 어획(漁獲) 포획(捕獲)
橫(가로 횡) 횡단(橫斷) 횡재(橫財) 횡포(橫暴) 종횡(縱橫) 횡설수설(橫說竪說)
效(본받을 효) 효과(效果) 효용(效用) 효율(效率) 효험(效驗) 발효(發效)
曉(새벽 효) 효광(曉光) 효성(曉星) 효유(曉諭) 통효(通曉)
孝(효도 효) 효도(孝道) 효부(孝婦) 효성(孝誠) 효행(孝行) 충효(忠孝)
喉(목구멍 후) 후두(喉頭) 후문(喉門) 후문(喉吻) 인후(咽喉)
後(뒤 후) 후사(後嗣) 후식(後食) 후원(後援) 후환(後患) 후유증(後遺症)
候(기다릴 후) 후보(候補) 기후(氣候) 징후(徵候)
后(임금 후) 여후(女后) 왕후(王后) 황후(皇后) 황태후(皇太后)
侯(제후 후) 후작(侯爵) 공후(公侯) 왕후(王侯) 제후(諸侯)
厚(투터울 후) 후대(厚待) 후덕(厚德) 후사(厚謝) 후생(厚生) 농후(濃厚)
訓(가르칠 훈) 훈계(訓戒) 훈련(訓練) 훈수(訓手) 훈육(訓育) 훈장(訓長)
勳(공 훈) 훈위(勳位) 훈공(勳功) 훈관(勳官) 훈기(勳記) 훈장(勳章)
薰(향풀 훈) 훈기(薰氣) 훈도(薰陶) 훈습(薰習) 훈증(薰蒸)
毁(헐 훼) 훼방(毁謗) 훼상(毁傷) 훼손(毁損) 훼절(毁節)
輝(빛날 휘) 휘광(輝光) 휘요(輝耀) 휘황찬란(輝煌燦爛)
徽(아름다울 휘) 휘음(徽音) 휘장(徽章) 휘호(徽號)

揮(휘두를 휘) 휘장(揮帳) 휘호(揮毫) 발휘(發揮) 지휘(指揮) 휘발유(揮發油)
携(가질 휴) 휴대(携帶) 휴지(携持) 제휴(提携)
休(쉴 휴) 휴식(休息) 휴양(休養) 휴업(休業) 휴지(休紙) 휴게소(休憩所)
胸(가슴 흉) 흉금(胸襟) 흉부(胸部) 흉상(胸像) 흉중(胸中)
凶(흉할 흉) 흉가(凶家) 흉계(凶計) 흉기(凶器) 흉년(凶年) 흉물(凶物)
黑(검을 흑) 흑백(黑白) 흑심(黑心) 흑연(黑鉛) 흑자(黑字)
欽(공경할 흠) 흠모(欽慕) 흠앙(欽仰) 흠정(欽定)
吸(마실 흡) 흡수(吸收) 흡인(吸引) 흡입(吸入) 흡착(吸着) 호흡(呼吸)
興(일 흥) 흥기(興起) 흥망(興亡) 흥미(興味) 흥분(興奮) 흥취(興趣)
喜(기쁠 희) 희극(喜劇) 희비(喜悲) 희사(喜捨) 희열(喜悅) 희소식(喜消息)
稀(드물 희) 희박(稀薄) 희석(稀釋) 희소(稀少) 고희(古稀) 희귀(稀貴)
戲(희롱할 희) 희곡(戲曲) 희극(戲劇) 희롱(戲弄) 유희(遊戲) 환희(幻戲)
希(바랄 희) 희구(希求) 희망(希望) 희원(希願)
姬(성 희) 희첩(姬妾) 가희(歌姬) 무희(舞姬) 애희(愛姬)
禧(복 희) 희년(禧年) 복희(福禧) 신희(新禧)
熙(빛날 희) 희소(熙笑) 희이(熙怡) 희희(熙熙)
噫(탄식할 희) 희오(噫嗚) 희호(噫乎)

3. 유의어 · 반의어

● 유의한자

覺(각)－悟(오)	貫(관)－通(통)	墳(분)－墓(묘)	隆(융)－盛(성)	菜(채)－蔬(소)
間(간)－隔(격)	饑(기)－饉(근)	釋(석)－放(방)	隆(융)－昌(창)	尺(척)－度(도)
康(강)－健(건)	飢(기)－餓(아)	洗(세)－濯(탁)	仁(인)－慈(자)	淸(청)－潔(결)
揭(게)－揚(양)	敦(돈)－篤(독)	尋(심)－訪(방)	慈(자)－愛(애)	淸(청)－淨(정)
牽(견)－引(인)	勉(면)－勵(려)	哀(애)－悼(도)	淨(정)－潔(결)	層(층)－階(계)
顧(고)－傭(용)	滅(멸)－亡(망)	連(연)－繫(계)	終(종)－了(료)	捕(포)－獲(획)
恭(공)－敬(경)	茂(무)－盛(성)	連(연)－絡(락)	俊(준)－傑(걸)	畢(필)－竟(경)
恐(공)－怖(포)	返(반)－還(환)	英(영)－特(특)	俊(준)－秀(수)	恒(항)－常(상)
貢(공)－獻(헌)	附(부)－屬(속)	憂(우)－愁(수)	中(중)－央(앙)	和(화)－睦(목)
貫(관)－徹(철)	扶(부)－助(조)	怨(원)－恨(한)	倉(창)－庫(고)	皇(황)－帝(제)

● 유의한자어

共鳴(공명)－首肯(수긍)	書簡(서간)－書翰(서한)	蒼空(창공)－碧空(벽공)
交涉(교섭)－折衝(절충)	俗世(속세)－塵世(진세)	天地(천지)－乾坤(건곤)
驅迫(구박)－虐待(학대)	視野(시야)－眼界(안계)	滯留(체류)－滯在(체재)
飢死(기사)－餓死(아사)	始祖(시조)－鼻祖(비조)	招待(초대)－招請(초청)
領土(영토)－版圖(판도)	五列(오열)－間諜(간첩)	寸土(촌토)－尺土(척토)
背恩(배은)－亡德(망덕)	威脅(위협)－脅迫(협박)	漂泊(표박)－流離(유리)
寺院(사원)－寺刹(사찰)	一毫(일호)－秋毫(추호)	

● 반의한자

干(방패 간)－戈(창 과)
乾(마를 건)－濕(습할 습)
乾(하늘 건)－坤(땅 곤)
慶(경사 경)－弔(조상할 조)
經(날 경)－緯(씨 위)
姑(시어미 고)－婦(며느리 부)
勤(부지런할 근)－怠(게으를 태)
濃(짙을 농)－淡(옅을 담)
旦(아침 단)－夕(저녁 석)
貸(빌릴 대)－借(빌릴 차)
矛(창 모)－盾(방패 순)
美(아름다울 미)－醜(추할 추)
腹(배 복)－背(등 배)
浮(뜰 부)－沈(가라앉을 침)
夫(지아비 부)－妻(아내 처)
盛(성할 성)－衰(쇠할 쇠)
疎(드물 소)－密(빽빽할 밀)
首(머리 수)－尾(꼬리 미)
需(쓸 수)－給(줄 급)
昇(오를 승)－降(내릴 강)
紳(펼 신)－縮(줄일 축)
深(깊을 심)－淺(얕을 천)
安(편안할 안)－危(위태로울 위)
愛(사랑 애)－憎(미울 증)
哀(슬플 애)－歡(기쁠 환)
抑(누를 억)－揚(드날릴 양)
榮(영화 영)－辱(욕될 욕)
緩(느릴 완)－急(급할 급)
優(넉넉할 우)－劣(못할 렬)
隱(숨을 은)－見(드러날 현)
任(맡길 임)－免(면할 면)
雌(암컷 자)－雄(수컷 웅)
長(어른 장)－幼(어릴 유)
田(밭 전)－畓(논 답)
早(이를 조)－晩(늦을 만)
尊(높을 존)－卑(낮을 비)
存(있을 존)－亡(없을 망)
縱(세로 종)－橫(가로 횡)
衆(무리 중)－寡(적을 과)
眞(참 진)－僞(거짓 위)
贊(도울 찬)－反(반대할 반)
添(더할 첨)－削(깎을 삭)
晴(갤 청)－雨(비 우)
出(날 출)－沒(빠질 몰)
親(친할 친)－疎(성글 소)
表(겉 표)－裏(속 리)
彼(저 피)－此(이 차)
賢(어질 현)－愚(어리석을 우)
好(좋을 호)－惡(미워할 오)
禍(재앙 화)－福(복 복)
厚(두터울 후)－薄(엷을 박)

- 반의한자어

可決(가결)－否決(부결)
架空(가공)－實在(실재)
加熱(가열)－冷却(냉각)
却下(각하)－受理(수리)
感情(감정)－理性(이성)
剛健(강건)－柔弱(유약)
强硬(강경)－柔和(유화)
開放(개방)－閉鎖(폐쇄)
個別(개별)－全體(전체)
客觀(객관)－主觀(주관)
客體(객체)－主體(주체)
巨大(거대)－微小(미소)
巨富(거부)－極貧(극빈)
拒絶(거절)－承諾(승낙)
建設(건설)－破壞(파괴)
乾燥(건조)－濕潤(습윤)
傑作(걸작)－拙作(졸작)
儉約(검약)－浪費(낭비)
輕減(경감)－加重(가중)
經度(경도)－緯度(위도)
輕率(경솔)－愼重(신중)
輕視(경시)－重視(중시)
高雅(고아)－卑俗(비속)
固定(고정)－流動(유동)
高調(고조)－低調(저조)
供給(공급)－需要(수요)
空想(공상)－現實(현실)
過激(과격)－穩健(온건)
官尊(관존)－民卑(민비)

光明(광명)－暗黑(암흑)
巧妙(교묘)－拙劣(졸렬)
拘禁(구금)－釋放(석방)
拘束(구속)－放免(방면)
求心(구심)－遠心(원심)
君子(군자)－小人(소인)
屈服(굴복)－抵抗(저항)
權利(권리)－義務(의무)
僅少(근소)－過多(과다)
急性(급성)－慢性(만성)
急行(급행)－緩行(완행)
肯定(긍정)－否定(부정)
旣決(기결)－未決(미결)
奇拔(기발)－平凡(평범)
奇數(기수)－偶數(우수)
飢餓(기아)－飽食(포식)
緊密(긴밀)－疏遠(소원)
吉兆(길조)－凶兆(흉조)
暖流(난류)－寒流(한류)
濫讀(남독)－精讀(정독)
濫用(남용)－節約(절약)
內容(내용)－形式(형식)
老練(노련)－未熟(미숙)
濃厚(농후)－稀薄(희박)
能動(능동)－被動(피동)
多元(다원)－一元(일원)
單純(단순)－複雜(복잡)
單式(단식)－複式(복식)
短縮(단축)－延長(연장)

大乘(대승)－小乘(소승)
對話(대화)－獨白(독백)
都心(도심)－郊外(교외)
獨創(독창)－模倣(모방)
動機(동기)－結果(결과)
登場(등장)－退場(퇴장)
樂觀(낙관)－悲觀(비관)
落第(낙제)－及第(급제)
樂天(낙천)－厭世(염세)
朗讀(낭독)－默讀(묵독)
靈魂(영혼)－肉體(육체)
立體(입체)－平面(평면)
漠然(막연)－確然(확연)
忘却(망각)－記憶(기억)
埋沒(매몰)－發掘(발굴)
滅亡(멸망)－隆興(융흥)
名譽(명예)－恥辱(치욕)
無能(무능)－有能(유능)
物質(물질)－精神(정신)
微官(미관)－顯官(현관)
敏速(민속)－遲鈍(지둔)
密集(밀집)－散在(산재)
反抗(반항)－服從(복종)
放心(방심)－操心(조심)
背恩(배은)－報恩(보은)
白髮(백발)－紅顔(홍안)
凡人(범인)－超人(초인)
別居(별거)－同居(동거)
保守(보수)－進步(진보)

本業(본업)－副業(부업)
富貴(부귀)－貧賤(빈천)
不運(불운)－幸運(행운)
富裕(부유)－貧窮(빈궁)
否認(부인)－是認(시인)
分析(분석)－綜合(종합)
分爭(분쟁)－和解(화해)
非番(비번)－當番(당번)
非凡(비범)－平凡(평범)
悲哀(비애)－歡喜(환희)
死後(사후)－生前(생전)
削減(삭감)－添加(첨가)
散文(산문)－韻文(운문)
詳述(상술)－略述(약술)
喪失(상실)－獲得(획득)
生家(생가)－養家(양가)
生食(생식)－火食(화식)
先天(선천)－後天(후천)
成熟(성숙)－未熟(미숙)
消極(소극)－積極(적극)
所得(소득)－損失(손실)
疎遠(소원)－親近(친근)
淑女(숙녀)－紳士(신사)
順行(순행)－逆行(역행)
連敗(연패)－連勝(연승)
偶然(우연)－必然(필연)
憂鬱(우울)－明朗(명랑)
恩惠(은혜)－怨恨(원한)
依他(의타)－自立(자립)
異端(이단)－正統(정통)
人爲(인위)－自然(자연)
自動(자동)－手動(수동)
自律(자율)－他律(타율)
自意(자의)－他意(타의)
低俗(저속)－高尙(고상)
敵對(적대)－友好(우호)
絶對(절대)－相對(상대)
漸進(점진)－急進(급진)
整肅(정숙)－騷亂(소란)
正午(정오)－子正(자정)
定着(정착)－漂流(표류)
弔客(조객)－賀客(하객)
直系(직계)－傍系(방계)
眞實(진실)－虛僞(허위)
質疑(질의)－應答(응답)
斬新(참신)－陳腐(진부)
淺學(천학)－碩學(석학)
縮小(축소)－擴大(확대)
快樂(쾌락)－苦痛(고통)
快勝(쾌승)－慘敗(참패)
退化(퇴화)－進化(진화)
敗北(패배)－勝利(승리)
虐待(학대)－優待(우대)
合法(합법)－違法(위법)
好材(호재)－惡材(악재)
好轉(호전)－逆轉(역전)
好況(호황)－不況(불황)
興奮(흥분)－安靜(안정)
興奮(흥분)－鎭靜(진정)

4. 잘못읽기 쉬운 한자

※ ( )안은 틀린 讀音이다.

ㄱ

苛斂 가렴(가검)
恪別 각별(격별)
角逐 각축(각추)
間歇 간헐(간갈)
艱難 간난(가난)
干涉 간섭(간보)
看做 간주(간고)
甘蔗 감자(감서)
降下 강하(항하)
腔血 강혈(공혈)
概括 개괄(개활)
改悛 개전(개준)
坑夫 갱부(항부)
更生 갱생(경생)
醵出 갹출(거출)
車馬 거마(차마)
怯懦 겁나(거유)
揭示 게시(계시)
更張 경장(갱장)
更迭 경질(갱질)
譴責 견책(유책)
驚蟄 경칩(경첩)
膏肓 고황(고맹)
滑稽 골계(활계)
汨沒 골몰(일몰)
誇張 과장(오장)
刮目 괄목(활목)
乖離 괴리(승리)
攪亂 교란(각란)
敎唆 교사(교준)
交驩 교환(교관)
口腔 구강(구공)
句讀 구두(구독)
口碑 구비(구패)
拘碍 구애(구득)
句節 구절(귀절)
狗吠 구폐(구견)
救恤 구휼(구혈)
詭辯 궤변(위변)
龜鑑 귀감(구감)
龜裂 균열(구열)
琴瑟 금실(금슬)
旗幟 기치(기식)
奇恥 기치(기심)
喫燃 끽연(계연)

ㄴ

儺禮 나례(난례)
懦弱 나약(유약)
內人 나인(내인)
拿捕 나포(장포)
懶怠 나태(뢰태)
烙印 낙인(각인)
難澁 난삽(난지)
捺印 날인(나인)
捏造 날조(열조)
拉致 납치(입치)
狼藉 낭자(낭적)
內帑 내탕(내노)
鹿皮 녹비(녹피)
壟斷 농단(용단)
鹿茸 녹용(녹이)
賂物 뇌물(각물)
漏泄 누설(누세)
訥言 눌언(납언)
訥辨 눌변(내변)
凜凜 늠름(품품)

ㄷ

茶店 다점(차점)
團欒 단란(단락)
簞食 단사(단식)
曇天 담천(운천)
遝至 답지(환지)
撞着 당착(동착)
對峙 대치(대지)
宅內 댁내(택내)
陶冶 도야(도치)
跳躍 도약(조약)
瀆職 독직(속직)
獨擅 독천(독단)
鈍濁 둔탁(돈탁)
屯困 둔곤(돈곤)
遁走 둔주(돈주)

ㅁ

滿腔 만강(만공)
萬朶 만타(만내)
罵倒 매도(마도)
邁進 매진(만진)
驀進 맥진(막진)
盟誓 맹서(맹세)
萌芽 맹아(명아)
明皙 명석(명철)
明澄 명징(명증)
牡丹 모란(목단)
牡牛 모우(두우)
木瓜 모과(목과)
木鐸 목탁(목택)
夢寐 몽매(몽침)
杳然 묘연(향연)
巫覡 무기(무현)

拇印 무인(모인)
毋論 무론(모론)
無聊 무료(무류)
紊亂 문란(사란)

ㅂ

撲殺 박살(복살)
剝奪 박탈(약탈)
撲滅 박멸(복멸)
反駁 반박(반교)
頒布 반포(분포)
拔萃 발췌(발취)
拔擢 발탁(발요)
發揮 발휘(발혼)
潑剌 발랄(발자)
幇助 방조(봉조)
妨碍 방애(방의)
勃興 발흥(역흥)
跋扈 발호(발파)
拜謁 배알(배갈)
範疇 범주(범수)
兵站 병참(병점)
報酬 보수(보주)
布施 보시(포시)
補塡 보전(보진)
復活 부활(복활)
敷衍 부연(부행)
分泌 분비(분필)
不朽 불후(불구)
沸騰 비등(불등)
否塞 비색(부색)
頻數 빈삭(보수)
嚬蹙 빈축(빈촉)
憑藉 빙자(빙적)

ㅅ

詐欺 사기(언기)
使嗾 사주(사족)
奢侈 사치(사다)
娑婆 사바(사파)
社稷 사직(사목)
索莫 삭막(색막)
索然 삭연(색연)
撒布 살포(산포)
三昧 삼매(삼미)
上梓 상재(상자)
相殺 상쇄(상살)
數數 삭삭(수수)
省略 생략(성약)
棲息 서식(처식)
逝去 서거(절거)
先塋 선영(선형)
閃光 섬광(염광)
星宿 성수(성숙)
洗滌 세척(세조)
蕭條 소조(숙조)
遡及 소급(삭급)
甦生 소생(갱생)
騷擾 소요(소우)
贖罪 속죄(독죄)
殺到 쇄도(살도)
戍樓 수루(술루)
數爻 수효(수차)
睡眠 수면(수민)
竪說 수설(견설)
示唆 시사(시준)
柴糧 시량(자량)
諡號 시호(익호)
呻吟 신음(신금)
辛辣 신랄(신극)
迅速 신속(빈속)

ㅇ

齷齪 악착(악족)
斡旋 알선(간선)
謁見 알현(갈견)
軋轢 알력(알락)
隘路 애로(익로)
冶金 야금(치금)
惹起 야기(약기)
掠奪 약탈(경탈)
濾過 여과(로과)
役割 역할(역활)
軟弱 연약(나약)
厭惡 염오(염악)
囹圄 영어(영오)
領袖 영수(영유)
嗚咽 오열(오인)
誤謬 오류(오륙)
惡寒 오한(악한)
渦中 와중(과중)
歪曲 왜곡(부곡)
外艱 외간(외난)
邀擊 요격(격격)
要塞 요새(요색)
樂水 요수(낙수)
窯業 요업(강업)
凹凸 요철(요돌)
容喙 용훼(용탁)
誘發 유발(수발)
遊說 유세(유설)
六月 유월(육월)
吟味 음미(금미)
凝結 응결(의결)
義捐 의연(의손)
罹病 이병(나병)
以降 이강(이항)
移徙 이사(이도)
弛緩 이완(지환)
已往 이왕(기왕)
罹患 이환(나환)
溺死 익사(약사)
一括 일괄(일활)
一擲 일척(일정)
一切 일체(일절)
剩餘 잉여(승여)

ㅈ

自矜 자긍(자금)
孜孜 자자(목목)

藉藉 자자(적적)
綽綽 작작(탁탁)
箴言 잠언(함언)
沮止 저지(조지)
塡充 전충(전통)
傳播 전파(전번)
截斷 절단(재단)
接吻 접문(접물)
正鵠 정곡(정호)
靜謐 정밀(정일)
稠密 조밀(주밀)
造詣 조예(조지)
措置 조치(차치)
躊躇 주저(수저)
駐箚 주차(주탑)
蠢動 준동(춘동)
浚渫 준설(준첩)
櫛比 즐비(절비)
憎惡 증오(증악)
眞摯 진지(진집)
桎梏 질곡(지고)
叱責 질책(칠책)
什物 집물(십물)
斟酌 짐작(심작)
執拗 집요(집유)

ㅊ

茶禮 차례(다례)
慙愧 참괴(참귀)
斬新 참신(점신)
懺悔 참회(섬회)
暢達 창달(양달)
漲溢 창일(장익)
闡明 천명(단명)
喘息 천식(단식)
鐵槌 철퇴(철추)
尖端 첨단(대단)
貼付 첩부(점부)
諦念 체념(제념)
忖度 촌탁(촌도)
寵愛 총애(용애)
撮影 촬영(찰영)
追悼 추도(추탁)
醜態 추태(귀태)
秋毫 추호(추모)
衷心 충심(애심)
熾烈 치열(식열)
沈沒 침몰(심몰)
鍼術 침술(함술)
蟄居 칩거(집거)

ㅌ

度支 탁지(도지)
拓本 탁본(척본)
綻露 탄로(정로)
彈劾 탄핵(탄효)
耽溺 탐닉(침입)
攄得 터득(여득)
慟哭 통곡(동곡)
洞察 통찰(동찰)
堆積 퇴적(추적)
偸安 투안(유안)

ㅍ

派遣 파견(파유)
破綻 파탄(파정)
跛行 파행(피행)
稗官 패관(피관)
覇權 패권(파권)
敗北 패배(패북)
膨脹 팽창(팽장)
平坦 평탄(평단)
閉塞 폐색(폐한)
褒賞 포상(보상)
暴惡 포악(폭악)
捕捉 포착(보촉)
輻輳 폭주(복주)
漂渺 표묘(표사)
標識 표지(표식)

ㅎ

割引 할인(활인)
陜川 합천(협천)
肛門 항문(홍문)
行列 항렬(행렬)
降伏 항복(강복)
降將 항장(강장)
偕老 해로(개로)
楷書 해서(개서)
解弛 해이(해야)
諧謔 해학(개학)
享樂 향락(형락)
絢爛 현란(순란)
孑遺 혈유(자유)
嫌惡 혐오(겸악)
荊棘 형극(형자)
好惡 호오(호악)
忽然 홀연(총연)
花卉 화훼(화에)
滑走 활주(골주)
豁達 활달(곡달)
恍惚 황홀(광홀)
灰燼 회신(회진)
膾炙 회자(회화)
劃數 획수(화수)
橫暴 횡포(횡폭)
嚆矢 효시(고시)
嗅覺 후각(취각)
麾下 휘하(마하)
彙報 휘보(과보)
恤兵 휼병(혈병)
欣快 흔쾌(근쾌)
恰似 흡사(합사)
洽足 흡족(합족)
薨去 훙거(붕거)
詰難 힐난(길난)

● 참고문헌

『說文解字』
『史記』
段玉裁,『說文解字注』, 臺北, 黎明文化公司, 1970.
邱燮友 註釋,『唐詩三百首』, 臺北, 三民書局, 民國62(1973).
池榮在 編譯,『中國詩歌選』, 을유문화사, 1973.
洪寅杓,『漢文文法』, 신아사, 1976.
李基奭 譯解,『新譯 明心寶鑑』, 弘新文化社, 1977.
한문교재편찬회,『敎養漢文』, 개문사, 1978.
韓武熙・宋貞姬 역,『古文眞寶』Ⅰ・Ⅱ・Ⅲ, 명지대학출판부, 1979.
龍宇純 저, 梁東淑 역,『中國文字學』, 범학, 1979.
이기영 역해,『般若心經』, 한국불교연구원출판부, 1979.
李家源,『漢文新講』, 신구문화사, 1982.
丁範鎭,『中國語發音』, 학연사, 1982.
許世旭,『中國歷代詩選』, 신아사, 1983.
송지영 감수・성동호 역, 신역『한비자』, 홍신문화사, 1983.
錢穆 저, 車柱環 역,『中國文化史導論・中國文史哲論』, 을유문화사, 1984.
孔在錫,『現代中國語文法』, 동화출판사, 1985.
김경탁 역,『老子』, 명지대학교출판부, 1985.
謝冰瑩 외 譯註,『新譯 古文觀止』, 臺北, 三民書局, 民國76(1987).
勸相老・張道斌 監修, 辭典刊行會 編著,『故事成語辭典』, 明文堂, 1987.
朴世茂 외 著, 李錫浩 역,『童蒙先習(外)』, 乙酉文化社, 1987.
李離和,『漢文講座』, 한길사, 1988.
林尹 지음, 권택룡 옮김,『中國文字學概說』, 형설출판사, 1988.
謝冰瑩 외 譯編,『新譯 四書讀本』, 臺北, 三民書局, 民國80(1991).
大學漢文敎材編纂會 編,『大學敎養漢文』, 螢雪出版社, 1991.
敎養漢文編纂委員會 編,『大學漢文』, 숙명여자대학교출판부, 1991.
成百曉 역주,『懸吐完譯 明心寶鑑 』, 傳統文化硏究會, 1992.
成百曉 역주, 鄭愚相 외,『童蒙先習·擊蒙要訣』, 傳統文化硏究會, 1992.
서울대학교 中國語中國文學科 編,『大學漢文』, 서울대학교출판부, 1993.
이장우 외,『중국문화통론』, 중문출판사, 1993.
黃六平 저, 홍순효・한학중 역,『漢文文法綱要』, 미리내, 1994.
장기근 옮김,『명심보감』, 범우사, 1995.
崔相翼,『漢文解釋講話』, 도서출판 한울, 1997.
김원중,『한문강좌』, 을유문화사, 1997.
吳初材 編, 이제원 譯,『古文觀止』, 知永社, 1998.

상기숙 외, 『實用大學漢字』, 瑞文文化社, 1998.
金學主, 『중국문학사』, 신아사, 1999.
沈禹英, 『중국시가감상』, 상명대학교, 1999.
최완식 외, 『한문독해법』, 명문당, 1999.
成百曉 역주, 『懸吐完譯 註解千字文』, 傳統文化硏究會, 1999.
大學漢文敎材編纂委員會 編, 『大學敎養漢文』, 신아사, 2000.
金庠澔, 『중국고전시읽기』, 도서출판 시놀로지, 2000.
吳洙亨 편역, 『唐宋八大家의 산문세계』, 서울대학교출판부, 2000.
柳光秀·金連浩, 『漢文選讀』, 月印, 2000.
尹正鉉, 『중국역대명시감상』, 문음사, 2001.
成百曉 역주, 『譯註 古文眞寶前集』, 傳統文化硏究會, 2001.
崔奉源 역주, 『중국고전산문선독』, 다락원, 2001.
金學主·李東鄕 외, 『중국고전문학의 전통』, 한국방송통신대학교출판부, 2002.
管敏義 지음, 서울대 동양사학연구실 옮김, 『고급한문해석법』, 창작과 비평사, 2002.
閔丙秀, 『漢文講解』, 태학사, 2002.
박귀진 외, 『중국어시사용어사전』, 넥서스, 2002.
李玉江·高更生 主編, 『實用漢字』, 合肥, 安徽敎育出版社, 2003.
韓愈 외 저, 李鍾漢 옮김, 『당송산문선』, 계명대학교출판부, 2003.
金起東 編著, 『大學漢文選』, 신아사, 2003.
洪寅杓, 『漢文文法』, 신아사, 2003.
姜信雄, 『韓中古典散文選』, 신아사, 2004.
임종욱, 『고사성어대사전』, 시대의 창, 2004.
李海元, 『황하에 흐르는 명시』, 현학사, 2004.
李章佑, 『中國歷代散文選』, 신아사, 2005.
黃堅 編纂, 金學主 譯著, 『고문진보후집』, 명문당, 2005.
이장우교수 정년퇴임기념사업회, 『중국명시감상』, 명문당, 2005.
全廣鎭, 『대학생을 위한 교양 한자』, 다락원, 2005.
陳阿寶·吳中偉 편저, 김난미 외 편역, 『현대중국어개론』(원제 : 『現代漢語概論』, 北京語言出版社, 2002), 다락원, 2005.
成百曉 역주, 『懸吐完譯 論語集註』, 傳統文化硏究會, 2005.
成百曉 역주, 『懸吐完譯 孟子集註』, 傳統文化硏究會, 2006.
안병주 외 역, (역주)『莊子』, 전통문화연구회, 2007.
동아일보사편집부, 『현대시사용어사전』, 동아일보사, 2007.
陳泰夏, 한자지도사·급수수험자를 위한 『漢字學全書』, 이화문화출판사, 2009.

지은이에 대하여

- 尙基淑은 서울 출생으로 慶熙大學校 국어국문학과를 졸업하고, 同 교육대학원에서 「한국 현대문학과 Shamanism— 東里·順元 작품을 중심으로」로 교육학석사 학위를 받고, 동 대학원에서 「韓國 巫占의 실태— 문학성과 관련지어」로 문학석사 학위를 받았다. 國立臺灣師範大學 國文硏究所 博士選讀課程을 수학하고, 홍콩 私立遠東大學에서 「『剪燈新話』 集證」으로 문학박사 학위를 받았다. 현재 한서대학교 중국학과 교수로 재직 중이다. 譯著로 『荊楚歲時記』, 『夢遊桃源圖贊詩文』, 『帝京歲時紀勝』 등이 있으며, 중국의 민간신앙, 중국 고전소설문학과 민속, 나아가 韓中 兩國의 고전문학 및 민속문화 비교 등을 주제로 다수의 논문 및 공저를 발표했다.

  논저

  「『剪燈新話』 集證」, 「『紅樓夢』에 나타난 中國歲時風俗」, 「小說と民俗硏究— 『紅樓夢』·『玩月會盟宴』·『家』の家族生活に見る—」, 「原典譯註 『剪燈新話』」, 「『東國歲時記』와 『荊楚歲時記』의 歲時風俗比較」, 「고대문헌을 통해 본 중국점복신앙」, 「『搜神記』에 나타난 중국점복신앙」, 「『玩月會盟宴』 所見的韓國傳統家庭敎育」, 「中國民俗文化의 姙娠禁忌 考察」, 「臺灣媽祖信仰之淵源及特點硏究」, 「대만 샤머니즘 연구의 흐름과 경향」, 「『燕京歲時記』에 나타난 청대 세시풍속 고찰」, 「한중 해신신앙 비교연구— 媽祖와 靈登을 중심으로」, 「关于韩国妈祖研究史的考察」, 「臺灣 民間信仰의 童乩 硏究」, 「중국 민속 문헌을 통해본 명대 세시풍속 연구」, 「동아시아 海洋文化 媽祖의 전파」

  역저 : 『荊楚歲時記』, 『夢遊桃源圖贊詩文』, 『帝京歲時紀勝』 공저: 『실용대학한자』, 『인간과 신령을 잇는 상징, 巫具—충청도』, 『중국명시감상』, 『세계의 고전을 읽는다』 1
  그 외 다수

- 韓雲珍은 경희대학교 국어국문학과를 졸업하고, 臺灣 佛光山叢林學院을 졸업했다. 韓瑞大學校 정보산업대학원에서 「『紅樓夢』의 女性民俗 연구」로 문학석사 학위를 받고, 고려대학교 대학원에서 「중국 妙善 觀音故事의 형성과 발전」으로 문학박사 학위를 취득했다.

  논저

  「『紅樓夢』의 女性民俗 연구」, 『중국 妙善 觀音故事의 형성과 발전』, 「世俗化된 『金剛經』: 「金剛般若波羅蜜經講經文」小考」, 「『賢愚經』에서 『西遊記』까지 - "祇園정사" 모티프의 중국 서사문학에서의 변화 과정」
  저역서: 『一葉禪師의 出家와 修行』, 『勸修定慧結社文』, 『허수아비』 공저: 『한국 비구니의 수행과 삶』, 『한국 현대문학과 불교』, 『中韓日三國語言文化的共性與個性』

한자와 한문의 이해

1판 1쇄 발행 • 2007년 2월 20일
2판 3쇄 발행 • 2013년 2월 20일
3판 2쇄 발행 • 2018년 8월 30일

저　자 • 상기숙 · 한운진
발행인 • 정 현 걸
발　행 • 신 아 사
인　쇄 • 대명프린팅

출판등록 • 1956년 1월 5일 (제9-52호)
서울특별시 은평구 통일로 59길 4 (2F)
전화 (02)382-6411 • 팩스 (02)382-6401
홈페이지 • www.shinasa.co.kr
E-mail • shinasa@daum.net

* 저자와의 협의로 인지를 생략함.

ISBN 978-89-8396-950-7(93720)

정가 *15,000* 원